CONTROLE DO MÉRITO DO ATO ADMINISTRATIVO PELO JUDICIÁRIO

EDIMUR FERREIRA DE FARIA

Prefácio
José Tarcízio de Almeida Melo

CONTROLE DO MÉRITO DO ATO ADMINISTRATIVO PELO JUDICIÁRIO

2ª edição

Belo Horizonte

2016

© 2011 Editora Fórum Ltda.

2016 2ª edição

É proibida a reprodução total ou parcial desta obra, por qualquer meio eletrônico, inclusive por processos xerográficos, sem autorização expressa do Editor.

Conselho Editorial

Adilson Abreu Dallari
Alécia Paolucci Nogueira Bicalho
Alexandre Coutinho Pagliarini
André Ramos Tavares
Carlos Ayres Britto
Carlos Mário da Silva Velloso
Cármen Lúcia Antunes Rocha
Cesar Augusto Guimarães Pereira
Clovis Beznos
Cristiana Fortini
Dinorá Adelaide Musetti Grotti
Diogo de Figueiredo Moreira Neto
Egon Bockmann Moreira
Emerson Gabardo
Fabrício Motta
Fernando Rossi

Flávio Henrique Unes Pereira
Floriano de Azevedo Marques Neto
Gustavo Justino de Oliveira
Inês Virgínia Prado Soares
Jorge Ulisses Jacoby Fernandes
Juarez Freitas
Luciano Ferraz
Lúcio Delfino
Marcia Carla Pereira Ribeiro
Márcio Cammarosano
Marcos Ehrhardt Jr.
Maria Sylvia Zanella Di Pietro
Ney José de Freitas
Oswaldo Othon de Pontes Saraiva Filho
Paulo Modesto
Romeu Felipe Bacellar Filho
Sérgio Guerra

Luís Cláudio Rodrigues Ferreira
Presidente e Editor

Coordenação editorial: Leonardo Eustáquio Siqueira Araújo

Av. Afonso Pena, 2770 – 15º andar – Funcionários – CEP 30130-012
Belo Horizonte – Minas Gerais – Tel.: (31) 2121.4900 / 2121.4949
www.editoraforum.com.br – editoraforum@editoraforum.com.br

F224c   Faria, Edimur Ferreira de

Controle do mérito do ato administrativo pelo Judiciário / Edimur Ferreira de Faria; prefácio de José Tarcízio de Almeida Melo. 2. ed. Belo Horizonte: Fórum, 2011.

303 p.
ISBN 978-85-450-0178-2

1. Direito administrativo. 2. Direito público. I. Melo, José Tarcízio de Almeida. II. Título.

CDD: 341.3
CDU: 342.9

Informação bibliográfica deste livro, conforme a NBR 6023:2002 da Associação Brasileira de Normas Técnicas (ABNT):

FARIA, Edimur Ferreira de. *Controle do mérito do ato administrativo pelo Judiciário*. 2. ed. Belo Horizonte: Fórum, 2016. 303 p. ISBN 978-85-450-0178-2.

Dedico este livro à minha esposa Ana Augusta, às minhas filhas Elisa e Fernanda e aos meus netos Eduardo, Gabriela e Isabella.

Agradecimentos

Agradeço ao Prof. Pedro Paulo de Almeida Dutra na condição de orientador da tese; ao Prof. Paulo Neves de Carvalho, em memória, meu mestre, conselheiro e orientador que sempre foi e que lá do Céu continua sendo. As suas lições inspiram as minhas condutas na academia, na sociedade e no lar; à Ministra Cármen Lúcia, pela amizade inspiradora, pela sua conduta ética e moral, permanente defensora da dignidade da pessoa humana e da igualdade social; à minha família pelo incentivo e compreensão pelas minhas ausências no lar, em virtude dos estudos.

As pessoas inventaram as palavras, depois inventaram os direitos. Depois, quando os direitos foram descobertos, as pessoas podiam atravessar o sinal vermelho. Quando as leis foram descobertas, as pessoas não podiam mais atravessar o sinal vermelho. Com a descoberta das leis, existiram os livros de Direito. Quando os livros de Direito foram descobertos, foram descobertas as bibliotecas e foram descobertas as escolas para formar em advogacia (sic).

(Eduardo Faria Procópio)*

---

* No dia 12.03.2000, quando eu escrevia a 1ª versão da introdução da tese que deu origem a este livro, meu neto Eduardo (que na época tinha 5 anos e 5 meses), vendo que eu estava parado, sem inspiração, perguntou se ele poderia ajudar-me. Aceitei. "Então digite aí...".

SUMÁRIO

PREFÁCIO
José Tarcízio de Almeida Melo 15

NOTA DA SEGUNDA EDIÇÃO 25

INTRODUÇÃO 27

CAPÍTULO 1
GÊNESE DO ESTADO 31
1.1 Origem do Estado 31
1.2 Formas de governo 33
1.3 Evolução do Estado 33
1.3.1 Estado autoritário 34
1.3.1.1 O fisco, pessoa jurídica de direito privado 35
1.3.1.2 Administração Pública e seus atos no Estado absolutista 36
1.3.1.3 Contribuição jusfilosófica para a formação do Estado de Direito 38
1.3.1.3.1 John Locke 38
1.3.1.3.2 Rousseau 40
1.3.1.3.3 Montesquieu 41
1.3.2 Estado de Direito 41
1.3.2.1 Conceito 42
1.3.2.2 Considerações finais sobre o Estado de Direito 54
1.3.3 Estado do bem-estar 55
1.3.4 Estado Democrático de Direito 56

Capítulo 2
ADMINISTRAÇÃO PÚBLICA 61
2.1 Considerações gerais 61
2.2 Administração Pública 62
2.3 Administração Pública no Brasil atual 63
2.4 Prestação dos serviços públicos 65

Capítulo 3
DIREITO ADMINISTRATIVO 73
3.1 Origem e autonomia do Direito Administrativo 73
3.2 Perspectivas do Direito Administrativo 77

Capítulo 4
ATO ADMINISTRATIVO 83
4.1 Ato jurídico e ato administrativo 83
4.1.1 Classificação dos fatos jurídicos 83
4.1.2 O ato administrativo jurídico 85

4.1.3	Distinção entre o ato administrativo e ato civil	85
4.1.4	Pontos comuns	90
4.1.5	Convergências	91
4.1.6	Divergências	91
4.2	Surgimento do ato administrativo	93
4.3	Conceito e/ou definição do ato administrativo	95
4.3.1	Autores estrangeiros	95
4.3.2	Autores brasileiros	98
4.3.3	Reflexão	100
4.4	Requisitos do ato administrativo	101
4.4.1	Elementos do ato administrativo	102
4.4.2	Comentário crítico	106
4.5	Classificação dos atos administrativos	107
4.5.1	Quanto ao objeto	107
4.5.2	Quanto à formação do ato	108
4.5.3	Quanto à produção de efeitos	109
4.5.4	Quanto ao grau de valor segundo a hierarquia	111
4.5.5	Atos de gestão e atos de império	114
4.6	Motivação	117
4.6.1	Conceito	117
4.6.2	Posição de alguns autores brasileiros e estrangeiros quanto à necessidade de motivação	118
4.6.2.1	Quanto aos atos decorrentes da competência vinculada	121
4.6.2.2	Quanto aos atos resultantes da competência discricionária	121
4.7	Exame de artigos da Lei nº 8.666, de 23.06.93	124
4.8	Outros exemplos: nomeação de Ministros de Estado e construção de estradas	126
4.8.1	Nomeação de Ministro de Estado	127
4.8.2	Construção de estradas	128
4.9	Conclusão	129

Capítulo 5
PODER DISCRICIONÁRIO 133

5.1	Considerações gerais	133
5.2	Surgimento do poder discricionário	139
5.3	Evolução do poder discricionário	143
5.4	Estágio atual	146
5.5	Discricionariedade técnica	148
5.6	Considerações finais	151

Capítulo 6
ATO REGRADO E ATO DECORRENTE DO
PODER DISCRICIONÁRIO 155

6.1	Introdução	155
6.2	Ato vinculado	155
6.3	Ato decorrente do poder discricionário	157
6.3.1	Competência	158

6.3.2	Forma	159
6.3.3	Hipótese legal	159
6.3.4	Pressupostos de fato	160
6.3.5	Finalidade	160
6.3.6	Motivos	161

Capítulo 7
DISCRICIONARIEDADE E SEUS LIMITES 163

7.1	Introdução	163
7.2	Finalidade da lei	164
7.3	Finalidade do ato administrativo	167
7.4	Motivos determinantes e motivos de fato	167
7.5	Razoabilidade	170
7.6	Proporcionalidade	174
7.7	Abuso de poder	177
7.8	Arbitrariedade	179

Capítulo 8
CONCEITOS JURÍDICOS INDETERMINADOS 181

8.1	Considerações gerais	181
8.2	Origem e evolução	181
8.3	Noção de conceitos jurídicos indeterminados	189
8.4	Considerações finais	193

Capítulo 9
CONTROLE DA DISCRICIONARIEDADE 195

9.1	Fundamento do controle da Administração Pública	195
9.2	Modalidades de controle	197
9.2.1	Autocontrole	197
9.2.1.1	Controle administrativo singular	199
9.2.1.2	Controle administrativo colegiado	200
9.2.2	Controle pelo Legislativo	201
9.2.3	Controle pelo Judiciário	203
9.2.3.1	Sistema jurisdicional	203
9.2.3.2	Sistema jurisdicional comum	204
9.2.3.3	Sistema jurisdicional especial	206
9.2.4	Sistema de controle adotado no Brasil	207
9.2.4.1	Controle jurisdicional comum	209
9.2.4.2	Controle judiciário dos atos decorrentes do poder discricionário	210
9.2.4.2.1	Posições da doutrina e jurisprudência estrangeiras e brasileiras	212
9.2.4.2.2	Meios de controle na jurisdição administrativa	222
9.2.4.2.3	Mérito e controle	225
9.3	Conclusão deste capítulo	228

Capítulo 10
CONTROLE DO MÉRITO DO ATO ADMINISTRATIVO 231

10.1	Considerações introdutórias	231
10.2	Situação do mérito do ato administrativo, no Judiciário brasileiro	234

10.3	Posição da doutrina	242
10.4	Reflexões	248
10.4.1	Controle dos atos decorrente do poder de polícia	252
10.4.1.1	Controle, por exemplo, do mérito do ato de tombamento de bens culturais	253
10.4.1.2	Desapropriação por utilidade pública	254
10.4.1.3	Desapropriação por interesse social para fins de reforma agrária	254
10.4.1.4	Desapropriação para construção de usina hidrelétrica	256
10.4.1.5	Construção de via pública	257
10.4.2	Abusos na edição de medidas provisórias	259
10.4.3	Judicialização da política pública da saúde	267
10.4.3.1	Marco legal do direito à saúde	269
10.4.3.2	Considerações sobre orçamento público, sua execução e limites	270
10.4.4	Planejamento e orçamento público	273
10.4.5	Reserva do possível: breves considerações	278

CONCLUSÃO 291

REFERÊNCIAS 295

PREFÁCIO

A tese de Doutorado do Prof. Edimur Ferreira de Faria, por seu atributo construtivo e pela substância de seu conteúdo, dá valiosa contribuição para a apresentação formal da competência do Poder Judiciário na investigação e correção dos atos administrativos advindos da competência discricionária.

Constitui-se de oportuna dádiva à justa comemoração do centenário do nascimento do jurista Miguel Seabra Fagundes (Natal, 1910 – Rio de Janeiro, 1993), que inovou substancialmente este nobre tema do Direito Administrativo, ao introduzir na doutrina brasileira, e ao ser seguido pela jurisprudência, o controle da legalidade dos atos administrativos pelo Poder Judiciário, inclusive se decorrentes do exercício da competência discricionária.

No *leading case* (Apelação em Mandado de Segurança nº 1.422, do Tribunal de Justiça do Rio Grande do Norte, de que foi relator o Desembargador Seabra Fagundes), o Tribunal potiguar alterou, a pedido de um dos concessionários do transporte coletivo, os horários para a circulação dos ônibus intermunicipais. Houve o cuidado do alerta de que a conveniência e a oportunidade não deviam ser sindicadas pelo Poder Judiciário. Possivelmente, tratou-se ressalva que evitava ruptura de critérios tradicionais ou de modéstia profissional para não reconhecer avanço tão avantajado. Porém, o que se efetivou, a pretexto do controle da legalidade, foi o ingresso no mérito do ato administrativo para se encontrar o motivo da decisão do Inspetor de Trânsito e a solução que era oportuna e conveniente aos passageiros. Deste fato em diante, o exemplo de Seabra Fagundes conseguiu adeptos em todos os círculos evoluídos do pensamento jurídico no País.

A obra assinala que, na doutrina do meado do século XX, não se reconhecia o controle judiciário dos atos discricionários, enquanto que, atualmente, evoluiu-se para recusá-lo somente quando adentre indagação de conveniência ou oportunidade, ou seja, o núcleo do respectivo mérito.

Esta tendência é conforme à da redução dos atos discricionários e à exigência das Constituições democráticas produzidas nos últimos trinta anos de que os atos administrativos sejam, tanto quanto possível vinculados a princípios que os textos constitucionais abrigam e a motivos que o agente administrativo há de declarar e seguir.

A estrutura do pensamento proposto reconhece que pode existir o desvio do poder e ocorrem conceitos indeterminados ou imprecisos nos quais não se cogita de escolha, mas de intelecção da lei, como está escrito no direito polonês expressamente invocado.

Constata que o governo deve navegar nas águas em que a iniciativa privada tem a função de remar em parceria com o Poder Público e com a participação dos segmentos sociais interessados.

O autor coloca questões que em geral não são percebidas pela doutrina na discussão das dicotomias. Sustenta, por exemplo, que a Administração Pública não produz atos ou contratos privados, pois, em geral, resguarda interesses que a fazem praticar sempre contratos de Direito Público.

A obra discorre sobre as opiniões doutrinárias a respeito dos elementos do ato administrativo. Enquanto os pressupostos, exteriores a este, são requisitos sem os quais o ato administrativo não existe, os elementos são suas partes integrantes. Portanto, compreende haver, como gênero, cinco requisitos, dos quais dois são os requisitos intrínsecos ou elementos — objeto e forma — e três são os requisitos extrínsecos, pressupostos ou circunstâncias — agente, finalidade e motivo.

Estudam-se as classificações do ato administrativo e entende-se que a realidade, desde a Constituição de 1988, tem mostrado o estreitamento do campo da liberdade do Poder Executivo. Atos políticos do Governo obtêm controles legislativos e insere-se, como garantia fundamental (art. 5º, XXXV da Constituição), que a lei não pode excluir qualquer lesão ou ameaça de direito da apreciação do Poder Judiciário.

Distinguem-se, com clareza, os atos administrativos concretos ou individuais dos atos administrativos normativos ou genéricos, que se propõem a explicitar a lei ou regulamentar o serviço público, sem afetar o patrimônio das pessoas. Para os atos concretos, os princípios a serem observados são mais amplos e o rigor deverá ser maior, uma vez que produzem resultados instantâneos ao contrário dos atos normativos que podem não produzir efeitos.

A obra, além de respeitar as posições antagônicas sobre a motivação do ato administrativo discricionário, sustenta que a imperfeição humana conduz ao controle, segundo a motivação, dos atos de qualquer dos poderes do Estado, especialmente dos atos administrativos, a partir dos princípios constitucionais ditados pelo art. 37 da Constituição de 1988. Fixa-se na análise das disposições da Lei nº 8.666, de 1993, para precisar que, nas licitações, a motivação é posta como forma de responsabilizar o agente público.

Ao examinar o instituto da discricionariedade, o autor aponta sua antinomia com a ideia de direito público subjetivo, porém os concilia com o reconhecimento ao agente administrativo de margem discricionária para escolher a melhor opção ao caso concreto.

PREFÁCIO | 17

Opta-se pela expressão "poder discricionário", em vez de "ato discricionário", pois discricionário é o poder ou a faculdade e, não, o ato administrativo. É reconhecido, porém, que dominou, por muitos anos, a corrente de opinião que adota a expressão "ato discricionário".

A obra indaga sobre a topografia do poder discricionário: tema da Teoria Geral do Direito ou do Direito Administrativo? Cita-se a doutrina que defende tratar-se de instituto comum dos três poderes e a outra, segundo a qual o juiz não dispõe de faculdade discricionária, mas interpretativa, de encontrar a única solução possível.

Firma-se em que a discricionariedade do Poder Legislativo, que tem por parâmetro a Constituição, a consciência de seus membros e a vontade popular, é muito mais ampla. Já o juiz não se valerá da oportunidade ou conveniência, mas encontrará, na situação concreta, a única solução capaz de compor a lide de acordo com a vontade da lei. Procurará adequar o fato a determinada norma prevista no sistema jurídico e, se não a encontrar, não poderá decidir.

Fixa-se que o poder discricionário é exercido segundo as pautas da moralidade e da impessoalidade, proporcionalidade e razoabilidade, não podendo exceder-se para penetrar no setor plenamente regulado por lei, uma vez que se trata aí de domínio para o ato vinculado, nem para beneficiar o interesse próprio ou prejudicar o inimigo ou adversário político. Com esse fim, a perquirição dos motivos determinantes é essencial, afastando-se assim a maldade do agente e a intenção de dano.

Na questão da discricionariedade técnica os debates progredirão, pois acha-se previsto que o juiz possa decidir na lacuna de toda a lei e, eventualmente, valer-se da perícia para resolver sobre o melhor julgamento não somente quando da opção técnica tenham decorrido danos ao indivíduo mas também quando se escolhe o meio de se empreender, adiar ou recusar determinada obra ou serviço, para se obter o bem comum.

Na análise da discricionariedade a obra registra existirem limites da lei e dos conceitos imprecisos. Para este fim, o administrador pesquisa a finalidade da lei que traduzirá o interesse a ser perseguido pelo ato administrativo.

A razoabilidade e a proporcionalidade são particularmente estudadas. A proporcionalidade, com apelo à necessidade e adequação do meio para se obter o resultado. Pode ser acrescentado que o interesse social prevalecerá sobre o individual, embora o sacrifício da pessoa deva ser indenizado pela sociedade.

Enfatiza-se o desvio do poder como fuga dos fins assinalados pela lei e a arbitrariedade, inconfundível com a arbitragem, com a extrapolação da discricionariedade, comportamento sem lei ou fora da lei.

Considera-se que os conceitos jurídicos indeterminados não contêm discricionariedade para a Administração, competindo ao juiz encontrar a única solução admissível. Na discricionariedade há escolha entre duas ou mais alternativas válidas. Entretanto, existe a corrente doutrinária que adota o processo intelectivo na interpretação da norma e a escolha, ainda que reduzida, da conveniência e oportunidade, imune ao controle do Poder Judiciário.

O autor propõe que só exista discricionariedade ou elemento valorativo nos conceitos jurídicos indeterminados, em casos excepcionais, quando, esgotadas as possibilidades interpretativas, reste obscuridade que necessite de esclarecimento. Considera que, pela falta de maior estudo dos conceitos jurídicos indeterminados, no Brasil, o Judiciário é levado a admitir maior área para a discricionariedade e a não controlar atos administrativos viciosos e lesivos.

Ao passar pela seara do controle dos atos estatais assinala-se a extensa ação controladora, no caso dos atos administrativos, exatamente por causa do amplo campo de atuação da Administração e pelo excesso no uso do poder.

São reconhecidas, como formas de controle, o autocontrole, que é exercido de ofício ou mediante representação, a reclamação, o recurso hierárquico, o pedido de consideração e a revisão, os quais são devidamente conceituados. Segue o controle jurisdicional, exercido pelo Poder Judiciário, no Brasil, e, em Estados estrangeiros, como a França, pelo contencioso administrativo.

A obra examina o Poder Judiciário, desde sua origem, no Parlamento, como instrumento ineficaz de controle, dada a precedência do Poder Executivo. O contencioso administrativo surge como instrumento da Revolução Francesa para superar o impasse gerado pela divergência entre a Administração Pública e o Parlamento, desenvolvendo-se a ideia de que a Administração deve responsabilizar-se pelos próprios atos, sem qualquer interferência do Judiciário, por apreço à doutrina da separação de poderes.

No Império do Brasil esboçou-se o controle pelo contencioso administrativo do Poder Moderador. A República introduziu o controle unitário pelo Poder Judiciário, abolindo o contencioso administrativo e preservando apenas a competência atípica do Senado Federal para os crimes de responsabilidade.

A lesão ou ameaça a direito são reparáveis. A omissão do administrador público propicia recursos e revisão sem se produzir coisa julgada. Há também a consagração do controle administrativo por órgãos colegiados e de representação paritária do Estado e do contribuinte. O Poder Legislativo controla politicamente os atos administrativos e referenda decisões do

Poder Executivo. Os indivíduos passaram a ter, na Constituição de 1988, muitos instrumentos e garantias para desfazerem atos comprometidos pelo vício.

O autor concentra-se na investigação do controle exercido sobre atos administrativos emanados do poder discricionário.

Assente o controle sobre os atos vinculados, prevaleceu, na doutrina do Estado de Direito, que o Judiciário não tem competência para controlar os atos discricionários, por se defender a liberdade de escolha ao agente público.

Admite-se que a evolução do Direito permitiu o controle jurisdicional sobre a competência, finalidade e forma do ato administrativo, por se tratar de requisitos de sua validade. Tão somente o mérito do ato administrativo, que diz respeito a seu objeto e forma, estaria fora daquele controle.

A obra penetra nas legislações e doutrinas de autores e tribunais estrangeiros segundo as quais se levam em conta as necessidades públicas cujo atendimento não cause prejuízo ao particular.

Admite-se a evolução da jurisprudência da Alta Corte Administrativa da Alemanha para verificação do interesse público, da autoridade competente e do exercício do poder discricionário sem motivo legal ou de maneira contraditória com a lei.

No Conselho de Estado francês ocorre a incursão do controle do mérito do ato administrativo, fundado no poder discricionário, para ser verificado se a oportunidade e a conveniência dele são aceitas pela lei.

O autor entende que os atos administrativos estão sujeitos ao controle judiciário, havendo diferença quanto à intensidade do controle: nos atos vinculados, o controle é integral e, nos atos originários do poder discricionário, é excluído o respectivo mérito e se procura apurar se foi praticado dentro das condições e limites previstos.

Constata-se o retraimento da doutrina brasileira para que o controle seja limitado à legalidade. Registra-se o pensamento de Caio Tácito, que afasta a noção do equilíbrio jurídico para justificar que juiz e administrador fiquem em territórios próprios. Assinala-se a evolução daquela doutrina para verificação dos limites da ação discricionária que, além de constituírem fatos, são questões de direito, embora não componham o arcabouço exterior do ato administrativo, que é o setor consagrado para o controle jurisdicional. Evita-se assim a ditadura da burocracia e os direitos subjetivos dos cidadãos mantêm-se estáveis.

O autor marca posição em admitir que a oportunidade e conveniência do ato administrativo, cerne da discricionariedade, possam ser controladas pelos tribunais, como, por exemplo, no caso do respectivo fim que é limite (externo) à discricionariedade.

Interessante é o encontro do duplo controle no regime italiano. O Judiciário protege os *direitos* contra os atos vinculados da Administração Pública, cuidando a jurisdição administrativa da proteção dos *interesses legítimos* contra os atos provenientes do poder discricionário. A obra analisa a tendência do direito brasileiro para cuidar da evolução do controle exclusivo da competência e forma bem como da ofensa direta à lei em direção ao exame do motivo do ato administrativo. Cita-se a angústia da doutrina, ao deparar-se com a recusa judicial ao exame do ato administrativo editado pela competência discricionária, setor no qual a jurisprudência polonesa encontrou concentração de abuso e desvio de poder.

Sobre os atos disciplinares há referência ao controle da existência do processo administrativo e da competência da autoridade, únicos casos investigados pela Justiça. Anima-se com a progressiva incursão na observância das formalidades jurídicas e da compatibilidade da decisão com as provas dos autos. Nesta parte da obra, efetiva-se pausa no desenvolvimento do estudo e retorno ao regime francês para admitir que os tribunais administrativos, ao contrário da doutrina, examinam o mérito do ato administrativo.

Invoca-se a autoridade de *Jèze*, segundo o qual o ato administrativo regular na aparência que tenha perseguido finalidade diferente daquela da ordem legal é viciado pelo excesso de poder.

Há pesquisa na doutrina brasileira para se concluir que, embora o controle do mérito deva ser evitado, irá efetivar-se quando o desvio do fim for evidente ou, segundo as edições posteriores de Hely Lopes Meirelles, o ato político for considerado lesivo a direito individual ou ao patrimônio público.

O autor, com o exemplo da construção de edifício escolar em bairro não habitado, sem atender à demanda das crianças em idade escolar e visando beneficiar o prefeito, com a valorização de lotes vagos que lhe pertencem, pergunta se, nesses casos, deve prevalecer o impedimento à ação do Poder Judiciário, como requer a maioria dos doutores, no caso do mérito do ato administrativo.

O *gran finale* da obra ocorre com a afirmação de que a pesquisa e o processamento dos dados obtidos levaram à conclusão de que o mérito do ato administrativo — oportunidade e conveniência — pode ser apreciado pelo Poder Judiciário se provocado por meio de ação própria.

O autor reitera o crescimento do controle, desde a inexistência, no Estado absolutista, até a observância dos motivos determinantes, dos princípios da razoabilidade e proporcionalidade, da finalidade e da capacidade, passando pelos conceitos jurídicos indeterminados ou imprecisos dos quais se destacam o relevante interesse público (coletivo), perigo iminente,

PREFÁCIO | 21

imperativo de segurança nacional, notório saber jurídico, necessidade e utilidade pública e interesse social.

É reforçada a pesquisa das variadas posições doutrinárias sobre os conceitos indeterminados e define-se que cumpre ao Judiciário confirmar, ou não, a escolha efetivada pelo agente do ato administrativo sem admitir que possam existir soluções alternativas.

Passa-se à identificação de precedentes nos quais o Superior Tribunal de Justiça e a Justiça Federal exerceram escolhas diferentes daquelas dos agentes administrativos para obter a moralidade administrativa e a razoabilidade. Mostra-se que na desapropriação o Judiciário não se limita mais à observância da forma e ao valor da indenização, mas procura o uso correto do poder.

O autor vale-se da doutrina de Sérgio Ferraz, segundo a qual não se identifica mais de uma conduta que atenda à concreção da norma jurídica sendo lícito ao Judiciário anular o ato administrativo quando identificar que o exercício do poder discricionário não adotou a opção querida pela lei. Trata-se aí de caso de aplicação adequada da norma e não de interferência indébita.

A tese propõe questionamento fundado em fatos da realidade brasileira. Será possível ao Judiciário deixar escapar o controle da oportunidade dos gastos públicos quando, por exemplo, é saneado o mercado financeiro e se deixa a saúde pública em ruínas? Não ocorre aí argumento *ad terrorem*. Será hipócrita a admissão de que, em casos como este, não se tenha investigado o mérito do ato administrativo. O precedente do Supremo Tribunal Federal que tratou da norma original do art. 192, §3º, da Constituição de 1988, que limitava os juros reais do sistema financeiro nacional, contém poderosos fundamentos de oportunidade e conveniência da política econômica do País (Ação Direta de Inconstitucionalidade nº 4/DF. Relator: Ministro Sydney Sanches. Acórdão de 7 março de 1991).

Exemplos outros de reavaliação do mérito do ato administrativo são postos como o da possibilidade de revisão da matança indiscriminada de suínos, como medida preventiva contra a peste, em setor no qual mais ocorre o desvio de poder que é o da polícia administrativa.

Adequado é o chamamento da avaliação dos pressupostos para o tombamento, como instrumento de preservação da Cultura. Acrescenta-se à cogitação do autor que tanto o interesse cultural como a oportunidade de preservá-lo devem ser considerados.

Acrescentam-se comentários sobre a reavaliação das desapropriações e da construção de vias públicas bem como dos pressupostos para a edição de medidas provisórias.

A tese convoca os juízes, de modo candente, para que rompam com o mito de que o controle do mérito do ato administrativo pelo Poder

Judiciário significa invasão de competência. Não compreende que se faça justiça sem a contextualização da norma. Apela para a seguinte constatação: no Estado que não se serve do contencioso administrativo o administrador será absoluto. Compreende-se que não tenha esgotado as proporções do controle. Para não escandalizar os clássicos nem desmerecer-se no comum da disciplina doutrinária que é avessa à inovação e esconjura criações de grande impacto. Mas a tese é o começo da estrutura que suportará a análise, pelo Poder Judiciário, das questões profundas e intestinas do ato administrativo.

Efetivamente, no mérito do ato administrativo encontram-se os rumos do governo, as controvérsias mais instigantes e desafiadoras, as reais alternativas entre o bem e o mal, por isso que mais difícil de ser resolvido. Se não é possível reavaliá-lo, a jurisdição é incompleta, perfunctória e se descumpre a garantia constitucional do acesso ao Poder Judiciário em caso de qualquer lesão ou ameaça de direito. Na comparação entre os valores constitucionais há de ser descoberto qual é o mais importante: separação de poderes ou garantia de jurisdição integral?

Enquanto a separação de poderes é instrumento de realização do governo democrático, o ambiente mais propício a este, a garantia de jurisdição preserva o homem e a sociedade contra a lesão ou ameaça, possui efeito mais concreto à vida das pessoas.

É possível sonhar-se com o dia em que juízes e tribunais perceberão que, para realizarem sua missão, na completude desejável, terão de se libertar das presas dos preconceitos estéreis, dos paradigmas superados.

Observa-se que os juízes constantemente estão a reavaliar o mérito dos atos administrativos. Abstêm-se de assumir essa reavaliação por considerarem limitado o julgamento da discricionariedade. Mas é chegado o tempo de conciliarem o que efetivam com o que afirmam. Desvencilhar-se das amarras teóricas, dos postulados irreais.

Somente em teoria cerebrina foi possível construir-se a separação de poderes como construção insular. Ilhas porque não se comunicam. À medida que se desenvolvem os direitos do homem e do povo os diversos responsáveis pelo governo são convocados a uma ação integrada e respeitosa, coerente e desapegada. Artificialmente absoluta, a doutrina da separação de poderes apresenta, nos diversos regimes políticos, atenuações, contenções, que permitem, por exemplo, relatórios e informações do Executivo ao Congresso bem como elaboração de súmulas vinculantes pelo Supremo Tribunal Federal.

É para o *fogo novo* de um Direito emancipado e de um Estado Social que se dirige a construção da doutrina altaneira da presente obra que certamente é fortemente recomendada à leitura e reflexão dos professores, juízes, advogados, promotores e estudiosos do Direito. Para que sejamos

PREFÁCIO | 23

mais ativos, desprendidos, assertivos quando estamos a cumprir o compromisso democrático com a felicidade do povo e das futuras gerações.

Belo Horizonte, outubro de 2010.

José Tarcízio de Almeida Melo
Doutor em Direito Constitucional pela Faculdade de Direito da UFMG.
Professor de Direito Constitucional da Faculdade Mineira de Direito da PUC Minas. Desembargador do Tribunal de Justiça do Estado de Minas Gerais.

NOTA DA SEGUNDA EDIÇÃO

Este livro é resultante da minha tese de doutorado em Direito Administrativo, defendida em 2001. Até àquela data, a exaustiva pesquisa não encontrou outra tese ou livro que tratasse do controle do mérito do ato administrativo. Por isso, vários colegas do curso de mestrado e de doutorado entendiam que a tese pretendida não encontrava amparo na doutrina e nem na jurisprudência.

Entretanto, no ano da sua publicação, 2011, por coincidência, outra tese resultante também de uma pesquisa de doutorado sobre o controle judicial da discricionariedade administrativa veio a lume. O autor, ainda jovem, é reconhecido no meio acadêmico nacional, com repercussão no exterior pela qualidade e profundidade dos seus trabalhos acadêmicos representados por livros, capítulos de livros e artigos publicados nos periódicos bem qualificados pela CAPES. Referido autor também defende, com muita lucidez, o controle do mérito do ato administrativo pelo Judiciário.

Em 2014, outro livro resultante de tese de doutorado é editado pela Revista dos Tribunais, com o título *Discricionariedade administrativa e judicial: o ato administrativo e a decisão judicial.* Esse outro livro é de autoria do também jovem jurista, Georges Abbou, autor de vários livros, capítulos de livros e artigos, reconhecidos e de leitura obrigatória. Ele também defende o controle do mérito do ato administrativo pelo Judiciário.

Esta 2ª edição foi corrigida, atualizada e ampliada. Os dois autores citados acima, além de outros, foram trabalhados. Além do reforço doutrinário, ampliou-se a pesquisa jurisprudencial.

Na ampliação, além da contribuição dos referidos autores, a presente edição incorpora o subitem 10.4.3 "Judicialização da política pública da saúde". Examinou-se o marco legal da saúde e o marco legal do planejamento, orçamento público e decisões judiciais determinando a União a fornecer medicamentos e tratamentos de pacientes no Brasil e no exterior.

Tentou-se nesse subitem, em poucas páginas, confrontar o direito à saúde com a exigência do orçamento e do planejamento públicos, cuja observância é obrigatória, sob pena de a autoridade cometer crime de responsabilidade, com as consequências penais, o que poderá ser constatado no capítulo 10.

INTRODUÇÃO

A discricionariedade administrativa não é tema jurídico novo, já há algum tempo estudiosos vêm se dedicando à matéria. Ainda assim, estudá-la continua sendo de interesse atual.

No Direito estrangeiro, muitos são os autores que há anos se debruçam sobre o tema acompanhando a mutação social e a evolução do Estado e do Direito. Os estudos são divulgados em manuais de Direito Administrativo, periódicos especializados e livros específicos.

No Direito pátrio, as revistas jurídicas especializadas e os livros de Direito Administrativo versam a discricionariedade, sempre inovando, principalmente quanto ao controle.

Na última década do século XX, autores brasileiros dedicaramse, com mais afinco, aos estudos da discricionariedade, principalmente sob o viés do controle pelo Poder Judiciário, entre os quais destacamse Maria Sylvia Zanella Di Pietro (*Discricionariedade administrativa na Constituição de 1988*, publicado em 1991), Celso Antônio Bandeira de Mello (*Discricionariedade e controle jurisdicional*, publicado em 1992) e Germana de Oliveira Morais (*Controle jurisdicional da Administração Pública*, publicado em 1999).

As obras que abordam o tema, tanto as brasileiras quanto as estrangeiras, registram sensível evolução do entendimento sobre a discricionariedade administrativa e seu controle, comparando-se os primeiros escritos com os atuais. A leitura dos textos doutrinários e da jurisprudência dos tribunais pátrios, na ordem cronológica, revela que se partiu da ideia de que o Poder Judiciário não detinha competência para controlar atos administrativos decorrentes do poder discricionário conferido ao administrador público, evoluindo para o entendimento de que a aludida espécie de atos sujeita-se ao controle judiciário quando o agente agir com abuso de poder ou desvio de finalidade. A impossibilidade da sindicabilidade dos atos denominados discricionários continua, para a doutrina e a jurisprudência majoritária no que tange à conveniência ou à oportunidade — mérito do ato. Este, sustentam, é insindicável pelo Judiciário, pois, do contrário, o juiz estaria substituindo o administrador público, o que configuraria hipótese de interferência de um Poder sobre outro, o que é vedado pela Constituição da República.

Entretanto, já no apagar das luzes do século passado começam a surgir alguns poucos autores pátrios defendendo a sindicabilidade do mérito do ato administrativo pelo Judiciário. Entre eles, talvez o primeiro, destaca-se Sérgio Ferraz. A jurisprudência, ainda discreta e minoritária, vem admitindo, em alguns casos, o controle jurisdicional do mérito do ato administrativo.

Veja-se que esse recente enfoque, ainda pálido e esparso, evidencia, com clareza, que o estudo da discricionariedade administrativa não está esgotado. Desse modo, muito se pode, ainda, escrever sobre o tema. Cada avanço da pesquisa na busca dos esclarecimentos sobre a matéria, quanto ao seu controle, sobretudo, abre novas janelas para outras investigações. E foi por uma dessas janelas — que se abre para o exame da conveniência e oportunidade do ato administrativo — que se pretendeu visualizar o horizonte estampado na clareira, com o firme propósito de transpor mais um obstáculo no estudo sobre a discricionariedade. Pretendeu-se demonstrar que as acanhadas e isoladas posições que defendem o exame do mérito do ato administrativo pelo Poder Judiciário estão corretas; respondendo à seguinte indagação: O Poder Judiciário reveste-se de competência para sindicabilizar o mérito do ato administrativo com o fito de declarar a sua nulidade ou a sua legalidade?

A investigação aqui proposta justificou-se por vários motivos, e um deles é o fato de que a pesquisa científica é dinâmica e nunca se satisfaz plenamente; ela está sempre à procura de novidades e de conhecimentos novos, voltados, na maioria das vezes, para o interesse social na mais ampla perspectiva possível. Outro motivo — e que interessa mais de perto a este trabalho — consiste no fato de que a Administração Pública ainda pratica, com assustadora frequência, atos ilegais e danosos, jurídica e patrimonialmente, sob o manto da discricionariedade.

A recusa sistemática do Judiciário de incluir em seu controle a conveniência e a oportunidade alegada pelo administrador público nos casos concretos contribui, inexoravelmente, para a prosperidade e permanência de atos causadores de danos ao indivíduo, à sociedade ou ao erário. Com esse comportamento, o Judiciário acaba contribuindo, por omissão, para a proliferação de atos que se excluem do seu controle, a despeito de ilegítimos ou ilegais. Com frequência, em nome da conveniência ou da oportunidade, o administrador público, por ignorância, mau assessoramento ou má-fé, edita ato contrário ao interesse público. Portanto, ato inválido, que, por determinação expressa da Constituição da República, não pode se excluir da apreciação do Judiciário.

A obra divide-se em dez capítulos, com os seguintes enfoques: o primeiro Capítulo cuida da teoria do Estado desde a sua origem, passando por todos os paradigmas até o Estado Democrático de Direito; o segundo Capítulo focaliza a Administração Pública abordando o seu conceito, estrutura e competências. Deu-se destaque à política da privatização e à da prestação dos serviços públicos, com a participação efetiva da iniciativa privada por meio de parcerias das mais variadas modalidades, incluindo o terceiro setor na prestação de determinados serviços públicos; o terceiro

Capítulo examina o Direito Administrativo desde a origem, passando pela sua evolução até os dias atuais e lançando as suas perspectivas para o século XXI. Pretendeu-se evidenciar o enfraquecimento da tese que sustenta a atuação unilateral da Administração Pública, cedendo lugar à participação da sociedade na formulação das políticas públicas e de outras medidas estatais em benefício do interesse social. Evidenciou-se que o Direito Administrativo mudou o seu enfoque, deixando de ser um direito da Administração Pública, usado em seu benefício, para se tornar direito de proteção e de defesa dos cidadãos. O Capítulo quarto examina o ato administrativo focalizando principalmente o essencial ao objetivo do livro; o quinto Capítulo cuida do poder discricionário à luz dos diversos paradigmas de Estado, ressaltando a sua evolução no que tange às limitações do agente público e aos meios de controle; o sexto Capítulo retoma o exame dos atos administrativos, apenas os vinculados e os discricionários, com a finalidade de sustentar que não existe ato discricionário, mas atos resultantes do poder discricionário; o sétimo Capítulo cogita da discricionariedade e de seus limites para o efeito de controle; o oitavo Capítulo procura distinguir discricionariedade de conceitos jurídicos indeterminados, com a finalidade de demonstrar que, quando se está diante de conceito jurídico indeterminado, não se cogita de escolha, mas de intelecção da norma. Essa compreensão reduz consideravelmente o campo da discricionariedade. O Judiciário, com frequência, ao julgar atos da Administração Pública não leva em consideração essa distinção e, por isso, decide mal, em muitos casos. No nono Capítulo, examina-se o controle da discricionariedade, focalizando o autocontrole exercido pela Administração, o controle pelo Legislativo com o auxílio do Tribunal de Contas e, por fim, com mais ênfase, o controle pelo Poder Judiciário; e o décimo e último Capítulo sintetiza o núcleo do presente livro, que consiste no exame do mérito do ato administrativo pelo Poder Judiciário. Salientando-se que o juiz não tem condições de declarar determinado ato nulo, por desvio de finalidade, por exemplo, se não penetrar o mérito do ato. Entretanto, a maioria dos autores que defendem o controle da discricionariedade, inclusive quanto à finalidade, sustenta que ao Judiciário é defeso examinar o ato administrativo quanto à conveniência e à oportunidade. Esse entendimento é incongruente, considerando-se, principalmente, que a conveniência está vinculada à finalidade. Evidencia-se, ainda, que o exame jurisdicional do mérito não configura substituição do Executivo pelo Judiciário. O procedimento é legítimo meio de controle, outorgado pela Constituição da República ao Judiciário, sustentado na ideia de freios e contrapesos, meio limitador de um Poder pelo outro, com a finalidade de coibir abusos, no exercício da autonomia de que gozam os poderes.

CAPÍTULO 1

GÊNESE DO ESTADO

Recapitular a origem e evolução do Estado é de fundamental importância no desenvolvimento do presente trabalho. É que se retomam aqui noções propedêuticas indispensáveis à compreensão do objeto que se tem em vista, a discricionariedade e seu controle pelo Judiciário, relacionados com a Administração Pública e com o ato administrativo. Examinar-se-á a origem do Estado, sua incorporação ao sistema jurídico e sua evolução.

1.1 Origem do Estado

No estado de natureza, o homem, organizado em sociedade rudimentar (horda, clã, família e tribo), era livre, não se sujeitando a comandos legais, nem a comandos e controles superiores. Posteriormente, à medida que foi se organizando em sociedade, passou a se submeter a orientações e ordem do chefe do grupo a que se integrava. Exercia, cada qual, poderes sobre suas propriedades e pertences pessoais. Essa foi a regra que vigorou por muito tempo.

A evolução social nos primórdios tempos, ainda que rudimentar, contribuiu para que a propriedade, sobretudo a imobiliária, passasse a despertar interesse maior, tornando-se, em consequência, cobiçada. O crescimento dos grupos e o aumento de seu número geravam maior pressão sobre a propriedade e de outros valores econômicos e políticos, pondo em risco a segurança e a estabilidade das comunidades e de cada membro delas integrante.

A lei da natureza ou de Deus era desprovida de coercibilidade e não cominava pena. Com isso, os ambiciosos, individualmente ou em grupo, não tinham controle sobre seus impulsos de conquistas, a não ser o da força

32 | EDIMUR FERREIRA DE FARIA
CONTROLE DO MÉRITO DO ATO ADMINISTRATIVO PELO JUDICIÁRIO

física do prejudicado ou ameaçado. Cada indivíduo podia usar sua própria força, contra qualquer outro, em defesa de sua família e propriedade.

A ameaça de conquista por grupos externos, a possibilidade de conflitos internos e a fragilidade dos meios de proteção levaram as comunidades à insegurança. Tanto aos grupos quanto aos seus membros, individualmente.

Essa situação de fragilidade e impotência para defender seus direitos levou os homens do estado de natureza a idealizarem e a criarem uma entidade legal *supra* grupos sociais, visando à segurança e à proteção das pessoas e respectivas propriedades. A essa entidade que se dera o nome de Estado, foi transferida parte dos poderes de cada membro, para que ele se organizasse de maneira a proteger a todos e garantir-lhes a propriedade. Eis, pois, o Estado, entidade de defesa e administração dos interesses gerais e comuns do povo. Para isto, o Estado, ente congregador dos grupos primitivos e superior a eles, competia editar as leis que julgasse necessárias e indispensáveis ao desempenho de suas funções. As leis sujeitar-se-iam ao princípio fundamental, contido no estado de natureza. Alexandre Gropalli, a propósito da origem do Estado, opina:

> A necessidade de defesa, sobretudo, levou os grupos primitivos a associarem-se e a submeterem-se a uma autoridade unitária, tendo sido a determinante do aparecimento do Estado.[1]

Quando o Estado surgiu na condição de pessoa jurídica decorrente da vontade dos citados grupos sociais? Para esta indagação não se tem uma resposta segura e incontestável. Mário Lúcio Quintão Soares a propósito do tema elucida:

> Não é tarefa simples divisar, com rigor científico, o momento do aparecimento do aparato estatal, mas seus paradigmas são encontrados nas instituições políticas da Antiguidade e da Idade Média.[2]

É, Mario Quintão está correto. Não se pode precisar o momento em que o Estado surgiu, mas se pode afirmar que a sua origem é fruto da evolução política dos grupos sociais primitivos ao longo dos anos compreendidos na Antiguidade e na Idade Média.

---

[1] GROPPALI, Alexandre. *Doutrina do Estado*. Trad. Paulo Edmur de Souza Queiroz. 2. ed. São Paulo: Saraiva, 1968. p. 80. Trad. da 8. ed. italiana.

[2] SOARES, Mário Lúcio Quintão. *Teoria do Estado*: novos paradigmas em face da globalização. 3. ed. São Paulo: Atlas, 2008. p. 73.

1.2 Formas de governo

A classificação originária das formas de governo foi elaborada por Platão e Aristóteles.

Platão propõe formas de governo segundo o número de governantes. Em conformidade com essa orientação, ter-se-á: a realeza, que consiste na soberania de um só; a aristocracia, soberania de alguns; e a democracia, soberania do povo. Ao final, o mesmo pensador grego reviu a sua teoria resumindo-a em monarquia e democracia. A primeira sustentada no princípio da ordem da unidade garantida pelo poder e a segunda, democracia, baseada no princípio da liberdade.

Aristóteles retoma a primitiva classificação de Platão, baseada no número de governantes. Seria então: realeza, soberania de um único homem, voltada para o bem comum; aristocracia, em que um pequeno grupo de elite governa, procurando o bem-estar de todos; e a democracia, governo de todos voltados para a igualdade e o bem comum.

Sustenta Aristóteles que o governante, em qualquer dos tipos de governo acima referidos, deve atuar em benefício do bem-estar de todos, e não em seu proveito próprio. Adverte, entretanto, que as aludidas formas de governo podem desvirtuar-se para a tirania, que seria a monarquia utilizada no interesse pessoal ou particular do único governante, tirania; a oligarquia, interesse das classes governantes; e, por último, a democracia degenerada, consistiria no governo preocupado somente com interesse de grupos.[3]

1.3 Evolução do Estado

O Estado, criado e entregue a governante para esse fim escolhido, evoluiu e afastou-se dos princípios que presidiram a sua criação, tornando-se autoritário e opressor, ao invés de perseguir o fim precípuo idealizado, qual seja, atender ao interesse comum com igualdade, dignidade e justiça.

Considerando o Estado quanto aos seus limites de atuação, isto é, poder e competência, em relação aos súditos, no passado, e aos cidadãos, nos tempos modernos, a doutrina o classifica em "Estado patrimonial", "Estado de polícia" e "Estado de direito".

O "Estado patrimonial" revela a situação segundo a qual o Estado constitui propriedade particular do príncipe, do soberano. Esse detém o poder de dispor dos bens segundo a sua vontade e interesse, sem restrição de ordem legal ou oposição de quem quer que seja.

---

[3] ZIPPELIUS, Reinhold. *Teoria geral do Estado*. Trad. Antônio Cabral de Moncada. 2. ed. Lisboa: Fundação Calouste Gulbenkian, 1984. p. 72-74.

No "Estado de polícia" o príncipe perde a propriedade das coisas do Estado. Essas passam a pertencer ao povo. O governo, então, deixa de ser do príncipe na defesa de seus interesses. A sua condição torna-se a de administrador da *res populis*, coisa pública.

O príncipe, nessa fase do Estado, é dotado de plena e ampla discricionariedade. A ele, e somente a ele, compete escolher e decidir o que melhor convém aos súditos. A estes são reconhecidos apenas os direitos civis. Os direitos públicos lhes são negados. O Estado é absolutista, prevalecendo sempre a vontade do monarca, que atua na plenitude da liberdade política. Essa fase foi denominada a do Estado absolutista.

No "Estado de direito" prevalece o primado da lei. A ela se submetem os súditos e o próprio Estado e os seus dirigentes. Aos indivíduos são garantidos meios de defesa contra comportamento do administrador público em desacordo com a lei e com o direito.[4] Essa fase do Estado, dada a sua importância e atualidade, será objeto de exame em item próprio, neste Capítulo.

1.3.1 Estado autoritário

O Estado autoritário se opõe ao Estado Democrático de Direito. Entre as fases do Estado de que se deu notícia no item anterior, figura a do Estado de polícia, primeira fase do denominado Estado novo, fase autoritária. Os cidadãos são submetidos à vontade despótica do príncipe. As pessoas não tinham liberdade. Agiam segundo a determinação do soberano. Zippelius, a propósito do Estado de polícia, escreveu:

> Encontram-se já claros indícios de regulamentação de toda a vida dos vassalos em detalhe, até aos assuntos privados, desde a confissão e a missa até ao vestuário, da profissão até à comida e bebida, no Estado polícia do Século XVIII, tal como no exemplo da Prússia de Frederico Guilherme I. O Estado tornou-se o grande tutor dos seus cidadãos, em cujas mãos se concentram o poder político, a autoridade religiosa e a política econômica do país.[5]

A ditadura é meio de revelação do Estado absolutista, ainda frequente nos dias atuais. Ela pode ser legal, isto é, prevista em lei ou autocrática. No primeiro caso não se cuida de monarquia pura. É possível a participação de outros órgãos, mas com prevalência monocrática. Essa modalidade de ditadura foi utilizada para a solução de questões políticas e até de segurança por meio de medidas rápidas e enérgicas. Para isso se conferiu, temporariamente, poder a um só governante para que promovesse medidas

---

[4] GROPPALI, *op. cit.*, p. 103.
[5] ZIPPELIUS, *op. cit.*, p. 136.

visando a contornar situações políticas no plano interno e no externo. Já a ditadura autocrática caracteriza-se pela tomada do poder em virtude de golpe de Estado ou de revolução.[6]

Nas duas hipóteses, instalam-se, fora do governo, movimentos militares ou civis com o objetivo de assumir o poder. Pregam a incompetência do governo, ou seu descaso com os administrados, a prática de medidas descompromissadas com o interesse público e voltadas para interesses pessoais ou de grupos privilegiados, corrupção, imoralidade administrativa, além de outras.

Com estas e outras alegações contra o governo, os articuladores acabam conquistando a simpatia do povo e o consequente respaldo popular para derrubar o governante.

Assumindo o poder, os revolucionários ou os golpistas, nos primeiros momentos procuram realizar o que está sendo exigido ou reclamado pela população. Logo em seguida, entretanto, o ditador, que foi escolhido pelos participantes do movimento, dentre seus integrantes, inicia medidas e programas de governo com vistas ao seu fortalecimento e permanência no governo. Para isto, assassinam seus próprios companheiros do movimento, eliminam os chamados inimigos do novo regime de governo, cassando mandatos ou direitos políticos, exilando ou assassinando os "subvertores" da ordem. Fecham temporariamente, ou por tempo indeterminado, o Legislativo, assumem a função legiferante, parcial ou total, editam normas jurídicas limitando a competência dos juízes em matéria que envolva a Administração Pública, além de outras medidas restritivas da liberdade.

A tirania dos governantes, em quase todo o mundo, chegou ao cume por volta dos séculos XVI e XVII. A situação de instabilidade, insegurança e espoliação a que se submeteram as pessoas inspirou o movimento cultural que floresceu no século XVII e frutificou com a histórica Revolução Francesa de 1789.

Os países europeus, e outros, como os Estados Unidos, por exemplo, tiveram participação decisiva no aludido movimento cultural.

1.3.1.1 O fisco, pessoa jurídica de direito privado

No Estado de polícia o soberano deixa de se preocupar com o patrimônio, para se preocupar com as coisas do Estado, progresso, desenvolvimento, conquista e reconhecimento de sua soberania ante os demais Estados. A população, entretanto, vê-se marginalizada. Não se cuida de projetos e nem de programas de interesse social. A sociedade é totalmente desprovida de meios de defesa contra os abusos e os descasos do príncipe.

---

[6] ZIPPELIUS, *op. cit.*, p. 78.

EDIMUR FERREIRA DE FARIA
CONTROLE DO MÉRITO DO ATO ADMINISTRATIVO PELO JUDICIÁRIO

Preocupados com os abusos resultantes do poder absoluto do príncipe, os doutrinadores, sobretudo os alemães, desenvolveram a teoria do fisco. Por essa teoria, adotada durante muito tempo, o patrimônio público não pertence ao príncipe e nem ao Estado, mas se constitui em pessoa jurídica de direito privado, distinta do Estado, pessoa de direito público, dotado de mando e de império, segundo a vontade do príncipe, excluído do controle dos tribunais. O fisco, ao contrário, regido pelo direito privado, submetia-se aos tribunais comuns.

Maria Sylvia Zanella Di Pietro, analisando essa particularidade do fisco ao lado do Estado, conclui:

> Com isto, muitas das relações jurídicas em que a Administração era parte passaram a ser regidas pelo *direito civil* e a submeter-se a tribunais independentes, sem qualquer vinculação ao príncipe. Estes tribunais passaram a reconhecer, em favor do indivíduo, a titularidade de direito adquirido contra o fisco, todos eles fundamentados no direito privado.
>
> Mas o Estado, pessoa jurídica, enquanto poder público, continuava sem limitações estabelecidas pela lei e indemandável judicialmente pelos súditos na defesa de seus direitos. A bifurcação da personalidade do Estado apenas abrandou o sistema então vigente, nas não o extinguiu.[7]

1.3.1.2 Administração Pública e seus atos no Estado absolutista

Enquanto vigorou o modelo de Estado absoluto, autoritário, prevaleceu a vontade do soberano, como se viu. O príncipe era, normalmente, a lei ou o próprio Estado. Daí Luiz XIV haver sustentado que "L'État c'est moi" (o Estado sou eu). O governante nesse paradigma de Estado, justificando a sua autoridade, sustentava, por exemplo, que nenhuma folha se move, em todo o mundo, se Deus não quiser. Assim, o homem só agirá segundo a vontade de Deus. Ora, se alguém foi escolhido para governar, o foi por vontade de Deus e, assim, apenas a este, o escolhido prestará obediência. Dessa forma, sendo o governante indicado por Deus, logicamente será, na terra, o seu representante, portanto, soberano. Os súditos deverão submeter-se à autoridade de seu governante e com ele colocar-se de pleno acordo, considerando que a vontade dele é a vontade divina. Em virtude

---

[7] DI PIETRO, Maria Sylvia Zanella. *Discricionariedade administrativa na Constituição de 1988*. São Paulo: Atlas, 1991. p. 12.

CAPÍTULO 1
GÊNESE DO ESTADO | 37

dessa compreensão insculpiram-se as seguintes máximas: "a vontade do rei é a lei suprema", "aquilo que agrada ao príncipe tem força de lei", "o rei não erra" e "o rei não faz o mal" (teoria Divina dos reis). As leis, quando existiam, eram elaboradas e aprovadas sem a participação do povo. Além disso, a edição de leis, bem como a sua aplicação, fiscalização e controle enfeixavam-se, comumente, nas mãos de uma pessoa ou de um grupo monolítico encarregado do governo. Muitas vezes o príncipe dizia a norma a regular determinado fato, depois do seu acontecimento, ao examinar o caso concreto. Dito de outra forma, o príncipe editava a norma para reger o fato consumado.

Durante esse período, não existiu, obviamente, Direito Administrativo. A administração, contudo, existia. O fenômeno administrativo existiu sempre, mesmo antes da criação do Estado. A organização social, por mais rudimentar que seja, imprescinde do sistema administrativo com o mínimo de organização.

A administração pressupõe atos por meio dos quais exerce ou materializa suas atividades. Portanto, havendo administração, haverá atos. Assim, se sempre existiu administração, sempre existiram atos. Só que esses atos não eram considerados atos administrativos, como expressão jurídica modernamente adotada pelo Direito Administrativo. Os atos então praticados pelos Estados absolutistas ou autoritários, e que deram origem aos atuais atos administrativos, denominaram-se atos da Coroa, atos do Rei ou atos do Fisco.

O sistema de controle desses atos era mais político que jurídico. O controle jurídico, democrático da Administração surgiu, de maneira plena, com a clássica separação dos poderes do Estado.

Para Stassinopoulos o Estado pode existir sem lei e sem juiz, mas não sem administração. Esta é a primeira função do Estado e, por esta razão, gozou de posição preponderante em relação às outras funções do Estado. Nessa época, a administração confundia-se com o Poder Público e, frequentemente, tomada como sinônimo de Estado.

É ainda de Stassinopoulos a sustentação de que no Estado-polícia, a Administração não se submetia ao controle judiciário. O controle dos atos da Administração tornou-se realidade depois do surgimento do Estado de Direito, quando esse passou a submeter-se à lei.[8]

---

[8] STASSINOPOULOS, Michel D. *Traité des actes administratifs*. Paris: Librairie Générale de Droit et de Jurisprudence, 1973. p. 17.

1.3.1.3 Contribuição jusfilosófica para a formação do Estado de Direito

No campo do Direito, participaram desse movimento cultural, entre outros, três imortais jusfilósofos, que passaram para a história em virtude da relevante contribuição que deram para a institucionalização da modalidade do Estado de Direito, sucessor do estado de natureza e do Estado absolutista, são eles: John Locke, Jean Jacques Rousseau e Charles de Montesquieu.

1.3.1.3.1 John Locke

A teoria da divisão dos poderes teve impulso com Locke, quem melhor cuidou do tema depois de Aristóteles e antes de Montesquieu, que sistematizou e teorizou a tripartição de poder do Estado. Até então, o soberano, titular do governo, detinha o poder de editar as leis, aplicá-las e julgar os conflitos delas decorrentes.

Aristóteles preconizava a conveniência de se estabelecerem três funções do Estado que deveriam ficar a cargo de três distintos órgãos: poder consultivo que se pronunciaria sobre a guerra e a paz e sobre as leis; a jurisdição e o magistrado que se encarregariam das demais funções da Administração.

Preocupado com as consequências nefastas da unipessoalidade na execução de funções importantes e distintas, indispensáveis ao funcionamento do Estado, Locke idealizou a separação da função de editar leis, da função de aplicá-las, visando a resguardar o súdito contra abusos do soberano.

É de Locke este tópico:

> É isso que os leva a abandonarem de boa vontade o poder isolado que têm de castigar, para que passe a exercê-lo um só indivíduo, escolhido para isso, entre eles, e, mediante as regras que a comunidade ou os que forem por ela autorizados concordem em estabelecer. E nisso se contém o direito original dos poderes legislativos e executivos, bem como dos governos e das sociedades.[9]

Em outro texto, afirma Locke que aquele que tem o poder de legislar ou o poder supremo da comunidade deve aplicar apenas as leis, votadas e aprovadas pela sociedade. Em oposição, não deve nunca se valer de decretos extemporâneos, e que juízes independentes e corretos devem

---

[9] LOCKE, John. *Segundo tratado sobre o governo*. São Paulo: Abril Cultural, 1973. p. 89. (Os Pensadores, 18). Este tratado foi publicado em 1690. Já em 1680, o mesmo autor publicou o primeiro Tratado sobre o Governo, refutando a obra patriarca de Sir Robert Silmor, defensor da monarquia absoluta.

CAPÍTULO 1
GÊNESE DO ESTADO | 39

incumbir-se de dirimir os conflitos oriundos da aplicação das leis. Disse mais: que, no âmbito do território da comunidade que representa ou dirige, deve a autoridade empregar a força da comunidade, somente na aplicação das leis. No campo externo, deve agir no resguardo e garantia da comunidade, contra atos de invasões.

Nenhum objetivo pode ter o encarregado da administração, senão "a paz, a segurança e o bem público do povo".[10]

Quanto ao poder do legislador, preleciona Locke que esse não pode ultrapassar o poder individual de cada súdito. Isto porque não se deve transferir poder, além daquele que se detém. As leis da natureza são fundamentais e continuam servindo (de base) para a edição das leis dos homens.

Locke estabeleceu quatro princípios que devem nortear os legisladores na elaboração das leis, em qualquer comunidade, fundados na lei de Deus e da natureza.

Ei-los:

- *Princípio da igualdade e justiça* – O governo da comunidade deve ser exercido com base em leis conhecidas, gerais e iguais para todos. Deve ser a mesma para os ricos, pobres e favorecidos do governo. O casuísmo é repugnável.

- *Princípio do interesse comum* – As leis devem visar apenas ao bem do povo.

- *Princípio da legislação tributária* – Os impostos sobre a propriedade não devem ser alcançados sem consentimento do povo, diretamente ou por seus representantes.

- *Princípio da indelegabilidade do poder derivado* – O legislador não pode, em absoluto, transferir o direito de editar as leis. O poder de legislar é do povo. O órgão legislador o exerce por delegação. Logo, não pode delegar. O poder delegante só o povo o detém.

As leis da natureza, afirma Locke, não são escritas, mas estão gravadas no pensamento e vontade do povo. Podem, por isso, surgir leis escritas contrárias às da natureza ou com elas conflitantes. Nestes casos, será necessário juiz independente e sábio para resolver os conflitos.

As leis devem ser permanentes, elaboradas de tempo em tempo. Ora, sendo as leis permanentes, não será necessária a existência de corpo legislativo permanente. Esse deve ser convocado somente quando for necessária a elaboração de novas leis. Cada assembleia de deputados deve ser composta de membros diferentes, em relação à anterior.

As leis sendo permanentes devem ser cumpridas enquanto existirem. É conveniente que exista um poder executivo permanente, distinto do legislativo, que é temporário.

---

[10] LOCKE, *op. cit.*, p. 90.

EDIMUR FERREIRA DE FARIA
CONTROLE DO MÉRITO DO ATO ADMINISTRATIVO PELO JUDICIÁRIO

Todavia, como as leis elaboradas imediatamente e em prazo curto têm força constante e duradoura, precisando para isso de perfeita execução e assistência, torna-se necessária a existência de um poder permanente que acompanhe a execução das leis que se elaboram e ficam em vigor. E, desse modo, os poderes legislativos e executivos ficam frequentemente separados.[11]

Locke preocupou-se com as questões externas, transações entre pessoas e comunidades diferentes, guerra e paz. Para o desempenho dessas atividades, ele imaginou uma função executiva distinta da executiva comum. Mas, para se evitar desordem, a função, embora especial, deveria ser exercida por órgãos do executivo comum. Dessa ideia surgiu o que hoje está assentado no Direito Administrativo, ato administrativo e ato de governo, ambos de competência do Poder Executivo, distintos entre si, quanto a natureza, finalidade, autoridade competente e controle.

1.3.1.3.2 Rousseau

Rousseau, filósofo, imortalizou-se na contribuição genial para a formulação do Estado de Direito, veiculada, notadamente, em uma de suas obras, o *Contrato social*, na qual traça o perfil ideal do Estado, Sociedade e Governo.

Para a harmonia do Estado com a sociedade e o governo é necessário, segundo Rousseau, um ponto de ligação comum, capaz de a todos unir.

O que existe de comum nesses vários interesses forma o liame social e, se não houvesse um ponto em que todos os sistemas concordassem, nenhuma sociedade poderia existir. Ora, somente com base nesse interesse comum é que a sociedade deve ser governada.[12]

O governo é assim conceituado por Rousseau:

Chamo, pois, de governo ou administração suprema o exercício legítimo do poder executivo, e de príncipe ou magistrado o homem ou o corpo encarregado dessa administração.[13]

Rousseau ensinava que o povo é soberano e exerce a soberania. Para a produção de leis deve escolher representantes exclusivamente para essa função. O Estado é o próprio povo, que se sujeita às leis criadas pelo poder soberano.

---

[11] LOCKE, *op. cit.*, p. 97.
[12] ROUSSEAU, Jean-Jacques. *Do contrato social*. São Paulo: Abril Cultural, 1973. p. 81. (Os Pensadores, 24).
[13] ROUSSEAU, *op. cit.*, p. 84.

O Estado existe por si mesmo e o governo só existe pelo soberano. Desse modo, a vontade dominante do príncipe só é, ou deveria ser, a vontade geral da lei(...)[14]

Ainda para Rousseau, o governo deve sacrificar-se ao povo e nunca o povo ao governo. Isto se justifica pelo fato de o governo existir para o povo e não o povo para o governo.

Conclui-se, dessa lição, que o governo deve exercitar-se segundo a vontade e o desejo da sociedade a que pertence. Havendo divergência entre governo e povo, deve prevalecer a vontade deste, em sacrifício daquele.

Quanto à função de elaborar as leis e de aplicá-las, Rousseau afirma que os que fazem as leis não devem ser as mesmas pessoas ou órgão que as aplica. Daí, a conveniência de o Executivo não se juntar ao Legislativo, na função de editar leis.

1.3.1.3.3 Montesquieu

Charles de Montesquieu com o monumental trabalho *Do espírito das leis*, aperfeiçoou a ideia de Aristóteles e a obra de Locke, teorizando de maneira definitiva a tripartição dos poderes do Estado.[15]

A divisão do Estado teorizada por Montesquieu, em Legislativo, Executivo e Judiciário, foi adotada por todos os Estados de Direito.

Sua teoria, obra de sistematização, centra-se na ideia de igualdade; sustenta a soberania popular, baseada no primado de que todos os homens são iguais. Sendo todos iguais, a todos pertence o poder. O Estado, criação desses homens, deles recebia parcela de poderes individualmente. Desta forma, a origem e a justificação do poder não teriam direito divino e nem positivismo pela força. O Estado teria origem na vontade de todos os indivíduos que compõem a comunidade social. Esse é o fundamento das ideias da soberania popular e da democracia.

1.3.2 Estado de Direito

A Revolução Francesa, ponto culminante do movimento cultural já referido neste Capítulo, instituiu o Estado de Direito na França com a adoção da tripartição do poder do Estado, teorizada por Montesquieu. Antes, os Estados Unidos já haviam adotado os três poderes.

Os normativistas, entre os quais Hans Kelsen, entendem que é de direito o Estado que edita as suas leis e a elas se submete, independentemente

---

[14] ROUSSEAU, *op. cit.*, p. 84.
[15] MONTESQUIEU. *Do espírito das leis*. São Paulo: Abril Cultural, 1973. (Os Pensadores, 21).

de serem democráticas e justas. Basta sejam as leis editadas pelo Estado, aplicadas e submetidas nos seus estritos limites.

Segundo outra corrente, dominante, para que se configure o Estado de Direito Democrático é indispensável, ainda, que as leis sejam dirigidas ao interesse social. Tenham por finalidade atender aos reclames da maioria e estabeleçam igualdade entre todos, tanto no plano individual quanto no coletivo, no exercício das atividades políticas, sociais e econômicas. Que o sistema jurídico assegure aos cidadãos meios e condições para postular em juízo na defesa de seus interesses, contra atos lesivos emanados de agentes públicos. Filia-se a esse posicionamento, entre outros, José Afonso da Silva.[16] Essa linha de pensamento é que melhor confirma a ideia de Estado não só de direito, mas democrático de direito.

1.3.2.1 Conceito

Forsthoff entende que Estado de direito liberal é aquele cujas atividades legislativas sejam separadas das executivas. Não basta, diz ele, sejam exercidas por pessoas diferentes. As pessoas devem ser separadas materialmente, de modo a estabelecer-se a independência recíproca.[17]

Para Stassinopoulos, no Direito Administrativo, a noção de Estado de direito ligou-se a uma teoria puramente jurídica e não a princípios filosóficos.

O Estado de Direito é aquele que visa à realização e à manutenção do Direito e da ordem legal em oposição ao Estado — Gendarme, onde a ambição se limita à manutenção da segurança.[18]

Stassinopoulos apresenta os seguintes elementos necessários à caracterização do Estado de Direito:

a) Especialização das funções básicas do Estado.

Consiste na separação dos poderes, segundo Montesquieu: funções executiva, legislativa e judiciária. De acordo com essa especialização, como é sabido, o titular de uma função não deve exercer a titularidade das outras, ainda que eventualmente. A transgressão por um órgão de seus limites caracteriza a invasão de competência de outro.

A observância da lei é dever inarredável dos órgãos do Estado.

---

[16] SILVA, José Afonso da. *Curso de direito constitucional positivo*. 16. ed. São Paulo: Malheiros, 1999. p. 116-126.

[17] FORSTHOFF, Ernest. *Traité de droit administratif allemand*. Trad. Michel Frounont. Bruxelas: E. Bruylant, 1969. p. 145.

[18] STASSINOPOULOS, *op. cit.*, p. 18.

b) Subordinação da Administração à lei, em virtude do princípio da legalidade.

Desse modo, nenhum ato administrativo pode ser produzido a não ser em conformidade com a lei.

Esse princípio é primordial no Estado de Direito. O ato administrativo, meio revelador do comportamento da Administração Pública, não deve contrariar a lei, sob pena de nascer viciado, passível, portanto, de nulidade, conforme a intensidade da invasão legal.

c) Os limites da atividade administrativa e o campo de atuação dos administradores devem ser determinados por lei, de modo satisfatório.

A jurisprudência dominante, brasileira e estrangeira, é no sentido de que os tribunais têm o poder de verificar se, no caso concreto, a Administração não ultrapassou os limites de sua competência.

d) Controle dos poderes.

O controle dos poderes do Estado é indispensável para evitar que se atue fora dos seus limites. O controle hierárquico e o parlamentar são insuficientes, nesse mister. Faz-se necessário o do Judiciário.

Dos três meios de controle da Administração, o judicial é, inquestionavelmente, o mais eficaz. Os outros, o parlamentar e o autocontrole, são relevantes, principalmente o hierárquico, que, em muitos casos, atende plenamente aos interessados. O controle judiciário, mais complexo e mais formal, deve, no que puder, reservar-se aos casos em que o controle exercido pela própria Administração não solucionar a questão controvertida, por deficiência do autocontrole ou por incompetência.

e) O poder discricionário da Administração deve ser reduzido ao mínimo, e utilizado nos casos de sentido equívoco da lei.

A Administração, no silêncio da lei, não tem o poder ilimitado de invocar os seus atos. Em cada caso concreto, em princípio, está obrigada a motivar os seus atos. Trata-se da orientação doutrinária e jurisprudencial predominante.

A discricionariedade da Administração Pública deve limitar-se àqueles fatos em que a lei não teve condições de antever a hipótese reclamadora de solução.

Celso Antônio Bandeira de Mello ensina que a importante novidade do Estado de Direito consiste no: "Subjugar totalmente a ação do Estado

EDIMUR FERREIRA DE FARIA
CONTROLE DO MÉRITO DO ATO ADMINISTRATIVO PELO JUDICIÁRIO

a um quadro normativo que se faz assim, impositivo para todos, Estado e indivíduos".[19]

A definição parece enquadrar-se na linha dos normativistas.

Contudo, a justificativa apresentada por Celso Antônio, apoiado nas lições de Rousseau e de Montesquieu, conduz ao entendimento de que o Estado de Direito não é apenas o legal, mas também o justo, o democrático e o da igualdade, em que o poder tem seus freios e contrapesos, exercidos pelos próprios órgãos do Estado, na concepção montesquiana.

Todavia, Celso Antônio, em palestra na Faculdade de Direito da UFMG, proferida em 1988, assinalou que o direito nem sempre é justiça e igualdade. Criado, com frequência, segundo a vontade do Estado, não raro é a vontade de seus dirigentes. As leis se editam mais em defesa do Estado ou do governo do que com o fim de atender às necessidades sociais. Essa assertiva, embora não seja absoluta, a hipótese verifica-se com muita frequência.

Valmir Pontes Filho ressalta a importância do Estado de Direito para a garantia dos direitos individuais, em face do Poder do Estado, em relação aos administrados. O sistema de equilíbrio de forças entre os três poderes é indispensável para "a manutenção e fluência do Estado de Direito" entendido este como aquele em que "a vontade da lei legítima supera a vontade individual de governantes".[20]

Caio Tácito escreveu:

> Nos regimes absolutos, a Administração era apenas uma técnica a serviço do príncipe. O Estado de direito, ao contrário, submete o poder ao domínio da lei. A atividade arbitrária se transforma em atividade jurídica. A lei, como expressão da vontade coletiva, incide tanto sobre os indivíduos como sobre as autoridades públicas.[21]

Afirma ainda Caio Tácito que, no século XIX, a tendência predominante no Estado foi a de garantir o indivíduo, em face do poder. Contemporaneamente, caracteriza-se a intervenção do Estado como competência a este conferida para atuar no interesse prevalecente do coletivo sobre o individual.

Por isso mesmo, tornou-se dever inarredável do Estado prestar os serviços públicos e promover as políticas públicas em geral. A omissão, nesse campo, configura abuso de poder.

---

[19] MELLO, Celso Antônio Bandeira de. Poder discricionário. *Revista de Direito Público*, São Paulo, v. 18, n. 76, p. 99, out./dez. 1985.

[20] PONTES FILHO, Valmir. Controle jurisdicional dos atos administrativos. *Revista de Direito Público*, v. 14, n. 55/56, p.183, jul./dez. 1980.

[21] TÁCITO, Caio. O abuso do poder administrativo no Brasil: conceitos e remédios. *Revista de Direito Administrativo*, Rio de Janeiro, n. 56, p. 1-26, abr./jun. 1989.

Túlio Chinchilla define assim o Estado de Direito:

> Estado de direito significa um modo ou tipo de organização do aparato de poder público soberano, uma determinada maneira de estruturar jurídica e politicamente a máquina institucional do Estado, de acordo com uns valores, uns princípios e instrumentos técnicos aos quais se pretende dar realidade na maior medida possível.[22]

Essa modalidade de Estado jurídico, continua Chinchilla, surgiu das revoluções liberais da Inglaterra, França e Estados Unidos, de inspiração burguesa, nos séculos XVII, XVIII e XIX. O Estado não é um fim; é meio para se atingir a um fim. O Estado de Direito não é apenas o Estado legal. É mais do que isso, é mecanismo jurídico-político em defesa do administrado contra a ameaça ou abuso do Estado. O Estado de Direito, embora procure estabelecer e manter a paz social, não chega a ser estado de felicidade, como muitos sonham. A sociedade perfeita sonhada é impossível. O Estado não tem condições nem meios para atender plenamente às necessidades humanas e "estabelecer assim o reino da felicidade total".

A cultura e o desenvolvimento social são, para o autor em foco, premissas para o funcionamento do Estado de Direito. Daí a sua afirmação de que os países industrializados ocidentais podem ser tomados como modelo. Em oposição, os países onde grassa a pobreza e consequente marginalização estão longe de ser Estado de Direito. É o que ocorre com os países do terceiro mundo, neles a marginalização social é realidade incontestável.

Os princípios básicos do Estado de Direito são, para Chinchilla:

a) o indivíduo, pedra angular desse modelo de Estado;

b) a liberdade e igualdade, valores fundamentais do contrato social de Rousseau com a seguinte frase: "Os homens nascem livres e iguais"; a liberdade individual é regra: restrição a esta liberdade é a exceção;

c) a soberania do povo – Nação. A desconfiança frente ao poder é também importante (o poder leva as pessoas que o detêm a ignorarem ou subestimarem os direitos dos administrados, em proveito da autoridade).

Afirma, finalmente, Chinchilla que, no direito contemporâneo, o Estado de direito difere muito daquele como fora idealizado; os partidos dos trabalhadores e comunistas influenciaram na mudança da concepção do Estado de Direito. A intervenção do Estado toma o lugar da plena liberdade.

---

[22] CHINCHILLA, Túlio Eli. El Estado de derecho como modelo político-jurídico. *Revista Facultad di Derecho y Ciencias Políticas*, Universidad Pontificia Bolivariana, n. 80, p. 37-66.

EDIMUR FERREIRA DE FARIA
CONTROLE DO MÉRITO DO ATO ADMINISTRATIVO PELO JUDICIÁRIO

Essa mudança verificou-se, concretamente, com a Constituição de Weimar, em 1919, seguida pela Constituição italiana de 1948, da Alemanha de 1949, e, ultimamente, a da Espanha, de 1978. Citadas Constituições, na opinião de Chinchilla, caracterizam-se pelo ataque ao capitalismo, em defesa do proletariado. Acrescenta-se, ainda, a Constituição da República Federativa do Brasil, de 1988, que superou as outras em matéria de direitos e garantias individuais e coletivas, fundados na dignidade da pessoa humana e nos direitos fundamentais.

Para Otto Mayer, o Estado de Direito subordinado às suas próprias leis é a terceira e última fase da evolução do Direito. O regime de polícia interditou o antigo direito e o Direito Moderno, no qual se submete o Estado.

A situação anterior, denominada Estado de polícia, foi rompida pelo Estado de Direito, construindo-se em sistema avançado de proteção aos interesses e direitos dos súditos. Em resumo, o Estado submete-se à lei. Nenhuma função do Estado se exercerá fora da conformidade com a lei. A soberania da lei é fundamental no exercício do Direito.

A relação do príncipe com os súditos e a dos súditos entre si estão sujeitas ao império da lei;

> O Estado de direito deve, por conseguinte, restringir suas exigências ao que seja possível; portanto, seu princípio pode formular-se assim; a ação da Administração há de ser dirigida, na medida do possível, por regras de direito.[23]

"Um Estado que não tem para a sua administração nem a forma da lei nem do ato administrativo, não é um Estado de direito".[24]

A preocupação de Otto Mayer quanto à necessidade, em certos casos, de se editarem atos administrativos sem a existência de lei específica parece compatibilizar-se com o entendimento hodierno sobre o Direito Administrativo. Isso porque a expressão "de acordo com a lei" significa estar em conformidade com o conjunto de normas (princípios e regras) de dado sistema jurídico. Não é absolutamente necessária, no caso, a existência de regra legal específica. Na ausência de regra que se amolde ao caso concreto, a autoridade deve verificar a existência de outras normas, princípios gerais de direito ou princípios constitucionais, aplicáveis à situação fática.

Hans Kelsen afirma que o sistema jurídico é fechado, significando que nele estão contidas soluções para a aplicação do Direito, em qualquer hipótese. Não é necessário recorrer-se a meios fora do sistema, quando não se tem a norma própria. Nesse exercício de hermenêutica, o operador do

---

[23] MAYER, Otto. *Derecho administrativo alemán*. Buenos Aires: Editorial Dejalma, 1949. t. I, p. 80.
[24] MAYER, *op. cit.*, p. 85.

Direto se valerá da analogia, dos costumes, da equidade e dos princípios gerais de direito.

A decisão do administrador público, tomada segundo essa orientação, será legal, no sentido amplo, por conseguinte, em conformidade com o Direito. A observação de Otto Mayer reforça esse entendimento. Registre-se que são fontes do Direito Administrativo a lei, a jurisprudência, a doutrina e os costumes.

Jacques Chevallier afirma que o Estado de Direito pressupõe a existência de um poder limitado, pelo fato de o Estado sujeitar-se às regras jurídicas. No Estado de Direito, os governantes e os cidadãos têm a liberdade limitada pelo conjunto de normas jurídicas em vigor. Vale dizer que uns e outros não podem agir acima da lei, mas em conformidade com ela.[25]

Chevallier entende que a expressão "Estado de Direito" associa dois termos — Estado e Direito; à primeira vista, parece existir um liame entre os dois termos, unindo um ao outro. Essa interligação permite se ter a impressão de que o Direito é Estado e que o Estado é Direito, unidos em um só objeto.

Para justificar a afirmação, o autor argumenta que o Direito vincula-se ao Estado porque é definido "a partir de suas finalidades, de seu modo de intervenção nas soluções sociais ou ainda de seu poder normativo, parece levar irresistivelmente ao Estado, que se apresenta como a encarnação da idéia de direito, o grande operador indispensável por potencializar as normas jurídicas, dando-lhe sua plena eficácia".[26]

Ao revés, o Estado chama Direito porque "não somente o poder do Estado se exprime na época a norma jurídica e passa pela edição de regras obrigatórias, mas ainda o Estado é inteiramente organizado no modelo jurídico".

Essa independência dos dois termos, Estado e Direito, conduz à ideia de Estado de Direito, que, a rigor, seria pleonástica, admitindo-se a colocação justaposta.

O Estado de Direito, desde sua concepção, prevê a submissão do governo à lei, e, consequentemente, assegura ao cidadão o direito de recurso a juiz independente. Para evitar o arbítrio do Estado, os seus órgãos são institucionalizados hierarquicamente, de modo que o inferior se subordina ao imediatamente superior, e, desta forma, até se alcançar o órgão máximo da linha hierárquica.

Direito/Estado

Afinal, o Estado é o direito? Direito é o Estado? Ou ambos são distintos, mas se completam? Essa questão trouxe à tona infindadas discussões,

---

[25] CHEVALLIER, Jean Jacques. L'Etat de droit. *Revue Du Droit Public*, Paris, n. 2, p. 313-380, 1988.
[26] CHEVALLIER, *op. cit.*, p. 316.

resumidas em duas doutrinas antagônicas, que predominam até os dias atuais. Uma, a dualista, entende que o Estado e o Direito são realidades distintas, embora interdependentes. A outra corrente, unitarista (elaborada principalmente pelos normativistas, cujo expoente é Hans Kelsen), discorda do dualismo e sustenta que o Estado e o Direito são um corpo apenas. Admitindo-se que o Estado seja realidade distinta do Direito, indaga-se: qual dos dois surgiu primeiro? Rechallier salienta as seguintes questões: O Estado é ou não anterior ao Direito? Se o Estado o criou, como pode ser-lhe subordinado?

Os positivistas repelem com vigor a possibilidade da existência de um direito "anterior e superior ao Estado", pois a limitação do Estado, para eles, decorre da própria vontade e poder do Estado.

Na terceira República francesa, instalaram-se intermináveis discussões em torno da Declaração Universal dos Direitos do Homem, de 1789, no sentido de se saber qual o seu valor jurídico. Os juristas de então queriam saber se o conjunto de regras nela contido devia ser observado pelo Estado ou não.

Chevallier, Duguit e Hauriou defendem a superioridade da Declaração: a ideia é a de que o Estado, como órgão da vontade dos governantes, deve ser subordinado a uma ordem subjetiva que não criou e subjaz na solidariedade social (Duguit), ou que seja criada sobre determinada constituição (Hauriou). Outra corrente, que a esta se opõe, entende que a Declaração perdeu todos os seus efeitos jurídicos, e que o Estado não pode ser limitado a não ser pelas regras por ele criadas. Entre os adeptos desta posição, citam-se Carré de Malberg e Esmein.

Chevallier examina algumas teorias que discutem a subordinação do Estado ao Direito.

Ei-las, em resumo:

Teoria da autolimitação[27]

Segundo essa teoria, o Estado não é criado pelo Direito; antecede-o; submete-se às regras postas por ele, e o faz voluntariamente. Esta concepção tem origem no Absolutismo. Os teorizadores da soberania do Estado, embora reconhecendo a limitação do poder do soberano, tendem "a conferir ao Estado, figura abstrata sobre a qual se apoia o poder do monarca, uma autoridade sem separação. A proclamação da Revolução dos direitos naturais e imprescindíveis do homem, que contrabalança a soberania da lei, contribui para reativar a representação de um Direito preexistente ao Estado".

---

[27] CHEVALLIER, *op. cit.*, p. 348.

Doutrina alemã[28]

Para essa teoria, a ligação Estado e Direito não é imposição imediata. Em Savigny, por exemplo, encontra-se a posição segundo a qual o Direito se apoia no costume. A norma vem do povo. O Estado é simples fundamento natural que dá corpo à unidade nacional. Iering coloca-se em oposição a essa visão. Contudo, depois da unificação alemã, a doutrina se afirma, com Iering, Laband e Jellinek. Para estes, mesmo que o direito tenha origem no povo, é no Estado que se encontra a condição de sua existência. Não é bastante a existência da norma, a sua coercibilidade é indispensável, para fazer-se respeitar.

As prescrições editadas e sancionadas pelo Estado podem ser normas jurídicas. Admite-se o Estado como limite do Direito, na medida em que só ele tem o poder de impor coercitivamente. O Direito não é, pois, posterior, anterior e nem superior ao Estado, porque neste está a origem. O Direito se impõe por via do Estado, que o regula e determina sua aplicação. Fora do Estado, o Direito não teria conteúdo nem impositividade.

Por esse relacionamento do Estado com o Direito deve-se entender a sua submissão às mesmas regras a que estão sujeitos os particulares.

O Direito é, pois, destinado a estabelecer ligação entre os sujeitos, e a se impor ao Estado. Este gera o Direito, mas deve respeitar espontaneamente as leis.

Teoria francesa[29]

Esta teoria foi concebida por autores franceses, entre eles Michoud, Duguit, Hauriou e Jèze, que discordaram da teoria da autolimitação, desenvolvida pelos alemães.

Citada teoria procura encontrar, no Direito, fundamento fora do Estado, acobertadas no Direito natural ou na solidariedade social.

Pois só o Estado cria o Direito, razão porque é inútil tentar identificar fonte do Direito, além do Estado. É de se frisar que "não existe acima do Estado soberano nenhum poder que seja capaz de limitar juridicamente e que o Estado é então a fonte do Direito que limita o seu poder. Toda criação jurídica é emanada do Estado. A força do Estado está no próprio direito". A este o Estado se subordina, sofrendo as restrições ou limitações que se lhe impõem.

O Estado, sendo criador do Direito, pode revogar determinada ordem jurídica, mas, para o seu lugar, deve editar outra que continuaria a limitar-lhe o poder.

---

[28] CHEVALLIER, *op. cit.*, p. 349.
[29] CHEVALLIER, *op. cit.*, p. 350.

O Estado é, por essência, entidade limitada pelo Direito. O Direito estabelece liame entre as pessoas e estas e o Estado, estabelecendo-lhes condições para a convivência em comum.

Teoria da heterolimitação[30]

A teoria da heterolimitação dá menos valor ao positivismo jurídico, para restabelecer a importância de outros pontos do direito natural. Para os defensores desta teoria, o Estado controlado pelo Direito tem origem fora dele, anterior e superior: Deus, a natureza e a sociedade. Seus defensores apoiam-se em ordem preexistente, ora divina, ora natural, ora social. O Estado é o intérprete das normas geradas por ele.

O direito natural, durante muito tempo, serviu de norteamento àqueles que defendem ou que reconhecem o Direito separado do ente Estado. A proclamação, em 1789, dos direitos "naturais", inalienáveis e sagrados do homem foi concebida nessa perspectiva, que a prolongou e a amplificou, na opinião de Chevallier.

Nessa linha de entendimento, a "Declaração dos direitos do homem" deve ser superior, impondo-se ao Estado, pois desempenha papel importante na ligação — Direito e Estado de justiça. Sem os pressupostos da declaração, é difícil conceber Estado justo.

Direito objetivo[31]

Os defensores dessa teoria apoiam-se em Duguit que, pondo-se em desacordo com a teoria da autolimitação dos alemães, tenta destruir todos os seus fundamentos para defender o princípio da realidade. Segundo Duguit, não existe soberania, mas apenas crença na soberania e isso é danoso na construção do Direito Público.

Depois de contestar os fundamentos da autolimitação e negar o poder do Estado, Duguit reconstruiu a ideia de Direito Público, sob bases novas, apoiado não mais na metafísica, mas na realidade.

Os limites ao poder do Estado e de seus governantes estão no Direito objetivo, que é a tradução da realidade social fora do Estado, como ente jurídico. Os fatos sociais são a fonte principal do Direito. "O Direito não é então, de modo algum, criação do Estado e a expressão de sua supremacia, mas um fato social. Ele se forma espontaneamente no espírito dos homens".

Essa realidade social traduzida em normas jurídicas pelo Estado impõe-se a todos os indivíduos e ao Estado. Isso não quer dizer que o Estado ou seu governante não tenha participação na construção jurídica, porque o grupo social é, ao mesmo tempo, fonte e destinatário do Direito.

---

[30] CHEVALLIER, *op. cit.*, p. 352.
[31] CHEVALLIER, *op. cit.*, p. 353.

A sociedade sofre permanente mutação evolutiva: esse progresso traz consigo a necessidade da ampliação dos direitos e dos deveres. Ora, sendo o Estado o tutor dos interesses sociais, cabe-lhe o poder de, permanentemente, adequar as normas jurídicas existentes às condições atuais dos fatos sociais.

Nessa concepção, o Estado e o Direito são realidades distintas, mas inter-relacionadas, de modo que o Estado pode submeter-se ao Direito e este àquele, para que haja harmonia e perfeita interação entre ambos.

Falhas na teoria da heterolimitação[32]

Chevallier apresenta sérias críticas à teoria da heterolimitação. Constata que as teorias que buscam fundamentar a existência do direito anterior e superior ao Estado não chegaram a atender aos seus fins, vez que Duguit não cogitou do processo ou do modo pelo qual se opera a transformação dos fatos sociais em normas jurídicas objetivas.

A subordinação do Estado ao Direito é mais aparente que real. Os atos do Estado, públicos, em princípio, estão de acordo com o Direito e não podem ser recusados. Só posteriormente tais atos, mediante contencioso e perante juiz, podem ser questionados. O juiz ocupa, mesmo no terreno ideológico, lugar central na aplicação do Direito, pois desempenha papel decisivo de garantir a primazia do Direito, aplicando normas editadas pelo Estado.

Concluindo a crítica, Chevallier pontua que a teoria da heterolimitação não resolveu o problema da relação Direito/Estado, de modo mais satisfatório que a teoria da autolimitação.

Identidade Direito/Estado[33]

Chevallier critica o dualismo Estado/Direito e sustenta que a teoria da subordinação do Estado ao Direito, da teoria do Estado de Direito, é frágil e acaba por não dar solução definitiva para o dualismo. Considera que o Estado é dotado de vontade e de ação e que a tendência é a fusão do Direito ao Estado, gerando apenas um corpo. Mas não é essa a sua conclusão. Em socorro à sua tese, recorre a Kelsen, que seria o teorizador dessa fusão, demonstrando que o Estado e o Direito são uma realidade única.

Visão normativista[34]

Na visão dos positivistas, a ordem jurídica, na qual se consubstancia o Direito, é o meio de criação do Estado. O Estado não pode ser pensado

---

[32] CHEVALLIER, *op. cit.*, p. 357.
[33] CHEVALLIER, *op. cit.*, p. 359.
[34] CHEVALLIER, *op. cit.*, p. 361.

independente da ordem jurídica. Ele é a própria ordem jurídica, "desde o instante em que ele apresenta certo grau de centralismo".

Kelsen afirma que o Estado é a materialização da ordem jurídica e salienta, ainda:

> O problema do Estado de direito pode ser visto do ponto de vista estritamente positivo, e excluindo todo julgamento de valor, implícito e toda preocupação de legitimação subjacente; cada vez que se encontra face a uma ordem de coerção relativamente interligada, oferecendo todas as características de uma verdadeira ordem jurídica, está-se também, na presença do Estado, por conseguinte, Estado de direito.

No ensinamento de Kelsen, a ordem jurídica é formada por graus, de modo que a norma de grau inferior se justapõe à imediatamente superior, até chegar à Constituição, que se encontra no topo da hierarquia das leis, e tem a sua justificativa na norma fundamental, imaginária, pressuposta, extrajurídica, e desprovida de conteúdo.

Com apoio em Kelsen, Chevallier leciona que o fundamento da ordem jurídica não está no poder místico e nem no princípio transcendental, mas na ciência positiva do Direito.

Limites[35]

A tese defendida por Kelsen, em favor da unidade, foi refutada pela doutrina francesa do Direito Público. Kelsen teria amputado, sem explicação, as teorias anteriores, que admitiam o dualismo Estado e Direito, negando a realidade viva do Estado para sustentar um ordenamento de regras abstratas. "Não levou em conta a idéia de justiça que é o princípio de direito".[36]

Para esses publicistas, a norma fundamental de Kelsen não é suficiente para sustentar a validade do Direito. Trata-se de hipótese sem limites. Por isso, não pode ser fonte válida do Direito. A norma fundamental, para os críticos, segundo Chevallier, não pode aparecer, senão como espécie de caução de ordem axiológica, incompatível com um positivismo estrito.

Chevallier, ao interpretar o posicionamento de Kelsen e dos doutrinadores do Direito Público francês, reconhece que a teoria kelseniana é passível de algumas restrições, mas que nem por isso pode negar-lhe o mérito de demonstrar que o Direito e o Estado não podem ser tomados separados um do outro. O autor afirma: os dois fenômenos são simultâneos — o Direito, que é a exteriorização do pensamento social, apoia-se no Estado. Este, por sua vez, é "entidade jurídica governada e regida pelo

---

35 CHEVALLIER, *op. cit.*, p. 361.
36 CHEVALLIER, *op. cit.*, p. 361.

direito". Contudo, não se fundem em um só. São interligados e interdependentes, não se confundem, portanto.

Em síntese, Chevallier conclui que o Estado de Direito se constrói com base em princípios fundamentais. Sustenta que a ordem jurídica hierarquizada se apoia na submissão do Estado ao Direito, segundo um conjunto de valores. Sem esses valores, o Estado de Direito será formalismo inútil.

Nenhuma das teorias de que se cogitou oferece solução definitiva para o problema Estado e Direito. Todas apresentam pontos inquestionáveis, ao lado de outros, inaceitáveis. Qualquer delas, no entanto, pode ser correta, dependendo do ângulo de observação.

O dualismo, direito consuetudinário e direito positivo, interfere na questão. Se se admite o direito costumeiro como fonte do Direito escrito, a relação Estado/Direito será uma, se considerar o direito dos costumes como permissão do Direito Positivo, isto é, que só tem validade no plano jurídico, se a norma escrita disser que, em certos casos, os costumes podem ser observados, a relação será outra. Isso ficou patente. A questão é tormentosa, a se definir a precedência do Direito ou a do Estado e a se estabelecer a relação entre ambos. O próprio Chevallier não desatou a dúvida.

O Estado cria o Direito, mas o Direito regula o Estado. No plano teórico-filosófico, a solução é intricada; na prática, a discussão não é tão relevante. O importante, no mundo fático, é que o Estado se submeta às suas próprias leis, que estas sejam justas e espelhem a vontade da maioria do grupo social.

Simplificando a polêmica, poder-se-á dizer que o Direito escrito surgiu posteriormente ao Estado. Mas não se pode ignorar a existência de um direito natural antecedente aos costumes e ao Estado.

Os direitos à vida, à saúde, ao trabalho, à procriação, à propriedade, por exemplo, são fundamentais, e surgiram com o aparecimento do homem. Em tempo algum foram necessárias normas jurídicas para a existência desses direitos. Quando existem, são apenas para garantir o exercício de tais direitos, às vezes até restringindo, como é o caso do direito de propriedade e do direito de liberdade.

Basicamente, foi a preocupação com a intensidade do exercício desses direitos que levou a sociedade embrionária a constituir o Estado, com poderes para editar regras jurídicas disciplinadoras da convivência social.

O Estado, é óbvio, teria de ser administrado por pessoas indicadas pelos grupos sociais que lhe transferiram parcela de seus poderes. Para se evitar que esses dirigentes investidos do poder de Estado o usassem de maneira abusiva ou arbitrária, contra os interesses dos súditos e, ao mesmo tempo, para garantir-lhe meios de coibir abusos do administrador contra os interesses da sociedade e do próprio Estado, que é personificação da sociedade, criaram-se mecanismos dotando-o de direitos e deveres. Essa regulamentação é jurídica: portanto, Direito criado pelo Estado. Há ainda o entendimento de que o direito positivo e o consuetudinário não são criação do Estado e nem dos grupos sociais. Esses simplesmente os reconhecem e adotam. Justifica-se essa visão, afirmando-se que o Direito é inerente à pessoa.

Ressalte-se que os direitos fundamentais antecedem o Estado e a regulamentação positiva desses direitos e a criação de outros, por via de normas jurídicas positivas, resultam do Estado que, obviamente, os antecede. Assim, existe direito antes e depois do Estado: da mesma forma, o Estado precede e antecede ao Direito.

Dessa posição não comungam os positivistas, como já se notou. Para eles, o Direito é o próprio Estado.

Em resumo, o Estado de Direito é aquele organizado segundo a ordem jurídica, composto de órgãos independentes, autônomos e hierarquizados dotado das funções legislativa, executiva e judiciária, exercidas em poderes distintos e harmônicos entre si. Essa ordem jurídica há de refletir os anseios sociais, principalmente os de igualdade, justiça, equidade, liberdade, segurança, estabilidade e bem-estar; a diligência desse Estado há de competir ao governante escolhido direta ou indiretamente pelo povo; e, finalmente, há de se subordinar às próprias leis.

1.3.2.2 Considerações finais sobre o Estado de Direito

O Estado de Direito, como dito e repetido, se organizou sob o paradigma liberal e chegou ao apogeu no século XIX embalado pelos ventos do liberalismo econômico e político, sobretudo na França. Nessa concepção liberal, concebeu-se a livre iniciativa da sociedade. O Estado cuidaria da segurança, da defesa e da prestação jurisdicional. À sociedade competia organizar-se, livremente, para produzir, gerar e administrar riqueza. No que tange à atividade econômica, o Estado era mero espectador da atividade social. Somente interviria nos casos de descumprimento de regras, que eram poucas.

Entendia-se que a sociedade livre e sem a interferência do Estado se autoabastecia no livre exercício da democracia e da atividade socioeconômica. Os frutos colhidos dessa plena liberdade foram danosos. O capital é selvagem por natureza. Sem controle, é normalmente perverso, pois não se investe sem a perspectiva de lucro, não se preocupa com as questões sociais. Essas não interessam ao capital, visto não serem lucrativas. Ao contrário, são dispendiosas e sem retorno econômico.

O sistema capitalista, em regra, não se importa com a saúde, com a educação e com a felicidade dos menos favorecidos. Esse paradigma de Estado levou à exclusão de considerável parte da população mundial.

1.3.3 Estado do bem-estar

O Estado liberal, ante a cruel realidade a que se submetia a maioria da sua população, e questionado pelo movimento comunista encabeçado por Karl Marx e Engels, reconheceu que não estava desempenhando o seu principal papel, qual seja, o de prestar o bem social e o de respeitar a dignidade humana.

Essa constatação levou o Estado a adotar políticas de intervenção na atividade econômica, com vistas ao bem-estar social. Para isso, reformaram-se Constituições, criaram-se órgãos e entidades públicas com o objetivo de atuar em atividade de interesse social, prestando serviços públicos em geral e desenvolvendo, supletivamente, atividade econômica. Além dessas medidas, estabeleceram-se regras mais rigorosas, destinadas ao controle e ao policiamento da atividade econômica e ao exercício do direito de propriedade e de liberdade. Com essas medidas, inaugurou-se novo paradigma de Estado de Direito, denominado Estado do bem-estar.

Sobre essa fase de transmutação do Estado liberal para o Estado social, Débora Cardoso de Souza assevera:

> A conquista de direitos sociais se evidenciou ainda mais no período posterior à primeira guerra mundial, principalmente para os Estados europeus. Constitui-se marco desse processo a Constituição do México de 1917, primeira a compilar um rol de direitos sociais, seguida da Constituição da Alemanha 1919, também de caráter social, a qual exerceu forte influência sobre as demais constituições européias que se seguiram.[37]

Alguns Estados soberanos (ou nacionais) chegaram, nos meados do século XX, a um estágio conhecido como o do Estado empresário e empregador, que, além de atuar no campo da prestação de serviços públicos, concorria com a iniciativa privada, na exploração de atividades econômicas. Essas políticas e ações se justificavam como meios de materialização do Estado provedor.

O Estado do bem-estar ou Estado social entrou em processo de decadência no final da década de 60 e início da década de 70 do século XX. Os principais fatos concorrentes para esse acontecimento histórico foram o elevado custo da política assistencial, o custo exorbitante da máquina estatal, a crise do petróleo decorrente da política adotada pela OPEP sediada no Oriente Médio. Os produtores de petróleo daquela Região decidiram, por questões políticas, reduzir, drasticamente a produção do óleo negro, com vistas a afrontar os Estados Unidos e a Comunidade Europeia, grandes importadores de petróleo. A principal consequência

---

[37] SOUZA, Débora Cardoso de. *Judicialização dos direitos sociais na teoria da ponderação e no senso de adequabilidade*. Dissertação (Mestrado) – PUC Minas, 2010. f. 26.

EDIMUR FERREIRA DE FARIA
CONTROLE DO MÉRITO DO ATO ADMINISTRATIVO PELO JUDICIÁRIO

dessa redução da produção de petróleo foi súbito e astronômico aumento do preço do barril de petróleo, provocando séria crise econômica e financeira no mundo ocidental. Esses dois fatos, entre outros, desestabilizaram, o Estado social. A propósito, Débora Cardoso de Souza acrescenta:

> A primeira crise do petróleo colocou em dúvida a eficiência do dirigismo estatal, vale dizer, a atuação direta do Estado na regulamentação da economia e na realização de serviços sociais. (SARMENTO, 2004, p. 395). Deu sinal de que as políticas econômicas do Estado social não haviam obtido êxito. Os custos da manutenção dos serviços públicos tornaram-se insuportáveis num momento de crise econômica. A burocracia era representada por um contingente enorme. E a população havia envelhecido com o desenvolvimento da medicina e da tecnologia, o que gera um custo ainda maior com a manutenção de um sistema previdenciário.[38]

Essas dificuldades por que passou o Estado do bem-estar social concorreram para o surgimento de outro paradigma de Estado, o atual Estado Democrático de Direito.

1.3.4 Estado Democrático de Direito

Ante o fracasso do Estado do bem-estar, intervencionista por excelência, o desejo de democracia manifestado nas revoluções de século XVIII ressurge numa tentativa de aproximar o Estado do povo para que juntos adotem, democraticamente, políticas públicas de interesse da sociedade. O Estado não deve unilateralmente tomar as decisões de interesse social. Ao contrário, deve partilhar essa função com os segmentos da sociedade. A eleição dos dirigentes estatais e dos representantes do povo nos parlamentos não é o bastante na prática da democracia. São necessários a fiscalização e o acompanhamento dos eleitos, o diálogo permanente com eles e a cobrança das promessas sociais, feitas por ocasião das eleições. Além disso, a sociedade deve dispor de mecanismos adequados, postos à sua disposição para participar da concepção e escolhas das políticas públicas que efetivamente interessam aos seus destinatários.

Sobre o tema, assevera Débora Cardoso de Souza com arrimo em Habermas:

> O que se pretende com o paradigma Democrático de Direito é uma interpretação reflexiva acerca do modo pelo qual se pretende a concretização dos direitos fundamentais sociais.

---

[38] SOUZA, D., *op. cit.*, p. 32.

Alinha-se aqui a Habermas que entende que a deficiência do Estado Social está, na verdade, em seu caráter paternalista de concretização de direitos fundamentais sociais; no fato de o paradigma social (assim como o liberal) desconsiderar a autonomia pública do cidadão e apostar na justiça social como simples distribuição de direitos, os quais acabam por ser tratados como se fossem bens consumíveis, sobre os quais os indivíduos são chamados a decidir.[39]

Essa ideia de gestão estatal, concebida no Estado Democrático de Direito, situa-se entre o Estado liberal do século XIX e o Estado social da primeira metade do século XX. O neoliberalismo é o alvo dos críticos do Estado Democrático de Direito. Com a globalização, ocorreu no ocaso século passado, a atividade econômica tornou-se liberal, sob certas condições previstas nas constituições contemporâneas, tais como as proibições de monopólio, de formação de cartel e de truste. Entretanto, a propriedade privada, inclusive a empresa, deve cumprir função social. As políticas públicas, incluindo as de cunho social, são prestadas pelo Estado direta ou indiretamente, por intermédio de entidades públicas e privadas, inclusive as privadas sem fins lucrativos.

Na década de 80 do século passado, iniciou-se nos Estados Unidos e na Inglaterra nova orientação quanto ao papel do Estado, sustentada na globalização. Essa nova forma de atuar do Estado estendeu-se por quase todos os continentes, alcançando, inclusive, o Brasil, com medidas básicas de desregulamentação e a supremacia da lei de mercado, com limites. O mercado, então, passou a regrar o comportamento da atividade econômica, espelhado no neoliberalismo.

Essa política à primeira vista parece ideal, uma vez que impera a livre concorrência em pleno exercício da democracia. Acontece, todavia, que a desigualdade social e o desnível socioeconômico entre os países impedem o acesso de todos ao mercado, em igualdade de condições. Essa realidade concorre para o aumento progressivo e constante de segmentos da sociedade, excluídos dos benefícios oferecidos pela tecnologia. Em decorrência, a cada dia verifica-se a ampliação do número de pessoas, em todo o mundo, excluídas do emprego, do trabalho, da assistência à saúde, do acesso ao ensino fundamental, da aposentadoria, entre outros benefícios fundamentais.

A globalização da economia, mola mestra do sistema de mercado, é realidade incontestável nos tempos de hoje, considerando, principalmente, o aprimoramento dos sistemas de comunicações e transportes. Pela televisão pode-se assistir, em tempo real, a fatos visíveis, ocorridos em qualquer

---

[39] SOUZA, D., *op. cit.*, p. 34.

parte do mundo. Trocam-se informações em tempo real. Pelo fax e pela internet, compra-se e vende-se, sem limite de distância. Ainda, pela internet, opera-se no mercado financeiro de todas partes do Globo. O sistema permite que, por exemplo, de Nova Iorque se retire dinheiro investido no Japão e o transfira para o Brasil, em fração de segundos. A comunicação pela rede mundial de computadores é em tempo real, semelhante à telefonia. Os países emergentes são os que mais sofrem com as consequências do mundo globalizado. Esses, embora economicamente mais fracos comparados com os países ricos, precisam adotar políticas que lhes permitam conviver com a globalização e com a redução dos efeitos nefastos da lei de mercado sem fronteira. "Lei" essa que o totalitarismo econômico sustenta fundado na liberdade: não deve ser desrespeitada por resultar da livre e democrática concorrência. Robert Kurz, sociólogo e ensaísta alemão, sustenta, criticando, que o totalitarismo econômico superou o totalitarismo estatal e que o capitalismo criou, no entardecer do século XX, uma "lei" que não pode ser transgredida segundo sustentam os ideólogos neoliberais. Leia a nota.[40] Sobre novos paradigmas em face da globalização, Mário Lúcio Quintão Soares apresenta análise fundada no conhecido Consenso de Washington. Extrai-se do seu texto o seguinte trecho:

> Do processo de globalização, criou-se um modo peculiar de fabulações, que se aproveitou do alargamento dos espaços sociais e econômicos, para consagrar o discurso único, fundado em dois pilares básicos:
>
> a) *informação*: ao se disseminar em imagens e imaginários, enfatiza-se o *mito da formação da aldeia global* ou a difusão instantânea das notícias. Verifica-se, ainda, uma relação umbilical entre o mundo da produção destas e o mundo de produção das coisas e das normas;

---

[40] "O que nessa passagem é denunciado, porém, como essência do totalitarismo nada mais é do que a própria essência do liberalismo. Isto porque não foi ninguém mais senão a nata da economia política burguesa e da filosofia iluminista que, desde o princípio, fez sua pretensão de executar nos homens 'as leis da natureza e da história'. E é o capitalismo totalizado que, no espaço social e que impera, despoja seus habitantes 'de toda ação que nasce da livre espontaneidade', uma vez que toda atividade nesse espaço é axiomaticamente modelada pelo imperativo econômico. Bem mais implacável do que as ditaduras dos Estados totalitários, os indivíduos economizados pelo livre mercado mundial são 'mantidos em permanente movimento como exponentes do gigantesco processo sobre-humano' de uma cega dinâmica de crescimento marcada por falhas estruturais, dinâmica essa que 'passa zunindo por eles' e é proclamada pelos ideólogos neoliberais como 'processo objetivo da natureza e da história' (...). (...) no final do século 20, a transformação do totalitarismo capitalista 'que de Estado total passou a mercado total, conduziu a um inusitado 'terror da economia' — a uma 'lei' que, como nos dizem ironicamente, 'não pode mais ser transgredida'. E o controle da realidade imposto pela mídia capitalista só pode falar ininterruptamente de liberdade porque há muito deixamos 1984 para trás" (*Folha de S.Paulo*, 22 ago. 99. Caderno Mais, p. 09).

b) *economia de mercado*: ao se produzir economização e monitoração da vida pessoal, propaga-se o *mito do mercado mundial competitivo*, com sua *global governance*, dotado de mecanismos de produção normativa instrumentais.[41]

Na sequência, Quintão, ainda, inspirado no citado Consenso de Washington sustenta que a globalização concorreu para a fragmentação da ação política do Estado resultante da quebra de seus monopólios e da privatização de suas empresas, inclusive as que atuam em atividades econômicas estratégicas.

No nosso entendimento, como registrado antes, a globalização é um fenômeno da era da evolução tecnológica e, em consequência, do avanço e aprimoramento dos meios de comunicação. Não se ignora que os Estados Unidos, maior economia do mundo, com as suas agências, Fundo Monetário Internacional e o Bando Mundial, se anteciparam e escreveram a cartilha da globalização e a impuseram aos países em desenvolvimento e aos subdesenvolvidos. Entre as medidas ressaltam-se a privatização, a responsabilidade fiscal, a política de não gastar mais do que arrecada.

O Brasil observa, em parte, as recomendações constantes do Consenso de Washington. Entretanto, registrou, nos últimos 10 anos, acelerado crescimento de sua economia, aumentou em grande escala a exportação, ampliou o superávit na Balança Comercial, melhorou a distribuição de renda, elevou o salário mínimo para um em torno de $300,00 (trezentos dólares), a sua população, proporcionalmente, é a maior usuária de telefonia móvel, as cidades — médias, grandes e capitais — estão superlotadas de veículos automotores, tornando o trânsito infernal, principalmente nos grandes centros, duplicaram-se as vagas nas Universidades Públicas e nas Escolas Técnicas Federais, instituiu-se o PROUNE que oferece oportunidade aos jovens carentes de estudarem nas Instituições Particulares de Ensino Superior, com bolsa integral ou parcial e quitou a dívida com o FMI.

É verdade que ainda falta muito para satisfazer o preceito constitucional, quanto à distribuição de renda, à desigualdade social e à desigualdade regional. Mas, repita-se, a situação socioeconômica do Brasil hoje, é muito melhor, sem paramento de comparação, com o que era há quinze anos.

Na nossa modesta visão, o progresso econômico e social do Brasil teve início com os Governos Collor de Mello, que novamente abriu os portos; Itamar Franco, que implantou o Plano Real, responsável pela estabilidade da moeda; Fernando Henrique Cardoso, com a reforma da Administração Pública e do aparelho do Estado e início da política

---

[41] SOARES, Mário Lúcio Quintão. *Teoria do Estado*: novos paradigmas em face da globalização. 3. ed. São Paulo: Atlas, 2008. p. 364.

assistencialista às famílias carentes abaixo da linha da pobreza; e Lula, que manteve a política econômica e monetária sob rigoroso controle do Banco Central, e ampliou o projeto assistencialista, por meio do Programa Bolsa Família.

CAPÍTULO 2

ADMINISTRAÇÃO PÚBLICA

2.1 Considerações gerais

A administração, já se viu, surgiu antes do Estado e do Direito. Os grupos sociais primitivos, mesmo rudimentares, desempenhavam administração no seu dia a dia. Os chefes desses grupos humanos praticavam atos, utilizando a oralidade, o gesto ou sinais, que eram observados e respeitados pelos demais.

A etimologia do termo Administração é assim narrada por Oviedo:

> Etimologicamente, segundo a última edição (1939) do Dicionário da Real Academia Espanhola, administração deriva da palavra latina *administratio* e administrar, de *ad*, *a* e *ministrare*, servir, sendo por conseguinte seu significado etimológico o de servir a, o de ação, o de atividade. No dicionário de sinônimos, da Barsa, se faz derivar administrar de *administrare*, *ad manus* (trazer à mão); trazer *traetum*, de onde surge a terminação do substantivo *administractor*, sendo da mesma origem ministro.[1]

A administração é muito anterior à organização do Estado; a Administração Pública juridicamente organizada, no entanto, é recente, coincidindo, o seu surgimento, com a divisão dos Poderes do Estado, segundo a teoria de Montesquieu.[2] Nessa mesma época, e em virtude

---

[1] GARCIA OVIEDO, Carlos. *Derecho administrativo*. 3. ed. Madrid: E.I.S.A., 1951. p. 1.

[2] A divisão de Poderes do Estado, nos moldes em que foi idealizada por Montesquieu, foi adotada pela Constituição norte-americana de 1787. O mesmo ocorreu na França, introduzida pela Constituição de 1789. É o que ensina Cassagne (p. 73).

da divisão, apareceram o Direito Administrativo e o ato administrativo.

Portanto, Administração Pública, Direito Administrativo e ato administrativo são resultantes do Estado de Direito, fundamentais e indispensáveis à gestão do Estado, nas suas funções precípuas de garantir o direito, manter a ordem, presidir a distribuição da riqueza e, finalmente, promover o bem social.

2.2 Administração Pública

A administração que sempre existiu, mesmo em forma rudimentar, utilizada como função no Estado e nas organizações que o antecederam, evoluiu lentamente, passando a ocupar espaço político-administrativo definitivo, posteriormente à adoção da teoria da tripartição dos Poderes do Estado.

Com a evolução social e, consequentemente, das atividades do Estado, a administração evoluiu de simples função, para Administração Pública, assumindo o papel de poder estatal, o Executivo.

A teorização da atividade, que culminou com a instalação do Poder Executivo, levou a soberania estatal a dois segmentos: um que se pode chamar de primeiro plano, que compreende as ações de governo, nos âmbitos interno e externo, relativas à segurança, à defesa e à ordem; outro, em segundo plano, amplo e mais efetivo, de caráter instrumental, que compreende a função administrativa pública.

Esses dois graus da administração estatal, em virtude de suas naturezas juridicamente distintas, estão sujeitos a meios de controle igualmente distintos. No segundo grau, o controle é amplo e mais rígido, por ser nesse plano que a Administração exerce ininterruptamente a sua função precípua, consistindo na formulação e execução das políticas públicas de responsabilidade do Estado.

Laureno Lopez Rodó, na mesma linha de entendimento, escreveu que foi no curso do século XIX que a atividade administrativa adquiriu a condição jurídica. Nessa mesma época, teve início a conclusão do processo de jurisdicionalização da atividade administrativa. Instituíram-se juízes e tribunais destinados a defender o direito violado pela Administração. Esses órgãos, com função jurisdicional, localizados, organizacionalmente, na própria Administração, têm autonomia e independência para julgar os atos da Administração, quando provocados pela parte lesada.

A ideia de jurisdicionar e administrar nasceu na França, com o triunfo da Revolução de 1789. Esse movimento defendia o princípio segundo o qual a lei, expressão da vontade geral, "deve dominar por completo, mesmo na vida administrativa (princípio da legalidade). A administração se submete à lei, da mesma forma que o indivíduo".[3]

O aperfeiçoamento da Administração Pública não está necessariamente ligado ao surgimento do sistema jurisdicional administrativo, localizado no âmbito do Poder Executivo. Vários países não adotaram o aparelho jurisdicional administrativo, denominado "contencioso administrativo", constituído de comissões, de conselhos, de tribunais administrativos e de Conselho de Estado. Optaram pelo sistema de jurisdição una, assim entendido, o Judiciário comum. São exemplos: os Estados Unidos e o Brasil. Nesses e em outros países que adotaram o sistema uno de jurisdição, a Administração Pública submete-se ao controle do Judiciário.

2.3 Administração Pública no Brasil atual

A Administração Pública é concebida pela doutrina, em dois planos: geral e estrito. No plano geral e sob o aspecto subjetivo ou orgânico, a Administração compreende os três poderes, ou contemporaneamente, as três funções primordiais do Estado: Legislativa, Executiva e Judiciária. É o Estado na sua completude. Vista do ângulo objetivo, a Administração geral conceitua-se pelas funções que os três órgãos exercem. Cada um incumbido de executar as respectivas funções-fim e a dos outros dois, necessárias, na condição de atividades-meio, com vistas à consecução das atribuições que lhes são conferidas precipuamente.

O Legislativo tem por atribuição primordial legislar, editar o direito, mas exerce atividade administrativa *interna corporis*: admite, administra, pune, exonera, aposenta e demite servidor público; compra e administra material; constrói obras civis para o seu uso. Por último, exerce funções de julgar. A Constituição da República, de 1988, no art. 52, prescreve as hipóteses em que o Legislativo no plano federal se reveste de competência para processar e julgar: exemplo, julgar o Presidente e o Vice-Presidente da República, pela prática de crime de responsabilidade. É do mesmo poder a competência para julgar os Ministros de Estado e os Comandantes da Marinha, do Exército e da Aeronáutica nos crimes da mesma natureza conexos com os do Presidente ou Vice-Presidente.

O Judiciário detém a prerrogativa para julgar com força de definitividade, sua função finalística, mas exerce no seu âmbito as mesmas funções administrativas a que se desincumbe o Legislativo. Detém ainda a função de editar normas jurídicas, por exemplo, o respectivo Regimento Interno de cada Tribunal e outros atos normativos. O Supremo Tribunal Federal,

---

[3] LÓPEZ RODÓ, Laureno. O poder discricionário da Administração: evolução doutrinária e jurisprudencial. *Revista Forense*, Rio de Janeiro, v. 157, n. 619/620, p. 74-78, jan./fev. 1955.

com a promulgação da Emenda Constitucional nº 45, de 08.12.2004, foi contemplado com a atribuição para editar Súmulas Vinculantes, nos termos do art. 103-A da Constituição da República e da Lei nº 11.417, de 19.12.2006 que regulamenta o citado dispositivo constitucional. Essas súmulas são verdadeiras leis do ponto de vista material. Exemplo nítido é a Súmula Vinculante nº 13 que dispõe sobre a proibição da prática de nepotismo no Legislativo e no Executivo.

O Executivo tem por atribuição primordial promover e realizar a administração pública. A atividade consiste em desempenhar atividades concorrentes para a prestação dos serviços públicos e realizar as políticas públicas em geral com vistas ao interesse social. No dizer de Seabra Fagundes: administrar é aplicar a lei de ofício. Entretanto, o Executivo desempenha secundariamente, funções próprias dos outros dois poderes: julga mediante processos administrativos e edita normas jurídicas regulamentares e até norma geral com força de lei. Refere-se à medida provisória nos termos do art. 62 da Constituição da República.

No plano estrito e no ângulo subjetivo, a Administração Pública significa os órgãos públicos integrantes da Administração direta e as entidades públicas componentes da Administração indireta: autarquia, sociedade de economia mista, empresa pública e fundação pública. Vista do prisma objetivo, a Administração Pública significa o exercício do poder de polícia, a prestação de serviços públicos, a atividade de fomento e as demais atividades-meio destinadas à consecução de seus objetivos.

No contexto da reforma do Estado e da Administração Pública, iniciada no primeiro governo de Fernando Henrique Cardoso, introduziram-se por meio da Emenda Constitucional nº 19, de 04.06.98, normas constitucionais dispondo sobre a flexibilização da estabilidade do servidor público, permitiu-se a extinção do regime jurídico único, adotado pelo texto de 1988 na sua redação primitiva; previu-se a criação de carreiras de servidores que atuam nas funções próprias do Estado, facultando a contratação, pelo regime da Consolidação das Leis do Trabalho, de empregados para as atividades não específicas do Estado, aquelas que se exercem na atividade particular; estabeleceram-se regras sobre aposentadorias dos servidores estatutários exigindo-se, entre outras condições, tempo mínimo de contribuição para previdência e idade mínima.

Ressalte-se que o *caput* do art. 39 da Constituição alterado pela EC nº 19/98, desobrigando a adoção do regime jurídico único e, consequentemente, permitindo a convivência do regime estatutário com o da Consolidação das Leis do Trabalho, foi suspenso pelo Supremo Tribunal Federal, liminarmente, em virtude da ADI nº 2.135-4, com efeito *ex nunc*.

Assim, com essa decisão, restabeleceu-se o regime único, ressalvadas as contratações efetivadas no período compreendido entre a data da promulgação da EC nº 19 e da decisão do STF, 14.08.2007.

2.4 Prestação dos serviços públicos

Os serviços públicos, tradicionalmente, foram prestados pela Administração centralizada (direta) e descentralizada (indireta) e pela iniciativa privada, mediante concessão ou permissão. Os serviços indelegáveis, como a segurança pública, a defesa contra o inimigo externo e a prestação jurisdicional, são prestados por órgãos próprios da Administração direta. Outros serviços públicos, notadamente os de cunho social, são prestados por autarquias e fundações públicas, e, ainda outros, também públicos nos termos da Constituição de 1988, mas rentáveis (conteúdo econômico), são de responsabilidade de sociedade de economia mista e empresa pública criadas pela União ou pelo Estado-membro ou pelo Distrito Federal ou pelo Município, para atuar, cada qual, num determinado setor da demanda social ou coletiva. Além dessas entidades estatais, são prestadoras de serviços públicos rentáveis empresas particulares, mediante contrato de concessão ou de permissão, em conformidade com as Leis nº 8.987/95 e nº 9.074/95 ou ainda mediante parcerias público-privadas nos termos da Lei nº 11.079, de 30.12.2004.

A despeito dos órgãos e entidades, acima referidas, encarregadas da prestação dos serviços públicos, previu-se, ainda, a instituição de Organizações Sociais, entidades privadas, sem fins lucrativos, destinadas, com a participação do Estado, a prestar serviços nas áreas de saúde, educação, pesquisa científica, desenvolvimento tecnológico, proteção ao meio ambiente e promoção cultural (Lei nº 9.637, de 15.03.98).

Por último, editou-se a Lei nº 9.790, de 23.03.99, regulamentada pelo Decreto nº 3.100, de 30.06.99, dispondo sobre a qualificação de pessoas jurídicas de direito privado, sem fins lucrativos, como Organizações da Sociedade Civil de Interesse Público. As entidades qualificadas, de acordo com a lei em referência, devem atuar no campo de atividade de interesse social ou interesse coletivo, entre os quais: promoção da assistência social; promoção da cultura, defesa e conservação do patrimônio histórico e artístico; promoção gratuita da saúde; promoção da segurança alimentar e nutricional; e promoção do desenvolvimento econômico e social e combate à pobreza (art. 3º da Lei nº 9.790/99).

As entidades qualificadas poderão receber recursos financeiros públicos e orientação quanto ao desempenho de suas atividades. O Poder Público, entretanto, não participa da gestão administrativa e operacional dessas entidades a exemplo do que acontece com as Organizações Sociais. Contudo, os órgãos de controle interno e externo exercem sobre elas a fiscalização financeira patrimonial e de metas, como se fossem entidades paraestatais.

Criaram-se também as denominadas Agências Reguladoras, autarquias especiais destinadas a regular e a fiscalizar a prestação de

66 EDIMUR FERREIRA DE FARIA
CONTROLE DO MÉRITO DO ATO ADMINISTRATIVO PELO JUDICIÁRIO

determinados serviços outorgados à iniciativa privada, principalmente aqueles cujas empresas prestadoras eram estatais e foram privatizadas (Sistema Telebrás e Sistema Eletrobrás). Outros serviços não dados em concessão podem ser regulados por essas autarquias especiais. Já foram criadas a Agência Nacional de Energia Elétrica (ANEEL), a Agência Nacional de Telecomunicações (ANATEL), a Agência Nacional do Petróleo (ANP), a Agência Nacional de Vigilância Sanitária (ANVISA), a Agência Nacional de Saúde Suplementar (ANS), a Agência Nacional de Águas (ANA), a Agência Nacional de Transportes Terrestres (ANTT), a Agência Nacional de Transportes Aquaviários (ANTAQ), a Agência Nacional do Cinema (ANCINE) e da Agência Nacional da Aviação Civil (ANAC).

Previu-se também a qualificação de Agências Executivas com vistas a eficiência e resultados na prestação de serviços por autarquias e fundações públicas. Não se trata neste caso, de criação de novas entidades, mas de credenciamento de autarquias e fundações públicas já existentes interessadas e que atendam às condições estabelecidas na legislação pertinente.

Finalmente, foi previsto e regulamentado o Contrato de Gestão, novidade no Direito brasileiro. Essa modalidade de contrato destina-se a estabelecer liame jurídico entre o Estado e as Agências Executivas e as Organizações Sociais e, ainda, entre outras entidades ou órgãos públicos, na forma da lei e nos limites constitucionais.

Com as Organizações da Sociedade Civil de Interesse Público o Estado firma Termo de Parceria. Essa modalidade de ajuste é instrumento jurídico próprio para disciplinar o funcionamento das Organizações aqui referidas.

Com essas reformas, aliadas ao Programa de Privatização, o Estado alienou as empresas que atuavam no campo econômico e as que prestavam serviços públicos mediante remuneração tarifária. Nestas últimas, os arrematadores adquiriram o patrimônio das empresas e o direito de, mediante contrato de concessão, prestar o respectivo serviço público, segundo regras previstas na legislação que regula a prestação de serviços públicos por delegação (concessão e permissão) e controles estabelecidos pela União, por intermédio das Agências Reguladoras, noticiadas antes.

A implementação das medidas em destaque concorreu para que a Administração Pública se retirasse da prestação, direta ou indiretamente, dos serviços públicos, na quase totalidade, deixando a função à iniciativa privada, nacional ou estrangeira.

A privatização, em princípio e teoricamente, constitui-se em medida salutar, considerando principalmente as dificuldades de ordem econômico-financeira por que atravessava o País por ocasião da adoção da medida. Na prática, entretanto, a concretização da medida privatizante revelou-se, na maioria dos casos, inconveniente e danosa ao interesse social e ao interesse do País. Quase todas as empresas, dos setores hidrelétricos e de telecomunicações, foram adquiridas por grupos privados estrangeiros ou por empresas estatais também estrangeiras. Este fato é preocupante. Já há sinais de que os meios de controle de que o País dispõe sejam insuficientes para fazer prevalecer os interesses do Estado brasileiro em detrimento dos interesses dos grupos estrangeiros, prestadores dos serviços públicos cujas empresas foram privatizadas.

O Estado, com isso, em princípio, teve a sua soberania enfraquecida, em relação às atividades, reconhecidas como estratégicas, por exemplo a energia elétrica, a telecomunicação, a atividade petrolífera e relativamente às fontes hidrelétricas.

A reforma do Estado e da Administração Pública implantada no Brasil baseia-se em experiências adotadas em outros países, entre os quais, os Estados Unidos e a Inglaterra. Os fundamentos básicos da reforma estrutural e operacional que se vem adotando em quase todo o mundo são: o emperramento da máquina administrativa imposta pela burocracia; a necessidade da participação da iniciativa privada na formulação e na execução das políticas públicas; e, por fim, a conveniência de adoção de medidas que proporcionem meios capazes de tornar a Administração mais dinâmica e eficiente nos tempos de globalização econômica e do predomínio da lei de mercado.

Nessa linha de reordenamento do Estado, elaboraram-se importantes trabalhos, dentre os quais salientam-se a "Perestroika", de Gorbachev, e "Reinventando o Governo", de David Osborne e Ted Gaebler, consagrados "bestsellers" internacionais.

A burocracia foi concebida e implantada como meio de defesa contra os maus governantes, o abuso de poder e o desrespeito à coisa pública.

A organização hierárquica da Administração Pública é fundamental para a realização da administração burocrática. O sistema de decisão por grau, na linha hierárquica, a utilização de procedimentos e rotinas uniformes e de formulários padronizados evitam ou dificultam a corrupção e adoção de outras medidas contrárias ao interesse público e ao patrimônio público e, ainda, facilitam o controle e garantem a realização dos objetivos colimados.

A burocracia por muitos anos destacou-se como o melhor modelo de administração, principalmente nos tempos de crises em que a sociedade procura colaborar com o governo na solução dos conflitos e das dificuldades enfrentados.

Em tempo de crise intensa — a Depressão de duas guerras mundiais —, o modelo burocrático funcionava soberbamente. Nas crises, quando os objetivos eram claros e compartilhados por quase todos, as tarefas a executar eram relativamente claras, e virtualmente todos os cidadãos estavam dispostos a colaborar, a mentalidade vertical de comando-e-controle assegurava a realização desses objetivos. Os resultados falavam por si mesmos e a maioria dos cidadãos se alinhava com o estado. Na década de 50, como escreveu William H. Whyte, os Estados Unidos tinham-se tornado uma nação de *organization men*.[4]

A burocracia aperfeiçoou-se de tal modo que cumpriu, com eficiência, uma de suas finalidades, qual seja, a de evitar ou dificultar a prática de atos ou comportamentos danosos à coisa pública. Essa perfeição do modelo permite o funcionamento normal de uma Administração Pública mesmo quando o administrador não for preparado para o cargo, for incompetente ou ímprobo. Esse lado da burocracia é positivo e relevante. Entretanto, os aspectos negativos do modelo vêm recomendando a adoção de mecanismos e de meios de atuação da Administração com vistas a neutralizar os seus efeitos negativos. Entre as inconveniências da burocracia, estão o emperramento da administração, a resistência à introdução de mudanças com vistas à otimização das rotinas e dos serviços prestados, a despreocupação com os resultados e o seu custo, o descompromisso com o tempo gasto para a solução do objeto, entre outros.

Os tempos contemporâneos que chegaram nas asas das novas técnicas e meios de comunicação, da globalização econômica, da informática e do neoliberarismo, reclamam modelos de administração compatível com essas mudanças acentuadas no final do século XX.

Não se pugna pela supressão da burocracia, mas pela adoção de medidas que com ela se conciliem, permitindo a maximização dos resultados da atuação da Administração Pública em benefício dos cidadãos, e, sobretudo, dos segmentos da sociedade excluídos ou à margem dos benefícios trazidos pelo progresso científico e tecnológico.

Essa realidade fática obriga o Governo a ser flexível e mais democrático ao formular a sua política de gestão da coisa pública com realce para as políticas públicas. Para isso, torna-se indispensável a parceria de entidades públicas com entidades públicas e de entidades públicas com entidades particulares. Estas são dinâmicas e estão, em regra, sempre procurando e introduzindo novas tecnologias na busca de maior eficiência, melhores resultados, maiores índices de produtividade e menor custo operacional.

As entidades, mesmo públicas que não revirem os seus métodos de gerenciamento e administração, não sobreviverão a esse embate provocado pela evolução dos meios de comunicação, da robotização e da inovação tecnológica. O Governo de país emergente que resistir às mudanças necessárias à compatibilização com as novas realidades estará por certo

---

[4]   OSBORNE, David; GAEBLER, Ted. *Reinventando o governo*: como o espírito empreendedor está transformando o setor público. Trad. Sérgio Fernando Guarischi Bath e Ewandro Magalhães Jr. 6. ed. Brasília: MH Comunicação, 1995. p. 15.

fadado ao insucesso e conduzirá a sua população à condição de excluída dos benefícios proporcionados pelo avanço tecnológico e científico.

O ambiente contemporâneo exige instituições extremamente flexíveis e adaptáveis; instituições que produzem bens e serviços de alta qualidade, assegurando alta produtividade aos investimentos feitos. Requer instituições que respondem às necessidades dos clientes, oferecendo-lhes opções de serviços personalizados; que influenciem pela persuasão e com incentivos, sem usar comandos; que tenham, para seus empregados, uma significação e um sentido de controle, que eles se sintam como se fossem deles. Instituições que confiram poder aos cidadãos, em lugar de simplesmente servi-los.[5]

Governo empreendedor
Em alguns Estados dos Estados Unidos, a pressão da população por redução de impostos e exigências por serviços prestados adequadamente pelo Estado, levaram os governos a se tornarem empreendedores e criativos buscando a iniciativa privada em parceria para prestarem serviços adequados e de acordo com as exigências sociais. Segundo David e Ted, o Estado da Califórnia em junho de 1978, por intermédio de seus eleitores, reduziu o imposto sobre a propriedade em torno de 50% (cinquenta por cento). A inflação e a revolta em virtude dos serviços públicos prestados deficitariamente fizeram com que a "revolta tributária" se expandisse rapidamente. O que levou o Governo Ronald Reagan, em 1980, a estender as medidas tributárias para o plano nacional. Essas condições, aliadas à recessão de 1982, estimularam prefeitos e governadores a descobrirem, juntamente com a respectiva comunidade, novos meios e formas de prestação de serviços públicos, entre os quais a parceria com a iniciativa privada.

Uma das sugestões para o enfrentamento dos desafios da Administração Pública consiste na ideia de governo navegador em vez de remador. A função de remar, qual seja, a de executar os serviços à sociedade não deve estar a cargo do governo. Esse deve somente navegar, exercendo a função de catalisador, pensando, planejando e negociando no plano da formulação das políticas públicas, com a participação dos segmentos da sociedade interessados. A execução, função de remar, deve ser exercida pela iniciativa privada em parceria com o Poder Público. Trata-se, como se vê, de posição liberal em oposição ao Estado empregador, empresário e intervencionista. É, inegavelmente, a tendência mundial, pelos motivos ditos antes. Essa será a solução para todos os países? A resposta não é fácil. Muitos países, sobretudo os emergentes ou pobres, estão numa encruzilhada. Se continuarem desenvolvendo suas políticas, como sempre fizeram,

---

[5] OSBORNE; GAEBLER, *op. cit.*, p. 16.

sobretudo no após guerra até o início dos anos 80 do século passado, não disporão de recursos financeiros suficientes para prestar os serviços públicos e criar infraestrutura necessária à frutificação da iniciativa privada. Se se afastarem daquele modelo e optarem, como estão fazendo, pelo neoliberalismo e pelo chamado "Estado mínimo", os serviços remunerados e lucrativos serão prestados satisfatoriamente. Entretanto, expressiva camada social ficará à margem dos serviços indispensáveis à qualidade de vida e à dignidade humana. É o que já está acontecendo em proporções acentuadas, em vários países em desenvolvimento, inclusive no Brasil.

Segundo estudos e pesquisas realizados pelo Banco Mundial — Bird a pobreza e o protecionismo aumentaram no período em que se deu maior avanço da política neoliberal. Segundo análise da *Folha de S.Paulo*, o relatório do Bird evidencia que a adoção intensificada do neoliberalismo verificou-se a partir dos anos 80 do século XX. Nessa fase histórica, os países em desenvolvimento aderiram rapidamente aos pontos básicos defendidos pelos inovadores liberais: abertura de seus mercados, redução do papel do Estado e estímulo ao investimento de capital estrangeiro.

De acordo com o aludido estudo, e em números absolutos, o número de pessoas vivendo no Globo com menos de um dólar por dia, subiu consideravelmente, nos últimos anos. Em 1987, um bilhão e duzentos milhões de pessoas viviam com menos de um dólar por dia. Esse número elevou-se para um bilhão e quinhentos milhões de pessoas atualmente. A projeção do Banco Mundial, para 2015, é a de que um bilhão e novecentos milhões de pessoas estarão nesse estado de pobreza, se as tendências atuais persistirem. Entretanto, as previsões do mesmo Banco, divulgadas em 04 de outubro de 2015, apontaram para uma provável redução de pessoas que vivem em extrema pobreza no mundo para menos de 10% naquele ano e que, apesar de insistentes obstáculos, espera-se alcançar a meta de erradicação da pobreza em 2030.[6]

Segundo a "Carta Maior" citando o Banco Mundial, o declínio da pobreza no Brasil foi mais rápido no período de 2001 a 2013. Nesse período, o número de pessoas vivendo em situação de pobreza no Brasil caiu 64%, passando de 13,6% para 4,9% da população. A mesma fonte informa que "segundo o economista Emmanuel Skoufis, especialista do Banco Mundial em América Latina e redução de pobreza, o declínio de pobreza no Brasil foi mais rápido do que em outros países da região".

O mesmo economista assevera que as medidas de proteção em vigor no País são no sentido de evitar que muitas pessoas voltem para a situação

---

[6] Disponível em: <http:/www.worldbank.org/pt/news/press-release/2015/10/04/world-bank-forecasts-global-poverty-to-fall-below-10-for-first-time-major-hurdles-re>. Acesso em: 29 abr. 2016.

de pobreza, mas, entretanto, a crise econômica atual pode interromper o avanço da redução da pobreza no Brasil, nos anos de 2014 e 2015.[7] Os países ricos, embora idealizadores ou praticantes do liberalismo, continuam exercendo políticas protecionistas em desfavor dos países pobres. O número de processos anti-*dumping* no Gatt e na ONC aumentou no período compreendido entre 1987 e 1997, atingindo maior volume em 1992.[8] A política protecionista tripudia os países econômica e politicamente fracos. Esses, além de não disporem de meios eficazes para adotar medidas protecionistas, ainda enfrentam dificuldades para exportar os seus produtos em virtude das barreiras comerciais e fiscais impostas pelos países ricos.

O Brasil, em certa medida, vem sendo atingido pelas medidas restritivas impostas pelos países mais desenvolvidos economicamente. Entretanto, a sua exportação tem apresentado superávit nos últimos seis anos — com exceção de 2014, que acusou déficit. No período de 2010 a 2015 os resultados superavitários das exportações versus importações foram os seguintes: 2010, 20,14 bilhões de dólares; 2011, 29,79 bilhões de dólares; 2012, 19,29 bilhões de dólares; 2013, 2,28 bilhões de dólares; 2014, 4,05 bilhões de dólares negativos; 2015, 19,69 bilhões de dólares. Esse aumento extraordinário do superávit verificado em 2015 atribui-se, principalmente, à queda das importações e também à elevação do valor do dólar em relação ao real e a drástica redução do valor do barril de petróleo. O Brasil importa mais petróleo do que exporta. Logo, nesse particular, a redução do preço do óleo negro favoreceu o Brasil. O dólar alto favoreceu os importadores estrangeiros e, ao mesmo tempo, os exportadores brasileiros.[9] O produto interno bruto sofreu constante processo de redução chegando a zero. Nos últimos dois anos, o seu crescimento foi negativo, a previsão do Fundo Monetário Internacional aponta para uma queda de 3,8% no ano de 2016. O PIB do Brasil projetado é o pior comparado com a projeção para os outros países emergentes, Índia 7,5%, China, 6,5% e África do Sul 0,6%, por exemplo. Fonte Valor.[10] Entretanto, o FMI, em seu último relatório, prevê que a expectativa é de que a queda do PIB Brasileiro em 2016 seja de 3,3% e não 3,8% previsto anteriormente. Para 2017, o mesmo fundo estima que o PIB terá crescimento positivo, alcançando o valor de 0,5%.[11]

---

[7]   Disponível em: <http://cartamaior.com.br/?/Editoria/Política/Declínio-da-pobreza-no-Brasil-foi-mais-rapido-diz-Banco-Mundial//4/34703>. Acesso em: 29 abr. 2016.

[8]   Abertura não reduz pobreza, diz Bird. *Folha de S. Paulo*, 16 set. 1999. 2º Caderno, p. 1.

[9]   Disponível em: <g1.globo.com/economia/notícia/2016/com-alta-de-importações-balança-tem-em-2015-melhor-saldo-em 4-anos.html>. Acesso em: 30 abr. 2016.

[10] LAMUCCI, Sérgio; BASILE, Juliano. Disponível em: <www.valor.com.br/brasil/4520539/pib-do-brasil-deve-encolher-38-em-2016-estima-fmi>. Acesso em: 30 abr. 2016.

[11] Disponível em: <http://g1.globo.com/economia/noticia/2016/07/fmi-melhora-pela-1-vez-previsao-para-o-pib-do-brasil-em-2016.html>. Acesso em: 28 ago. 2016.

A renda *per capita* está reagindo positivamente, mas ainda é extremamente baixa. Segundo dados do IBGE, a renda *per capita* média em 2015 foi de R$1.113, sendo que o maior valor foi no Distrito Federal, R$2.252,00 e menor foi registrado no Maranhão, 509,00.[12]

Essa situação vem sendo atenuada com medidas assistencialistas, iniciadas no governo Fernando Henrique Cardoso, ampliadas pelo governo Luiz Inácio Lula da Silva e mantidas pelo governo Dilma Rousseff. O carro-chefe dessa política assistencial é o "bolsa-família".

A globalização econômica contribuiu para o aumento da pobreza? É possível que sim. Entretanto, a resposta depende de estudo específico, que não comporta este trabalho. Tem o Governo de cada país responsabilidade pelas consequências da globalização? Ou ele dispõe de meios eficientes e eficazes para impedir a globalização e a política liberal e os seus efeitos? A propósito destas indagações existem duas posições bastante claras. Uma, ultraliberal, sustenta que a globalização e o neoliberalismo são realidades incontroláveis e se impõem aos países, mesmo contra a vontade deles, como se fossem rolo compressor. A outra posição, mais acadêmica, reconhece que a globalização é fato decorrente da modernização dos meios de comunicação, da informatização e da evolução tecnológica em geral. Mas que os governos dos países pobres ou emergentes terão de adotar medidas políticas e administrativas capazes de permitir a convivência com a nova realidade global, procurando amenizar os efeitos negativos dela decorrentes e potencializar as medidas adequadas para tirar melhores proveitos das vantagens resultantes da globalização, elevando o índice do produto interno bruto e, consequentemente, aumentando a renda *per capita* e reduzindo a pobreza.

Essa segunda linha de raciocínio parece ser a mais adequada. A globalização é irreversível. Para os efeitos comerciais os Estados perderam os seus limites, que passam a se confundir com os do Globo. Entretanto, os governos dos Estados que sofrem as consequências negativas da globalização não devem ignorar esses fatos e nem permitir que considerável parte da população seja arrebatada pela avalanche resultante da globalização econômica liberal e lançada ao mar da pobreza absoluta. A criatividade do governo deve ser arguta e praticada com a participação democrática da sociedade, com vistas a encontrar soluções capazes de resgatar a dignidade da pessoa humana. O bom governo deve se preocupar com a felicidade dos seus governados. Entre as funções de governar, inclui-se a de buscar a felicidade e a dignidade da pessoa humana.

---

[12] Nilmar de Oliveira – Repórter da Agência Brasil. Disponível em: <Agênciabrasil.ebc.com. br/economia/notícia/2016-2/ibge-renda-capita-media-do-brasileiro-atinge-r-1113-em-2015>. Acesso em: 30 abr. 2016.

CAPÍTULO 3

DIREITO ADMINISTRATIVO

3.1 Origem e autonomia do Direito Administrativo

Do ponto de vista material, pode-se dizer que a atividade administrativa existe desde quando "o homem vive em comunidade organizada". Mas o Direito Administrativo, enquanto conjunto de normas, sistematizado, dotado de princípios e regras fundamento na Justiça, é contemporâneo ao Estado de Direito.[1]

Afirma-se que o Direito Administrativo é resultante das revoluções política e tecnológica. Efetivamente, esse ramo do Direito Público é o coroamento dessas revoluções, que nele encontraram a solução para a maior parte das questões que se apresentam.

O Direito Administrativo, como ramo autônomo do Direito Público, é considerado novo. Seu estudo científico teve início na segunda metade do século XIX. Não obstante, já havia, anteriormente a essa fase, normas jurídicas especiais "ordenando a atividade do Estado – poder, ou seja, sua organização e a ação de criação de atividade pública no Estado Político de modo direto e imediato, na consecução do seu fim".[2]

Estima Bandeira de Mello que possivelmente a primeira obra de exposição do Direito Administrativo seja a de Giandomenico Romagnosi – *Principi Fondamentali di Diritto Amministrativo* — publicada em 1814.[3] Mais recentes do que o Direito Administrativo, contabilizam-se o Direito

---

[1]   CASSAGNE, Juan Carlos. *El acto administrativo*. Buenos Aires: Abelado Perrot, 1974. p. 73.

[2]   MELLO, Oswaldo Aranha Bandeira de. *Princípios gerais de direito administrativo*. Rio de Janeiro: Forense, 1974. p. 61.

[3]   MELLO, O., *op. cit.*, p. 53.

EDIMUR FERREIRA DE FARIA
CONTROLE DO MÉRITO DO ATO ADMINISTRATIVO PELO JUDICIÁRIO

do Trabalho, o Direito Tributário, o Direito Previdenciário, o Direito Econômico. O Direito Urbanístico e o Direito Eleitoral se tornaram autônomos na segunda metade do século XX.

Na opinião do aludido autor, a Itália pode disputar com a França a primazia do lançamento do primeiro tratado sobre o Direito Administrativo. Entretanto, foi a França que primeiro se preocupou em coligir julgados contendo matérias de interesse da Administração Pública. Isso não se pode negar.[4]

Para Tácito,

O Direito Administrativo surge entre as cinzas ainda quentes do regalismo. A sua certidão de nascimento é, de acordo com parecer de Zanobini, a lei de 28 pluvioso do ano VIII (1800 no calendário gregoriano), que deu feição jurídica à francesa.[5]

Os administrativistas, na sua maioria, apontam a Lei de 28 pluvioso do ano VIII como sendo o marco do surgimento do Direito Administrativo, pelo fato de essa lei ter cuidado da organização administrativa do Estado francês. Ressalta Tácito[6] que o aspecto principal da história da Administração é a subordinação do Estado à legalidade, da mesma forma que o administrado está submisso à lei e à autoridade pública. "A liberdade administrativa cessa onde principia a vinculação legal".[7]

Mayer ensina que o Direito Administrativo passou por três fases distintas, desde a sua concepção embrionária até os dias atuais. Tais fases influem diretamente na relação entre poder público e súditos, ou, nos tempos atuais, cidadãos, que são o objetivo principal do Direito Administrativo.[8]

As fases são: a) direito de supremacia do príncipe; b) prepotência do poder de polícia; e c) regime de direito, conhecido na doutrina contemporânea como ramo do Direito surgido em decorrência da adoção do Estado de Direito.

A primeira fase teria surgido, ainda, no Estado absolutista e se desenvolvido lentamente, passando pela fase intermediária, até atingir o Estado de Direito.

---

[4] Em 1918, Macarel edita o seu *Élements de Jurisprudence Administrative* e, em 1832, de Cormenin a sua *Questions de Droit Administratif*. Em 1819, é inaugurada na Faculdade de Direito de Paris a cadeira de Direito Administrativo. No mesmo ano, De Gerando publica o *Programa du Cours de Droit Public Positif Administratif à la Faculté de Droit de Paris*.

[5] TÁCITO, Caio. Administração e controle de legalidade. *Revista de Direito Administrativo*, Rio de Janeiro, n. 37, p. 1, jul./set. 1954.

[6] TÁCITO, *op. cit.*

[7] TÁCITO, *op. cit.*, p. 1.

[8] MAYER, Otto. *Derecho administrativo alemán*. Buenos Aires: Editorial Depalma, 1949. t. I, p. 27-46.

Na Alemanha, só depois da dissolução do antigo Império, ocorrida no século XIX, é que desapareceram os últimos resquícios da supremacia do príncipe. Foi nesse mesmo século que o movimento constitucionalista se tornou realidade vitoriosa com a concepção do Estado de Direito.

Invariavelmente o Direito Administrativo surgiu das decisões do Conselho de Estado francês, órgão superior do sistema jurisdicional administrativo adotado posteriormente à Revolução Francesa de 1789. Não há, portanto, uma data que determine o marco do aparecimento definitivo do Direito Administrativo. Há quem defenda a tese segundo a qual o novo ramo do Direito passou a ser reconhecido a partir do julgamento do caso denominado Blanco. Trata-se de uma ação de perdas e danos materiais e morais intentada pelo pai de uma menina, chamada Agnès Blanco, que, ao atravessar uma rua de Bordeaux, foi colhida por uma vagoneta pertencente a uma empresa estatal francesa, manufatureira de tabaco. O Tribunal de Conflito, em decisão histórica, prolatada no ano de 1873, reconheceu o dever do Estado Francês de indenizar o postulante, pai da vítima — 8 de fevereiro de 1873, D., 1873.3.17; S., 1873.2.153. Consel. David, BA, n. 1.[9]

Vedel, referindo-se ao aresto, comenta que os conselheiros entenderam, naquele julgamento, que os danos causados pelo prestador de serviços públicos devem ser julgados, de preferência, pelo juiz administrativo. E, ainda, que tais danos deveriam ser regrados por princípios autônomos, distintos dos previstos no Código Civil, destinados a reger as relações entre particulares.[10]

O referido aresto, inegavelmente, foi avançadíssimo para a sua época, considerando, sobretudo, que até então o Estado não admitia a sua responsabilidade por danos causados a terceiros por seus funcionários. Vigia à época, em todo o mundo jurídico, a teoria segundo a qual o Estado era irresponsável. Entendimento sustentado na teoria divina dos reis. Razão por que o julgado marcou definitivamente o reconhecimento do Direito Administrativo, que já vinha sendo considerado, ainda que fragilizado. Sintetizando, pode-se afirmar que o Direito Administrativo se iniciou com a aludida Lei de 28 pluvioso, em 1800, e se tornou autônomo com o aresto Blanco, proferido em 1873. O novo ramo do Direito teria passado por um período de setenta e três anos de formação.

Os princípios fundamentais do Direito Civil são assinalados pelos tribunais alemães e aplicados à prerrogativa do príncipe. Com isto, o príncipe passou a não poder fazer valer as suas pretensões contra o súdito, salvo se, em seu favor, militassem normas de direito positivo.

---

[9] VEDEL, George. *Droit Administratif*. 2ᵉ éd. Paris: Presses Universitaires de France, 1961. p. 69.

[10] VEDEL, *op. cit.*

EDIMUR FERREIRA DE FARIA
CONTROLE DO MÉRITO DO ATO ADMINISTRATIVO PELO JUDICIÁRIO

O Direito Administrativo percorre a sua fase evolutiva, alicerçado na legislação, na jurisprudência, na doutrina e nos costumes. Essas fontes são primordiais e de extraordinária significação visto que o Direito Administrativo não é totalmente codificado, na maioria dos países.[11] A dinâmica do mundo político, social e econômico exige dos administrativistas e dos aplicadores do Direito no âmbito da Administração e do Judiciário esforço ingente, no sentido de manter o Direito Administrativo aparelhado, atuante e pronto para disciplinar e regular, de maneira mais justa possível, a relação entre o Estado e membros da sociedade. Estes, em decorrência da evolução tecnológica, científica e política, estão demandando sempre mais amparo do Estado. Entre nós, saliente-se que a Constituição de 1988 colaciona, entre os fundamentos do Estado Democrático de Direito por ela aprimorado, o da "cidadania" e o da "dignidade da pessoa humana" (art. 1º, III).

Durante o século XX, o Direito Administrativo se consolidou e se tornou ramo autônomo do Direito Público em todo o mundo, passando por mutações em decorrência da constante busca pela Administração Pública da plena satisfação dos interesses legítimos dos cidadãos. Inicialmente este ramo do Direito foi considerado direito da Administração Pública. Durante algum tempo a doutrina e a jurisprudência caminharam nesse sentido. Os autores americanos, no princípio, refutaram esse entendimento, alegando que a Administração não deve ter o privilégio de criar um Direito próprio para se submeter. Ao contrário, a Administração Pública deve sujeitar-se às mesmas leis a que se sujeitam as pessoas particulares naturais e jurídicas.

Contemporaneamente, o Direito Administrativo, embora se encarregue de disciplinar a relação da Administração com os seus órgãos, suas entidades e entidades particulares prestadoras de serviços públicos mediante concessão e permissão é, inegavelmente, garantia do administrado contra os abusos praticados por agentes públicos ou por quem lhe faz as vezes. No ordenamento jurídico brasileiro, essa inversão do objeto do Direito Administrativo se estampa nos institutos de defesa postos à disposição da sociedade e do cidadão no Capítulo I do Título II da Constituição da República de 1988 "dos direitos e deveres individuais e coletivos": o *habeas corpus*, o *habeas data*, o mandado de injunção, o mandado de segurança individual e coletivo, a ação popular (art. 5º, da CR/88) e a ação civil pública. Esta prevista no art. 129, inciso III da mesma Lei Maior, além de outros meios garantidores de acesso à Justiça, inclusive o direito de petição, o devido processo legal e diversas leis infraconstitucionais que vêm sedo editadas com o nítido propósito de proteger os cidadãos.

---

[11] CASSAGNE, Juan Carlos. *El acto administrativo*. Buenos Aires: Abelado Perrot, 1974. p. 36.

3.2 Perspectivas do Direito Administrativo

Os atos administrativos decorrentes da imperatividade da Administração Pública vêm diminuindo e tendem a diminuir ainda mais, no século XXI. As decisões administrativas, na maioria dos casos, não serão mais legítimas, se tomadas em gabinetes fechados, como sempre aconteceu. A participação popular passa a ser necessária e até indispensável, nas importantes decisões de interesse social. Já nos dias atuais, em diversas comunidades locais e regionais, a sociedade tem sido convocada a participar de decisões políticas e administrativas de interesse coletivo. Por exemplo: elaboração do orçamento público, denominado "orçamento participativo"; realização de audiência pública prévia obrigatória, nas licitações de grande vulto nos termos do art. 30, §8º da Lei nº 8.666, de 21.06.93; nos casos de licitações para a concessão de serviço público, a Administração Pública deve publicar, com antecedência, justificativa da concessão, o seu objeto, área e respectivo prazo, art. 5º da Lei nº 8.987, de 13.02.95; no ensino público fundamental e médio importantes decisões são tomadas por conselhos formados de agentes de ensino e de pessoas da comunidade, pais de alunos, em especial. Nessa linha Oliveira, assim, se expressa:

> A realidade dos fatos está a contestar a velha afirmação de que, mesmo no Estado de Direito, o cidadão somente é livre para exercer seus direitos políticos ao eleger os governantes. Uma das tendências bem marcantes, na atualidade, é a de organizar a *democracia participativa*, que legitima uma permanente atuação dos cidadãos, individual ou coletivamente, junto aos ocupantes de cargos eletivos, no sentido de cobrar-lhes o cumprimento dos seus compromissos eleitorais. Esse fenômeno, de alta significação política, igualmente se realiza na chamada *democracia administrativa*, que caracteriza uma mudança da sociedade, e não exatamente do Estado.[12]

Em diversas cidades americanas os estabelecimentos de ensino público básico, fundamental e médio grau se adaptaram para atenderem a sugestões oferecidas pelas respectivas comunidades escolares, envolvendo professores, direção dos estabelecimentos, pais e alunos.

Em Chicago, por exemplo, as escolas públicas são dirigidas por um conselho formado por seis pais, eleitos pelos pais em cada escola; dois membros da comunidade, eleitos pela própria comunidade; dois professores, eleitos pela comunidade componente da escola; e um diretor.

---

[12] OLIVEIRA, Fernando Andrade de. O direito administrativo: origem e perspectivas. *In*: ROCHA, Cármen Lúcia Antunes (Coord.). *Perspectivas do direito público*: estudos em homenagem a Miguel Seabra Fagundes. Belo Horizonte: Del Rey, 1995. p. 55.

O conselho administra como se fosse diretoria de uma empresa. O diretor é contratado por ele para o período de quatro anos, baseado no critério do mérito. Entre as atribuições do conselho salientam-se a elaboração de plano de melhoria da escola e do orçamento em conformidade com as benfeitorias previstas. Depois da adoção desse modelo de gestão a melhoria do ensino e do aprendizado alcançaram índices extraordinários. A melhoria das instalações, a segurança e a disciplina dos alunos completam a eficiência do novo modelo.[13]

O Estado, como visto no Capítulo 1 deste trabalho, passou por profundas alterações evolutivas desde a sua origem até os dias atuais. O Estado brasileiro vem acompanhando, a reboque, essas transformações. A Constituição de 1988 avançou consideravelmente no campo dos direitos individuais e coletivos. A Lei Maior elegeu como princípios fundamentais do Estado Democrático de Direito brasileiro os da soberania, cidadania, dignidade da pessoa humana, os valores sociais do trabalho e da livre iniciativa e o pluralismo político, art. 1º da CF/88. Já no Título da Ordem Econômica e Financeira, a mesma Constituição elegeu os seguintes princípios gerais da atividade econômica: soberania nacional; propriedade privada; função social da propriedade; livre concorrência; defesa do consumidor; defesa do meio ambiente; redução das desigualdades regionais e sociais; e busca do pleno emprego.

O Estado deduzido dos princípios acima arrolados é de Direto e Democrático, mas intervencionista no campo econômico para garantir a dignidade da pessoa humana, proteger o consumidor e a sociedade em geral. De um lado, a Constituição estimula a livre iniciativa, o pluralismo político, a propriedade privada e a livre concorrência. De outro, entretanto, limita ou condiciona essas garantias ao interesse público, ao interesse social na tentativa de atender ao bem-estar social, por intermédio da função social da propriedade, defesa do consumidor e do meio ambiente, a busca do pleno emprego e a tentativa de redução das desigualdades regionais e sociais.

Por esses princípios se pode aquilatar a inestimável ampliação do campo do Direito Administrativo. A ele compete regular e implementar todos os princípios referidos, notadamente aqueles que permitem a intervenção do Estado na atividade econômica quando o exercício dessa atividade extrapola os limites expressos na legislação.

Essas medidas restritivas devem ocorrer nos casos em que a propriedade privada não esteja cumprindo a sua função social. São exemplos: a desapropriação para fins de reforma agrária e a de interesses urbanísticos

---

[13] OSBORNE, David; GAEBLER, Ted. *Reinventando o Governo*, 6 ed. Tradução de Sérgio Fernando Guarischi Bath e Ewandro Magalhães Júnior. Brasília: Mh Comunicações, 1992, p. 56.

prevista no art. 182, §4º, inciso III, da Constituição da República de 1988; nas hipóteses de abuso do poder econômico. Exemplo: instituição de monopólio e de cartel; nos casos de desrespeito ao meio ambiente e ao consumidor.

Nas hipóteses referidas acima, configurado o comportamento da iniciativa privada em desacordo com os princípios constitucionais e com os bens jurídicos protegidos, a Administração Pública tem o dever-poder de interferir para coibir as transgressões administrativas e penais. Não o fazendo ou o fazendo deficientemente, o lesado ou prejudicado individual ou coletivamente legitima-se a promover ação judicial própria contra o autor dos danos ou contra a Administração Pública ou agente público, dependendo do caso concreto e, até mesmo, contra a Administração Pública.

O Direito Administrativo, como meio regulador da Administração, estabelecendo a relação dela com os seus órgãos, entidades, servidores e administrados, deve criar instrumentos jurídicos e materiais suficientes para que o Estado cumpra o seu papel fundamental, o de satisfazer os interesses sociais nas suas várias facetas de manifestação. As situações adversas surgidas nos tempos atuais, em decorrência de diversos fatores, entre os quais a redução da oferta de empregos para mão de obra desqualificada, o aumento da automação, o crescimento populacional, o aumento, a cada ano, de novas ofertas de mão de obra relativa aos jovens que chegam ao mercado de trabalho e o envelhecimento da população, constituem desafio para a Administração Pública, responsável pela promoção do bem-estar social.

O Estado, entretanto, não está conseguindo acompanhar a dinâmica da evolução tecnológica e das conquistas sociais. Com isso o Direito Administrativo, em regra, anda na retaguarda das necessidades sociais. O Direito, sabe-se, tem por objeto regular os fatos sociais. Essa regulação deve ocorrer simultaneamente ao aparecimento do fato que pretende regrar. A regulamentação tardia concorre para descompasso entre a atuação da Administração Pública e as necessidades da sociedade, com inestimável prejuízo para esta. Nessa linha, é o pensamento de Delgado.[14]

---

[14] "Não se esconde, na vivência da era contemporânea a fragilidade administrativa do Estado em solucionar os atritos mais essenciais que envolvem os jurisdicionados e administrados. Entre eles, são identificados: a) o de não criar mecanismos erradicadores da pobreza econômica de grande parte da população; b) o de não ter condições de controlar os distúrbios sociais; c) o de não oferecer uma prestação de proteção à saúde dignificadora do ser humano; d) o de não demonstrar a sua eficiência na formação educacional das gerações do presente e do futuro; e) o de não ter como acompanhar o avanço da ciência tecnológica e de controlar os desvios praticados pela atuação da informática; f) o de não oferecer segurança aos cidadãos no exercício dos seus direitos fundamentais de liberdade de ir e vir e de se constituir em família; g) e o de não ser o assegurador eficaz dos direitos e garantias fundamentais do indivíduo ou do grupo a que pertence" (*In*: ROCHA, Cármen Lúcia Antunes (Coord.). *Perspectivas do direito*

EDIMUR FERREIRA DE FARIA
CONTROLE DO MÉRITO DO ATO ADMINISTRATIVO PELO JUDICIÁRIO

Para concluir este Capítulo, que procura delinear as perspectivas do Direito Administrativo para o século XXI, traz-se à colação texto de José Augusto Delgado do seguinte teor:

Há de se considerar, também, que a luta pela conquista do direito deixou de ser, na atualidade, uma reivindicação estritamente individual, tornando-se, também, uma pretensão da coletividade organizada, em órgãos representativos dotados de intensidade no exercício de pressão. O que consta, no retrato desenhado, é o Direito Administrativo abandonando a sua posição de servo do Estado e se transformando em veículo a ser utilizado pelas massas e, especialmente, por parte do cidadão.

A carga administrativa estatal, por tais exigências, destaca-se, de modo marcante, da exercida pelo Legislativo e Judiciário, o que conduz a querer um Direito Administrativo democratizado, inteiramente voltado ao atendimento da pretensão do homem, quando subordinado aos ditames do Estado.

Ao se aproximar o século XXI com manifesta tendência de prestigiar o cidadão, há o Direito Administrativo de acompanhar essa evolução e se apresentar, quando chegar essa ocasião, como entidade capaz de impor regras à atuação estatal e que contribuam para o atendimento de tal pretensão.

Há de ser um ordenamento substancial de uso do Estado, que se obriga a cumpri-lo, representar uma prestação de garantia, através da qual o fundamento da norma maior se preserva e são protegidos os direitos essenciais do cidadão. Servirá, assim, aos valores de dignidade do ser humano incorporados à Constituição e fará com que eles sejam cumpridos, atingindo, o fim precípuo a que se propõem — o estabelecimento da paz social, com respeito integral aos direitos da cidadania.[15]

A democracia nos tempos atuais significa não só apenas a participação do povo na escolha dos seus dirigentes e dos parlamentares. É também a participação dos cidadãos na elaboração de projetos e da formulação e execução das políticas públicas. O cidadão já está legitimado pela Constituição Federal e por leis infraconstitucionais para fiscalizar a atuação da Administração Pública, nos procedimentos licitatórios, no sistema de registro de preços, para compra pela Administração, na fiscalização dos serviços públicos, na condição de usuário dos mesmos. Neste último caso, a lei prevê até a instituição de associação dos usuários de serviços públicos,

---

público: estudos em homenagem a Miguel Seabra Fagundes. Belo Horizonte: Del Rey, 1995. p. 72).

[15] OLIVEIRA, Fernando Andrade de. O direito administrativo: origem e perspectivas. *In*: ROCHA, Cármen Lúcia Antunes (Coord.). *Perspectivas do direito público*: estudos em homenagem a Miguel Seabra Fagundes. Belo Horizonte: Del Rey, 1995. p. 95.

CAPÍTULO 3
DIREITO ADMINISTRATIVO | 81

para que possam atuar com maior poder de pressão junto aos delegatários dos serviços e ao poder concedente.

A modernização dos sistemas de comunicação, aliada ao desejo da sociedade de participar das decisões e das formulações das políticas públicas, viabiliza a adoção de democracia direta, ainda que parcial, para a atuação estatal em vários setores de suas atividades. Por intermédio da internet, redes sociais e da telefonia é possível, com segurança e pouco dispêndio, a convocação da sociedade ou de seguimento dela para opinar sobre determinada medida que a Administração pretende adotar no exercício da promoção social. A tradicional tomada de decisão pela Administração Pública, aleatoriamente aos destinatários dos benefícios públicos, é ilegítima e parece não encontrar espaço no século XXI. O Direito Constitucional e o Direito Administrativo, como já vêm procedendo, hão de regulamentar e regular a parceria com a iniciativa privada ou com outras entidades ou órgãos públicos, com o fim de desempenhar atividades públicas delegáveis, principalmente, na prestação de serviços públicos essenciais, tais como de saúde, de educação, de transporte coletivo de passageiros, entre outros. Principalmente considerando que o Estado, mesmo deixando de ser empresário e adotando linha mais liberal, tendência eclodida nos anos 80 e adotada pelo Brasil nos anos 90 do século passado, não deve se escusar de prestar os serviços públicos indispensáveis e, de resto, atender aos reclames das classes sociais excluídas ou de pessoas que estão vivendo em condições subumanas. Preocupação que a lei de mercado, tão prestigiada, não tem. O mercado, normalmente, cuida, e bem, do aumento da riqueza das empresas, dos acionistas e dos empresários. As empresas, de modo geral, não se preocupam com os trabalhadores, até mesmo seus empregados e desconhecem ou escurecem as vistas para não enxergar os desempregados ou mal remunerados. O Estado, se deixar de atender às pessoas carentes e não se preocupar com o bem-estar social, estará, por certo, desviando-se de suas funções primordiais que justificaram a sua instituição. Por esse motivo, o Direito Administrativo deve estar permanentemente atualizado, vigilante e atuante na defesa dos cidadãos. Para isso, é necessário adotar política de boa governança, incluindo nessa governança a participação efetiva da sociedade, legítima destinatária das políticas públicas.

CAPÍTULO 4

ATO ADMINISTRATIVO

4.1 Ato jurídico e ato administrativo

O direito subjetivo compõe-se de três elementos indispensáveis: o sujeito, o objeto e o fato jurídico.

O sujeito e o objeto não se relacionam sem que ocorra um acontecimento denominado fato jurídico. Desse fenômeno é que nasce, conserva-se, modifica-se, transfere-se e extingue-se a relação de direito.

A inexistência, então, do acontecimento, fato, inviabiliza a relação do sujeito com o objeto. Logo, esse acontecimento, fato jurídico, é o elemento responsável pela inter-relação dos dois primeiros.

O fato jurídico é, por conseguinte, o acontecimento responsável ou que tem força de fazer nascer, conservar, transferir, modificar ou extinguir a relação jurídica.[1]

4.1.1 Classificação dos fatos jurídicos

O Direito Civil classifica os fatos jurídicos em dois grupos conforme a origem dos mesmos. São eles: acontecimentos naturais e ações humanas. No primeiro grupo, ressaltam-se os acontecimentos ordinários e os acontecimentos extraordinários. No segundo, compreendem-se as ações humanas de efeitos jurídicos voluntários — atos jurídicos *lato sensu* — e ações humanas de efeitos jurídicos involuntários — atos ilícitos.

---

[1] LIMA, João Franzen de. *Curso de direito civil brasileiro*. 4. ed. Rio de Janeiro: Forense, 1960. v. 1, p. 270-271.

Acontecimentos naturais ordinários são os dotados de valor que interessam ao direito, e, por isso, lhes são atribuídos efeitos jurídicos. Por exemplo, o nascimento, a morte, o transcurso do tempo, entre outros.

Os acontecimentos naturais extraordinários, que, normalmente, não são revestidos de efeito jurídico, são o caso fortuito e a força maior. A regra, nesses casos, é a da não repercussão de seus efeitos no mundo jurídico.

Todavia, se, no caso concreto, evidenciar-se a concorrência do ser humano, ainda que involuntariamente, para o efeito danoso, a responsabilidade poderá configurar-se, principalmente, tratando-se de conduta omissiva ou comissiva de agente público.

O ato jurídico, modalidade de fato jurídico, decorre da vontade da manifestação humana, que produz direito, modifica direito ou extingue direito, de acordo com a lei. Os efeitos jurídicos são, portanto, voluntários.

Nos atos ilícitos, os efeitos ou consequências jurídicas não são voluntários e nem queridos pelo agente, mas impostos pela lei, consubstanciados em sanção, em virtude da violação do dever jurídico de conduta do agente.

O ato jurídico, para que tenha validade, depende de agente capaz, objeto lícito, e forma prevista ou não proibida por lei.[2]

O Código Civil brasileiro de 2002 não definiu expressamente o ato civil como fez o de 1916, art. 81. Entretanto, infere-se que o ato jurídico decorrente da livre manifestação da vontade é jurídico, lícito e válido, se praticado sob a observância da ocorrência dos seguintes requisitos: agente capaz; objeto lícito, possível, determinado ou determinável; e forma prevista ou não defesa em lei (art. 104 do Código Civil de 2002).

César Augusto de Castro Fiuza, a propósito, ensina:

> Sem entrar em maiores discussões acadêmicas, que, de resto, não cabem no presente trabalho, podemos dizer que o ato jurídico é o fato jurídico humano, que cria, modifica ou extingue relações ou situações jurídicas.
>
> Ato jurídico, nesse sentido amplo (*lato sensu*), admite três espécies, a saber, atos jurídicos em sentido estrito (*stricto sensu*), negócios jurídicos e atos ilícitos.[3]

Considera-se lícito o ato editado em conformidade com o dispositivo legal e condicionado sempre à ação comissiva para a sua edição. O ato ilícito, por seu turno, decorre de comportamento omissivo ou de ação comissiva de seu autor em desacordo com o direito positivado.

---

[2] GOMES, Orlando. *Introdução ao direito civil*. 3. ed. Rio de Janeiro, 1971. p. 226-227. Ver PEREIRA, Caio Mário da Silva. *Instituições de direito civil*. Rio de Janeiro: Forense, 1976. v. 1, p. 395 *et seq.*

[3] FIUZA, César Augusto de Castro. *Direito civil*: curso completo. 7. ed. Belo Horizonte: Del Rey, 2003. p. 158.

As consequências para o autor do ato ilícito são previstas em lei, consubstanciadas em sanção resultante da violação do dever jurídico de conduta do agente.

4.1.2 O ato administrativo jurídico

O ato administrativo jurídico, ressalvadas suas peculiaridades, é ato jurídico semelhante ao ato jurídico comum. Depende igualmente de sujeito capaz e competente, de objeto, de forma, de finalidade e de motivo, segundo entendimento da doutrina majoritária.

Aqui mesmo, já se verificam particularidades do ato administrativo. O agente deve ser dotado de competência legal para praticar o ato. Além disso, a finalidade e o motivo são requisitos indispensáveis ao ato para que possa produzir os efeitos pretendidos.

Se, por um lado, o ato administrativo corresponde, no Direito Administrativo, ao ato jurídico do Direito Privado, o fato administrativo não guarda a mesma relação com o fato jurídico comum. Enquanto este é gênero tendo por espécie o ato jurídico, o fato administrativo é espécie do gênero ato administrativo.

Os atos administrativos podem ser jurídicos e não jurídicos. Os jurídicos, como se registrou, são os semelhantes aos atos jurídicos comuns, e que produzem, consequentemente, efeitos jurídicos. Os não jurídicos não produzem efeitos jurídicos e recebem a denominação de fatos administrativos ou atos concretos ou, ainda, atos materiais. Consistem, pois, na materialização da atividade da Administração Pública. Abertura de vala para a canalização de água e esgoto, pavimentação de vias públicas, construção de prédios públicos são exemplos de atos materiais, fatos administrativos.[4]

4.1.3 Distinção entre o ato administrativo e ato civil

A despeito de o ato administrativo ser espécie de ato jurídico que cria, modifica e extingue direito ou relação jurídica, não guarda identidade com o ato jurídico comum.

Diez ensina que sob vários pontos pode-se distinguir o ato do Direito Civil do ato do Direito Administrativo. Ele sustenta que alguns autores são da opinião de que a diferença fundamental entre uma e outra modalidade de ato está na causa originadora de ambos. A causa do ato civil tem fim

---

[4]   FAGUNDES, Miguel Seabra. *O controle dos atos administrativos*. 6. ed. Rio de Janeiro: Saraiva, 1984. p. 21 *et seq.*

econômico, isso é, incremento patrimonial, enquanto o ato administrativo visa a fins de interesse público, interesse social.[5]

O autor em referência discorda desse entendimento, asseverando que a Administração edita atos de natureza econômica e, com certa frequência, atos de cunho privado.[6]

Ressalte-se que o ato jurídico privado decorre da autonomia da vontade. Os interessados devem se manifestar livremente sobre a relação jurídica pretendida, em conformidade com a lei. A vontade da autoridade administrativa não é plena, por condicionar-se à vontade da lei nas condições e modalidades por ela determinadas.

Forsthoff, citado por Diez,[7] leciona que a diferença fundamental entre atos administrativos e negócios privados está em que os primeiros emanam da Administração Pública, dotada de poder e coerção, e destinam-se ao administrado, impondo obrigações ou gozo àqueles a quem são dirigidos. A declaração de vontade de direito privado, ao contrário, só pode gerar obrigações ou direitos para quem os declara.

Carlos Fernando Urzua Ramirez entende que o ato administrativo é ato de direito, por conseguinte, ato jurídico em sentido amplo, editado no Estado de Direito. O ato jurídico comum situa-se, em regra, na esfera privada. Trata-se, pois, de espécies de atos distintos. Cada qual obedecendo a pressupostos e a princípios e fundamentos diversos.[8]

Bartolomeu A. Fiorini demonstra a inexistência de identidade entre os atos jurídicos comuns e os atos administrativos. Os atos jurídicos nascidos no âmbito da iniciativa privada são fundados em princípios gerais comuns e decorrem das vontades naturais das partes interessadas. Enquanto que os atos administrativos nascem em virtude de normas que regulam a atividade administrativa do Estado e o poder administrativo. Estes atos são, contudo, jurídicos, como também o são os atos parlamentares e judiciários. Mas todos produzidos segundo processos específicos.[9]

> O ato administrativo, como expressão de ato estatal, não pode ser produto de nenhuma sentença ou vontade material sem resultado objetivo e previsto de normas legais e prévias imputada a um órgão, e a uma função estatal através do processo respectivo.[10]

---

[5] DIEZ, Manoel Maria. *El acto administrativo*. 2. ed. Buenos Aires: Tipografia Editora Argentina, 1961. p. 114.

[6] DIEZ, *op. cit.*, p. 114-116.

[7] DIEZ, *op. cit.*, p. 114.

[8] URZUA RAMIREZ, Carlos Fernando. *Requisitos del acto administrativo*. Santiago de Chile: Editorial Juridica de Chile, 1971. p. 19-36.

[9] FIORINI, Bartolomeu A. *Teoria jurídica del acto administrativo*. Buenos Aires: Abeledo Perrot, 1969.

[10] FIORINI, *op. cit.*, p. 15.

Os atos privados independem de processo e de motivos. Requerem apenas a vontade dos interessados.

O ato jurídico privado aparece desprovido dos motivos, os antecedentes psicológicos e os fatos que determinam sua manifestação. Estes não têm nenhuma relatividade: o ato externo aparece completamente independente dos atos e motivos pessoais que o precedem.[11]

Serra Rojas apresenta como característica fundamental do ato administrativo o fato de o mesmo decorrer de manifestação unilateral e concreta que constitui decisão executória.[12]

Rao, reconhecendo as particularidades dos atos administrativos, aponta a existência de autores que procuram demonstrar a impossibilidade de moldar a teoria dos atos administrativos à teoria dos atos jurídicos de Direito Privado.[13] Em consequência, surgem correntes de entendimentos diversos. Uma defendendo a construção de doutrina exclusivamente pública. Outra entendendo ser possível a construção de conceito unitário, mas classificando os atos segundo critérios distintos. Sustenta Rao que adota a segunda posição, entre outros, Renato Alesi. Este apresenta duas classificações:

Uma baseada em critério ontológico, exaurido da natureza, da essência e da atividade administrativa. Outra, em critério teleológico, da função das várias formas de atividade administrativa.[14]

Para Vitta, citado por Rao,

Chamam-se administrativos os atos provenientes de uma autoridade administrativa em exercício de função pública, os quais produzem efeitos jurídicos em relação a sujeitos estranhos à Administração.[15]

Laubadère pontifica, segundo Rao, que, de acordo com a jurisprudência do Conselho de Estado francês, para se caracterizar o ato administrativo, do ponto de vista pessoal, não é necessário indagar se emana de

---

[11] FIORINI, op. cit., p. 17.

[12] SERRA ROJAS, Andres. Derecho administrativo: doctrina, legislation y jurisprudencia. 5. ed. rev. e ampl. México: Galve, 1972. p. 246.

[13] RAO, Vicente. Ato jurídico: noção, pressupostos, elementos essenciais e acidentais, o problema do conflito entre os elementos volitivos e a declaração. 3. ed. São Paulo: Saraiva, 1981.

[14] RAO, op. cit., p. 82.

[15] VITTA, Cino. Diritto amministrativo. 4ª ed. Torino: Torinese, 1954. v. 1, p. 297 apud RAO, op. cit., p. 84.

EDIMUR FERREIRA DE FARIA
CONTROLE DO MÉRITO DO ATO ADMINISTRATIVO PELO JUDICIÁRIO

órgão público ou de organismo privado, bastando que esse ato tenha sido editado na ocasião e em virtude de determinado serviço público.[16] Afirma Forsthoff:

O elemento de declaração que faz sempre parte do ato administrativo, e mesmo do ato de execução, levou certos autores a considerarem o ato administrativo como uma declaração de vontade da Administração, e a transpor para o ato administrativo a noção de ato jurídico utilizado no Direito Civil.[17]

Citado autor discorda da teoria, afirmando não considerar o ato administrativo como ato jurídico que repousa numa manifestação de vontade, no sentido do direito privado. Neste, a vontade das partes (manifestação da vontade) cria ato jurídico. O resultado jurídico querido não pode ser obtido sem a manifestação da vontade livre.

O ato administrativo distingue-se do ato de Direito Civil. A diferença fundamental consiste no fato de que o ato administrativo, à medida que cria obrigações, as impõe unilateralmente àquele designado como seu destinatário, enquanto que os atos civis emanam da livre manifestação das partes.

Segundo Stassinopoulos, a manifestação da vontade da Administração, nos casos individuais, é ato jurídico do Direito Administrativo e corresponde ao ato jurídico fruto da relação entre pessoas no Direito Privado.[18]

A adoção de regras do Direito Privado pelo Direito Administrativo estabeleceu certo paralelismo entre ato administrativo e ato jurídico privado. Daí, de pronto, as seguintes questões apontadas por Stassinopoulos:[19]

a) qual a diferença entre o ato administrativo e o ato jurídico de direito privado?

b) qual a natureza jurídica da aplicação das regras de Direito Privado ao ato administrativo?

O próprio autor esclarece. Para ele, a diferença fundamental entre ato administrativo e ato jurídico privado consiste no fato de que o administrativo é fruto do Poder Público, elemento inexistente no ato privado. Todos os atos públicos, mesmo aqueles que outrora foram chamados de atos de gestão, são carregados de Poder Público. A autoridade competente vale-se, em qualquer momento, desse poder para praticar atos

---

[16] LAUBADÈRE, André. *Traité edimetame*, 1953 *apud* RAO, *op. cit.*

[17] FORSTHOFF, Ernest. *Traité de droit administratif allemand*. Trad. Michel Frounont. Bruxelas: E. Bruylant, 1969. p. 325 *et seq.*

[18] STASSINOPOULOS, Michel D. *Traité des actes administratifs*. Paris: Librairie Générale de Droit et de Jurisprudence, 1973. p. 31-32.

[19] STASSINOPOULOS, *op. cit.*

administrativos, o que não ocorre no ato privado. Nestes, é indispensável o acordo de vontades.

As diferenças entre os dois atos são assinaladas por Stassinopoulos:[20]

a) o ato jurídico privado é regido pelo princípio da autonomia da vontade, segundo a qual o indivíduo pode formar livremente a sua vontade, desde que não afronte a lei. O ato administrativo, ao contrário, terá sempre de ser baseado em lei. A autoridade administrativa não pode querer, a não ser o que a lei permita e na medida por ela estabelecida.

b) a declaração de vontade privada comporta a autolimitação do indivíduo e, só em caráter de exceção, a limitação da vontade de outras pessoas, enquanto o ato administrativo teria, sobretudo, comando ao cidadão, "a administração podendo em princípio ab-rogar sua própria limitação para retirada de seus atos".[21]

c) O conflito entre o ato e a lei não tem as mesmas consequências no Direito Privado e no Direito Administrativo. O ato privado, se praticado contrário à lei, é, em princípio, incapaz de produzir as consequências jurídicas por ele visadas. Já o ato administrativo contrário à lei é, em princípio, válido, tem força de produzir os efeitos nele declarados, isto é, goza de validade até o momento em que a autoridade pronuncie a sua anulação. O ato administrativo goza de presunção de legitimidade, podendo vigorar até a data do seu desfazimento.

d) O ato privado e o administrativo diferenciam-se também quanto à execução. O particular não se reveste de poder, para, diretamente, executar seu próprio ato; enquanto que à Administração é permitido autoexecutar os atos dela emanados. O ato administrativo tem, desde seu nascimento, forma executória que confere à Administração a faculdade de ação direta. Essa prerrogativa decorre do fato de ser a Administração dotada de poder público que lhe permite executar suas decisões, no mundo material. O controle jurisdicional faz-se posteriormente.

Qual a natureza jurídica da aplicação das regras do ato jurídico privado sobre o ato administrativo? Costuma-se dizer que se trata de analogia destinada a preencher lacuna do Direito Público. Não seria mais verdadeiro dizer que a aplicação de regra de Direito Privado, nas relações de Direito Administrativo, não é outra coisa senão a aplicação desta regra no seu próprio domínio?

---

[20] STASSINOPOULOS, *op. cit.*

[21] STASSINOPOULOS, *op. cit.*, p. 33.

A regra jurídica posta pelo Direito Positivo deve ser aplicada em todos os casos semelhantes, desde que não haja restrições. Existem, assim, formas jurídicas de caráter geral, que se aplicam tanto ao Direito Privado quanto ao Direito Público. Na medida em que se vão aprimorando as regras próprias do Direito Público, a adoção dos princípios gerais do direito privado sofre restrições. Em outras palavras, a criação de normas e mecanismos pelo Direito Público, para sua aplicação, dispensa ou inviabiliza a adoção de regras do Direito Privado.

No Direito francês, diz Stassinopoulos, a responsabilidade do Estado de fazer funcionar os serviços públicos, baseados nas noções de falta pessoal e de falta de serviço, é já "instituição autônoma dominada pelas regras de Direito Público".[22]

Desse modo, nos casos concretos, em que há o problema de aplicação das regras de Direito Privado aos atos administrativos, o trabalho deve se desenvolver observando-se as seguintes etapas:

a) pesquisar a existência de regras especiais de Direito Administrativo;

b) se não existir regra de Direito Administrativo, deve-se verificar se no Direito Privado há regras aplicáveis ao caso em questão. Se a aplicação dessa regra for possível, cuida-se, então, da aplicação de direito próprio e não de direito análogo. Se essa adaptação não for possível, deve-se admitir que a regra de direito privado não tem pertinência com a relação administrativa em foco;

c) se se cuidar de relação ainda não regulada pelo direito, deve-se preencher a lacuna, recorrendo-se à aplicação, por analogia, de regras jurídicas já existentes. Nesse caso, deve-se primeiro pesquisar no domínio do Direito Administrativo e, à falta de solução, no Direito Privado.

4.1.4 Pontos comuns

O ato administrativo e o ato jurídico do Direito Privado têm poucos pontos em comum, mas de realçada relevância que justifica ressaltá-los. Ponto fundamental é o princípio da legalidade. Tanto um, quanto outro não serão válidos se não editados segundo o direito e de conformidade com as leis próprias ou específicas. O ato, porventura, praticado em desconformidade com o ordenamento jurídico ou contrário a ele não será ato jurídico comum e nem ato administrativo, pois a essência de ambos é a juridicidade. Em comum, também, a exigência de agente capaz, objeto lícito e forma prescrita ou não proibida em lei. Esses elementos têm

---

[22] STASSINOPOULOS, *op. cit.*, p. 34.

requisitos próprios, que formalmente os diferenciam, nos atos jurídicos comuns e nos administrativos. Contudo, materialmente, têm o mesmo valor nas duas categorias de atos. O sujeito, o objeto e a forma são condições absolutamente indispensáveis à existência tanto de uma, quanto de outra categoria de ato. O ato administrativo, já se viu, depende de alguns elementos, não necessários nos atos jurídicos comuns, assim como estes, dependendo da situação, podem conter outros elementos obrigatórios. Mas, no tocante aos três elementos ressaltados, são comuns tanto no campo privado quanto no público.

4.1.5 Convergências

Existem convergências entre o ato administrativo e o ato privado? Parece não haver dúvida quanto a isto. A finalidade imediata nas duas modalidades pode divergir e normalmente diverge; mas as finalidades mediatas convergem para fins semelhantes. Um e outro objetivam criar, manter, modificar e extinguir direito, buscando atender a interesses individuais e coletivos. Convergem também tais modalidades de atos para o respeito do direito à legalidade e à prática da justiça. Esses valores devem orientar a produção de qualquer ato que se pretenda seja jurídico, isto é, integrante do campo da juridicidade.

4.1.6 Divergências

O campo de divergências entre os atos administrativos e os jurídicos comuns é vasto. A primeira divergência fundamental consiste no fato de que, no direito privado, prevalece a autonomia da vontade das partes, desde que não contrarie a lei. Ao particular é facultado fazer tudo aquilo que a lei não proíbe. Já no Direito Administrativo, o agente da Administração é legitimado a adotar comportamento apenas nas hipóteses em que a lei determina ou faculta e nos limites por ela prefixados. Supõe-se, daí, que o agente público não tem vontade livre. A sua conduta deve atender à vontade da lei, à vontade da Administração e consultar aos interesses sociais. Nesse sentido, manifestaram-se diversos dos autores estrangeiros e pátrios citados anteriormente.

Em consequência, pode ocorrer, e efetivamente ocorre, conflito entre a vontade do agente e a vontade estatal, prevalecendo a primeira em desfavor da vontade legal. Nesta hipótese, o ato adotado será viciado. É que a vontade da lei há de prevalecer em qualquer circunstância, mesmo quando se situa na esfera da discricionariedade, a vontade pessoal não deve interferir, considerando que mesmo nesse caso a finalidade da lei é que deve imperar, levando-se em consideração os princípios previstos expressa ou implicitamente na Constituição.

Afirmou-se, no parágrafo anterior, que a autonomia da vontade é traço marcante nos atos praticados no exercício do Direito Privado. É verdadeira a assertiva; contudo, é de reconhecer que essa autonomia, quase ilimitada durante séculos, sofreu restrições no tempo: a intervenção do Estado na economia e na atividade privada vem impondo crescentes limitações à autonomia da vontade, mesmo com a adoção do Estado neoliberal.

Em oposição ao Estado liberal inaugurado com a Revolução Francesa, vigora, contemporaneamente, nos povos civilizados, a preocupação com a justiça social, com o bem-estar social e com a dignidade da pessoa humana. Anteriormente, imperava o individualismo exacerbado. Na atualidade, o interesse coletivo sobrepõe-se ao individual. Disso decorre a necessidade de limitar-se a liberdade no campo dos negócios jurídicos privados, em função e nos limites do interesse coletivo ou social. Com efeito, a presença de medidas protetoras do interesse coletivo leva, inevitavelmente, ao estreitamento da faixa do exercício dos direitos individuais.

Outro ponto de dessemelhança, já notado, está em que o ato jurídico praticado pelo particular não é executado pelo seu autor. Vale-se para isto do Poder Judiciário. O ato administrativo, ao contrário, é, normalmente, autoexecutável nas situações previstas em lei. Nessas hipóteses, a própria autoridade, independentemente de interferência do Judiciário, executa os seus atos. O Poder Judiciário manifesta-se *a posteriori* se provocado, nos casos de dano ou ameaça de dano ao particular, em virtude de ato emanado da Administração Pública com desrespeito à lei, aos princípios e ao direito.

Também divergem as duas modalidades de atos, sob o ângulo do conflito com a lei. O vício do ato jurídico privado, isto é, sua desconformidade com a lei, o torna nulo ou anulável. O ato administrativo contrário à lei, em regra, é nulo. Pode, entretanto, ocorrer situação fática em que seja mais conveniente convalidar o ato viciado do que operar o seu desfazimento. Isso poderá ocorrer, principalmente, nos casos de ato de manifestada repercussão e que já tenha produzido efeitos jurídicos de tal ordem, que a sua retirada possa ser mais gravosa aos interesses sociais do que a sua manutenção, mediante convalidação.

Por último, registre-se que o ato jurídico é bilateral e gera direitos e obrigações apenas para os partícipes do ato; o ato administrativo é unilateral, impessoal e imperativo e se opõe contra aqueles a que se destina com todos os seus efeitos, ainda que indesejado pelos seus destinatários.

Os atos administrativos, repita-se, têm por fim, em geral, o interesse comum, o interesse público ou o interesse social. A Administração cuida da coletividade, da sociedade como um todo. Mesmo quando pratica ato individual, atende, em princípio, a interesse maior. Os atos jurídicos do direito comum normalmente atendem ao interesse individual. Sob essa ótica, ato administrativo e ato jurídico contrapõem-se, frontalmente.

Diez critica os que assim pensam, por entender que a teoria não é verdadeira, porque a Administração edita atos de natureza privada e a iniciativa privada, em certos casos, pratica atos de natureza pública.[23] Essa afirmação pode ser verdadeira, mas não invalida, por si só, a teoria. A atuação das entidades públicas e privadas em desacordo com a regra geral é insignificante, não chegando a afetá-la.

A prática de atos privados pela Administração e de atos públicos pelo particular é acidental, não podendo, de modo algum, descaracterizar a finalidade específica de cada uma. Autores contemporâneos, entre eles Cretella Júnior,[24] entendem que a Administração não pratica atos de natureza privada. É convincente o posicionamento. Mesmo os atos de locação e de compra e venda, realizados pela Administração, não são inteiramente privados. Neles interfere o Direito Administrativo, por meio dos editais de licitações que predeterminam as cláusulas dos futuros contratos a serem firmados com os vencedores, na compra e venda e na locação, existem cláusulas próprias de Direito Público, que devem ser atendidas pelos particulares interessados.

Por assim entender, parece-nos incorreto afirmar-se que a Administração pratica atos ou contratos privados, quando efetua compra e venda ou locação de bens, por exemplo. A teoria segundo a qual a Administração, nesses casos, desce do pedestal, expungindo-se do seu poder de império para igualar-se ao particular, não é mais verdadeira. Condições de resguardo de interesse são impostas pelo poder público, em qualquer dos casos. Logo, a Administração não pratica atos privados, os contratos dos quais participa são administrativos nos termos da Lei nº 8.666, de 21.06.93.

4.2 Surgimento do ato administrativo

Segundo Otto Mayer, as obras jurídicas que antecederam a Revolução Cultural já citada neste trabalho não cuidaram do ato administrativo, figura jurídica até então desconhecida. Cita Guyot (*Repertoire*, 1874, p. 137) que o "ato só tinha significação para o direito civil".

Merlin, também citado por Otto Mayer, e que em 1812 reeditou e atualizou a obra de Guyot, na quarta edição, tratou do ato administrativo.

---

[23] DIEZ, Manoel Maria. *El acto administrativo*. 2. ed. Buenos Aires: Tipografia Editora Argentina, 1961.

[24] CRETELLA JÚNIOR, José. *Controle jurisdicional do ato administrativo*. 3. ed. 3. tir. Rio de Janeiro: Forense, 1998.

Essa teria sido, então, na visão de Mayer, o primeiro registro da expressão "ato administrativo" em obra jurídica.[25] Cretella Júnior salienta que a expressão "ato administrativo" surgiu em época bastante recente, substituindo outras mais antigas, como "ato do fisco", "ato do rei", e "ato da coroa".

Registra, também, Cretella Júnior a obra de Guyot e Merlin, como sendo a primeira a cuidar do ato administrativo.[26] E que, em 1843, a Espanha adotou a expressão "ato administrativo", defendida por Olivan. Reconhece, contudo, que foi na França, principalmente, que a matéria evoluiu. Consequência natural da Revolução de 1789. Hoje, é matéria consagrada no Direito Administrativo.[27]

Diez escreveu, na mesma linha dos anteriores, afirmando que o ato administrativo era praticamente desconhecido antes da Revolução Francesa.

O primeiro texto legislativo a tratar da matéria, ato administrativo, com a fisionomia de que é revestido nos tempos modernos, foi a lei frutidor do ano III. Por essa regra, determinou-se que os tribunais judiciais não poderiam controlar os atos da Administração de qualquer espécie. A partir daí, foi conhecida a expressão "ato administrativo", incorporada definitivamente na literatura jurídica da França.

A lei de 2 germinal do ano V definiu que os atos administrativos são os encarregados do governo e de seus agentes imediatos.[28]

Forsthoff, transcrito por Diez, estima:

Desde a segunda metade do século passado se compreende sob o conceito de ato administrativo as ações da mais variada índole, realizadas pela administração que caem sob doutrina e princípios pelos quais se rege o obrar da mesma.[29]

Oswaldo Aranha Bandeira de Mello reconhece que a obra pioneira sobre ato administrativo foi a de Guyot – Merlin, editada em 1812: entende, também, que a primeira lei que tratou dos atos administrativos em geral foi a francesa de 16 de agosto de 1790.

No Direito português, a noção de ato administrativo apareceu em 1883, na obra intitulada *Apontamentos de Direito, legislação e jurisprudência*

---

[25] MAYER, Otto. *Derecho administrativo alemán*. Buenos Aires: Editorial Depalma, 1949. t. I, p. 75.

[26] CRETELLA JÚNIOR, *op. cit.*

[27] Consulte VALASCO CALVO, Ricardo Fernadez. *Resúmen de derecho administrativo*. Espanha, 1980. v. 1, p. 80.

[28] DIEZ, Manuel Maria. *El acto administrativo*. 2. ed. Buenos Aires: Tipografia Editorial Argentina, 1961.

[29] DIEZ, *op. cit.*, p. 102.

administrativa e fiscal, de Jacinto Antônio Perdigão (v. 1), conforme interpretação de Marcelo Caetano, assim grafada:

> Todas as medidas, providências ou resoluções tomadas pelos agentes diretos da administração ativa ou pelos corpos gerentes da administração local, seja qual for a natureza que tiverem ou a forma que reverterem.[30]

Precisar a data do nascimento do ato administrativo é impossível. Sabe-se, entretanto, que ele teve início nas decisões do Conselho de Estado francês que foram embrião também do Direito Administrativo.

4.3 Conceito e/ou definição do ato administrativo

Conceituar ou definir sempre foi incumbência difícil, principalmente quando se cogita de fenômeno imaterial, o ato administrativo, por exemplo. Quando se pretende conceituar determinado bem concreto, a tarefa é menos difícil, visto que a noção que se tem sobre determinado bem concreto compreende a composição material do objeto com todas suas características. Tratando-se de algo imaterial, a tarefa de conceituar é mais difícil, e, por isso, mais de um conceito sobre o mesmo objeto pode ser divergente. Isso porque o objeto que se quer conceituar não está na realidade concreta, mas na imaginária, realidade invisível contida na ideia. Daí o conceito de ato administrativo estar mais na ideia de quem o conceitua do que nele próprio, prevalecendo a subjetividade, fato que possibilita a ocorrência de divergências conceituais.

Ramirez assevera que a busca de conceituação do ato administrativo é preocupação dos autores, há muitos anos, mas ainda não foi possível torná-la unívoca.

Pode-se dizer, no entanto, que existem conceitos de ato administrativo que guardam clara coerência entre si; às vezes são até coincidentes. As divergências que acaso se detectam, entre eles, não impedem se compreenda o conteúdo essencial do ato. É o que se verá a seguir, conforme doutrinas estrangeira e pátria.

4.3.1 Autores estrangeiros

Marcello Caetano
Para esse autor, ato administrativo é:

---

[30] CAETANO, Marcello. *Manual de direito administrativo*. 8. ed. integ. remod. e actual. Coimbra: Coimbra Ed., 1968. p. 389.

conduta voluntária de um órgão da Administração que no exercício de um poder público e para processamento de interesses — postos por lei a seu cargo — produza efeitos jurídicos num caso concreto.

No ato, acrescenta o autor, são "elementos essenciais": a) conteúdo de um órgão da Administração, no exercício de um poder público; b) conduta voluntária; c) produção de efeitos jurídicos num caso concreto; d) o seu fim, que há de ser a prossecução de interesse disciplinado por lei a cargo do órgão que o pronunciou.[31]

Jean Rivero

Ato jurídico da Administração (...) é, como todo ato jurídico, um ato de vontade destinado a introduzir uma mudança nas relações de direito que existem no momento em que ele se produz, ou melhor, a modificar o ordenamento jurídico.[32]

Ramirez

Ato administrativo será toda declaração ou manifestação de vontade orgânica, por meio da qual um órgão administrativo exterioriza sua competência em virtude de uma faculdade administrativa.[33]

André Sena Rojas

O ato administrativo é uma declaração unilateral e concreta que constituiu uma decisão executória, que emana da Administração pública e cria, reconhece, modifica ou extingue uma situação jurídica subjetiva e sua finalidade é a satisfação do sistema geral.[34]

Otto Mayer

A expressão ato administrativo, que foi tomada da terminologia francesa, usa-se para designar aquela qualidade do ato em virtude do qual decide

---

[31] CAETANO, *op. cit.*, p. 390.
[32] RIVERO, Jean. *Direito administrativo*. Trad. Rogério Ehrhardt Soares. Coimbra: Almedina, 1981.
[33] URZUA RAMIREZ, Carlos Fernando. *Requisitos del acto administrativo*. Santiago de Chile: Editorial Juridica de Chile, 1971. p. 14. Veja FRAGOLA, Umberto. *Gli atti amnistrativi*. 2ª ed. Napoli: Eugenio Jovene, 1964.
[34] SERRA ROJAS, Andres. *Derecho administrativo*: doctrina, legislation y jurisprudencia. 5. ed. rev. e ampl. México: Galve, 1972. p. 246.

por via da autoridade e juridicamente o caso individual. Logo se procura diferenciar e classificar estes atos segundo a natureza especial da determinação jurídica que produziu com respeito ao indivíduo.[35]

Forsthoff

> Chama-se ato administrativo todo ato individual da administração, qualquer que seja o fim e objeto e notadamente qualquer que seja o plano sobre o qual ele se situa: direito público ou direito privado.[36]

O mesmo autor sustenta, ainda, que o ato administrativo é aquele de natureza unilateral; os acordos multilaterais, nascidos no âmbito da Administração, tais como os contratos públicos, não são atos administrativos. Esta posição é adotada pela sufragada maioria dos administrativistas. Filiamo-nos a essa corrente. Os ajustes jurídicos de que seja signatária de um lado a Administração Pública são administrativos, mas distintos dos "atos administrativos". O acordo de vontades em torno de certo objeto, mesmo com a participação da Administração, opõe-se à noção do ato administrativo.

Stassinopoulos

> Ato administrativo individual é a declaração de vontade emitida por um órgão administrativo de maneira unilateral o que é direito num caso individual.[37]

À definição, o autor agrega os seguintes elementos, que considera indispensáveis: a) declaração da vontade; b) emissão por um órgão administrativo; c) natureza unilateral da declaração; d) determinação de direito no caso individual.

Hauriou, citado por Stassinopoulos, diz:

> Ato administrativo é declaração de vontade com vista a produzir efeito de direito face aos administrados, emitido por uma autoridade administrativa de forma executória, ocasionando a execução de ofício.[38]

---

[35] MAYER, *op. cit.*, p. 82.
[36] FORSTHOFF, *op. cit.*, p. 314.
[37] STASSINOPOULOS, *op. cit.*, p. 37.
[38] STASSINOPOULOS, *op. cit.*, p. 37.

Waline

Ato administrativo é ato jurídico unilateral de um administrador qualificado e diligente, como tal susceptível de produzir por si só os efeitos de direito.[39]

4.3.2 Autores brasileiros

Carlos S. Barros Júnior

Ato administrativo é, entretanto, para nós, aquele ato jurídico praticado por agentes do poder executivo, ou de órgãos, com poder de administração pública, seja descentralizado, ou integrantes de outros poderes do Estado. (...) É, pois, uma declaração ou disposição de vontade, um pronunciamento geral ou especial, de órgão administrativo geral ou especial, de órgão administrativo no exercício de suas atribuições, e que cria, modifica ou extingue relações de direito, disciplinados pelo direito administrativo.[40]

Oswaldo Aranha Bandeira de Mello

Então se pode defini-lo (ato administrativo), no sentido material, ou objetivo, como manifestação da vontade do Estado, enquanto poder público, individual, concreta, pessoal, na consecução de seu fim de criação da utilidade pública, de modo direto e imediato, para produzir efeitos de direito. Já no sentido orgânico-formal ou subjetivo, se pode conceituá-lo como ato emanado de órgãos encarregados da Administração Pública, compreendendo os integrantes do Poder Executivo, ou mesmo dos outros poderes, desde que tenham a mesma estrutura orgânica-formal daquele como sejam a Secretaria do Legislativo e do Judiciário.[41]

Acrescenta Bandeira de Mello que não só a Administração edita ato administrativo. Também exercem este papel as pessoas jurídicas públicas ou privadas e as naturais que fazem as vezes da Administração (autarquias, concessionárias de serviço público, tabeliães, etc.). Sustenta, entretanto, que nem todos os atos da Administração são atos administrativos. Não o são, por exemplo, aqueles consubstanciados em ações naturais da Administração e os próprios do direito privado.

---

[39] WALINE, Marcel. *Traité élémentaire de droit administratif*. 6ᵉ éd. Paris: Sirey, 1951.

[40] BARROS JÚNIOR, Carlos S. Teoria dos atos administrativos. *Revista de Direito Administrativo*, n. 106, p. 2, out./dez. 1971.

[41] MELLO, Oswaldo Aranha Bandeira de. *Princípios gerais de direito administrativo*. Rio de Janeiro: Forense, 1974. v. 1, p. 413-414.

Cretella Júnior

Ato administrativo é a manifestação da vontade do Estado por seus representantes, no exercício regular de suas funções ou por qualquer pessoa que detenha, nas mãos, fração de poder reconhecido pelo Estado, que tem por finalidade imediata criar, reconhecer, modificar, resguardar, ou extinguir situações jurídicas subjetivas, em matéria administrativa.[42]

Cirne Lima

Atos administrativos chamam-se, porém, aos atos jurídicos praticados segundo o direito administrativo, pelas pessoas administrativas.[43]

Alcino de Paula Salazar

O ato administrativo só se refere à atividade jurídica da Administração, sendo em síntese o ato que determina situações jurídicas para casos individuais, compreendendo tanto o ato subjetivo como o ato condição, mas excluído o ato material.[44]

Mendes Júnior

Esse autor entende que a definição de ato administrativo é mais ou menos a mesma do ato jurídico comum acrescida da expressão "para a realização dos fins do Estado". Finalmente, adotou a definição de Valasco Cavalo, assim vazada:

> Ato administrativo é toda declaração jurídica unilateral e executiva, em virtude da qual a administração tende a criar, reconhecer, modificar, ou extinguir situações jurídicas subjetivas.[45]

Brandão Cavalcanti

Ato administrativo é toda manifestação da vontade do Estado, por seus representantes e cuja execução é capaz de produzir conseqüências jurídicas.[46]

---

[42] CRETELLA JÚNIOR, José. *Controle jurisdicional do ato administrativo*. Rio de Janeiro: Forense, 1984. p. 113.

[43] LIMA, Ruy Cirne. *Limites do direito administrativo*. 1953. v. 1, p. 153; LIMA, Ruy Cirne. *Princípios de direito adminstrativo*. 4. ed. Porto Alegre: Sulinas, 1964.

[44] SALAZAR, Alcino de Paula. *Conceito de ato administrativo*. Rio de Janeiro: Borsoi, 1945. p. 56.

[45] MENDES JÚNIOR, Onofre. *Manual de direito administrativo*. Belo Horizonte: Faculdade de Direito da UFMG, 1955. v. 1, p. 202.

[46] CAVALCANTI, Themistocles Brandão. *Tratado de direito administrativo*. 4. ed. Rio de Janeiro: Freitas Bastos, 1964. v. 1, p. 204.

Seabra Fagundes

Conceitua o ato administrativo sob o ângulo formal e material.

No sentido material, ou seja, sob o ponto de vista do conteúdo e da finalidade, os atos administrativos são aqueles pelos quais o Estado determina situações jurídicas individuais ou concorre para a sua formação.[47]

Serão atos administrativos, no sentido formal, todos os que emanarem desse poder executivo, ainda que materialmente não o sejam.[48]

Celso Antônio Bandeira de Mello

Para o autor, o ato administrativo é:

A declaração do Estado (ou de quem lhe faça as vezes como, por exemplo, um concessionário de serviço público), no exercício de prerrogativas públicas, manifestada mediante comandos complementares da lei a título de lhe dar cumprimento, e sujeitos a controle de legitimidade por órgão jurisdicional.[49]

4.3.3 Reflexão

As conceituações e definições dos autores estrangeiros e pátrios, trazidas à colação, são apenas sínteses do que os autores pensam sobre o ato administrativo. Não comporta, no âmbito deste trabalho, o aprofundamento do tema. O propósito foi o de trazer a lume, para reflexão, o pensamento central, tanto quanto baste a rastrear a ideia, a do ato administrativo, na sua evolução ao longo do tempo.

Como se vê das sínteses dos conceitos anotados, há entre os autores, como assinalado, pontos divergentes e pontos convergentes a propósito do ato administrativo.

Para nós, ato administrativo é a declaração unilateral da Administração Pública, incluindo o Legislativo e o Judiciário no exercício da atividade administrativa, ou de quem lhe faça as vezes, manifestada por agente competente, com vista ao interesse público, criando, mantendo, modificando ou extinguindo relações jurídicas ou, ainda, impondo deveres ao cidadão e aos agentes públicos e a si própria, com força de imperatividade.

---

[47] FAGUNDES, Miguel Seabra. *O controle dos atos administrativos pelo poder judiciário*. 6. ed. São Paulo: Saraiva, 1984. p. 21.

[48] FAGUNDES, *op. cit.*, p. 24.

[49] MELLO, Celso Antônio Bandeira de. *Curso de direito administrativo*. 11. ed. São Paulo: Malheiros, 1999.

Quanto à origem, os atos administrativos podem ser materiais e/ou formais (orgânicos). Quanto ao aspecto formal, são emanados do Poder Executivo que, em virtude de sua função, tem competência primordial na aplicação do Direito ao caso concreto. No sentido material são também atos administrativos os praticados pelos Poderes Judiciário e Legislativo, no desempenho de atividade administrativa.

A vontade, na formação do ato administrativo, é condição essencial para sua validade. Todos os autores examinados, com exceção de Celso Antônio Bandeira de Mello, veem a vontade do Estado como condição indispensável à existência válida do ato administrativo. A ausência da vontade eiva o ato do vício de nulidades.

Celso Antônio Bandeira de Mello entende que nem sempre a manifestação da vontade da Administração é necessária à legalidade do ato. Pode ocorrer hipótese de o Estado editar comandos próprios dos atos administrativos sem que tenha manifestação da vontade do agente público. Cita, a título de exemplo, o sinal de trânsito. A ordem emanada do semáforo, controlado por uma central computadorizada, substitui o ato administrativo formal e gera os mesmos efeitos dele. Os comandos "pare", "siga" emanados do semáforo, com força de ato administrativo, não dependem da vontade do agente público. Não se pode também, sustenta Celso Antônio, "falar em uma vontade da máquina que os expede."[50]

É verdade que o sinal de trânsito emite ordens que devem ser obedecidas, sob pena de sujeitar o infrator às sanções administrativas, tais como multa e pontuação negativa no prontuário do condutor. Pode-se, então, dizer, com Celso Antônio Bandeira de Mello, que imediatamente não dependeu da vontade do agente público representante do Estado, para que o comando do sinal fosse emitido. Entretanto, é de se reconhecer que, na montagem da parafernália do sistema de sinalização, concorreu a vontade do Estado para a produção dos aludidos comandos jurídicos. Se assim não fosse, os semáforos não seriam respeitados e não se poderia cogitar de sancionar o condutor de veículo que os ignorasse.

4.4 Requisitos do ato administrativo

Os atos administrativos, para que possam produzir efeitos jurídicos válidos, devem ser editados com a observância de certos requisitos indispensáveis. A doutrina nacional e a estrangeira denominam tais requisitos elementos, causas e pressupostos do ato.

---

[50] MELLO, Celso Antônio Bandeira de. *Curso de direito administrativo*. 11. ed. São Paulo: Malheiros, 1999. p. 266.

O número desses requisitos varia entre os autores. A maioria, entretanto, reconhece nos atos administrativos cinco elementos necessários à existência válida dos mesmos. Há os que ampliam esse número e outros que o restringem.

4.4.1 Elementos do ato administrativo

Oswaldo Aranha Bandeira de Mello dedicou à matéria estudos e pesquisas aprofundados, singularizando-se mesmo neste campo, no confronto com a maioria dos autores.

A causa, no seu entendimento, é condição da existência do ato. Para ele, a causa é a razão de existir de um ser: logo, não se pode admitir ato sem causa. Dessa forma, todos os componentes obrigatórios do ato administrativo são traduzidos em causa. Ter-se-ia assim: causa agente, causa motivo, causa material, causa formal essencial, causa formal acidental, causa final subjetiva e objetiva e causa ocasional.

Na concepção de Oswaldo Aranha Bandeira de Mello, os elementos seriam sete, como se vê.

Pontua o mesmo autor, que outros não reconheceram a causa como elemento do ato administrativo, entre os quais Alessi e Mortari, na Itália. Este último admite a causa, mas apenas nos atos decorrentes do poder discricionário. Bandeira de Mello aponta, a título de exemplos, os autores Bodda, Gasparri e Rossi, que adotam a causa como elemento do ato administrativo, embora divirjam quanto à conceituação da causa.[51]

Duguit, segundo Bandeira de Mello, sustenta a necessidade de se distinguir o objeto mediato do imediato do ato e também se deve distinguir o motivo ou o fim do mesmo.

O objetivo imediato é a manifestação da vontade sob determinada forma, o mediato é o efeito que essa manifestação acarreta na ordem jurídica; e o motivo ou fim é o que determina o ato jurídico.[52]

Como visto, Duguit substituiu a causa pelo motivo ou fim do ato jurídico.

Bonnard adota a teoria de Duguit, completando-a ou aperfeiçoando-a ao distinguir motivo e fim. Na classificação de Bonnard, são estes os elementos do ato administrativo: sujeito, objeto, motivo, fim e forma. Este é também o entendimento de Philibert.

---

[51] MELLO, Oswaldo Aranha Bandeira de. *Princípios gerais de direito administrativo*. Rio de Janeiro: Forense, 1974.

[52] MELLO, O., *op. cit.*, p. 3.

Seabra Fagundes, entre outros, adota a orientação de Bonnard, apresentando como elementos do ato administrativo manifestação da vontade, motivo, objeto, finalidade e forma.

Verifica-se que a teoria de Bonnard, seguida pela maioria dos publicistas pátrios, não contemplou a causa como condição do ato.

Mendes Júnior reconhece apenas três elementos: agente capaz, objeto lícito e forma prevista ou não proibida por lei. Segundo esse autor, Velasco Calvo identifica os seguintes elementos: o sujeito, o conteúdo e o fim.[53]

Gabino Fraga arrola seis elementos do ato: agente, vontade, objeto, motivo, fim e forma. Esta última seria, para o autor, elemento externo ao ato, mas que a ele se integra.[54]

Vicente Rao, estudando os requisitos do ato jurídico comum (não administrativo), tece considerações importantes a propósito dos elementos do ato administrativo. Para ele, requisito é meio para se alcançar determinado fim, mas, no direito, especificamente no que tange ao ato jurídico, requisito "indica o que se exige para a constituição ou composição dos atos jurídicos".[55]

Os requisitos são, para esse autor, intrínsecos ou extrínsecos. Intrínsecos são aqueles que devem existir contidos no próprio ato; extrínsecos os que, embora fora do ato, hão de se realizar para que se possa editar o ato. Os primeiros são divididos em elementos essenciais e elementos acidentais. Os requisitos extrínsecos qualificam-se como pressupostos, "isto é, pressupostos da vontade dos atos, tal a capacidade do agente tal a sua legitimidade".[56]

Carnelutti, cujo trabalho é de incontestável validade para o estudo dos atos administrativos, adota classificação própria, distinguindo três termos: pressupostos, elementos e circunstâncias.

Os pressupostos representam o que deve existir antes do ato na pessoa de quem age, ou na coisa sobre a qual se age, para que o ato possa produzir efeitos jurídicos. Os elementos significam aquilo que deve existir no ato, para que alcance a juridicidade. As circunstâncias dizem respeito ao que deve existir fora do ato, quer dizer, fora da pessoa e do objeto, para que efeitos jurídicos possam advir. Os pressupostos e elementos são intrínsecos ao ato. As circunstâncias são elementos extrínsecos.[57]

---

[53] MENDES JÚNIOR, Onofre. *Manual de direito administrativo*. Belo Horizonte: Faculdade de Direito da UFMG, 1955. p. 211.

[54] FRAGA, Gabino. *Derecho administrativo*. 17. ed. México: Porrua, 1977. p. 279.

[55] RAO, Vicente. *Ato jurídico*: noção, pressupostos, elementos essenciais e acidentais, o problema do conflito entre os elementos volitivos e a declaração. 3. ed. São Paulo: Saraiva, 1981. p. 98 *et seq.*

[56] RAO, *op. cit.*, p. 98.

[57] RAO, *op. cit.*, p. 98.

EDIMUR FERREIRA DE FARIA
CONTROLE DO MÉRITO DO ATO ADMINISTRATIVO PELO JUDICIÁRIO

A propósito da causa do ato, Rao reconhece tratar-se de assunto fartamente polêmico, seus defensores colocam-se em posições antagônicas ou divergentes. Por fim, assevera, que a legislação brasileira não cogitou da causa como elemento ou requisito dos atos jurídicos em geral e dos contratos em especial.[58]

Bartolome A. Fiorini, baseado no Procedimento 19.549, art. 7º, afirma que a competência, o procedimento, a causa, o objeto, a motivação e o fim são elementos lógico-jurídicos. O ato que não contiver um destes elementos não será administrativo. O concurso de todos os elementos é indispensável à validade do ato administrativo, sustenta.[59]

Garcia Oviedo classifica os requisitos do ato administrativo em duas classes: de fundo e de forma. Os requisitos de fundo dividem-se em duas espécies: a) a competência do agente do ato; e b) a conformidade com á lei.

Ensina Oviedo que a existência atual de uma ordem jurídico-administrativa implica a existência correlativa de um dever das autoridades de ajustar sua conduta às normas dessa ordem.[60] Os requisitos de forma relacionam-se com a exteriorização da vontade da Administração.

Carlos S. de Barros Júnior reconhece no ato administrativo cinco elementos: três do nosso Direito positivo privado — agente, objeto e forma; motivo e fim, extraídos da doutrina administrativa.[61]

Carlos Roberto Castro de Figueira arrola cinco elementos indispensáveis à feitura do ato administrativo: a competência, a forma, a finalidade, o motivo ou a causa e o objeto. Analisando a natureza desses elementos, em face do grau de liberdade outorgado ao administrador para a realização do ato. Conclui o autor que os três primeiros elementos — competência, forma e finalidade — são vinculados porque correspondem à tipicidade legal. Os dois outros — motivo e objeto — ora são vinculados, ora discricionários. Essa vinculação ou desvinculação decorre da regra da competência.

Conclui Castro de Figueira que, no primeiro caso, quando todos os elementos são vinculados, a atividade do agente será, consequentemente, vinculada. No segundo caso, em que dois elementos são desvinculados, a competência será discricionária.[62]

Celso Antônio Bandeira de Mello, verificando na doutrina pátria e na estrangeira as divergências dos autores quanto à matéria em foco (elementos do ato administrativo e de outras condições indispensáveis

---

[58] RAO, *op. cit.*, p. 109.

[59] FIORINI, Bartolomeu A. *Derecho administrativo*. 2. ed. Buenos Aires: Abeledo Perrot, 1976. t. I, p. 386.

[60] GARCIA OVIEDO, Carlos. *Derecho administrativo*. 3. ed. Madrid: E.I.S.A., 1951. p. 131.

[61] BARROS JÚNIOR, Carlos S. Teoria dos atos administrativos. *Revista de Direito Administrativo*, n. 106, out./dez. 1971.

[62] FIGUEIRA, Carlos Roberto Castro de. Considerações acerca do desvio de poder na Administração Pública. *Revista Arquivo do Ministério Público*, ano 33, n. 135, p. 92-100, abr./jun. 1976.

à sua validade), desenvolveu a sua própria teoria, na tentativa, possivelmente, de harmonizar a matéria. No seu entendimento, a conceituação de "elementos", dominante na doutrina, é incorreta. Isso porque "elementos" são partes integrantes de um todo; no entanto, os autores arrolam como elementos outras condições que se encontram fora do ato, meros pressupostos e não elementos integrantes do mesmo. Na sua construção, os atos administrativos prescindem de certos requisitos, cuja inobservância pode levar à inexistência do ato ou à anulação conforme seja o requisito inobservado. Esses requisitos subdividem-se em duas categorias distintas; elementos do ato e pressupostos do ato.

Os elementos são: o conteúdo e a forma. Conteúdo é empregado como sinônimo de objeto, consagrado na doutrina do Direito Administrativo. Integram o elenco de pressupostos do ato: "a) pressupostos subjetivos (sujeito); b) pressupostos objetivos (motivo e requisitos procedimentais); c) pressupostos teleológicos (finalidade); d) pressupostos lógicos (causa); e) pressupostos formalísticos (formalidade)".[63]

Os elementos são partes integrantes do ato e os pressupostos encontram-se fora dele. Os pressupostos, vê-se logo, são requisitos que se verificam antes da edição do ato. Não ocorrendo esses, o ato não se produzirá, pois são condições. Sem elementos não haverá ato jurídico algum, sustenta Celso Antônio Bandeira de Mello. Inobservados os pressupostos, não haverá ato administrativo. Em resumo, a falta de elementos implica a inexistência do ato; a falta de pressupostos inquina o ato de invalidade, o que, na prática, resulta no mesmo, porque o ato inexistente e o inválido não produzem efeitos jurídicos.

O mesmo autor vem encontrando, entre nós, adeptos nesse seu posicionamento. São eles Carlos Ari Sundfeld, Florivaldo Dutra de Araújo e Weida Zancaner. A pesquisa realizada, abrangendo autores estrangeiros e brasileiros, não revelou autor com o mesmo pensamento. Entretanto, não há registro de posições refutando a tese de Bandeira de Mello, exceto as considerações expendidas por Miguel Seabra Fagundes, do seguinte teor:

A opinião do douto administrativista não se afigura de aceitação simples. No concernente ao motivo, observa-se, não será despropositado havê-lo por integrante dos atos administrativos se nos situarmos no ângulo da composição jurídica, ou melhor, legal desses atos. Com efeito, sob o prisma lógico-filosófico, o motivo não será elemento do ato administrativo pois que o precede, resumindo-se este, unicamente, no comando (objeto ou conteúdo) criador, extintos ou modificados de uma situação jurídica específica. Mas se colocarmos o assunto no ângulo propriamente jurídico, a motivação

---

[63] MELLO, Celso Antônio Bandeira de. *Elementos de direito administrativo*. São Paulo: Revista dos Tribunais, 1980. p. 41.

EDIMUR FERREIRA DE FARIA
CONTROLE DO MÉRITO DO ATO ADMINISTRATIVO PELO JUDICIÁRIO

aparece como elemento integrante do ato do administrador, pois este não pode existir sem ela, ainda que nem sempre explicitada pelo agente. Melhor se aclara esse aspecto com o apelo à situação analógica da sentença. Com efeito, sob o prisma não propriamente jurídico, em que se situa o ilustre autor, o único elemento da sentença haverá de ser o dispositivo. Ora, a composição da sentença é regulada por textos de direito positivo, e neles se enumera a motivação como parte sua, como elemento que a integra e sem o qual ela inexistirá como ato jurídico. O que se deixa dito sobre o motivo no conteúdo do ato administrativo é aplicável, *mutatis mutandis*, à existência de agente capaz (competência) e finalidade.[64]

4.4.2 Comentário crítico

Os estudos relativos aos requisitos do ato administrativo aqui apresentados por amostragem requerem cautelosa consideração, dadas as divergências acentuadas entre os autores. Tenha-se em conta que requisitos exprimem o gênero, de que os pressupostos e elementos são espécies.

Verifica-se, nos posicionamentos, que há unanimidade dos autores quanto à presença de três requisitos comuns, oriundos do Direito Civil: o agente competente (manifestação da vontade); o objeto, que se reputa lícito; e a forma (escrita, em regra). Há outro ponto em comum: todos defendem no ato administrativo, ainda como requisitos, o motivo e a finalidade. Outros, como Oswaldo Aranha Bandeira de Mello, alongam o rol dos requisitos. A presença, pois, de cinco requisitos é fato pacífico no entendimento da maioria dos autores consultados.

A anotação de Seabra Fagundes, a propósito da teoria de Celso Antônio Bandeira de Mello, transcrita no item anterior, parece procedente. Os requisitos do ato administrativo, considerados pressupostos, são elementos indispensáveis a ele. É inadmissível, para Seabra Fagundes, conceber o sujeito e o fim, do ato administrativo, à margem dele mesmo. Em verdade, estes e o motivo, embora extrínsecos, constituem-se requisitos do ato, assim como o objeto e a forma.

O Direito Civil estabelece, já se viu, três condições indispensáveis à produção do ato jurídico válido: agente capaz, objeto lícito e forma prescrita ou não proibida por lei. Ora, se esses são elementos essenciais à existência do ato jurídico comum, e se o Direito Administrativo os adotou, com modificações, acrescido de outros dois, finalidade e motivo, com o mesmo teor de essencialidade, parece difícil admitir o sujeito, motivo e finalidade na condição de pressupostos do ato administrativo, e não de elementos. Entretanto, é igualmente difícil refutar a teoria de Celso Antônio Bandeira

---

[64] FAGUNDES, Miguel Seabra. *O controle dos atos administrativos pelo poder judiciário*. 6. ed. São Paulo: Saraiva, 1984. p. 21-23, nota n. 10.

de Mello, principalmente considerando tratar-se de jurista renomado e respeitado na comunidade jurídica pátria e estrangeira.

Carnelutti, citado por Rao,[65] desenvolvendo estudos a propósito de atos jurídicos, classifica-os em três grupos: pressupostos, elementos e circunstâncias, mas não chegou a especificar-lhes os componentes. Isso dificultou o entendimento da sua teoria. Assim, não se sabe, por exemplo, quais são os elementos do ato na teoria de Carnelutti.

É possível tenha Celso Antônio Bandeira de Mello se inspirado em Carnelutti e, ao mesmo tempo, procurado esclarecer o que o mestre italiano deixou na obscuridade.

A rigor, o objeto e a forma são requisitos intrínsecos do ato administrativo, portanto, elementos. Já o agente (competência), a finalidade e o motivo são requisitos extrínsecos ao ato, logo, pressupostos, visto que estes não integram a materialidade do ato, embora indispensáveis à validade do mesmo. Cientificamente, parece correta a teoria de Celso Antônio Bandeira de Mello. Entretanto, à primeira vista, a mesma não traria efeito prático, considerando que os cinco requisitos são indispensáveis à validade do ato. Todavia, o próprio autor sustenta que, na hipótese de faltar um elemento, o ato administrativo será inexistente; e, no caso de inobservância de um dos pressupostos, o ato será inválido. Talvez aqui esteja a justificativa do desdobramento dos requisitos do ato administrativo em elementos e pressupostos, considerando que o ato inexistente não produz efeitos, enquanto que o ato viciado os produz até a declaração de sua nulidade ou da sua anulação. Acresce-se que os atos viciados ou inválidos, em certas circunstâncias podem ser convalidados e o inexistente, não. Nisso consiste a indiscutível diferença entre ato inexistente e ato inválido.

4.5 Classificação dos atos administrativos

Adotar-se-ão, aqui, apenas algumas classificações, considerando o objetivo do trabalho.

4.5.1 Quanto ao objeto

Rivero apresenta a seguinte classificação: ato-regra (regulamento), ato subjetivo (contrato), ato-condição (condiciona a aplicação do estatuto como é o caso da nomeação de funcionário público).

---

[65] CARNELUTTI *apud* RAO, Vicente. *Ato jurídico*: noção, pressupostos, elementos essenciais e acidentais, o problema do conflito entre os elementos volitivos e a declaração. 3. ed. São Paulo: Saraiva, 1981.

EDIMUR FERREIRA DE FARIA
CONTROLE DO MÉRITO DO ATO ADMINISTRATIVO PELO JUDICIÁRIO

A classificação de Duguit, operada na França, até hoje considerada clássica, na opinião de Cretella Júnior, é a seguinte: ato-regra, ato-condição e ato subjetivo. Da primeira categoria são as normas genéricas (lei, regulamento, etc.). Os da segunda, de natureza objetiva ou subjetiva, ao mesmo tempo, vinculam o administrado à hipótese da regra geral (casamento, por exemplo). A terceira categoria apenas cria situações jurídicas estritamente individuais (contrato individual de trabalho), por exemplo.

Gaston Jèze, apoiado em Duguit, estabeleceu a seguinte classificação: "1º) atos criadores de situações jurídicas em geral (atos legislativos ou regulamentares); 2º) atos criadores de situação jurídica individual, que podem ser unilaterais ou contratuais; 3º) atos que investem o indivíduo em situação jurídica geral, em situação jurídica concreta, atos condição; 4º) atos que constatam uma situação jurídica geral, individual ou um fato, são os atos jurisdicionais".[66]

4.5.2 Quanto à formação do ato

Quanto ao encontro de vontades, na concretização do ato, ele pode ser unilateral e bilateral, segundo alguns autores.

Essa classificação tem sido refutada pela maioria dos estudiosos; poucos são os que admitem atos administrativos bilaterais. Para os que assim entendem, os contratos administrativos são espécies de atos bilaterais. O contrato administrativo, embora distinto do contrato comum, parece que não se constitui em ato administrativo. Trata-se de acordo de vontades estabelecido entre o Poder Público e o particular. Apesar de a Administração preestabelecer as regras para a formação e execução do contrato, o mesmo não se configura ato administrativo. Existem atos cuja formação depende da manifestação da vontade do interessado no ato. Esse condicionamento também não legitima chamá-los de atos bilaterais. Hely Lopes Meirelles denomina atos dessa natureza de negociais.[67] Exemplo: licença para construir (construção civil). A expedição do alvará, ato materializador da licença, condiciona-se à postulação manifestada pelo interessado. Entretanto, o ato é unilateral e vinculado.

Rivero encontra-se entre aqueles que consideram o contrato espécie de ato administrativo da modalidade bilateral. Quanto à formação, os atos classificam-se em unilaterais e bilaterais ou plurilaterais. São bilaterais ou plurilaterais os atos que necessitam da concorrência de duas ou mais

---

[66] JÈZE, Gaston. *Principios generales del derecho administrativo*. Trad. Júlio N. San Millan Almagro. Buenos Aires: Depalma, 1948. Trad. directa de la 3. ed. francesa: *Les principes géneraux du droit administratif*.

[67] MEIRELLES, Hely Lopes. *Direito administrativo brasileiro*. 10. ed. São Paulo: Revista dos Tribunais, 1984.

vontades para serem editados. Como exemplo dessa modalidade, cita o contrato.

Ressalta Rivero que os atos unilaterais da Administração Pública têm importância singular, comparados com os da iniciativa privada, em virtude de sua natureza de executoriedade.

Os contratos administrativos, espécie de ajuste bilateral firmados pela Administração Pública com particulares, distinguem-se dos contratos particulares, em virtude do regime jurídico a que se submetem.

4.5.3 Quanto à produção de efeitos

Quanto à produção de efeitos os atos administrativos podem ser concretos e abstratos. Concretos são aqueles que, em regra, produzem os efeitos deles esperados, no momento em que surgem no mundo jurídico. Só nesse momento, exceto nos casos de condição suspensiva. Nessa hipótese, o ato produzirá efeitos depois da ocorrência do fato motivador da condição suspensiva. Os atos abstratos ou genéricos, ao contrário, estão prontos a produzirem efeitos sempre e todas as vezes que ocorrer situação fática que corresponda à hipótese nele prevista.

Forsthoff distingue os atos da Administração em atos normativos ou regulamentares e atos de efeitos concretos. Os primeiros são genéricos, não se dirigem a ninguém determinado. Os segundos, ao contrário, determinam situações particulares e concretas. Só estes são atos administrativos. Os outros, não, na opinião de Forsthoff.[68]

Para esse autor, em regra, a distinção entre as duas categorias de atos não oferece dificuldade, visto que o regulamento é abstrato e contém regras jurídicas válidas permanentes, enquanto o ato administrativo pressupõe situação de fato ou de direito, única e concreta. Contudo, afirma ele, há casos em que a situação não é tão simples e a identificação da natureza jurídica dos atos se torna difícil. É o caso, por exemplo, das normas que disciplinam o comércio exterior e divisas, as medidas de salvaguarda e de interdição.

Ainda segundo Forsthoff, discutiu-se muito, na Alemanha, a natureza jurídica desses comandos normativos. Ficou, contudo, pacificado o entendimento de que, tratando-se de normas gerais que se destinam a grupos determinados ou a certa universalidade, serão atos administrativos, porque, com a edição, se conhecem os destinatários das medidas. Nessas circunstâncias, estão sujeitos ao controle dos tribunais.

---

[68] FORSTHOFF, Ernest. *Traité de droit administratif allemand*. Trad. Michel Frounont. Bruxelas: E. Bruylant, 1969. p. 320 e 323.

EDIMUR FERREIRA DE FARIA
CONTROLE DO MÉRITO DO ATO ADMINISTRATIVO PELO JUDICIÁRIO

Outra indagação do mesmo autor relaciona-se com os planos de alinhamento e urbanização. Qual seria a natureza jurídica desses instrumentos? Segundo ele, a opinião dominante, naquela época, era a baseada na lei de alinhamento de 02.07.1875, esses planos têm caráter normativo. Uma vez aprovados e tornados obrigatórios a todos, indistintamente, não podem sujeitar-se ao controle dos Tribunais Administrativos. Pode ocorrer que o plano, embora genérico, tenha caráter individualizado. É indispensável, ante a realidade, verificar o conteúdo do ato e não a sua procedência. Nem sempre é necessária a existência de destinatário individualizado, para se classificar a medida como ato administrativo. Exemplo dado pelo autor em foco:

> a inscrição de um curso de água na lista de curso de água de segunda categoria em virtude dos artigos 4º e seguintes da lei Prussiana sobre os cursos de água, de 07.04.1913, é um ato administrativo com efeitos jurídicos imediatos e múltiplos.[69]

No exemplo, os destinatários do ato não são nomeados, mas podem ser identificados com certa facilidade. A classificação do curso de água já é a aplicação do direito ao caso concreto, independe de qualquer medida jurídica complementar para que os interessados, proprietários ou usuários do curso de água sofram as consequências da medida. Nesse caso, havendo lesão, em virtude de vício do ato, o seu desfazimento pode ser pleiteado na esfera competente, tribunais administrativos. No Brasil, o desfazimento de ato normativo da Administração Pública poderia ser pleiteado na via administrativa ou na judiciária a critério do interessado.

Celso Antônio Bandeira de Mello entende que a afirmação de que os atos normativos da Administração são atos administrativos não é totalmente verdadeira e nem totalmente falsa. É preciso definir, verificar o que se pretende. Caso se conclua que o ato normativo é categoria de ato administrativo, é necessário fazer distinção entre estes e os atos concretos, pois os princípios que regem o nascimento do ato concreto são em número muito maior do que os observados na edição dos gerais e abstratos (regulamentos).

Ensina Stassinopoulos: o que distingue o ato regulamentar do ato individual é a sua generalidade. Não a generalidade de pessoas a que se destina, mas a generalidade abstrata. O caráter de generalidade não impede que esses atos sejam revogados. Contudo, o ato revogatório não pode

---

[69] FORSTHOFF, *op. cit.*, p. 320 e 332.

retroagir os seus efeitos. De sorte que os atos individuais, concretos, com base no regulamento revogado, terão validade até a data da revogação.[70] Percebeu-se que existem autores sustentando que os atos regulamentares não são atos administrativos. Dessa categoria, seriam somente os atos individuais ou de efeito concreto. Esse entendimento não é correto ou não encontra ressonância no Direito brasileiro, considerando que os atos abstratos são atos administrativos regulamentares, em regra, revestidos da forma de decreto, portaria, ou resolução, entre outras formas. Os atos abstratos ou regulamentares são utilizados no ordenamento jurídico pátrio, principalmente para regulamentar leis, igualmente abstratas, emanadas do Parlamento ou para regulamentar serviço ou órgão da Administração Pública. Registre-se que os regulamentos de lei são atos normativos que não vão além dos limites da lei. A sua finalidade precípua é esclarecer a lei regulamentanda, é oferecer condições ao intérprete para a melhor concreção da norma na situação fática. O regulamento inovador, isto é, que contiver novidade em relação à lei que regula é ilegal e inconstitucional. Os atos abstratos, em princípio, não causam dano, visto não se dirigirem a ninguém especificamente. A repercussão de seus efeitos é sentida no momento em que a situação fática de alguém, pessoa física ou pessoa jurídica, configura hipótese contida no regulamento. O sistema jurídico pátrio não adotou o regulamento autônomo, a exemplo dos países europeus, entre os quais a França, que reserva ao Executivo competência para, em determinada matéria, editar regulamentos com força de lei.

4.5.4 Quanto ao grau de valor segundo a hierarquia

Os administrativistas contemporâneos, em geral, classificam os atos do Poder Executivo quanto ao grau de valor, segundo a hierarquia, em atos de governo e atos administrativos. Os atos de governo serão aqueles que, no caso brasileiro, compreendem os praticados pelo Presidente da República em decorrência direta e imediata da Constituição da República. Exemplos: declaração de guerra e de celebração de paz, declaração de estado de sítio, declaração de estado de emergência, assinatura de Tratados Internacionais, nomeação de Ministros de Estado, entre outros. Essas espécies de atos seriam políticos e não administrativos e, por essa razão, insusceptíveis de controle jurisdicional. Os demais atos, aqueles destinados à operacionalização da máquina administrativa, são os atos administrativos propriamente.

---

[70] STASSINOPOULOS, Michel D. *Traité des actes administratifs*. Paris: Librairie Générale de Droit et de Jurisprudence, 1973.

Na prática, a distinção entre as duas modalidades nem sempre é fácil. É que, em regra, uma zona opaca os separa, o que dificulta se visualize a natureza de determinado ato.

A tendência hodierna é no sentido de reduzir ao mínimo possível o número dos atos do Executivo, da categoria denominada "ato de governo". Visa-se, com isso, ampliar o controle jurisdicional, e, consequentemente, reduzir a prática deliberada e ilimitada da discricionariedade com abuso de poder.

Stassinopoulos, a propósito, afirma que existem — e não se pode negar — certas categorias de atos do Executivo que são especiais e que não podem se sujeitar ao controle jurídico. Indaga o autor:

> Como submeter, com efeito, a uma regra jurídica as decisões governamentais concernentes às relações internacionais ou às ordens de um comandante em chefe no curso de guerra?[71]

Sustenta, ainda, o mesmo autor, que existem várias teorias que procuram oferecer meios que possibilitem distinguir as duas modalidades de atos.

O Conselho de Estado francês chegou a adotar o princípio segundo o qual seriam atos de governo aqueles dotados de certo móvel político. Esta teoria foi considerada inadequada, principalmente porque os atos decorrentes do poder discricionário da Administração são reconhecidos pelo teor político neles contidos. Por isso, a teoria não vingou.

Outra teoria procura esclarecer a questão dizendo que são atos de governo os praticados pelo governo. É, obviamente, inaceitável.

Ante a dificuldade de se determinarem critérios nítidos para se distinguirem os atos de governo dos demais, o assunto é tratado de forma genérica.

Na França, finalmente, a questão foi resolvida pela jurisprudência administrativa que relacionou como atos de governo os seguintes: a) atos que tratam das relações entre o Legislativo e o Executivo; b) atos de chefe de Estado, relativos ao exercício de direito e de graça; c) atos pelos quais são tomadas medidas gerais de segurança interna e externa (estado de sítio, declaração de guerra, etc.); d) atos diplomáticos, concernentes à proteção dos nacionais no estrangeiro, às instruções dadas aos serviços diplomáticos, à expulsão de estrangeiros e atos de soberania interna em geral.

Stassinopoulos entende também que a lista de atos de governo deve ser sempre menor, considerando, principalmente, a orientação de que no

---

[71] STASSINOPOULOS, *op. cit.*, p. 28.

Estado de Direito não se deve admitir a proliferação de atos insusceptíveis de controle.

Celso Antônio Bandeira de Mello opina no sentido de que atos políticos ou de governo são os praticados com margem de discrição em decorrência de comando direto da Constituição, no exercício de função puramente política. O autor cita, a título de exemplos: indulto, iniciativa de lei pelo Executivo, sanção ou veto de projeto de lei. Ainda o mesmo autor entende que, por tratar-se de atos políticos e não decorrentes de atividade administrativa, não há interesse de qualificá-los como atos administrativos. Mas nem por isso se excluem do controle jurisdicional.[72]

Odete Medauar sustenta que o ato de governo é aquele praticado pela autoridade superior do Poder Executivo em cada esfera (Presidente da República, Governador de Estado-membro, Governador do Distrito Federal e Prefeito Municipal). Essa autora adere à corrente majoritária, entendendo que o ato de governo é espécie de ato administrativo, e comunga da posição de Celso Antônio Bandeira de Mello, quanto ao controle desse tipo de ato, pelo Judiciário.[73]

Considerações críticas relativas a este subitem

A despeito de doutrinadores, na sua maioria, entenderem que os atos de governo são insusceptíveis de controle pelo Poder Judiciário, a realidade vem demonstrando o estreitamento do campo de liberdade do Executivo para a prática de atos denominados "de governo". Esse afunilamento permite o controle judiciário. Dessa forma poucas são as condutas do governo, mais especificamente, do Chefe do Executivo, que se retraem do crivo judiciário.

No Direito pátrio, essas limitações afloraram com a promulgação da Constituição de 1988. Por exemplo: a declaração de guerra e o acordo de paz dependem de prévia autorização do Congresso Nacional ou referendo do mesmo Colegiado, se o ato for praticado no intervalo das sessões legislativas; a nomeação de certos agentes políticos depende de aprovação prévia do Senado Federal, exemplos: nomeação da Diretoria do Banco Central, das Agências Reguladoras e ministros dos tribunais superiores, inclusive do Supremo Tribunal Federal. Nas hipóteses desses exemplos, a inobservância das respectivas formalidades vicia o ato. Nesses casos, o Judiciário deve ser provocado para examinar a ilegalidade e, ao final, declarar a nulidade do ato.

A celebração de tratados, convenções e outros atos internacionais é de competência do Presidente da República, mas depende de referendo

---

[72] MELLO, Celso Antônio Bandeira de. *Curso de direito administrativo*. 11. ed. São Paulo: Malheiros, 1999. p. 270.

[73] MEDAUAR, Odete. *Direito administrativo moderno*. 3. ed. São Paulo: Malheiros, 1999. p. 169.

EDIMUR FERREIRA DE FARIA
CONTROLE DO MÉRITO DO ATO ADMINISTRATIVO PELO JUDICIÁRIO

do Congresso Nacional, para a adoção internamente. Trata-se, portanto, de atos de governo bilaterais ou plurilaterais que podem se sujeitar ao controle do Judiciário. Cite-se a título de exemplo, a Convenção nº 158 da OIT, cuja inconstitucionalidade foi arguida perante o Supremo Tribunal Federal, por conter disposições trabalhistas contrárias a texto expresso da Constituição de 1988.

Os exemplos supracitados comprovam que os atos de governo não estão absolutamente excluídos da apreciação do Judiciário. No Estado Democrático de Direito as autoridades de governo devem pautar os seus atos nos estritos limites da lei e do Direito, tendo sempre em mira o interesse público. Desviando-se desses postulados, os respectivos atos serão alcançados pelo controle judiciário. O inciso XXXV, do art. 5º da Constituição Federal de 1988, prescreve que a lei não poderá excluir da apreciação do Poder Judiciário qualquer lesão ou ameaça de direito.

4.5.5 Atos de gestão e atos de império

Atos de gestão são categoria de atos administrativos, praticados pelo Estado, de natureza diversa da categoria dos atos de império. Durante anos estiveram presentes na doutrina. Hoje, embora ainda lembrados, servem basicamente, de informação histórica. A evolução do Direito Administrativo caminhou no sentido de alargar o espaço ocupado pelos atos de Direito Público (atos públicos), em sacrifício dos atos do Direito Privado (atos privados).

Essa categoria de atos, também chamados de atos de gestão privada, tem origem no regime absolutista e referia-se aos atos do soberano, praticados na gestão da riqueza da coroa ou do rei. Públicos seriam poucos, só aqueles relativos à ação política da autoridade.

Stassinopoulos, a propósito, afirmou que são atos de gestão privada aqueles que a Administração edita na administração de sua riqueza, e assim o são porque em nada diferem dos praticados pelos particulares. Nessa condição estão sujeitos às mesmas regras e à mesma jurisdição a que se sujeitam os particulares. Dessa forma, os atos unilaterais e bilaterais emitidos pela Administração, nessas condições, são atos de natureza privada, de característica especial. São, portanto, diferentes daqueles de natureza pública praticados pelo Poder Público. Mesmo admitindo a existência dessa espécie de atos, Stassinopoulos reconhece a necessidade de delimitá-los. Justificando sua posição, recorre à história para afirmar que, no Estado absolutista, o soberano enfeixava nas mãos todas as relações jurídicas consideradas hoje como sendo de Direito Público. Eram, então, submetidas ao Direito Privado.

Com o desaparecimento do Estado-polícia, sucedido pelo Estado de Direito, surgiu o fenômeno da "emancipação do direito público".[74] O Direito Público assume definitivamente, o seu espaço, em detrimento do Direito Privado.

A partir do surgimento da pessoa jurídica ou moral do Estado, dotada de poder jurídico para regrar e se impor contra a vontade das pessoas físicas ou jurídicas, em benefício de todos ou em nome do bem comum, não se deve, pois, imaginar que os atos decorrentes sejam subordinados ao direito comum. Contudo, há autores que admitem a existência de atos privados editados pela Administração, como visto antes.[75] Essa assertiva não é absoluta. Parece que todos os atos praticados em decorrência da vontade estatal compatíveis com a função pública do Estado são atos públicos. Mesmo aqueles que não decorrem do poder de império da Administração. Esta, como dito em outro tópico, em momento algum se iguala ao particular para com ele transacionar. Assim, os atos por ela praticados, mesmo sendo semelhantes aos cometidos pela iniciativa privada, são atos distintos dos atos privados.

Essa distinção, ato de império e ato de gestão, dominou a doutrina e a jurisprudência francesa, durante o século XIX. Até hoje ela ainda frequenta a doutrina e a jurisprudência brasileiras. Entretanto, como se verá logo a seguir, a distinção não se reveste de significado prático, uma vez que os atos administrativos, tanto os de império quanto os denominados "de gestão", são públicos e, como tais, editados, controlados e julgados segundo normas de Direito Público.

Classificavam-se como atos de autoridade ou de poder público ou, ainda, de império aqueles por meio dos quais os órgãos públicos dirigem ordens aos cidadãos e que, por sua natureza, não podiam ser de autoria do particular. São os atos próprios da autoridade de polícia. São, portanto, de império, aqueles editados pela autoridade pública, no exercício da potestade decorrente da supremacia da Administração Pública em relação aos administrados. Exemplos: atos praticados no exercício do poder de polícia, atos de desapropriação, tombamento, servidão administrativa, requisição administrativa e ocupação temporária, entre outros.

Atos de gestão seriam aqueles que, embora editados pelo poder público, poderiam ser de competência do particular: por exemplo, os relacionados com o serviço postal, entre outros.

Stassinopoulos[76] sustenta que a noção moderna de Direito Público leva a admitir que o Estado não é apenas um "cão de guarda". A ele

---

[74] STASSINOPOULOS, Michel D. *Traité des actes administratifs*. Paris: Librairie Générale de Droit et de Jurisprudence, 1973. p. 24 *et seq.*

[75] MELLO, C., *op. cit.*, p. 269.

[76] STASSINOPOULOS, *op. cit.*

compete o importante papel de proporcionar aos cidadãos condições e meios para que possam usufruir dos benefícios conquistados pela tecnologia, benefícios que se aplicam a cada momento. Dessa forma, os fins do Estado se multiplicam e, consequentemente, os atos administrativos. Na mesma proporção, diminuem os atos denominados de gestão.

Sob este ângulo de visão, compreende-se e justifica-se a inclusão dos serviços postais e escolas, no âmbito dos serviços públicos, regidos pelos atos administrativos.

Finaliza, Stassinopoulos sustentando que os atos de gestão ou de natureza privada reduzem-se ao mínimo. São, pois, apenas aqueles próprios do direito privado, praticados pelo Estado, como se fosse pessoa privada (locação de prédio para instalação dos órgãos do Estado, compra de pedras para o calçamento de ruas de determinada cidade).[77]

Os autores ainda sustentam, na maioria, que os atos de compra e venda e os de locação, realizados pela Administração Pública, são de Direito Privado.

É verdade que, na compra e venda e na locação, a lei de mercado, salvo exceções, prevalece à vontade subjetiva. Logo, o Estado, para exercitar-se nesse campo, teria de igualar-se ao particular. Acontece que, mesmo nesses casos, como visto, o ente público não se despe inteiramente de suas prerrogativas. Algumas exigências são por ele impostas ao seu fornecedor de mercadorias (materiais de consumo e prédios para as suas instalações, por exemplo). Entre elas a licitação pública, contratos com cláusulas especiais, próprias do Direito Público, impostas previamente ao contratado. Ainda, nas compras e locações de imóveis, no Direito brasileiro, é a Administração que avalia o imóvel, quando na dispensa de licitação, nos termos do art. 24 da Lei nº 8.666, de 21.06.93.

Parece arriscado, hoje, dizer que os atos relativos a compra e locação são inteiramente privados. Não são totalmente públicos, como os demais. Mas intermediários, naquela faixa em que não prevalece o império do Estado, nem a autonomia da vontade do particular. No caso concreto, as partes ajustam-se, resguardando direito do particular contratante, mas tendo sempre em vista o interesse público.

Assim, parece não haver, no Direito brasileiro contemporâneo, espaço para a categoria de atos de gestão privada praticado pela Administração Pública.

---

[77] STASSINOPOULOS, *op. cit.*

4.6 Motivação

4.6.1 Conceito

Antes de se cogitar de motivação do ato administrativo, é conveniente considerar, ainda que sumariamente, o que seja motivo do ato administrativo, que será melhor estudado no Capítulo 7, no item relativo aos motivos determinantes.

Motivo é situação de direito ou de fato objetivo que serve de causa para a edição de ato administrativo.

A produção do ato depende de motivo para ter validade. A inexistência de motivo ou a sua indicação falsa implica a nulidade do ato.

Waline, a propósito do tema, assevera: "são motivos os fatos que devem existir previamente para justificar legalmente o ato administrativo".[78]

Na mesma linha situa-se Laubadère, defendendo os motivos como "fatos objetivos, anteriores e exteriores ao ato, e cuja existência levou seu autor a praticá-lo".[79]

Seabra Fagundes escreveu:

No motivo se compreendem as razões que dão lugar ao ato, isto é, as razões em que ele se baseia. Pela natureza mesma da atividade administrativa, esses motivos não são livres como no campo das relações privadas.[80]

Celso Antônio Bandeira de Mello sentencia:

Motivo é pressuposto do ato, pressuposto do fato, situação ocorrida no mundo das relações empíricas, fato real, dado verificado na esfera das objetividades materiais.[81]

Com essas considerações sucintas, passa-se à tentativa de estabelecer o conceito de motivação do ato administrativo.

A motivação não se confunde com o motivo. Este existe por si só e é principal em relação àquela. A motivação é acessória do motivo, não pode existir sem ele. Motivar o ato é explicitar, esclarecer, fundamentar e explicar o motivo no qual se fundou o ato. Enquanto o ato depende da forma para se exteriorizar, o motivo torna-se conhecido por meio da motivação.

---

[78] WALINE, Marcel. *Precis de droit administratif*. Paris: Montcherstien, 1970. v. 1, p. 336.

[79] LAUBADÈRE. *Traité de droit administratif*, t. I p. 539.

[80] FAGUNDES, Miguel Seabra. *O controle dos atos administrativos pelo poder judiciário*. 6. ed. São Paulo: Saraiva, 1984. p. 23.

[81] MELLO, Celso Antônio Bandeira de. Discricionariedade, fundamentos, natureza e limites. *Revista de Direito Administrativo*, Rio de Janeiro, n. 122, p. 1-19, out./dez. 1975.

EDIMUR FERREIRA DE FARIA
CONTROLE DO MÉRITO DO ATO ADMINISTRATIVO PELO JUDICIÁRIO

Para Stassinopoulos motivação é:

Menção das circunstâncias ou das considerações que fundaram o ato e que se relacionam, ora à oportunidade do ato, ora à sua legalidade.[82]

Antônio Carlos de Araújo Cintra, acompanhando Taruffo, escreve:

A idéia de motivação deve partir da constatação de que ela constitui um discurso, ou seja, um conjunto de proposições ligadas entre si e inseridas num contexto autonomamente identificável.[83]

Araújo Cintra entende que a motivação é o meio pelo qual o agente público procura explicar, esclarecer e convencer ao particular interessado e à coletividade que o ato tem razão ou causa de ser.

4.6.2 Posição de alguns autores brasileiros e estrangeiros quanto à necessidade de motivação

A doutrina e a jurisprudência ressaltam que não há unanimidade entre os autores pátrios e estrangeiros quanto à necessidade de motivação dos atos administrativos.

Entendem alguns autores que a motivação é obrigatória quando a lei determinar. Caso contrário, será facultativa ou voluntária e a sua ausência não prejudica o ato. Outros, todavia, sustentam que os atos devem sempre preceder de motivação, a não ser em casos excepcionais.

A questão é controvertida. Por mais que os autores administrativistas se debrucem sobre a matéria, não se chega a solução pacífica. Contudo, parece claro e incontestável que a tendência, embora com algumas resistências, é no sentido de que a motivação se vai tornando, paulatinamente, obrigatória em quase todas as hipóteses de atos administrativos.

A causa desse direcionamento doutrinário, jurisprudenciário e legal é a conveniência de se dotar o ato de condição tal que facilite o seu controle, tanto sob o ângulo jurídico, quanto político.

Conhecidos os motivos, explicitados pela motivação, o interessado direto, ou a coletividade, interessada indiretamente, poderá, sem esforço, verificar se os motivos são verdadeiros, falsos ou inexistentes.

---

[82] STASSINOPOULOS, Michel D. *Traité des actes administratifs*. Paris: Librairie Générale de Droit et de Jurisprudence, 1973. p. 198-199.

[83] CINTRA, Antônio Carlos de Araújo. *Motivo e motivação do ato administrativo*. São Paulo: Revista dos Tribunais, 1979. p. 106.

Sem a motivação explicitada, o controle do ato torna-se difícil, principalmente se o ato for praticado no exercício do poder discricionário. Fiorini afirma que, segundo o art. 7º, inciso "e", da Lei nº 19.549, de seu País, a motivação do ato administrativo é indispensável em qualquer circunstância. A falta dessa exigência pode levar à nulidade ou à anulabilidade do ato.[84]

Bielsa sustenta categoricamente que, por princípio, todos os atos do Estado devem ter justificação. Logo, todo ato administrativo, seja em decorrência de leis gerais, seja em virtude de leis concretas, deve ser motivado, por exigência de ordem coletiva ou individual.[85]

Esse entendimento decorre da ideia de que:

> toda administração subordinada ao direito em um regime republicano deve dar conta dos atos: porque sujeitos à revisão jurisdicional, por tribunal contencioso administrativo ou judicial, não seria possível examinar-lhes a legitimidade para consolidá-los, nem em caso contrário, para anulá-los, se não se explicassem os motivos.[86]

Bielsa procura fundamentar o princípio que adotou no fato de que o Poder Executivo é essencialmente administrativo e que é movido por motivos políticos e jurídicos. Extrai-se daí que a necessidade de motivar funda-se em dois pontos. Um de ordem jurídica, outro de ordem política. No primeiro, vislumbra-se o aspecto da legalidade para o efeito do exame de sua validade. No segundo, tem-se em mira levar o ato à opinião pública ou juízo público.[87]

Do ponto de vista prático, a motivação constitui freio para o autor da decisão. Esse, ao avaliar os motivos pressupostos, terá de atuar na realidade concreta e, ao formular os motivos determinantes, terá de julgar se a sua decisão está fundada em direito e prever as consequências, caso não esteja.[88]

Cassagne, embora fizesse menção à lei argentina que determina a generalização quanto à necessidade de se motivar o ato administrativo, afirma que a Argentina se filia à teoria da Itália, nesse particular, qual seja, a de que não há, em princípio, necessidade de motivar todos os atos

---

[84] FIORINI, Bartolomeu A. *Derecho administrativo*. 2. ed. Buenos Aires: Abeledo Perrot, 1976. t. I, p. 509-510.

[85] BIELSA, Rafael. *Derecho administrativo*. 4. ed. 1955. p. 33.

[86] *Idem*, p. 35.

[87] *Idem*, p. 158.

[88] *Idem*, p. 556.

administrativos, mas apenas aqueles que a lei expressamente determina ou quando a própria natureza do ato o requeira.[89] Diez comunga do entendimento segundo o qual só se chega à motivação do ato quando a lei expressamente o determina. Não havendo obrigatoriedade legal, a motivação será facultativa.[90]

No direito francês, o entendimento jurisprudencial que prevalece é o de que a autoridade administrativa estará obrigada a motivar o ato quando a lei ou regulamento o previr. No caso de previsão legal, a motivação é considerada elemento substancial do ato. Sem ela, o ato será passível de nulidade.

Essa é a regra geral naquele sistema jurídico. Contudo, a doutrina e a jurisprudência abrem exceção a esse princípio para, em alguns casos, mesmo na falta de determinação legal ou regulamentar, admitir a motivação do ato com fundamento na vontade implícita do legislador.

No sistema inglês não há, parece, regras expressas a propósito da motivação do ato administrativo. Até mesmo as sentenças judiciais não são obrigatoriamente motivadas.

No direito americano, segundo Cintra, a tendência é no sentido de ampliar ao máximo a motivação dos atos nas questões administrativas. "Nota-se que os tribunais (referindo-se aos americanos) vêm ampliando os casos que julgam necessária a motivação". Completa incluindo a expressão "findings and reasons", para abranger até mesmo hipóteses de atos praticados independentemente de procedimento administrativo formal.[91]

Themistocles Brandão Cavalcanti ensinou que nem todo ato administrativo depende de motivação. Mas não exclui os atos decorrentes do poder discricionário, da necessidade dessa condicionante. Para o autor, os atos resultantes da faculdade discricionária devem ser motivados, apenas pelo fato de pertencerem a essa categoria.[92]

Vedel entende que as justificativas ou explicações ou fundamentos (motivação) relativos à situação de fato ou de direito devem ser sempre materialmente exatos, mesmo que a Administração disponha de margem discricionária para este mister.[93]

Deduz-se dessa lição a importância que Vedel dispensa à motivação do ato, incluídos os casos em que a Administração atua no campo da discricionariedade. Os fatos indicadores do ato hão de ser claros, objetivos e verdadeiros.

---

[89] CASSAGNE, Juan Carlos. *El acto administrativo*. Buenos Aires: Abelado Perrot, 1974. p. 214.

[90] DIEZ, Manoel Maria. *El acto administrativo*. 2. ed. Buenos Aires: Tipografia Editora Argentina, 1961. p. 241.

[91] CINTRA, Antônio Carlos de Araújo. *Motivo e motivação do ato administrativo*. São Paulo: Revista dos Tribunais, 1979. p. 116.

[92] CAVALCANTI, Themistocles Brandão. Do poder discricionário. *Revista de Direito Administrativo*, Rio de Janeiro, n. 101, p. 1-23, jul./set. 1970.

[93] VEDEL, George. *Droit administratif*. 2. ed. Paris: Presses Universitaire de France, 1961. p. 219.

A tendência hodierna é no sentido de que a motivação dos atos da Administração se estenda à sua quase totalidade, indistintamente. A razão dessa evolução está no fato de que o progresso da democracia exige que o controle dos administradores seja permanente e eficiente, para se evitar desmando, arbitrariedade, abuso de poder e corrupção. Para a eficácia desse controle, a autoridade deve obrigar-se a motivar os seus atos. A propósito do direito estrangeiro, Cintra conclui afirmando:

> Esta breve incursão por ordenamentos jurídicos estrangeiros permite-nos constatar que, de modo geral, há uma marca da propensão para o alargamento da extensão de incidência da necessidade de se motivarem os atos administrativos.[94]

Afirma-se, então, que não são somente os atos emanados da autoridade administrativa no exercício do poder vinculado que estão sujeitos à motivação. Mas também, os editados no exercício do poder discricionário, mesmo os denominados atos políticos. É o que se demonstrará nos subitens seguintes.

4.6.2.1 Quanto aos atos decorrentes da competência vinculada

No que atine aos atos vinculados ou regrados, o entendimento dominante é no sentido de que a motivação é indispensável. Mesmo quando não expressa em lei, a exigência, justifica-se esse posicionamento no próprio regramento do ato. Sendo a competência vinculada ou adstrita às condições e limites impostos pela lei, ao agente não compete escolha alguma. Daí, a conveniência da motivação, para demonstrar que se está agindo nos limites legais atinentes ao caso concreto.

Autores brasileiros, em número bastante reduzido, entendem que, não havendo imposição legal expressa de motivar, a medida torna-se dispensável, bastando apenas a alegação do fato e a indicação da lei de regência do ato. Esses elementos são suficientes ao órgão de controle, na constatação da existência ou não do motivo determinante.

4.6.2.2 Quanto aos atos resultantes da competência discricionária

Se, no caso dos atos regrados, a questão é pacífica, não se registrando divergências acentuadas entre os autores, quanto aos atos decorrentes do

---

[94] CINTRA, Antônio Carlos de Araújo. *Motivo e motivação do ato administrativo*, 1979. p. 120.

poder discricionário não se pode afirmar o mesmo. Os autores brasileiros e estrangeiros apresentam divergências acentuadas quanto à motivação dos atos decorrentes do poder discricionário. Uma corrente entende que os atos frutos da discricionariedade não estão sujeitos à motivação. Para essa corrente, o procedimento motivador contrapõe-se à ideia da discricionariedade, que, em síntese, é liberdade. Para que essa liberdade, poder político do administrador, não sofra restrições, é conveniente que não se motive o ato. As próprias restrições legais são fatores limitantes ao agente público. Exigir mais seria contrariar o próprio princípio que informa a discricionariedade.

Outra corrente defende a motivação, argumentando, em oposição à anterior, que é justamente no exercício do poder discricionário que se torna obrigatória a motivação. Se não motivar, como se saberá que existiram motivos, ou quais são verdadeiros, ou, ainda, se os motivos conformam com o ato produzido?

A dispensabilidade da motivação poderia ter como consequência a extrapolação dos limites da competência discricionária e isso repudia ao direito e aos princípios democráticos.

Intermediária em relação a essas duas correntes, surgiu uma terceira, entendendo que a motivação, nos casos de discricionariedade, não pode ser tomada de maneira absoluta, como difundida antagonicamente pelas correntes precedentes.

Os atos decorrentes da discricionariedade administrativa não estão todos sujeitos à motivação e, consequentemente, nem todos estão isentos da medida.

Assim, alguns devem ser motivados e outros, não. A atitude do administrador, nesse sentido, vai depender da lei ou da própria natureza do ato. Essa terceira linha de entendimento é derivação do direito italiano.

Hely Lopes Meirelles — integrante da primeira corrente — sustenta que:

> Nos atos oriundos do poder discricionário, a justificação será dispensável, bastando apenas a competência para o exercício desse poder e a conformação do ato com o interesse público, que é pressuposto de toda atividade administrativa.[95]

---

[95] MEIRELLES, Hely Lopes. *Direito administrativo brasileiro*. 10. ed. São Paulo: Revista dos Tribunais, 1984. p. 165.

Cretella Júnior é também pela dispensabilidade da motivação do ato praticado em virtude da discricionariedade.[96] Rafael Bielsa integra a segunda corrente. Aquela que defende a motivação do ato editado em virtude da discricionariedade. Para ele, o poder discricionário é necessário ao bom e satisfatório desenvolvimento da atividade administrativa, na execução dos programas de interesse público. O autor ressalta a importância dessa liberdade, na iniciativa privada. Um dos fatores de sucesso da empresa privada é a possibilidade de exercer, sempre que necessário, a discricionariedade, em favor do seu pleno desempenho. Contudo, diz o autor, na atividade estatal, deve-se ter cautela, porque a democracia mal interpretada propicia ao administrador tomar decisões contrárias ao interesse público (corrupção, privilégios, favorecimento a amigos influentes e prejudicar inimigos políticos).[97]

Por essas razões, sentencia Bielsa, é indispensável a limitação do poder discricionário, no âmbito público, e ainda o estabelecimento de eficientes e amplos meios de controle dos atos decorrentes do poder discricionário, sob o prisma da legalidade. É dele o texto:

> A juízo nosso, os atos discricionários são os que mais devem ser motivados, pois os regrados se confrontam fatalmente com a regra legal. O exercício da faculdade discricionária não significa proceder de *legibus solutus*. Ao contrário, quando se trata de faculdade regrada, com frequência bastam os motivos pré-existentes e citação do dispositivo legal aplicado.[98]

As decisões decorrentes do poder discricionário devem ser motivadas para que se possa verificar se o consequente ato está conforme a lei. A falta de motivo ou a apresentação de motivação defeituosa conduz o ato à ilegalidade.

Finaliza Bielsa: "A segurança jurídica não existe onde as decisões da autoridade não são explicadas, nem fundadas juridicamente, com certeza e lógica, e onde não existe revisão jurisdicional."[99]

Florivaldo Dutra de Araújo defende a motivação do ato administrativo como regra sem distinção. Para esse autor, a motivação inclui-se entre os requisitos procedimentais do ato administrativo.[100]

---

[96] CRETELLA JÚNIOR, José. *Controle jurisdicional do ato administrativo*. 3. ed. 3. tir. Rio de Janeiro: Forense, 1998.
[97] BIELSA, Rafael. A ação popular e o poder discricionário da Administração. *Revista Forense*, Rio de Janeiro, v. 157, p. 34-39, 1955.
[98] BIELSA, Rafael. *Derecho administrativo*. 5. ed. Buenos Aires: Depalma, 1955. t. II, p. 36.
[99] BIELSA, *op. cit.*, p. 563.
[100] ARAÚJO, Florivaldo Dutra de. *Motivação e controle do ato administrativo*. Belo Horizonte: Del Rey, 1992. p. 186.

EDIMUR FERREIRA DE FARIA
CONTROLE DO MÉRITO DO ATO ADMINISTRATIVO PELO JUDICIÁRIO

Maria Sylvia Zanella Di Pietro é também do entendimento de que a motivação é necessária tanto para a edição de atos vinculados quanto para os discricionários.[101]

No Supremo Tribunal Federal, os Ministros Galloti e Victor Nunes Leal, entre outros, adotaram posição coerente com a de Bielsa. Em decisão do Pleno, Nunes Leal registrou:

A motivação é que nos permite distinguir entre o arbítrio e o julgamento. A lei não concedeu arbítrio; deu competência para julgar. Quem julga deve motivar suas decisões, ainda que fosse, no caso, ao menos, pela atribuição de nota às provas.[102]

Entre os filiados à corrente intermediária registra-se Oswaldo Aranha Bandeira de Mello, entendendo que a motivação dos atos discricionários "se apresenta de especial relevo". Contudo, não se pode afirmar absolutamente que todos os atos nessas condições tenham de ser motivados.[103]

Para Oswaldo Aranha Bandeira de Mello, acompanhado de outros autores bem posicionados na doutrina, a questão da motivação situa-se no campo intermediário, quer dizer, não se deve exigir que todos os atos decorrentes da faculdade discricionária sejam motivados e nem se deve resvalar para o outro lado, para dizer que os atos nessas circunstâncias independem, em qualquer hipótese, de motivação. Há casos em que se deve motivar e há casos em que a motivação é dispensável. Para isso levar-se--á em consideração a lei e a situação de fato. Acrescenta o autor que, em alguns casos, por questão de segurança, a justificação deve ser proibida.

4.7 Exame de artigos da Lei nº 8.666, de 23.06.93

Parece oportuno o exame de alguns dispositivos da Lei nacional sobre licitações e contratos administrativos, aleatoriamente, para ressaltar exemplos de motivação que se impõe de responsabilidade do agente público, nos casos de compras e contratações de obras e serviços.

O art. 7º da Lei nº 8.666, de 23.06.93, proíbe à Administração Pública licitar obras e serviços sem prévio projeto básico, devidamente aprovado pela autoridade competente, e contratar se não estiverem assegurados recursos orçamentários suficientes para suportar o seu custo.

---

[101] DI PIETRO, Maria Sylvia Zanella. *Direito administrativo*. 11. ed. São Paulo: Atlas, 1999. p. 195.

[102] Julgamento do MS nº 11.792, de que foi relator o Ministro Victor Nunes Leal, realizado em 16.10.1963. *Revista de Direito Administrativo*, n. 80, p. 128-147. abr./jun. 1965.

[103] MELLO, Oswaldo Aranha Bandeira de. *Princípios gerais de direito administrativo*. Rio de Janeiro: Forense, 1974. p. 472.

Mesmo que esteja no poder da autoridade administrativa decidir quanto à oportunidade e à conveniência para a realização de determinada obra ou serviço, terá, nos termos do referido art. 7º, de motivar o ato, para demonstrar o atendimento aos requisitos exigidos para a realização dos mesmos. Então, não é somente a oportunidade ou a conveniência que o Administrador deve observar, mas, sobretudo, os condicionamentos contidos no dispositivo legal.

O ato que autorizar a construção de obra ou execução de serviço sem a competente motivação será inquinado de vício de nulidade. O mesmo verifica-se nos casos de realização de compras sem a observância das exigências e condições estabelecidas na mesma Lei sobre Licitações e Contratos, art. 14.

O parágrafo único do art. 8º da Lei em comento proíbe a paralisação de obras, a não ser em virtude de insuficiência financeira ou por motivo de ordem técnica. O administrador público não deve retardar ou interromper obra, movido por escusos interesses políticos. Somente nos casos de falta de recursos financeiros ou por recomendação técnica é possível a paralisação ou retardamento da obra. Para isso, a autoridade terá de fundamentar a decisão de paralisar a obra. Não é suficiente, alegar-se a ocorrência de um dos motivos. É curial a demonstração do motivo que deu origem à medida, principalmente o de ordem técnica, que deve ficar a cargo de técnicos especializados, de acordo com o caso fático. Sem essa formalidade, o ato deve ser anulado ou declarado nulo por autoridade administrativa ou pelo Judiciário.

Os arts. 24 e 25 do mesmo diploma legal cuidam da dispensa e da inexigibilidade de licitação, respectivamente, segundo as condições neles estabelecidas. Com exceção das hipóteses previstas nos incisos I e II do art. 24, dispensa de licitação em razão do valor do objeto, todas as demais hipóteses de dispensa e as de declaração de inexigibilidade tratadas no art. 25 dependem de motivação para que o ato de dispensa de licitação ou declaratório de inexigibilidade de licitação tenha validade. O art. 25 é expresso quanto à exigência da motivação.

O art. 49 da Lei em exame prescreve ao agente público a possibilidade de revogar licitação por interesse público.

O interesse público, em qualquer hipótese, deve ser preservado. As medidas ou comportamentos particulares ou públicos que o contrariarem devem ser obstadas de imediato. Nesse sentido é a inteligência da lei, no que atine à licitação inconveniente ou inoportuna. Nesse caso a revogação é permitida, desde que os fatos ensejadores da medida sejam posteriores à licitação e, com ela, tenham pertinência. A expressão "interesse público", sabidamente, enquadra-se nos conceitos jurídicos indeterminados. Sendo assim, a autoridade encarregada de editar o ato revogatório deverá por meio de motivação, apontar o interesse público contrariado na situação

126 | EDIMUR FERREIRA DE FARIA
CONTROLE DO MÉRITO DO ATO ADMINISTRATIVO PELO JUDICIÁRIO

e ressaltar os fatos pertinentes à licitação, verificados posteriormente à instauração da mesma.

A motivação materializada é indispensável aos órgãos de controle e aos licitantes. Esses têm, nos termos da lei, direito a recorrer do ato de revogação. A inexistência da motivação dificulta o exercício desse direito. O art. 57, §1º, estabelece que, a critério da Administração, os prazos de início e de entrega de obras podem ser prorrogados, desde que se verifique um dos seis motivos que arrola. Entre os quais, ressalta-se: "superveniência de fato excepcional e imprevisível, estranho à vontade das partes que altere fundamentalmente as condições de execução do contrato".

O §2º, do mesmo artigo, condiciona a prorrogação aludida acima à prévia justificação escrita aprovada pela autoridade competente. Veja-se que o dispositivo faculta o agente a prorrogar o contrato, mas o condiciona à existência de um dos motivos arrolados na Lei, e mais, que o motivo seja explicitado em ato motivador.

Na hipótese de o licitante classificado em primeiro lugar não atender à convocação para assinar o contrato, à autoridade é facultado convocar o segundo colocado nas mesmas condições do primeiro, inclusive, quanto ao preço atualizado ou promover nova licitação, art. 64, §2º, da Lei em comento. O dispositivo legal, como se vê, ofereceu ao administrador duas alternativas para, ante ambas, escolher a opção que melhor atenda ao espírito da lei, levando-se em consideração, entre outros, o custo do objeto que se está contratando e a sua urgência ou não. Para qualquer uma das escolhas, convocar o segundo colocado ou realizar outra licitação, será indispensável a motivação justificadora da opção escolhida. Caso a autoridade ignore a exigência da motivação, a medida adotada sujeitar-se-á ao exame do Judiciário e possivelmente será declarada nula.

O exame desses artigos da Lei nº 8.666/93 teve por finalidade comprovar o que se disse neste Capítulo sobre a necessidade da motivação dos atos administrativos.

A análise dos dispositivos legais evidenciou a desnecessidade de previsão expressa em lei, para caracterizar a necessidade da motivação do ato administrativo. Com isso, quer-se dizer que a motivação do ato ocorre também nos casos em que a lei não a exigiu expressamente, contrariando, assim, a posição dos autores que admitem a motivação apenas nas situações determinadas ou previstas em lei.

4.8 Outros exemplos: nomeação de Ministros de Estado e construção de estradas

Quando se indaga da conveniência ou necessidade de o Presidente da República motivar, por exemplo, o ato de nomeação de um Ministro de

Estado ou o ato que autoriza a construção de uma rodovia, a resposta vem de pronto, no sentido contrário, sustentam, alguns, tratar-se de absurda a ideia de que a autoridade Executiva esteja sujeita à motivação de seu ato, nessas hipóteses. A medida, além de tolher a liberdade discricionária do agente, ainda contraria o princípio orientador da independência dos Poderes, tanto que a lei não prevê a medida. Por essas razões, estaria o Presidente da República, ou quem lhe faça as vezes, dispensado de motivar a sua conduta, nos exemplos aqui tomados. Essas colocações estão corretas? Embora, reconhecendo ser essa a prática adotada, isto é, a dispensabilidade da motivação, não comungamos da ideia. A motivação, em caso algum, tolhe a liberdade do agente e nem impede que determinada medida se concretize. A menos que se queira adotar comportamento em desacordo com a lei ou contrário ao interesse público. Agindo de acordo com o preceito legal, a autoridade não terá razão para ocultar os motivos que a impulsionam na escolha de determinada decisão.

4.8.1 Nomeação de Ministro de Estado

O ato de nomeação de Ministro de Estado é classificado pela maioria dos doutrinadores, como sendo ato político, em oposição ao ato administrativo. Partem do princípio de que a composição do governo deve ser atribuição do Chefe do Executivo, com ampla e irrestrita liberdade de escolha, sem o controle a que se sujeita nos casos de atos administrativos, em geral.

Essa liberdade discricionária ilimitada pode ensejar margem à prática de nomeação de Ministro, contrária ao interesse do Estado. O governante pode ser de conduta ilibada, honesto, ético e sempre atuar de boa-fé, mas ele está, quase sempre, submetido a injunções políticas, principalmente nos casos de coligações de Partidos Políticos. Essa subsunção, com muita frequência, conduz a autoridade a nomear para o cargo de Ministro pessoa incompetente, ou com formação inadequada para o exercício das funções do respectivo cargo. Isso para não falar nos casos de nomeação de agentes de conduta suspeita. Nesses casos, as consequências, para os administrados e para o País, são desastrosas.

Recaindo a nomeação em uma pessoa que se enquadre em uma ou mais das hipóteses evidenciadas no parágrafo anterior, os princípios constitucionais da probidade administrativa e da eficiência serão flagrantemente descumpridos ou inobservados; o que não convém ao País e nem à sociedade.

Com vistas a evitar ou diminuir esses desacertos político-administrativos, é conveniente que o Presidente da República motive os atos de nomeação de seus Ministros. Na motivação, a autoridade ressaltará a formação adequada do candidato, compatível com as exigências do cargo, a sua boa reputação ética e moral e conduta ilibada, entre outras. Agindo dessa forma, o dirigente exercerá livremente o seu poder discricionário de escolha, nos limites permitidos pelo sistema jurídico, e oferecerá, aos órgãos de controle e à sociedade, elementos suficientes para a verificação de que a escolha se fez em conformidade com o interesse público, e não para agradar pessoas ou grupos políticos ou econômicos.

4.8.2 Construção de estradas

A tomada de decisão para a construção de estrada é outra questão polêmica quanto ao limite da liberdade da autoridade pública. Segundo o que já se doutrinou até os dias atuais, o entendimento predominante é no sentido de que, nos casos de determinação de abertura de estradas, o Chefe do Executivo ou quem atua por ele, goza de ampla liberdade. Fundamenta-se este posicionamento no princípio segundo o qual o Chefe do Executivo foi eleito pelo povo e, por isso, atua segundo a vontade do povo, realizando as obras que interessam à comunidade que administra.

A assertiva não é verdadeira. Nem sempre o Chefe do Executivo age segundo o interesse público, o interesse social, de todos. No caso de construção de estrada, como na nomeação de ministro, a escolha não deve ser livre como pretendem os autores em geral. Existem condicionantes de interesse público que não devem ser ignoradas, entre elas, a viabilidade econômica e social, a relação custo/benefício, as condições orçamentárias e financeiras do Estado, as possibilidades do tesouro, o impacto ambiental, o alcance social e, finalmente, a certificação de que o investimento financeiro de considerável monta, no prazo previsto, não inviabilizará ou não preju-dicará outro projeto ou programa de interesse social prioritário, como, por exemplo: educação fundamental, saúde, alimentação e previdência social, entre outras necessidades relativas aos direitos fundamentais.

Os Estados, sobretudo os emergentes ou em desenvolvimento, não dispõem de recursos financeiros suficientes para atenderem adequa-damente as necessidades coletivas. Diante dessa realidade inconteste, o governante deve exercer a sua atividade segundo critérios de prioridade e em observância ao princípio da probidade administrativa.

Na condição de gestor da coisa pública, o administrador não deve agir segundo a sua vontade ou interesse de grupos ou amigos. Impõe-se o interesse social e a boa gestão pública. Não deve, a autoridade, por exem-plo, autorizar a construção de uma estrada, por mais necessária que seja, se não existirem recursos orçamentários e financeiros garantidos para a conservação e manutenção das existentes. Os estudos técnicos que prece-dem a construção de estrada ou de outra obra pública devem ser amplos, de modo a contemplar todas as exigências previstas em lei, notadamente a que trata das licitações. Com esses cuidados, poder-se-á evitar obras inacabáveis por falta de recursos financeiros ou por contrariar o interesse público ou por provocar incontornável impacto ambiental.

Reforçando este entendimento, cita-se novamente a Lei de Licitações, que responsabiliza o agente público, caso contrate obras sem prévio projeto e sem estar seguro da existência de disponibilidade orçamentária e financeira para fazer face ao custo da obra. Reforça esse entendimento a Lei Complementar nº 101, de 04.05.2000 (Responsabilidade Fiscal).

Esses exemplos, embora extremados, têm por finalidade demonstrar que os atos da autoridade administrativa, ainda que considerados políticos, devem ser motivados. Até os atos de declaração de guerra e de celebração de paz, essencialmente políticos, estão, nos termos da Constituição Federal de 1988, art. 84, incisos XIX e XX, sujeitos à aprovação do Congresso Nacional, como visto acima.

Conclui-se, pois, pela necessidade da motivação ou fundamentação de todos os atos administrativos, sem distinção, e a maioria dos atos políticos, no Estado Democrático de Direito.

4.9 Conclusão

Viu-se nos itens anteriores deste Capítulo que longe estão os publicistas de acordarem numa direção única quanto à motivação dos atos administrativos. A divergência acentua-se quando se trata da faculdade discricionária.

As correntes que se formaram em torno do assunto defendem seus posicionamentos fundados em princípios jurídicos, administrativos e de ordem social.

Em princípio, todos estão corretos. Juridicamente, pode-se adotar qualquer das posições defendidas, embora frontalmente divergentes, mesmo aquela que pretende subtrair à motivação todos os atos decorrentes da discricionariedade.

Acontece que o homem é imperfeito e comete falhas, admitidas pela sociedade por entender que "errar é humano". Essa tolerância costuma tender para o arbítrio, em menor ou maior grau, repugnando ao direito e aos costumes. Ao lado disso, há outro elemento, fator decisivo no desequilíbrio da razão, tendendo, no seu mais alto grau, à irracionalidade. Refere-se ao poder — político, econômico e o de sindicabilizar, por exemplo.

No campo do Direito Público, todos os poderes referidos interferem, ao modo de cada um, no interesse do grupo ou do indivíduo. Mas é o poder político, em razão de sua origem e natureza, que permanente e ostensivamente interfere no Direito Público, principalmente no Direito Administrativo.

O poder político não só interfere na aplicação do Direito Administrativo. Vai além. Cria-o. Além dos seus vícios ou das suas mazelas, o

EDIMUR FERREIRA DE FARIA
CONTROLE DO MÉRITO DO ATO ADMINISTRATIVO PELO JUDICIÁRIO

poder político ainda sofre pressão dos outros poderes, que pode redundar na criação do Direito indesejado ou na má aplicação do Direito existente.

O legislador, célula integrante do corpo político, com o poder de produzir o Direito, tende, pelas razões expostas, a desviar-se do interesse geral (não absolutamente) e atender a interesses de grupos ou pessoas, editando leis casuísticas.

O Administrador Público, célula de outro corpo, qual seja, o encarregado de aplicar o Direito aos casos concretos, no interesse da realização democrática e da promoção social, tende, igualmente, em virtude das pressões ou da vaidade pessoal, a atender a interesses restritos, em contrariedade ao que quer a maioria, na livre democracia.

O juiz, integrante do terceiro corpo estatal, o Judiciário, essencialmente técnico, encarregado de dizer o direito, nos casos de conflitos, dada à sua função e independência, sofre menor pressão de grupos, mas não está totalmente imune a esse tipo de interferência.

Essas possibilidades de arbítrio, de abuso de poder, enfim, de uso indevido do Direito, contrariando a sua finalidade — bom relacionamento de justo equilíbrio entre as pessoas, em sociedade, na busca do bem-estar social e da justiça — levam o Constituinte a estabelecer, na Lei Suprema, meios de controles internos e externos e a esses submeter os poderes constituídos. Para que o controle se exerça na plenitude, é indispensável o estabelecimento de meios e condições que o facilitem.

Entre esses elementos convergentes para o controle, destaca-se a motivação do ato, exigida pelo ordenamento jurídico, em todas as funções estatais. Daí, a edição da lei, síntese do ato legislativo, depender de motivação, para que seja sancionada ou promulgada. A exposição de motivos apresentada pelo autor do projeto de lei é a motivação. No Judiciário, a sua conduta fim materializa-se no ato sentença, no primeiro grau e acórdão, no segundo e terceiro graus que se sujeitam à motivação adequada para que possam produzir efeitos jurídicos válidos. A ausência de motivação inquina o respectivo ato de nulidade. O Executivo exterioriza a sua atuação por intermédio do ato administrativo, igualmente sujeito à motivação, para o efeito de controle e conhecimento dos interessados diretos, e da sociedade ou segmento desta.

Ora, se os atos do Legislativo estão sujeitos à motivação, se os atos do Judiciário igualmente o estão e se os atos administrativos regrados, pelos mesmos princípios, se submetem à motivação e ao controle, onde se encontraria fundamento jurídico e moral para excluir desses condicionamentos os atos emanados do poder discricionário? Alegar que a exigência da motivação é incompatível com a discrição, não é correto. Dizer, sem ressalva, que o controle dos atos havidos no exercício do poder discricionário, pelo Poder Judiciário, implica extrapolação de seus poderes e,

CAPÍTULO 4
ATO ADMINISTRATIVO | 131

consequentemente, a invasão da área de competência do Poder Executivo, também não encontra fundamento jurídico. A motivação do ato não tolhe a liberdade do administrador. Com esse procedimento, a autoridade apenas justifica ou apresenta os motivos que o levaram a tomar esta ou aquela decisão. Isso justifica-se pelo fato de a discricionariedade ter limites. A inobservância destes conduz à ilegalidade do ato. Para que o órgão de controle, interno ou externo, possa confrontar o ato com as disposições legais e verificar se o mesmo com estas se conforma, é, entre outros, indispensável a motivação. Sem ela o controlador teria de penetrar na mente do agente, autor do ato, para descobrir os motivos do mesmo. Isso é impossível, em virtude de inexistência de meios materiais ou em virtude de proibição legal.

Quando o legislador constituinte, ou ordinário, confere à Administração poder discricionário, o faz com o fundamento de que, no Estado de Direito, a concretização do direito na hipótese verificada, não deve falhar, e nem tardar. Há de ser eficaz e em tempo hábil. Na falta de regra expressa, em dada situação, o agente administrativo tem o poder delegado em abstrato para editar o ato pretendido, segundo uma regra supostamente editada pelo legislador, se tivesse este, o conhecimento da situação fática ou invocando princípio, espécie de norma jurídica que preenche a lacuna da norma regra. Só que esse poder não é, como já se disse, um cheque em branco, para que o agente público adote conduta que melhor lhe convier. A discricionariedade está condicionada a um conjunto de elementos objetivos inibidores da liberdade.

A Constituição da República, no art. 37, *caput*, estabelece princípios expressos e claros a serem observados pela Administração Pública, *in verbis*:

> A Administração Pública direta e indireta de qualquer dos Poderes da União, dos Estados, do Distrito Federal e dos Municípios obedecerá aos princípios de legalidade, impessoalidade, moralidade, publicidade e eficiência e, também, os seguintes:[104]

É difícil, se não impossível, a verificação do cumprimento desses princípios, pelas pessoas jurídicas a que se refere o dispositivo constitucional se elas, por seus agentes, não ressaltarem os motivos nos quais se basearam para agirem.

---

[104] BRASIL. Constituição (1988). *Constituição da República Federativa do Brasil*: promulgada em 5.10.1988 art. 37, *caput*.

CAPÍTULO 5

PODER DISCRICIONÁRIO

5.1 Considerações gerais

O poder discricionário opõe-se ao denominado poder vinculado. Este é o poder-dever, ou dever-poder (para Celso Antônio Bandeira de Mello) do administrador público de agir sempre que eclodir determinado fato tipificado na lei, como hipótese para a expedição de ato administrativo. É, pois, o dever da Administração ante o caso concreto, por intermédio de agente competente, de editar o ato próprio, nos limites e condições previstos na lei, mediante provocação ou de ofício. No exercício do poder vinculado ou regrado, a autoridade não terá liberdade de escolha. A lei predetermina a conduta que o agente público deve adotar quando verificar a situação fática prevista na norma geral e abstrata como hipótese para agir.

Acontece, entretanto, que a lei, por mais previdente que seja o legislador, não tem condições de reger todos os fatos futuros que interessam ao Direito ao Estado e à sociedade. Principalmente, no âmbito da Administração Pública, que é, por natureza, dinâmica e progressiva, visto que ela deve refletir com fidelidade a dinâmica social.

Ante essa impossibilidade de a lei regular todas as hipóteses de fatos futuros, o legislador concede ao Administrador Público poder para, diante de certa realidade, praticar o ato que julgar conveniente, adotando a alternativa que melhor atenda à finalidade da lei e ao Direito.

A essa permissão ou faculdade de agir no espaço delimitado pela lei, conferida ao agente público, é que se dá o *nomen juri* de poder discricionário. Não se trata de arbitrariedade, mas de liberdade de atuar segundo os parâmetros legais, perseguindo a solução que melhor atenda ao Direito, no caso concreto, e satisfaça ao interesse público.

134 EDIMUR FERREIRA DE FARIA
CONTROLE DO MÉRITO DO ATO ADMINISTRATIVO PELO JUDICIÁRIO

A noção de discricionariedade que vigorou no Estado absolutista não guarda simetria com a noção moderna. A discricionariedade consistia na plena liberdade do agente público, sem que a sua conduta fosse ditada por uma norma de Direito. A inexistência de direito público subjetivo pavimentava o caminho para o atuar absoluto do príncipe. Ao contrário, a existência de direito público subjetivo, constitucionalmente garantido, inibe a ação discricionária desregrada.

Há, então, incompatibilidade entre a discricionariedade e o direito público subjetivo? Em termos, sim. São institutos antinômicos. A existência de um pressupõe a inexistência do outro. Acontece, todavia, que o Estado de Direito, até mesmo para garantir o exercício do direito subjetivo, prevê a regulação da conduta do agente administrativo, de modo a permitir-lhe atuar com certa margem discricionária, para que possa, ao defrontar-se com o caso concreto, escolher a opção adequada à situação fática. Heniz sustenta que:

> Não poderia o legislador condicionar a atuação dos órgãos executores a ponto de que todas suas possíveis ações tivessem um regramento completo cuja desobediência ensejaria a invalidade sempre que qualquer interessado o requeresse. Não haveria, nesse caso, a independência que o sistema da tripartição de poderes garante, nem se atenderia à proibição de ingerência de um poder em função específica de outro. Por isso que na maioria dos casos o legislador deixa margem de ação livre ao administrador; à faculdade de agir nessa álea dá-se o nome de poder discricionário.[1]

Sobre o tema, escreveu Afonso Rodrigues Queiró:

> Ora, entre a norma e a situação de fato, entre a norma e a realidade, interpõe-se o agente que, tendo-as a ambas entre si — a norma e a sua emanação dos fatos, e os fatos mesmos — está posto na necessidade, no dever de tirar a conseqüência, isto é, de agir, de praticar este ou aquele ato. Em Direito Público, o ato funcional como conseqüência jurídica, exatamente porque é obrigatório.[2]

No Brasil, parece ter sido a Lei nº 221, de 20.11.1894, art. 13, §9º, a primeira norma jurídica a dispor expressamente, sobre discricionariedade administrativa. Eis o texto:

---

[1] HENTZ, Luiz Antônio Soares. Considerações atuais sobre o controle da discricionariedade. *Revista de Informação Legislativa*, Brasília, ano 30, n. 118, abr./jun. 1993.

[2] QUEIRÓ, Afonso Rodrigues. A teoria do desvio de poder em direito administrativo. *Revista de Direito Administrativo*, Rio de Janeiro, n. 6, p. 41, out. 1946.

Consideram-se ilegais os atos ou decisões administrativas em razão da não aplicação ou indevida aplicação do direito vigente. A autoridade fundar-se-á em razões jurídicas, abstendo-se de apreciar o merecimento dos atos administrativos, sob o ponto de vista de sua conveniência e oportunidade.

A conceituação do poder discricionário não alcança a unanimidade dos autores; pelo contrário, há, entre eles, acentuadas divergências.

Alguns usam a expressão "faculdade discricionária" em vez de "poder discricionário", outros preferem usar a expressão "ato discricionário", e Celso Antônio Bandeira de Mello adota a expressão dever discricionário. Themistocles Brandão Cavalcanti diz assim:

Se, em princípio, todo ato é comandado pela lei, existe com freqüência uma certa margem nessa vinculação, dentro da qual a autoridade administrativa tem a possibilidade de escolher e de fixar a medida de sua ação administrativa.[3]

Gordillo e Laubadère estão entre aqueles que entendem não existirem atos discricionários e nem atos vinculados. Para eles, existem faculdades discricionárias e faculdades regradas. É de Gordillo o texto seguinte:

As faculdades do órgão serão discricionárias quando o ordenamento jurídico lhe outorgue certa liberdade para eleger entre um ou outro tipo de ação, para fazer uma ou outra coisa, ou fazê-la de uma ou outra maneira.[4]

Rivero ressalta:

Noutros casos, a lei, ao criar uma competência, deixa ao agente a quem confia liberdade de apreciar, em face das circunstâncias, se e como deve utilizá-la: por exemplo, os Júris de exame, competentes para decidir acerca da admissão dos candidatos, são livres para classificar segundo seu critério pessoal o valor das provas. Esta liberdade de apreciação constitui o que se chama poder discricionário da Administração por oposição à competência vinculada.[5]

Pietro Gasparri opina:

---

[3] CAVALCANTI, Themistocles Brandão. Do poder discricionário. *Revista de Direito Administrativo*, Rio de Janeiro, n. 101, p. 1, jul./set. 1970.

[4] GORDILLO, Agustín A. *Princípios de direito público*. Trad. Marco Aurélio Greco. São Paulo: Revista dos Tribunais, 1977. p. 179.

[5] RIVERO, Jean. *Direito administrativo*. Trad. Rogério Ehrhardt Soares. Coimbra: Almedina, 1981. p. 94.

EDIMUR FERREIRA DE FARIA
CONTROLE DO MÉRITO DO ATO ADMINISTRATIVO PELO JUDICIÁRIO

A discricionariedade pode, portanto, definir-se como a competência, reconhecida a um órgão, de escolher os próprios comportamentos, isto é, decidir se cumpre um ato, ou um antes que outros dos atos a constituírem o conteúdo do seu ofício (poder).[6]

Gabino Fraga expressa:

O ato discricionário tem lugar quando a lei deixa à Administração um poder livre de apreciação para decidir se deve obrar ou abster-se ou em que momento deve obrar ou como deve obrar, ou, enfim, que conteúdo vai dar à sua atuação.[7]

Oswaldo Aranha Bandeira de Mello ensina que o Estado, ou quem lhe faça as vezes, no desempenho da atividade administrativa, pode encontrar-se em situação antagônica: ora, agindo jungido rigorosamente de conformidade e nas condições predeterminadas pela lei e, em outros casos, ante a realidade concreta, "pode apreciar a conveniência ou oportunidade dentro das soluções legais admitidas de forma indeterminada, de modo a proceder desta ou daquela maneira", e acrescenta:

No segundo caso, diz-se que a Administração Pública, a respeito da prerrogativa de emanar o ato, ou o seu conteúdo, tem poderes discricionários ou políticos, e, assim, o ato administrativo é de caráter discricionário ou político.[8]

Adolfo Merkl sustenta que a discricionariedade decorre da faculdade legal que permite à Administração praticar atos com certa dose de arbitragem. Em outras palavras, a autoridade administrativa detém a faculdade para editar atos segundo a sua própria valoração, independente de procedimento rigidamente prescrito em lei.

Acrescenta Merkl que a Administração se manifesta em decorrência de preceito legal ou de omissão legal. Quando, por exemplo, a lei estatui "poderá", faculta ao administrador praticar atos se julgar oportuno.[9]

---

[6] GASPARRI, Pietro. *Teoria giuridica della pubblica amministrazione*: nozioni introduttive. Padova: CEDAM, 1964. p. 115.

[7] FRAGA, Gabino. *Derecho administrativo*. 17. ed. México: Porrua, 1977.

[8] MELLO, Oswaldo Aranha Bandeira de. *Princípios gerais de direito administrativo*. Rio de Janeiro: Forense, 1974. p. 421.

[9] MERKL, Adolfo. *Teoria general del derecho administrativo*. México: Ed. Nacional, 1975. p. 186.

Para Vedel, o poder discricionário é aquele conferido ao administrador para, ante o caso concreto, aplicar, entre as alternativas possíveis, a que melhor lhe pareça, para solucionar aquele caso.[10] Celso Antônio Bandeira de Mello inova nesse particular. Para ele, não se trata de faculdade e nem de poder discricionário, mas de dever discricionário. A Administração Pública, por seu agente, tem o dever jurídico de agir e atingir a finalidade que deve procurar atender por força do comando legal. Sustenta esse autor que o poder seria instrumento para realizar o dever. É dele o seguinte texto:

> Na Ciência do Direito Administrativo, erradamente e até de modo paradoxal, quer-se articular os institutos do direito administrativo, — inobstante ramo do direito público — em torno da idéia de poder, quando o correto seria articulá-los em torno da idéia de *dever*, de finalidade a ser cumprida. Em face da finalidade, alguém de — Administração Pública — está posta numa situação que os italianos chamam de "doverositá", isto é, sujeição a esse dever de atingir a finalidade. Como não há outro meio para se atingir esta finalidade, para obter-se o cumprimento deste dever, senão irrogar a alguém certo poder *instrumental*, ancilar ao cumprimento do dever, surge o poder, como *mera decorrência, como mero instrumento impostergável para que se cumpra o dever*. Mas é o dever que comanda toda a lógica do Direito Público. Assim, o dever assinalado pela lei, a finalidade nela estampada, propõem-se, para qualquer agente público, como um ímã, como uma força atrativa inexorável do ponto de vista jurídico.[11]

Segundo Themistocles Brandão Cavalcanti, trata-se de possibilidade de escolha, mas conclui adotando a expressão ato administrativo. Gordillo, Laubadère e Adolfo Merkl conceituam-no como sendo faculdade. Para Rivero é liberdade. Já Gasparri entende tratar-se de competência, enquanto para Gabino Fraga trata-se de ato discricionário. Já Oswaldo Aranha Bandeira de Mello e Vedel sustentam tratar-se de poder discricionário.

Qual das expressões está correta? Seriam elas sinônimas ou mesmo, sendo diferentes, atingem todas o mesmo objetivo, sem consequências desfavoráveis ao interesse do Direito? Um fato é induvidoso: o núcleo da ideia repete-se em todos os autores pesquisados. Reconhecem, a existência de determinada faixa legal na qual o administrador transita com certa liberdade de escolha de alternativas e de praticar o ato administrativo conveniente ou oportuno, quando, diante do caso concreto, não encontre

---

[10] VEDEL, Georges. *Droit administratif.* 2ᵉ éd. Paris: Presses Universitaires de France, 1961. p. 218.

[11] MELLO, Celso Antônio Bandeira de. *Discricionariedade e controle jurisdicional.* São Paulo: Malheiros, 1992. p. 14-15.

norma determinando-lhe de maneira categórica e objetiva a conduta a ser adotada.

Assim, "possibilidade de escolha", "faculdade", "competência", "ato discricionário", "poder discricionário" e "dever discricionário", procuram espelhar ou nominar esse espaço de valoração conferido ao administrador, ante o credenciamento jurídico.

Qualquer das expressões, portanto, pode tornar-se adequada e correta, não havendo, em princípio, razões para polemizar a divergência na conceituação da matéria. Acontece que cada expressão tem significação própria e implica consequências diversas. "Ato", por exemplo, é resultado, enquanto que, no contexto em exame, "poder" é situação jurídica subjetiva do agente público. É óbvio que se trata de polos opostos; não há como considerá-los expressões sinônimas.

Para o efeito de controle, é indispensável a precisão terminológica. Dessa forma, deve-se tomar como correta, ou mais apropriada, aquela expressão que melhor retrate a realidade. Ao que parece, "poder discricionário".

Celso Antônio Bandeira de Mello entende que o Estado é titular de poder, mas como meio de exercício do dever que lhe é conferido pela norma de Direito. Para ele, a ação do administrador público decorre do dever que lhe é imposto pelo comando legal e não de poder conferido pelo mesmo ordenamento. O poder seria instrumento de realização do dever. É tese nova. Sempre se afirmou tratar-se de "poder-dever". Agora, Celso Antônio inverte os termos, "poder-dever" para "dever-poder".[12] O tema merece aprofundamento, que não será cogitado neste trabalho. Parece que para a finalidade apenas do controle da discricionariedade, objeto deste trabalho, tanto atende a expressão "poder-dever" quanto a "dever-poder". O importante é considerar que a Administração Pública terá sempre que agir na ocorrência dos fatos, ou até mesmo antecipando esses, procurando cumprir a ordem emanada da lei, implícita ou implicitamente.

Johnson Barbosa Nogueira também prefere ficar com o termo "poder". São suas as palavras:

> A tônica da doutrina dominante é acentuar o caráter de poder na atuação do Estado-Administrador, em vez de ressaltar a sua condição de serviente, de titular de dever caraterístico da função pública. Particularmente, no caso da chamada atividade discricionária é enfatizado o aspecto do poder,

---

[12] MELLO, Celso Antônio Bandeira de. *Discricionariedade e controle jurisdicional*. São Paulo: Malheiros, 1992.

deixando na penumbra o realce à oposição de titular de dever caracterizador da função pública.[13]

Adota-se pois, neste trabalho, pelos motivos expostos, a expressão "poder discricionário". O ato administrativo, como se verá no próximo Capítulo, não é discricionário. A discricionariedade é da Administração e não do ato. Este é o resultado daquela. Primeiro porque o ato é apenas decorrência ou materialização do poder discricionário, segundo porque é vinculado ao agente competente, à forma, à hipótese legal, ao pressuposto de fato, à finalidade e ao motivo. O elemento móvel seria a conveniência ou a oportunidade, elementos extrínsecos ao ato administrativo. É evidente que esse móvel dá ao administrador a oportunidade de dizer a finalidade, o motivo e o objeto do ato, mas sempre de acordo com o arcabouço legal e, sobretudo, com o interesse público.

Contudo, é de ressaltar que parece haver dominado, por muitos anos, a corrente que adota a expressão "ato discricionário". Integram-na, entre outros, Cretella Júnior, Seabra Fagundes, Brandão Cavalcanti, Cirne Lima, Guimarães Menegale, Miguel Reale, Ruy Barbosa e Hely Lopes Meirelles. No direito estrangeiro, Zanobini e Gianini, por exemplo.

Entre os que defendem o uso da expressão "poder discricionário" estão Oswaldo Aranha Bandeira de Mello e Victor Nunes Leal. No direito estrangeiro, invoca-se Valini e Vedel, entre outros. Odete Medauar fica com Mortali, entendendo que "discricionariedade" é gênero do qual são partes: poder discricionário, atividade discricionária e ato discricionário. Para esses autores, as três expressões representam momentos distintos, mas vinculados entre si.

5.2 Surgimento do poder discricionário

A discricionariedade surgiu nos sistemas jurídicos como consequência da necessidade de se aplicar plenamente o Direito, no Estado de Direito. Este poder, embora instituído no Estado de Direito, tem origem no Estado de polícia. Foi nesse paradigma de Estado, como visto antes, que se inspiraram os idealizadores do poder discricionário, aproveitando o que existia de positivo e eliminando o considerado inconveniente ou incompatível com o Direito, o arbítrio, por exemplo.

O termo "discricionário", na acepção moderna, possivelmente tenha surgido primeiro na França, em meados do século XIX. Na Itália, os

---

[13] NOGUEIRA, Johnson Barbosa. A discricionariedade administrativa sob a perspectiva da teoria geral do direito. *GENESIS – Revista de Direito Administrativo Aplicado*, Curitiba, n. 3, p. 737, 1994.

140 EDIMUR FERREIRA DE FARIA
CONTROLE DO MÉRITO DO ATO ADMINISTRATIVO PELO JUDICIÁRIO

primeiros autores não trataram do assunto, tendo aparecido, de maneira embrionária e rudimentar, nos trabalhos de Giovanni Gianquito, em 1881, Pérsico, em 1882, e Menucci, em 1892.[14] No final do século XIX e início do século XX, a "discricionariedade" tornou-se realidade nos diversos sistemas jurídicos.

Questão polêmica, que ainda nos dias de hoje ocupa espaço na doutrina, relaciona-se com o enquadramento do poder discricionário no Direito. Há autores que entendem ser a discricionariedade tema da Teoria Geral do Direito. Outros, a maioria, porém, defendem a tese segundo a qual a matéria é pertinente ao Direito Administrativo que é o seu berço, ao qual, por conseguinte, está incorporado.

Johnson Barbosa Nogueira inclui-se entre aqueles que se filiam à primeira corrente. Para ele a discricionariedade transborda da Teoria Geral do Direito e é matéria que se encontra "em todo o Direito Público, no atuar do Estado-Administrador, do Estado-Legislador e do Estado-Juiz".[15] Sustenta o autor em referência que a Constituição deixa ao Legislador amplo espaço de atuação para realizar a tarefa de integração da ordem jurídica, tendo como baliza a legalidade constitucional e a consecução do interesse público ao Executivo, a função de aplicar a lei, agindo ora vinculadamente e ora no exercício da faculdade discricionária, e conclui:

> Até mesmo o Estado-Juiz, mais de perto aferrado ao princípio da legalidade, pode manifestar juízo de oportunidade e conveniência, mas sempre dentro da moldura legal que lhe acena possibilidade de realização do Direito no plano da concretude.[16]

Maria Sylvia Zanella Di Pietro filia-se à segunda corrente, entendendo que o Juiz não dispõe de faculdade discricionária. A função dele é interpretativa com a finalidade de encontrar a única solução possível. É o que escreve:

> No caso da função jurisdicional, não se pode conceber que o juiz tivesse várias opções, para escolher segundo critérios políticos; caso contrário, poder-se-ia admitir que, depois de decidir a lide, pela aplicação da lei segundo trabalho de exegese, restariam outras soluções igualmente válidas.[17]

---

[14] MEDAUAR, Odete. Poder discricionário da Administração. *Revista dos Tribunais*, v. 75, n. 610, p. 39, ago. 1986.

[15] NOGUEIRA, Johnson Barbosa. A discricionariedade administrativa sob a perspectiva da teoria geral do direito. *GENESIS – Revista de Direito Administrativo Aplicado*, Curitiba, n. 3, p. 734-735, 1994.

[16] NOGUEIRA, *op. cit.*, p. 734-735.

[17] DI PIETRO, Maria Sylvia Zanella. *Discricionariedade administrativa na Constituição de 1988*. São Paulo: Atlas, 1991. p. 46.

CAPÍTULO 5
PODER DISCRICIONÁRIO

Vários outros autores acompanham essa linha de entendimento, entre os quais Celso Antônio Bandeira de Mello, Sérgio Ferraz, Eros Roberto Grau, Odete Medauar, Santi Romano e Zanobini. Na opinião desses autores, a competência para avaliar a conveniência e a oportunidade localiza-se no âmbito da Administração Pública. Odete Medauar não aprofunda a investigação sobre o tema, por não ser ele o objeto de seu trabalho. Contudo, sustenta que a liberdade do juiz consiste na justa aplicação da lei, não havendo, por conseguinte, outra solução, e conclui:[18]

> Portanto, adotando o entendimento de Stassinopoulos e Gianini, consideramos o poder discricionário como peculiar ao âmbito do Direito Administrativo, que dá as normas de atuação desse poder enquanto Administração Pública.[19]

O legislador, membro do Pode Legislativo, atua em decorrência do poder popular que lhe foi delegado. O seu agir ou a sua liberdade têm como parâmetro a Constituição, a sua consciência e a vontade popular. Trata-se de poder muito mais amplo do que a discricionariedade administrativa, balizado na lei.

O Juiz, da mesma forma, tem permissão legal para, ante o caso concreto, e na ausência de norma que amolde adequadamente, aplicar uma que atenda à hipótese, valendo-se, para isso, dos meios que lhe assegure o sistema jurídico: analogia, equidade, costumes, princípios gerais de direito e os princípios jurídicos constitucionais, entre os quais o da razoabilidade e o da proporcionalidade. O julgador não se valerá de oportunidade ou de conveniência, mas procurará adequar o fato a determinada norma prevista no sistema jurídico. A sua função basilar é fazer justiça, encontrando, na situação concreta, a única solução capaz de compor a lide em conformidade com a ordem jurídica.

Assim, embora se afirmem, com frequência, que o juiz detém poder discricionário, parece não ser essa a melhor exegese. Sua competência ou faculdade está em outro plano, que não o dá discricionariedade conferida ao administrador público. O seu poder consiste em encontrar no ordenamento jurídico — princípios e regras — a solução mais justa para o caso levado à sua decisão.

---

[18] MEDAUAR, *op. cit.*, p. 34.

[19] MEDAUAR, *op. cit.*, p. 39; MORTATI, Costantino. Discrezionalità. *In: Novissimo Digesto Italiano*. Torino: UTET, 1959. v. 5; GIANNINI, Massimo Severo. *Diritto Amministrativo*. Milano: A. Giuffre, 1970. v. 1; MORTATI, Costantino. *Istituzioni di diritto pubblico*. Padova: CEDAM, 1975. v. 1; STASSINOPOULOS, Michel D. *Traité des actes administratifs*. Paris: Librairie Générale de Droit et de Jurisprudence, 1973.

EDIMUR FERREIRA DE FARIA
CONTROLE DO MÉRITO DO ATO ADMINISTRATIVO PELO JUDICIÁRIO

Conduzindo para a conclusão deste tópico recorre-se novamente a Maria Sylvia Zanella Di Pietro. A autora sustenta que o Judiciário, no exercício de sua função jurisdicional, exerce poder vinculado. A discricionariedade, faculdade limitada de escolha, é própria da Administração Pública. A esta compete o poder de eleger a conveniência e a oportunidade para adotar determinada conduta. O Juiz, ao revés, ao examinar o caso concreto, o faz na forma e de acordo com preceito legal. O seu trabalho é de intelecção, na procura da única solução válida. Ao juiz, opina a autora, não é conferido poder de escolher uma solução entre várias, previstas na norma.[20]

Entretanto, o Poder Legislativo e o Judiciário expedem atos decorrentes do poder discricionário, quando atuam no campo de atividades próprias da Administração, praticando atos administrativos, no sentido material.

O poder discricionário é criação do Direito Administrativo e nele se localiza. Não se encontra, por isso mesmo, na Teoria Geral do Direito.

O poder discricionário é decorrência da necessidade de dotar a Administração de meios para atuação dinâmica e ininterrupta. A Administração funciona sem interrupção, não podendo parar ou retardar decisão, na expectativa de que uma norma de Direito venha a regrar-lhe a conduta ante determinado fato concreto. Nessa situação, o administrador público deve editar o ato que julgar conveniente para a hipótese, tendo em mente a finalidade legal, ainda que em sentido genérico, que é sempre o interesse público. O legislador, querendo a melhor solução para o caso de incidência da lei, e não dispondo de elementos suficientes para antecipadamente regrar a conduta a ser adotada pelo agente ante o caso concreto, confere ao administrador público faculdade para escolha da melhor solução ao deparar-se com a situação fática. Foi exatamente o desejo de encontrar a melhor solução na ocorrência do fato que justificou a regulamentação da competência discricionária.

Celso Antônio Bandeira de Mello colaciona casos em que concorre juízo subjetivo do agente público para a adoção de certo comportamento nas seguintes situações isoladas ou cumulativamente: determinação ou reconhecimento da situação fática na observância de certos limites preestabelecidos, relativo ao agir ou não agir; escolha da ocasião para fazer; escolha da forma jurídica por meio da qual vinculará o ato; ou eleição da considerada idônea perante aquela situação fática, para satisfazer a finalidade legal.[21]

---

[20] DI PRIETO, Maria Sylvia Zanella. *Discricionariedade administrativa na Constituição de 1988*. São Paulo: Atlas, 1991. p. 44 *et seq.*

[21] MELLO, Celso Antônio Bandeira de. *Discricionariedade e controle jurisdicional*. São Paulo: Malheiros, 1992. p. 17.

O mesmo autor arrola também as "causas normativas geradoras da discricionariedade". São as decorrentes da hipótese da norma; do comando da norma; a da finalidade da norma. Na hipótese da norma a discricionariedade reside "no caso de ausência de indicação explícita do pressuposto de fato, ou no caso de o pressuposto de fato ter sido descrito através de palavras que recobrem conceitos vagos, fluidos ou imprecisos." A discricionariedade pode residir no comando da norma quando o comando deixar ao administrador certa margem de liberdade para praticar ou não praticar determinado ato, em que momento praticá-lo, ou mediante que forma jurídica o revestirá ou, ainda, que ato praticar, ante certas situações de fato. Na finalidade da norma, a discricionariedade pode residir, considerando que a

> finalidade da norma serve de diretriz para a intelecção dos outros demais elementos da estrutura lógica da norma, se a finalidade é um valor — como deveras o é — e se os valores não são unissignificativos, a fluidez da finalidade reflui sobre o pressuposto de fato.[22]

O entendimento dominante entre os poucos autores que se dedicam ao estudo dos conceitos indefinidos ou fluídos, a maioria entende que não há discricionariedade ante esses conceitos indeterminados. Nesse caso há intelecção e não escola, discrição. Este assunto será retomado no Capítulo 8 deste trabalho.

5.3 Evolução do poder discricionário

No Estado-polícia, o poder discricionário exercia-se em grau máximo. No Estado de Direito, a discricionariedade restringe-se aos limites estabelecidos pela lei, principalmente no tocante à capacidade e à finalidade. Essa finalidade deve estar perfeitamente coerente ou compatível com o fim querido pela lei.[23]

À medida que se amplia a produção de leis reguladoras da Administração, torna-se a atividade administrativa mais vinculada. Com isso, restringiu-se o espaço da faculdade discricionária. Nessa situação o administrador encontra, em virtude de lei, várias alternativas para que, diante da realidade, adote a solução que julgar mais conveniente.[24]

---

[22] MELLO, C., *op. cit.*, p. 20.
[23] QUEIRÓ, Afonso Rodrigues. A teoria do desvio de poder em direito administrativo. *Revista de Direito Administrativo*, Rio de Janeiro, n. 6, out. 1946.
[24] LÓPEZ RODÓ, Laureno. O poder discricionário da Administração: evolução doutrinária e jurisprudencial. *Revista Forense*, Rio de Janeiro, v. 157, n. 619/620, jan./fev. 1955. p. 74 e 75.

Essa faculdade legal decorre do fato de o administrador encontrar-se próximo aos fatos que se produzem permanentemente, no atuar coletivo. Essa proximidade oferece condições para a melhor escolha da oportunidade ou conveniência a atender o interesse público.[25] O aprimoramento do Estado de Direito atua em sentido contrário à amplitude da discricionariedade, restringindo-a ao mínimo indispensável à concreção do Direito. Alguns autores chegam a questionar a possibilidade da existência do poder discricionário no Estado de Direito, por julgarem incompatíveis. Queiró, admitindo o poder discricionário, reconhece ser tarefa árdua conceituá-lo no Estado de Direito. Entretanto, afirma:

> Daí resulta que as diversas autoridades administrativas, que agem em nome das pessoas públicas, devem tomar decisões e acionar os serviços públicos somente para realizar o interesse público em suas diversas, manifestações, ordem pública e atividade pública.[26]

O exercício do poder discricionário é a arte de escolher o melhor, é a arte de apreciar e avaliar os fatos e a legislação pertinentes à situação fática, com vistas a encontrar a melhor solução adequada ao atendimento do interesse público, em conformidade com a moldura da norma jurídica aplicável. A escolha verifica-se quanto à conveniência ou à oportunidade, pois o atendimento aos interesses sociais não escapa à previsão legislativa. Dessa forma, o agente administrativo, mesmo sob o poder discricionário, deve agir segundo o fim querido pela lei contextualizada e interpreta em conformidade com a Constituição.[27]

Fritz Fleiner afirma que:

> As normas da lei são infringíveis, mesmo pelo poder discricionário. Por conseguinte, a questão onde começa e onde termina o domínio do poder discricionário da autoridade é questão de direito e não de aplicação discricionária. O excesso de poder discricionário constitui ilegalidade. Mas estes direitos exteriores não são só os que a autoridade deve respeitar. Seu poder discricionário comporta assim limites interiores. É proibido ao agente agir arbitrariamente na esfera de liberdade que lhe é concebida. E não deve no exercício de seu poder discricionário, deixar-se influenciar em cada espécie, senão pelos só elementos que a lei quis ter tomado em consideração

---

[25] MEIRELLES, Hely Lopes. Os poderes do administrador público. *Revista de Direito Administrativo*, Rio de Janeiro, v. 51, p. 1-17, jan./mar. 1958.

[26] QUEIRÓ, Afonso Rodrigues. A teoria do desvio de poder em direito administrativo. *Revista de Direito Administrativo*, Rio de Janeiro, n. 6, out. 1946. Ver HAURIOU, André. O poder discricionário e sua justificação. *Revista Forense*, Rio de Janeiro, n. 135, p. 36-38, 1951.

[27] LÓPEZ RODÓ, Laureno. O poder discricionário da Administração: evolução doutrinária e jurisprudencial. *Revista Forense*, Rio de Janeiro, v. 157, p. 77, n. 619/620, jan./fev. 1955.

nos casos dessa natureza. O abuso de poder discricionário é juridicamente equivalente ao excesso de poder discricionário.[28]

As decisões que forem tomadas além dos limites preestabelecidos não serão expressões do poder discricionário, mas da arbitrariedade. Não há também exercício da discricionariedade nos casos em que a lei, de maneira clara e objetiva, tenha previamente fixado a conduta a ser adotada pelo administrador, face à ocorrência de caso concreto. Nessa hipótese, como já salientado, a atuação do agente será plenamente vinculada.

O poder discricionário não pode ser utilizado em benefício de interesse particular e nem com a finalidade de prejudicar o inimigo ou adversário político. Deve ser exercido de acordo com o interesse geral, como quer a lei, consequência do Estado de Direito. O administrador não deve agir segundo a sua vontade, sob pena de atuar de maneira arbitrária.[29]

Quando a lei é silenciosa, a Administração não pode agir ao seu talante, o ato deve repousar sobre uma lei e a Administração não pode editar ato impondo-se segundo a vontade do administrador, mas em conformidade com o que o ordenamento jurídico lhe permite fazer.[30]

A discricionariedade é liberdade para o agente público determinar a noção deixada indeterminada pela lei.[31]

Odete Medauar sustenta que o poder discricionário reside no mérito, "indagação da oportunidade e conveniência do ato, zona livre em que a vontade do administrador decide sobre as soluções mais adequadas ao interesse público".[32]

Alguns dos autores afirmam, como se mostrou, que o agente administrativo, ante as várias alternativas, deve escolher a que melhor lhe convenha. Parece não ser inteiramente correta tal afirmação. A melhor solução deve ser aquela que de maneira mais adequada atenda ao sentido da lei. Sérgio Ferraz afirma que não existe melhor solução. Existe, solução única, pois apenas uma atende à prescrição legal.

---

[28]   FLEINER, Fritz. *Les principes géneraux du droit adminsitratif allemand*. Trad. Ch. Eisenmann. Paris: Delagrave, 1933. p. 87-197.

[29]   FORSTHOFF, Ernest. *Traité de droit administratif allemand*. Trad. Michel Frounont. Bruxelas: E. Bruylant, 1969. p 146 e Librane Delagave, Paris 1933; HAURIOU, Maurice. *Précis elémentaire de droit administratif.* 4ª éd. Paris: Sirey, 1938. p. 229-230; BIELSA, Rafael. *Princípios de derecho administrativo*. 2. ed. Buenos Aires: Depalma, 1948.

[30]   STASSINOPOULOS, Michel D. *Traité des actes administratifs*. Paris: Librairie Générale de Droit et de Jurisprudence, 1973. p. 144-145.

[31]   STASSINOPOULOS, Michel D. *Traité des actes administratifs*. Paris: Librairie Générale de Droit et de Jurisprudence, 1973. p. 156.

[32]   MEDAUAR, Odete. Poder discricionário da Administração. *Revista dos Tribunais*, v. 75, n. 610, p. 42, ago. 1986.

146 | EDIMUR FERREIRA DE FARIA
CONTROLE DO MÉRITO DO ATO ADMINISTRATIVO PELO JUDICIÁRIO

A moral administrativa é elemento fundamental no estabelecimento de ação do administrador. Não se deve examinar o assunto da legalidade do ato sem se considerar a moralidade da Administração Pública. A imoralidade e o arbítrio são incompatíveis com o Estado de Direito. Por esse motivo, o poder discricionário, no seu processo evolutivo, vem se restringindo ao mínimo indispensável à boa e fiel aplicação da lei nos casos concretos, quando essa não os tenha regulado, por impossibilidade de previsão.

5.4 Estágio atual

Antônio Cláudio de Lima Vieira assevera que, embora o poder discricionário tenha sido considerado velharia por Mário Prieto Falcão, entende oportuno o seu estudo e as considerações atinentes, sob o prisma dos princípios informativos do Estado de Direito, nas fases em que se encontra. Nesta linha, afirma:

> Prevalecendo no Estado de Direito o princípio de que a natureza discricionária do ato não exime o agente administrativo de ser fiel aos fins, explícita ou implicitamente, previstos na lei, disso decorre que o exame da finalidade do ato administrativo passa a realizar-se com a sua legalidade, sendo posto em plano diferente daquele em que se situa pesquisa, em torno da oportunidade ou conveniência do ato.[33]

No exame da legalidade, Vieira entende que se deve levar em consideração a legalidade externa e a legalidade interna. No primeiro caso, competência, forma prevista ou não defesa em lei e objeto lícito. No segundo, existência de motivo e finalidade.[34]

No direito português, prevalece o entendimento de que o administrador não tem poder autônomo. O poder da Administração limita-se em função dos direitos subjetivos dos particulares e das normas que restringem a atuação do poder da Administração ou "sua liberdade inata". Além dessas restrições a autoridade pode, livremente, escolher os atos que refutar oportunos e convenientes ao interesse público.

O princípio da legalidade administrativa é ponto fundamental, entendido no sentido moderno e amplo, para melhor atender ao que a lei quer, em termos de bem-estar social.[35]

---

[33] VIEIRA, Antônio Cláudio de Lima. A concorrência pública e os limites ao poder discricionário da Administração. *Revista dos Tribunais*, São Paulo, v. 300, p. 40, out. 1960.

[34] VIEIRA, *op. cit.*, p. 40.

[35] QUEIRÓ, Afonso Rodrigues. Os direitos do poder discricionário das autoridades administrativas. *Revista de Direito Administrativo*, Rio de Janeiro, n. 97, p. 1-8, jul./set. 1969.

Valmir Pontes, colocando-se ao lado da doutrina majoritária, entende que, no exercício da faculdade discricionária, a liberdade limita-se ao mérito, que consiste na faculdade que tem o agente de escolher o melhor conteúdo, segundo a oportunidade e a conveniência. Esses dois elementos de valor são balizadores da discricionariedade. Além deles, não há liberdade de escolha. Isso porque os atos administrativos decorrentes do poder discricionário estão sujeitos aos mesmos princípios, condições e exigências dos atos vinculados, no que tange à capacidade, fim público, fim legal, motivo, interesse público, além de outros. Exceção se faz apenas quanto ao mérito.[36]

A escolha da conveniência deve levar em consideração a utilidade, a razoabilidade e a adequação do ato com a finalidade da lei.[37]

Polêmico ainda continua sendo o entendimento quanto ao espaço da discricionariedade. Deve-se fortalecer a discricionariedade, ampliando o campo de faculdade do administrador ou reduzindo o espaço da atuação discricionária do administrador público. Esse ângulo da matéria foi objeto de cogitação de Pedro Paulo de Almeida Dutra. Esse autor formula a seguinte indagação a supostos Professores de Direito Administrativo experientes: "Em que sentido caminhará a Administração Pública"? Ele mesmo pressupõe as respostas: Um responderia opinando pelo fortalecimento da discricionariedade, justificando: "A realidade fática, os dados fáticos, as circunstâncias fáticas hoje são tão complexas, tão difíceis, e o nosso Poder Legislativo está se afastando tanto da idéia de eficiência, que o melhor que o legislador pode fazer é abrir o campo de atuação para o administrador público. E, no entanto, outros diriam exatamente o contrário, porque no exercício da competência, que é um campo fértil para a prática de arbitrariedades, temos uma realidade, uma cultura administrativa deficiente, primária, que tem muito por desenvolver. Então, quanto mais abrir a atuação e assegurar a competência discricionária, mais estaremos construindo uma fonte de arbitrariedade."[38]

Muito bem colocada a questão. Vive-se um dilema. Qual comportamento deve adotar o legislador ao editar a norma de Direito em matéria pertinente à Administração Pública? Seria estabelecer parâmetros largos para que o administrador público pudesse transitar com liberdade e autonomia na realização das atividades de competência do Estado-administrador? Ou o legislador, ao contrário, deve regular ao máximo a

---

[36] PONTES FILHO, Valmir. Controle jurisdicional dos atos administrativos. *Revista de Direito Público*, v. 14, n. 55/56, p. 183-192, jul./dez. 1980.

[37] LEAL, Victor Nunes. Reconsideração do tema do abuso de poder. *Revista de Direito Administrativo*, Rio de Janeiro, n. 144, p. 1-17, abr./jun. 1981.

[38] DUTRA, Pedro Paulo de Almeida. Discricionariedade: uso e abuso de poder. *Boletim de Direito Administrativo*, v. 12, n. 3, p. 127, mar. 1996.

atividade administrativa, reduzindo a margem de atuação desvinculada ou desregrada do agente público? Há de se encontrar solução intermediária. A primeira proposição, se, por um lado, oferece oportunidade ao administrador para realizar, em termo e modo, os serviços, obras e outras atividades em conformidade com o reclame social, com eficiência e racionalidade; por outro, escancara as portas para a prática de corrupção, favorecimentos aos amigos ou grupos políticos e preterição dos adversários políticos ou de certos seguimentos da sociedade. A outra sugestão, de um lado, inibe a prática da corrupção, dificulta as perseguições e os benefícios gratuitos. De outro, entretanto, pode manetear a Administração ao ponto de impedi-la de cumprir o seu papel social ou de cumpri-lo mal.

No Direito brasileiro, que vem acompanhando a evolução da matéria no âmbito internacional, a restrição ao poder discricionário teve avanço considerável com a promulgação da Constituição de 1988.

O constituinte de 1987/88 elegeu como princípios da Administração direta e indireta, incluídas as fundações públicas, os de legalidade, impessoalidade, moralidade, publicidade e o da eficiência, introduzido pela Emenda Constitucional nº 19 de 04 de junho de 1998, art. 37, *caput* além de disposições contidas em outros comandos do texto constitucional.

Os resquícios de autoritarismo e de arbitrariedade mantidos na Constituição de 1967, emendada em 1969, cederam lugar à plenitude do Estado Democrático de Direito, pelo povo conquistado e regulado na nova ordem constitucional.

Os meios e as condições de controle da Administração e das outras funções do Estado foram ampliados, de modo a reduzir a discricionariedade e ampliar a vinculação com vista à moralidade administrativa. A punição para os que infringem os princípios constitucionais relativos à Administração Pública vai da perda do cargo e suspensão de direitos políticos, passando pela indisponibilidade de bens, ressarcimento aos cofres públicos, chegando até à ação penal, art. 37, §4º, da Constituição Federal de 1988.

Por esses e outros dispositivos aliados à construção doutrinária e jurisprudenciária, conclui-se que a faixa discricionária do administrador público brasileiro foi reduzida ao mínimo indispensável à realização do direito, no caso concreto, à falta de predeterminação legal da conduta a ser adotada. A ideia de que o leque de alternativas tidas todas como válidas e que, por isso, a escolha de qualquer uma delas, pelo agente administrativo, seria correta e atenderia plenamente a vontade da lei não mais prevalece na atualidade.

5.5 Discricionariedade técnica

A discricionariedade técnica consiste na liberdade que tem o administrador público para escolher os meios e a técnica mais adequados para a execução de determinado serviço ou construção de certa obra. A distinção entre poder discricionário e discricionariedade técnica, desenvolvida pela doutrina italiana, tem por finalidade facilitar o controle dos atos administrativos. Isso porque os limites de uma e de outra são diversos; certamente, mais amplos nos casos técnicos.

Odete Medauar entende que, na atualidade marcada pela nova dinâmica social e consequente evolução tecnológica, a discricionariedade técnica é indispensável.[39]

A propósito, ensina Bielsa que a Administração, no exercício de suas funções, pratica atos relacionados com a atividade técnica e atos relacionados com a Administração propriamente. Os primeiros, em princípio, não estão sujeitos a controle, pelo fato de as normas técnicas não serem jurídicas. Daí, dizer-se que a Administração é livre para agir no tocante às normas técnicas.

Com respeito à atividade técnica, não se pode falar de recursos jurisdicionais, porque em sua realização não se desenvolve a ação administrativa em relação de dependência de determinadas normas jurídicas. Com efeito, não se trata então de atividade administrativa legal, ainda que seja discricionária são de atividade puramente técnica.[40]

Contudo, afirma o autor que, se as normas técnicas que deram origem ao ato forem falsas ou erradas, o ato decorrente pode submeter-se ao controle.

Exemplo: suponha-se que a Administração, no zelo pela segurança das pessoas, determina a demolição de um prédio particular, por entender que o mesmo está pondo em risco a coletividade, em virtude de defeitos na sua estrutura. Suponha-se, também, que posteriormente à demolição, apurou-se que o prédio estava seguro, não corria risco de desabar. Verifica-se que houve, na hipótese, erro de avaliação técnica. Nesse caso, o ato que determinou a demolição pode ser examinado pelo Judiciário para provar o erro e enquadramento do fato para os efeitos legais.

Para Gasparri, a discricionariedade técnica é aquela que decorre da base de raciocínio em termos de causa e de efeito, ou seja, em decidir se se deve tomar esta ou aquela medida, ou nenhuma, se qualquer atitude poderá trazer consequências mais negativas do que positivas.[41]

---

[39] MEDAUAR, Odete. Poder discricionário da Administração. *Revista dos Tribunais*, v. 75, n. 610, p. 42, ago. 1986.

[40] BIELSA, Rafael. *Princípios de derecho administrativo*. 2. ed. Buenos Aires: Depalma, 1948. p. 215-217.

[41] GASPARRI, Pietro. *Teoria giuridica della pubblica amministrazione*: nozioni introduttive. Padova: CEDAM, 1964. p. 114-119.

EDIMUR FERREIRA DE FARIA
CONTROLE DO MÉRITO DO ATO ADMINISTRATIVO PELO JUDICIÁRIO

O mesmo autor exemplifica a discricionariedade técnica como sendo a escolha do meio para o abastecimento de água a determinada coletividade.

Para isso, o administrador terá várias alternativas à sua disposição, entre elas, a perfuração de poço artesiano ou a captação de rio por meio de construção de barragem. Em qualquer caso. A escolha deve recair sobre a solução que melhor interesse ao público destinatário do serviço de abastecimento de água.

O poço custa menos, a sua perfuração é mais rápida do que a construção de uma barragem, mas pode ser insuficiente para atender à demanda de água da coletividade. A captação em fonte na superfície é mais onerosa e demorada. Exigirá, portanto, maior volume de investimento. Todavia, abastecerá toda a comunidade, por dezenas de anos.

Deve o administrador, nessa situação, procurar interpretar a vontade da coletividade e tomar a decisão que melhor atenda aos interesses desta, que é a destinatária do serviço de água e ao mesmo tempo financiadora do mesmo.

Gordillo afirma que, no passado, se entendeu que a Administração tinha a faculdade de adotar a regra técnica que julgasse mais conveniente, e que, no presente, a situação não é a mesma. A matéria sofreu evolução de maneira a restringir a liberdade discricionária da Administração. Quando as regras da técnica forem claras e uniformes, admitidas sem controvérsias, a Administração não tem a faculdade de escolha. Qualquer eleição contrária será antijurídica. Por outro lado, quando as normas técnicas forem controversas, de modo que os próprios técnicos divirjam entre si, a Administração pode escolher o que considerar melhor para atender ao interesse público.[42]

A doutrina contemporânea parece já ser dominante no entendimento de que inexiste discricionariedade técnica. O elemento objeto de escolha é o estritamente técnico. De modo que no campo da técnica não se pode admitir escolha de conveniência ou oportunidade, mas apenas a adoção da norma técnica apropriada para determinado caso.

Alessi considera errado falar-se de discricionariedade meramente técnica, já que discricionariedade e técnica são termos inconciliáveis. Quando se trata de questão puramente técnica, resolve-se exclusivamente com base em critérios e regras técnicas, não tendo a Administração Pública faculdade de furtar-se a elas.Também Diez nega a possibilidade de discricionariedade no aspecto técnico. Ela é necessária, mas apenas no campo administrativo.[43]

---

[42] GORDILLO, Agustín A. *Tratado de derecho administrativo*. 4. ed. Cordoba: Macchi, 1988. p. 176.
[43] ALESSI; DIEZ *apud* GORDILLO, *op. cit.*, p. 127.

Na mesma linha é o posicionamento do Georges Abboud, que assim expõe:

> Em nosso entendimento, não há discricionariedade técnica. Caso fôssemos usar a nomenclatura clássica do direito administrativo, afirmaríamos que, diante de critérios técnicos, o ato é obrigatoriamente vinculado, e não discricionário.
>
> É notório que a discricionariedade, em diversas oportunidades, precisa socorrer-se de conhecimentos técnicos específicos oriundos de outras áreas do conhecimento. Alias, não só a Administração Pública, mas o próprio Judiciário, em determinadas oportunidades, utiliza esse tipo de conhecimento, em regra, oriundo a partir da realização de prova pericial (art. 420 *et seq.* do CPC).[44]

Parece haver, ainda, visão equivocada quanto à discricionariedade técnica. A matéria técnica está sujeita às suas próprias normas, que não admitem escolha. Estão certos Alessi e Diez, quando sustentam a impossibilidade de discrição em questões puramente técnicas. O Administrador, quando decide por perfurar o poço artesiano ou por construir a barragem, no exemplo dado anteriormente, o faz discricionariamente. Nisso não há elemento técnico, mas adoção da melhor política ou meio de abastecimento de água. As obras, tanto uma quanto a outra, estão sujeitas a normas técnicas próprias. Não compete ao administrador, em nenhum dos casos, impor a regra ou a norma que julgar melhor. Caso tente contrariar as normas técnicas, responderá administrativa, civil e penalmente pelas consequências.

Resumindo: quando o administrador público se reveste da faculdade de escolha, a matéria é jurídica e pode ser controlada de acordo com a regra geral. Se se trata de matéria técnica, ao administrador é vedado interferir, e o controle se exerce apenas no campo técnico, de conformidade com as regras próprias. O administrador não será responsável, a não ser quanto à escolha do executor da obra técnica, nos casos de danos por deficiência ou incompetência deste.

5.6 Considerações finais

O poder discricionário da autoridade pública, na vigência do Estado absolutista era ilimitado. Os dirigentes de então costumavam dizer que eles eram o Estado ou a lei. Essa conduta levou à discricionariedade arbitrária e despótica ensejando ao Estado adotar políticas contrárias ao

---

[44] ABBOUD, Georges. *Discricionariedade Administrativa e Judicial*. São Paulo: Revista dos Tribunais, 2014, p. 152.

interesse social e de perseguição de pessoas, principalmente aquelas que se opunham ao regime.

O Estado de Direito que, como já visto, surgiu em decorrência de movimento cultural e histórico contra o Estado Absolutista, acabou adotando o poder discricionário legal como necessário ou indispensável ao pleno exercício do Estado de Direito, que tem por escopo o primado do Direito conforme a Constituição. Esse poder discricionário não guarda paralelo com o vigente no Estado anterior, mas goza ainda de amplo campo de atuação em vários países, nos dias atuais, principalmente na América do Sul. Nesse Continente existem países que não praticam a plena democracia. Os dramas dos regimes fortes, muitas vezes com máscara de democracia, são o autoritarismo e o continuísmo, em oposição à alternância de governo, própria do regime republicano e da democracia.

No atual estágio do desenvolvimento social e democrático, a discricionariedade consagrada no Estado de Direito tornou-se incômoda e indesejada, por ensejar margem ao arbítrio e ao abuso de poder em nome da legalidade, sem controle, muitas vezes, pelo fato de os atos decorrentes do poder discricionário não estarem sujeitos à apreciação do Judiciário no tocante ao mérito do ato adotado. Preocupados com a incontrolabilidade dos atos decorrentes da discricionariedade, os estudiosos do Direito Administrativo vêm, nas últimas décadas, desenvolvendo estudos e teorias com o fito de reduzir o campo da atuação discricionária.

Nesse empreendimento intelectual, alguns países se destacaram, abrindo espaço e oferecendo valiosa contribuição contra os abusos praticados pela Administração Pública. Entre eles apontam-se a Alemanha, cujos juristas desenvolveram a teoria dos conceitos jurídicos indeterminados; Portugal, com o magnífico trabalho de Queiró, sobre o abuso do poder discricionário e conceitos jurídicos indeterminados; Espanha, com as notáveis investigações científicas desenvolvidas por García de Enterría e Fernández, entre outros autores.

Esses autores desenvolveram profundos estudos sobre a discricionariedade e os conceitos jurídicos indeterminados; Argentina, com os respeitados estudos que vem desenvolvendo sobre os atos administrativos, com destaque para os decorrentes do poder discricionário, à luz da razoabilidade e da proporcionalidade, liderados por Gordillo; e o Brasil, que se desponta na construção doutrinária de conceitos modernos, na busca da redução da faixa discricionária e de meios de seu controle. Entre os autores pátrios, ressaltam-se: Luciano Ferreira Leite (1981); Lúcia Valle Figueiredo (1986); Sérgio Ferraz (1986); Regina Helena Costa (1988); Caio Tácito (1989); Maria Sylvia Zanella Di Pietro (1991); Celso Antônio Bandeira de Mello

(1992); Germana de Oliveira Moraes (1999), Luis Manuel Fonseca Píres,[45] Georges Abboud, citado no subitem 5.5, além de outros.

O pensamento central de cada um desses autores, a propósito do tema, já foi objeto de apreciação neste trabalho. Para evitar indesejável repetição, dir-se-á apenas que Sérgio Ferraz é, entre outros, o que mais avançou em matéria de controle da Administração Pública pelo Judiciário. O autor foi, no Brasil, talvez o pioneiro a escrever sobre a possibilidade de o Judiciário sindicar o mérito do ato administrativo e é também um dos primeiros a sustentar que, entre as várias alternativas que afloram quando do exercício do poder discricionário, apenas uma delas atende à finalidade da lei. Nessa perspectiva, o Judiciário poderá controlar o ato administrativo para verificar se a opção adotada pelo administrador recaiu sobre a única alternativa que melhor atende ao interesse público.

O intérprete no exercício de operar a melhor escolha deve levar em consideração os princípios da razoabilidade e o da proporcionalidade, entre outros. Caso a escolha não tenha sido correta, o ato pode ser anulado ou declarado nulo pelo magistrado.

Esse posicionamento, plenamente defensável, é corajoso, considerando que esse entendimento, na prática acaba por vincular o agente no exercício da competência discricionária, à melhor escolha.

Depois da teorização dos conceitos jurídicos indeterminados, a discricionariedade reduziu a quase zero, considerando que nesse caso não há escolha, mas interpretação e identificação da conduta que o aplicador da lei deve adotar. Portanto, apenas uma solução atende ao Direito, por se tratar de ato vinculado, na opinião de renomados autores. Há autores, entretanto, que defendem a possibilidade de escolha nos casos de conceitos jurídicos indeterminados; o ato decorrente de atuação contrária à específica resultante da adequada interpretação da norma jurídica aplicável conduz à violação do Direito e, consequentemente, ao vício do ato. Esse assunto será retomado no Capítulo 8.

Já a discricionariedade, que se restringe ao núcleo de valor, consiste exatamente na possibilidade de escolha entre várias alternativas. Os limites a que se submete o poder discricionário restringem tanto a faixa da liberdade que a escolha feita pelo administrador como a melhor atende à finalidade da lei. Nesse caso, não se controla a escolha, mas a observância dos condicionamentos do poder discricionário.

Com essas colocações, deve-se entender o poder discricionário, contemporaneamente, como restrito ao núcleo mínimo e indispensável à boa e correta aplicação da lei nos casos concretos não vinculados previamente.

---

[45] PIRES, Luis Manuel Fonseca. *Controle Judicial da discricionariedade administrativa*. 2 ed. Belo Horizonte: Fórum, 2013.

Por isso, devem adotar-se as seguintes condutas: a) verificar se a hipótese é verdadeiramente discricionária ou se se trata de conceitos jurídicos indeterminados ou fluídos, mera aparência da primeira; b) pautar-se nos limites da razoabilidade e da proporcionalidade; e c) atuar imbuído de boa-fé, justiça, juízo de igualdade, finalidade da lei e probidade administrativa.

Adotando-se essas restrições, a faixa discricionária tornar-se-á estreita, como quer o Direito na plena democracia, e facilita a verificação da legalidade do ato decorrente do poder discricionário, pelo Judiciário, sem dificuldades, inclusive quanto ao mérito, para se constatar a veracidade da conveniência ou oportunidade alegada pelo autor do ato, com o fito de identificar se a conduta da autoridade está em conformidade com a lei.

CAPÍTULO 6

ATO REGRADO E ATO DECORRENTE DO PODER DISCRICIONÁRIO

6.1 Introdução

Este Capítulo tem por finalidade apenas confirmar de maneira mais clara e específica o que de modo genérico foi definido no Capítulo anterior. Existe, como já se viu, divergência dentre os autores, na conceituação dos atos administrativos quanto à liberdade do agente. Sobre essa ótica, para uns, trata-se de atos vinculados e atos discricionários. Outros entendem tratar-se de atos praticados em virtude do poder vinculado e atos praticados em face do poder discricionário. Para essa corrente, os poderes é que são vinculado ou discricionário. Os atos são mera consequência, não lhes cabendo tais adjetivações.

Na prática, a discussão resulta sem importância, porque, na suspeita de vício ou abuso, se examina o ato e não o poder. No plano teórico, o estudo é importante, porquanto, discricionário é o poder e não o ato, conforme se sustenta em todo este livro.

6.2 Ato vinculado

Ato vinculado ou regrado, ou ato praticado no exercício do poder vinculado ou poder regrado, tem lugar quando a lei regula de tal forma o comportamento do agente que o impede de adotar outra solução a não ser a de editar o ato que a hipótese legal prevê para o fato ocorrido. Assim, por exemplo, se um servidor público requer aposentadoria por tempo de serviço e de contribuição, comprovando essas condições, a Administração não poderá negar-lhe a aposentadoria e nem mesmo retardá-la.

Outro exemplo: o cidadão postula à Prefeitura licença para construir; se o projeto arquitetônico estiver assinado por arquiteto ou engenheiro inscrito no CREA e preencher os requisitos previstos na legislação municipal para as edificações na região em que estiver situado o lote do postulante, o órgão competente da Prefeitura terá de licenciar a construção. Sobre a vinculação pontua Gordillo:

> As faculdades de um órgão administrativo são vinculadas quando uma norma jurídica predetermina, de forma concreta, uma conduta definida que o administrador deve seguir, ou seja, quando o ordenamento jurídico estabelecer de antemão aquilo que respectivamente o órgão deve fazer num caso concreto.[1]

Contestando a doutrina brasileira, que adota o princípio da possibilidade da existência de atos totalmente vinculados, argumenta Gordillo ser impossível admitir a vinculação total. Pois, por menor que seja, deve haver espaço para o móvel subjetivo. Caso contrário, não seria necessário o funcionário requerer a expedição de determinado ato, pois não haveria decisão a tomar. Poder-se-á, então, utilizar o computador, não como auxiliar, mas como verdadeiro órgão administrativo.[2]

Gabino Fraga adota a expressão ato vinculado e ensina que ocorre essa espécie quando decorre da mera execução da lei, no cumprimento de obrigação "que a norma impõe à Administração quando realizada determinada situação de fato".[3]

Oswaldo Aranha Bandeira de Mello adota a expressão ato vinculado para significar o ato decorrente do poder ou da faculdade regrada.[4]

Para Vedel, a competência é vinculada quando a lei determina ao agente as medidas e condições a serem praticadas, ante a verificação do fato, sem deixar ao administrador margem alguma de escolha.[5]

Esse autor prefere o termo poder, ao invés de ato, e entende também que não é concebível poder inteiramente vinculado. Pequena margem de escolha detém o administrador para a prática de qualquer ato.

---

[1] GORDILLO, Agustín A. *Princípios de direito público*. Trad. Marco Aurélio Greco. São Paulo: Revista dos Tribunais, 1977. p. 169.

[2] GORDILLO, *op. cit.*, p. 180.

[3] FRAGA, Gabino. *Derecho administrativo*. 17. ed. México: Porrúa, 1977.

[4] FRAGA, *op. cit.*, p. 427.

[5] VEDEL, Georges. *Droit administratif*. 2ᵉ éd. Paris: Presses Universitaires de France, 1961. p. 212 *et seq.*

Mendes Júnior ensinou que a ciência jurídica atual não admite o velho brocado segundo o qual não é necessário interpretar a norma que se apresenta clara. Por mais explícita que seja a norma, a interpretação é indispensável, no momento de sua aplicação ao caso concreto. Resulta disso que não existem atos administrativos inteiramente vinculados e nem plenamente discricionários. Nestes, a vinculação a alguns elementos é inquestionável.[6] Fernando Almeida não admite margem de escolha, quando o administrador atua no campo do poder vinculado. "No poder vinculado ou vinculante, não há margem de escolha ao agente(...)"[7] Para Bielsa, a faculdade regrada consiste no atuar da autoridade de acordo com normas ou regras determinadas previamente. Essas normas indicam para onde deve dirigir-se a conduta administrativa. A regra legal é limitação à liberdade administrativa.[8]

Concluindo, pode-se adotar indistintamente, no campo doutrinário, a expressão ato decorrente do poder vinculado e ato vinculado ou regrado. Qualquer delas atenderá, com o mesmo resultado, à investigação científica. No caso concreto, especificamente para efeito de controle, é recomendável a expressão ato vinculado. Dessa forma, o exame da matéria torna-se mais fácil e eficiente. Isso porque, quando se trata de atos, está-se diante do resultado da manifestação da vontade da Administração. Ao contrário, referindo-se ao poder ou à faculdade, se está no polo oposto, qual seja, o da possibilidade de produção do resultado. Mesmo que se adote ato decorrente da "faculdade regrada", a mente ou o raciocínio estará voltado mais para a possibilidade de ação do que para a ação concreta.

Também se conclui que não existe, em regra, ato inteiramente vinculado. Há, talvez, na maioria dos casos, a possibilidade, ainda que reduzida, da interferência subjetiva do autor do ato. Exemplos: a forma do ato, o meio de sua feitura, a data de sua edição e publicação, momento da efetiva produção de efeitos, além de outros.

6.3 Ato decorrente do poder discricionário

Tecnicamente não parece correto designar-se "ato discricionário" aquele emanado do agente público no exercício de discricionariedade. Parece ser mais adequado adotar-se a expressão "ato decorrente do poder discricionário", a despeito de que expressivos administrativistas pátrios e

---

[6] MENDES JÚNIOR, Onofre. *Manual de direito administrativo*. Belo Horizonte: Faculdade de Direito da UFMG, 1955. p. 218.

[7] ALMEIDA, Fernando H. Mendes de. Vinculação e discrição na teoria dos atos administrativos. *Revista de Direito Administrativo*, Rio de Janeiro, n. 89, p. 462-471, jul./set. 1967.

[8] BIELSA, Rafael. *Princípios de derecho administrativo*. 2. ed. Buenos Aires: Depalma, 1948. p. 46.

EDIMUR FERREIRA DE FARIA
CONTROLE DO MÉRITO DO ATO ADMINISTRATIVO PELO JUDICIÁRIO

estrangeiros adotem a expressão "ato discricionário". A discricionariedade é do agente administrativo. A esse a lei confere o poder para praticar o ato ou de não praticá-lo, dependendo da situação concreta, ou, ainda, de adiar para época que julgar oportuna a emanação do ato.

O poder discricionário, como ficou demonstrado, consiste apenas na escolha da oportunidade e da conveniência. Essas, de certa forma, estão vinculadas ao interesse social, visto que a conveniência e a oportunidade são apreendidas ou concebidas sob o prisma do atendimento dos postulados de interesse geral, ou bem-estar social ou, ainda, interesse público. Julgando oportuno ou conveniente a autoridade administrativa toma a iniciativa de praticar determinado ato. A partir desse momento, o agente se torna necessariamente obrigado a observar vários fatores de ordem legal e de fato, aos quais se vincula, em maior ou menor escala, o ato que pretende produzir. Donde se conclui que o ato administrativo resultante do exercício do poder discricionário conferido à Administração é parcialmente vinculado.

Atos dessa espécie são vinculados quanto à competência, à forma, à hipótese legal, aos pressupostos de fato, à finalidade, aos motivos e à melhor opção, dentre outros.

6.3.1 Competência

Qualquer ato administrativo, seja de qual espécie ou natureza for, deve ser emanado de autoridade nomeada pela norma jurídica, competente para editá-lo. A competência, pois, não decorre da vontade do agente. Ela é objetivamente estabelecida e definida pela norma de Direito. Logo, competente, não é quem quer, mas quem a lei diz ser em função do cargo em que esteja investido. Sobre o tema expõe Luciano Ferreira Leite:

> (...) não padece nenhuma dúvida no sentido de que a competência dos agentes para a emanação de atos administrativos é sempre vinculada, na medida em que a lei e somente ela, enuncia em relação a cada ato administrativo, quem deve praticá-lo.[9]

Pode-se, então afirmar que o ato administrativo editado em decorrência do exercício do poder discricionário vincula-se quanto ao agente. Dessa forma, se determinado ato foi praticado por agente que não tenha arrolado, entre as suas competências, a de produzi-lo, estará, o mesmo, sujeito ao desfazimento por vício quanto à competência.

---

[9] LEITE, Luciano Ferreira. *Discricionariedade administrativa e controle judiciário*. São Paulo: Revista dos Tribunais, 1981. p. 55.

6.3.2 Forma

A forma do ato administrativo, no ensinamento de Celso Antônio Bandeira de Mello, é "o revestimento exterior do ato". É por meio da forma que o ato se materializa. O Direito não se preocupa com o pensamento ou intenções. Esses só têm valor jurídico depois de exteriorizados. A exteriorização se faz pela via de ato jurídico. O ato necessita de forma para que possa tornar-se realidade. Contudo, nem sempre é predeterminada a forma de um ato, mas nem por isso deixará este de ter forma. Sem ela, não pode haver ato. Se o ato jurídico depende obrigatoriamente de forma e se o ato administrativo é modalidade de ato jurídico, não deve haver ato administrativo sem forma. Logo, a esta se vincula.[10]

A forma é requisito essencial para a existência do ato administrativo. A inobservância da forma prevista na lei para determinada espécie de ato o torna nulo. Essa regra vale para todos os atos administrativos, tanto para os vinculados quanto para os chamados "discricionários".

A doutrina administrativista sustenta, em regra, que a forma dos atos administrativos é a escrita e que, além disso, cada categoria de atos tem a sua forma própria para se apresentar no mundo jurídico; por exemplo, o decreto regulamentador de uma lei, o edital de licitação, entre outros. Essa construção doutrinária não é absoluta, pois existem situações em que o Estado, por meio de órgão competente, exerce o seu poder de império sem expedir atos formalmente escritos, mas que produzem efeitos jurídicos validos. São exemplos os utilizados no exercício da polícia de trânsito (semáforos, placas de regulamentação, entre outros), com exceção das notificações de infrações de trânsito, que são escritas.

6.3.3 Hipótese legal

A hipótese legal, no Direito Administrativo, pode aparecer de duas formas: concreta (ou fechada) e vaga (ou aberta). No primeiro caso, a hipótese é tipificada, semelhante ao tipo penal ou tributário. Ocorrendo o fato que se justapõe à hipótese legal, o ato correspondente há de ser praticado pela autoridade revestida de competência para esse procedimento, o que se pode chamar de vinculação plena, em princípio, sem margem de valoração. No segundo caso, ao contrário, a hipótese da lei não é rígida, deixando espaço, com limites, para escolha a ser feita pela autoridade, quando essa se defrontar com o fato que, de maneira vaga, está tratado ou previsto na regra de Direito. Embora seja a hipótese legal dotada de margem de liberdade, o ato correspondente a ela se vincula. A lei é, pois, comando de

---

[10] MELLO, Celso Antônio Bandeira de. *Elementos de direito administrativo*. São Paulo: Revista dos Tribunais, 1980. p. 47.

160 EDIMUR FERREIRA DE FARIA
CONTROLE DO MÉRITO DO ATO ADMINISTRATIVO PELO JUDICIÁRIO

observância obrigatória, pelos agentes públicos, mesmo quando atua no exercício do poder discricionário. Exemplo: autoridade administrativa municipal goza de poder discricionário para outorgar permissão ao particular, para instalação de bancas de jornais e revistas, em pontos estratégicos da cidade, buscando facilitar o acesso dos leitores aos diários e periódicos. Ao administrador, em princípio, é facultado atender aos interessados na exploração da atividade (venda de jornais e revistas), permitindo a instalação de bancas em número e locais que julgar convenientes. Contudo, sujeita-se a restrições. Entre elas: a) o interessado deve preencher os requisitos mínimos de cidadania e de direitos políticos; b) as bancas só podem ser instaladas em locais apropriados ou não proibidos, de acordo com regulamento preconcebido; c) as bancas, principalmente nas cidades grandes, devem atender a requisitos exigidos nas normas de posturas municipais e nas de meio ambiente. Conclui-se, então, que o ato emanado da autoridade revestida do poder discricionário está vinculado à hipótese legal, sob o ângulo exposto. Além desse condicionamento, a escolha dos interessados deve proceder-se mediante licitação e contrato de permissão, ainda que precário, nos termos da Lei nº 8.987, de 03.02.95, art. 40.

6.3.4 Pressupostos de fato

Os pressupostos de fato são igualmente vinculantes do ato administrativo decorrente do poder discricionário. O administrador, no exercício desse poder, tem a faculdade de escolher o fato. Pode ser um ou outro, não importa, mas é necessária a existência do fato. Sem esse, o ato será viciado. Da mesma forma o será se o fato alegado pela autoridade for falso. A doutrina e a jurisprudência são fartas nesse sentido.

6.3.5 Finalidade

A finalidade do ato será sempre o interesse público, o bem-estar social ou o interesse geral. A lei, na maioria das vezes, estabelece, de modo expresso, a finalidade do ato nela previsto. Quando não a determina de maneira clara e incontestável, deixa implícita no seu contexto a finalidade de interesse público. Toda lei, ainda que de maneira indireta, tem por finalidade regular interesses sociais, o bem-estar da comunidade a que se destina. Assim, todo e qualquer ato jurídico emanado da Administração Pública, embasado no ordenamento jurídico será, forçosamente, dirigido à finalidade específica, quando houver, ou à geral, de interesse social.

6.3.6 Motivos

É impossível o comportamento de qualquer ser sem motivo. Esse pode ser irrelevante, injusto ou até fútil, mas há de existir. No mundo jurídico, o motivo é fundamental no exercício do direito. O motivo pode vir, ou não, expresso na lei. Quando não for expresso, compete ao agente indicá-lo, para decidir. Contudo, se inexistir ou for falso, o ato decorrente não terá validade jurídica, é o que ensina Celso Antônio Bandeira de Mello:

> O motivo pode ser previsto em lei ou não. Quando previsto em lei, o agente só pode praticar o ato se houver ocorrido a situação prevista. Quando não há previsão legal, o agente tem liberdade de escolha da situação (motivo) em vista da qual editará o ato. Contudo, mesmo neste caso, se o agente se embasar na ocorrência de um dado motivo, a validade do ato dependerá da existência do motivo que houver sido enunciado. Isto é, se o motivo que invocou for inexistente, o ato será inválido.[11]

Seabra Fagundes lecionou no sentido de que a razão do ato está no motivo. É mister que o ato se baseie em motivos e, na Administração Pública, dada a sua natureza, o motivo do ato há de ser sempre legal, tendo como escopo o interesse social, diferentemente do que ocorre no campo privado. Nesse, as partes podem escolher os motivos que julgarem convenientes para ambas.[12]

Estando todos os atos administrativos dependentes dos elementos arrolados acima, é impróprio falar-se de ato discricionário para diferenciar dos vinculados. Não existe, portanto, ato discricionário. Todos são mais ou menos vinculados. O que se deve adotar, com maior margem de acerto, é a expressão ato praticado em virtude da faculdade contida no poder discricionário do administrador. Dessa forma, fica caracterizado o ato para o qual se valeu o seu editor, de certa liberdade, relativa à oportunidade ou a conveniência, elementos do poder discricionário e mérito do ato administrativo.

---

[11] MELLO, Celso Antônio Bandeira de. *Elementos de direito administrativo*. São Paulo: Revista dos Tribunais, 1980. p. 43.

[12] FAGUNDES, Miguel Seabra. *O controle dos atos administrativos pelo poder judiciário*. 6. ed. São Paulo: Saraiva, 1984. p. 25.

CAPÍTULO 7

DISCRICIONARIEDADE E SEUS LIMITES

7.1 Introdução

No Capítulo anterior constatou-se que o poder discricionário da Administração não se traduz em liberdade plena para que o agente público adote conduta segundo a sua livre escolha. O administrador público, em consequência, não dispõe de vontade subjetiva para editar atos administrativos. A vontade da lei impõe-se à sua vontade pessoal. A autoridade, no exercício dessa faculdade, limita-se a operar a escolha da opção que reflita a verdadeira vontade da lei na situação fática.

Francisco Campos sustenta que o poder discricionário condiciona-se a limites internos e externos. Os externos compreendem a "ordem jurídica em cujo quadro se desenvolve a atividade administrativa, ou de direitos subjetivos dos administrados". Os limites internos são relativos aos conceitos imprecisos de que se vale a Administração ao atuar no caso concreto. A inobservância de qualquer desses princípios ou o transbordamento de um deles pode ser identificado, uma vez que a liberdade discricionária é limitada. É, ainda, do mesmo autor, o seguinte texto: "por mais que seja a liberdade de apreciação, própria do juízo discricionário, é sempre possível mostrar-se claramente que a conclusão excede um dos limites".[1]

Neste Capítulo serão examinados os principais fatores condicionantes dos limites da discricionariedade, começando pela finalidade da lei.

---

[1] CAMPOS, Francisco. *Direito administrativo*. Rio de Janeiro: Freitas Bastos, 1958. v. 1, p. 35.

7.2 Finalidade da lei

A discricionariedade é legal, em oposição à arbitrariedade, que é ilegal. Significa que a lei, embora conceda ao administrador o poder para agir na ocorrência de casos concretos, estabelece-lhe parâmetros a serem observados. Esses parâmetros são previstos na própria lei em que se fundamenta o ato ou o comportamento, no sistema jurídico como um todo, nos princípios gerais de direito, na justiça, na ética, na moral, na probidade, na boa-fé, nos costumes e no direito natural e nos princípios jurídicos. A vontade da lei ou a sua finalidade genérica é a promoção do bem-estar social, é o interesse público. A lei regula os fatos de modo a estabelecer o equilíbrio das vontades, garantir boa convivência entre as pessoas e a satisfação pessoal de cada um dos membros da comunidade, os anseios sociais, a satisfação e a felicidade são valores inerentes à pessoa humana. Daí, ser dever do Estado dirigir a sua conduta no sentido de garantir à pessoa a satisfação desse valor. De um lado, coibindo os atos de membros da sociedade, que se contrapõem a citados interesses e, de outro, exercendo todo o poder e meios válidos no sentido de promover o bem-estar, proporcionando meios à comunidade para que ela encontre espaço para realizar-se como grupo humano.

Se, na lei, ainda que de modo implícito, estão inscritos todos esses valores, como bens por ela protegidos, está também consignado que o poder discricionário da Administração está limitado a suprir-lhe as falhas, na manutenção desse equilíbrio social e da realização da dignidade da pessoa humana.

Quando se perquire a vontade da lei, não se examina apenas o que nela está prescrito, claramente, na letra expressa. Deve ser interpretada no contexto social em que se encontra inserida, sob o ângulo de justaposição com outras normas do sistema jurídico. Muitas vezes, a lei que autoriza a edição de determinado ato não tem, em si, o motivo imediato. Por isso, o intérprete deve desenvolver ingente e até penoso exercício de hermenêutica investigatório na tentativa de encontrar a real vontade da lei, no sentido mais abrangente possível. É indispensável tal procedimento, a fim de que os atos decorrentes se direcionem no sentido do fiel cumprimento da lei.

Opina Gordillo no sentido de que não se pode, na atual fase da evolução do Direito, admitir a atuação da faculdade discricionária, além dos limites jurídicos. A discricionariedade é legal, podendo se exercer somente segundo a lei.[2]

É também o entendimento de Oviedo, afirmando que, no Estado de Direito moderno, a liberdade é limitada, pois os interesses sociais não

---

[2] GORDILLO, Agustín A. *Princípios de direito público*. Trad. Marco Aurélio Greco. São Paulo: Revista dos Tribunais, 1977.

escapam à previsão legislativa. Dessa forma, o agente administrativo deve agir, mesmo sob a faculdade discricionária, segundo o fim querido pela lei.[3] Caio Tácito, na mesma linha, escreve que a Administração, no exercício de suas funções, tem a faculdade de fixar critérios e formas, com vistas à solução mais adequada, não podendo, contudo, fugir ao princípio da legalidade, pois a esse se subordina.[4] A finalidade do ato decorrente do poder discricionário é vinculada. A administração não tem a faculdade de escolher finalidade diferente da prevista na lei que serve de base para editar o ato discricionário.

Celso Antônio Bandeira de Mello assevera:

> A boa intelecção da regra de Direito impõe reconhecer que o campo de liberdade administrativa decorrente das normas que prefiguram discrição é muito mais angusto do que habitualmente se admite, seja porque a situação concreta é que lhe dará sua verdadeira dimensão, reduzindo-o muito (quando não o extingue), seja porque a Administração Pública está sujeita ao "dever de boa administração". Este, como quer Guido Falzone, é mais que um dever moral ou de ciência da administração; é um dever jurídico, porque quando não há a boa administração, não há satisfação da finalidade legal e quando não há satisfação da finalidade legal não há satisfação real da regra de Direito.[5]

Para Stassinopoulos, a lei nem sempre é clara na sua intenção de conferir ao administrador o poder discricionário. É necessário, nesses casos, investigar a vontade da lei. Essa investigação é questão de direito e não de fato.[6]

A finalidade da lei ou a sua vontade genérica há de ser perquirida pelo agente público encarregado de praticar o ato nela previsto. O direcionamento legal é primordial à validade do ato. Essa investigação da legítima finalidade da lei, em diversas situações, é tarefa árdua. O intérprete ou aplicador da lei desatento pode ser levado a tomar decisão em desacordo com a vontade da lei, se adotar como orientação a finalidade imediata da regra. Isso porque a verdadeira vontade da lei nem sempre se estampa na regra de Direito. Um exemplo de Celso Antônio Bandeira de Mello, que

---

[3] GARCIA OVIEDO, Carlos. *Derecho administrativo*. 3. ed. Madrid: E.I.S.A., 1951. p. 129; Ver: QUEIRÓ, Afonso Rodrigues. A teoria do desvio de poder em direito administrativo. *Revista de Direito Administrativo*, Rio de Janeiro, n. 6, p. 54-80, out. 1946.

[4] TÁCITO, Caio. Administração e controle de legalidade. *Revista de Direito Administrativo*, Rio de Janeiro, n. 37, p. 3, jul./set. 1954.

[5] MELLO, Celso Antônio Bandeira de. *Discricionariedade e controle jurisdicional*. São Paulo: Malheiros, 1992. p. 44-45.

[6] STASSINOPOULOS, Michel D. *Traité des actes administratifs*. Paris: Librairie Générale de Droit et de Jurisprudence, 1973.

será tomado resumidamente, vem a calhar. Diz Celso Antônio que uma lei da Prússia, citada por Jellinek, determinava a dissolução de bando de ciganos. O termo "bando" é conceito indeterminado. Por isso, acrescentou-se à norma um parágrafo com a seguinte redação: "Considera-se bando uma reunião de 15 pessoas". Suponha-se que, na vigência dessa lei, um agente policial tenha deparado com um grupo de ciganos, composto de exatamente 15 pessoas e que o agente tivesse determinado a dissolução do "bando". Mas suponha-se que um deles, o mais velho, ante à ordem, dissesse ao policial: "não somos um bando de ciganos, mas uma família. Esta é minha esposa e os outros treze são nossos filhos." Diante dessa situação o que o policial deveria fazer? Seria desfazer a sua ordem. A vontade da lei é que a ordem não se cumpra. Pois um dos papéis do Estado é proteger e preservar a família, célula da sociedade. Celso Antônio conclui: "Certamente a finalidade da norma não seria a de dissolver famílias, tanto mais se existisse no Texto Constitucional Prussiano uma regra, como há no Direito brasileiro, estabelecendo o dever, para o Estado, de proteger a família."[7]

Sobre a interpretação da legalidade e da moral administrativa, Silvério Carvalho Nunes, com propriedade, assevera:

A confusão e a injustiça decorrem da má interpretação ou ausência interpretativa correta da norma, e do ato jurídico dentro do sistema a que pertencem.

O positivismo e as doutrinas que o sustentam podem facilmente conduzir qualquer intérprete desavisado à dúvida, à mistura de conceitos de natureza diferentes. Permitem transformar o Direito em cipoal incompreensível e injusto. Assim, a falsa exegese produz verdadeira disjunção entre a norma que se interpreta e o ato ou o fato jurídico a que se dirige a interpretação.[8]

Como visto, a vontade da lei é condição fundamental para a edição correta de ato administrativo pela Administração. Entretanto, quando se fala em lei, deve-se ter em mente o ordenamento jurídico como um todo. No caso concreto, o operador do Direito, nem sempre encontra explícita e claramente na norma a real vontade da lei. Nesse caso, a autoridade terá de recorrer à hermenêutica, para encontrar a solução adequada ao caso posto. Se esse exercício não se proceder com o cuidado e o zelo que a situação requer, a solução adotada poderá ser drástica, ensejando dano para o destinatário do ato ou para a Administração.

---

[7] MELLO, C., *op. cit.*, p. 45-46.

[8] NUNES, Silvério Carvalho. *Legalidade justa e moralidade administrativa*. Dissertação (Mestrado) – Faculdade de Direito da UFMG, Belo Horizonte, 2001. f. 202

7.3 Finalidade do ato administrativo

A finalidade do ato administrativo é fator limitante da vontade discricionária do administrador. Este não tem a faculdade de escolher a finalidade do ato. A sua função, nesse mister, é a de produzir determinado ato destinado a materializar a vontade da lei no fato ocorrido.

O ato tem por finalidade, então, implementar a finalidade da lei, que se dirige à promoção do bem social ou a garantir a estabilidade desse valor. Sendo meio o ato pelo qual se cumpre essa vontade legal, pode-se afirmar que, em última instância, a finalidade do ato é a finalidade da lei, que por sua vez é a finalidade de interesse público. Se o interesse público é o interesse perseguido pelo ato administrativo, a discricionariedade da Administração não encontra espaço para indicar finalidade que contrarie tal princípio.

O ato não deve ter por finalidade beneficiar ou prejudicar alguém, por exemplo. Conduta dessa natureza contraria a finalidade da lei. Assim, conclui-se que, quanto à finalidade a que se destina o ato, não há faculdade discricionária.

7.4 Motivos determinantes e motivos de fato

Motivos determinantes são certas situações de fato ou de direito que recomendam ou impõem a edição de determinado ato. O motivo do ato está, pois, na ocorrência de fato previsto na lei, ainda que genericamente, como condição para a prática de ato administrativo. Motivo é, pois, acontecimento objetivo, antecedente ao ato, mas que o recomenda ou o determina. O motivo determinante do ato administrativo não deve, por conseguinte, estar na vontade do agente. Esse não dispõe de faculdade para criar ou supor o motivo, mas apenas para verificar a sua existência. A inocorrência de motivos implica a impossibilidade da edição do ato. A verificação do motivo, em tese, legitima a produção do respectivo ato, sob pena de omissão, com as consequências próprias.

Além da competência, indispensável à edição do ato administrativo, é imprescindível, entre outros, o motivo determinante. O administrador não parte do nada. A verificação de motivos é indispensável para se editar ato válido.

O ato administrativo se inicia, portanto, com a verificação da existência dos motivos. Segue-se imediatamente à apreciação do valor desses motivos, a fim de que possa a autoridade se orientar no tocante à necessidade de agir ou sobre os meios indicados para a obtenção do resultado.[9]

---

[9] TÁCITO, Caio. Administração e controle de legalidade. *Revista de Direito Administrativo*, Rio de Janeiro, n. 37, p. 15, jul./set. 1954.

Paulo Barros de Araújo Lima sustenta que toda vez que o ato decorrente da discricionariedade for editado em detrimento do indivíduo ou contra os seus interesses "e que não tenha motivo, ou explicação no interesse ou atividade pública, a discrição transforma-se em puro arbítrio, em desvio de poder".[10]

O administrador não deve, por exemplo, remover um servidor público impulsionado pelo simples desejo de prejudicá-lo ou de puni-lo. Esses motivos não se abrigam no ordenamento jurídico, principalmente no Estado Democrático de Direito.

Para Jèze, os motivos determinantes encontram fertilidade na jurisprudência do Conselho de Estado francês, quanto ao seu desenvolvimento, opina o autor: "Esta teoria geral jurisprudencial dos motivos determinantes em direito público engloba e supera a teoria do desvio de poder".[11]

Na opinião do mesmo autor, a teoria dos motivos determinantes desenvolveu-se de tal modo que chegou a submeter a riscos o bom desempenho dos serviços públicos.

O Conselho de Estado francês, que sempre pugnou pela liberdade do Poder Executivo, em face dos outros Poderes, teve receio de que, sob o pretexto de se assegurar bom funcionamento do serviço público, quisessem mesmo, por questões políticas ou pelo simples prazer de perturbar, se estabelecessem regras delimitadoras da ação do agente e do administrado. Procurando prevenir quanto ao suspeitado procedimento, estabeleceu um conjunto de princípios, envolvendo motivo e motivação, como forma de medida e equilíbrio da ação administrativa, dentre eles, destacam-se os seguintes:

a) Quando a lei ou o regulamento determina que o agente público é obrigado a fazer conhecer os motivos dos atos jurídicos que realiza, deve fazê-lo de maneira clara e de fácil entendimento.

b) Os motivos alegados devem ser exatos. Não prevalecem, obviamente, os motivos falsos.

c) O motivo determinante invocado deve ser lícito. Princípio da legalidade e da moralidade pública.

d) Quando os motivos determinantes alegados para a prática do ato forem diversos, e um deles considerado ilícito, o juiz deve examinar se os considerados válidos são suficientes para a validade do ato.[12]

---

[10] LIMA, Paulo Barros de Araújo. Do exercício do poder discricionário e seu controle. *Revista de Direito Administrativo*, Rio de Janeiro, n. 70, p. 18, out./dez. 1962.

[11] JÈZE, Gaston. *Les principes géneraux du droit administratif*. 3e éd. Paris: Marat Giard, 1926. Trad. Júlio N. San Millan Araújo. *Princípios generales del derecho administrativo*. Buenos Aires: Dejalma, 1949. p. 125.

[12] JÈZE, *op. cit.*, p. 125 *et seq.*

CAPÍTULO 7
DISCRICIONARIEDADE E SEUS LIMITES | 169

Jèze conclui afirmando que a teoria dos motivos determinantes desempenha função fundamental na apuração e identificação de irresponsabilidade do agente público, por desvio de finalidade ou abuso de poder. Finaliza o autor:

> A jurisprudência francesa parece fixada no sentido de que o agente público é provavelmente responsável, quando o motivo determinante que inspirou o ato jurídico ou o fato prejudicial, manifesta claramente a perversidade do agente, sua maldade, sua intenção de dano.[13]

Segundo Rojas, o motivo, que antecede o ato, provoca e fundamenta a sua realização. A Administração não se legitima a agir sem causa ou motivo. A motivação, meio de exposição do motivo, é meio de garantia ao particular prejudicado.[14]

O art. 16 da Constituição mexicana prescreve:

> Nadie puede ser molestado en su persona, família, domicílio, papels e/ possesione, sino en virtud de mandamento escrito de la autoridade competente, que funde y motive la causa legal del procedimento (...).

André Mast ensina que, quando a Administração funda seu ato em fatos inexistentes ou quando deixa de verificar circunstância de fato, indispensável à sua atuação, a decisão é questionada, à alegação de abuso de poder.[15]

Na opinião desse autor, o Conselho de Estado pode determinar que a Administração faça conhecer os motivos que o levaram a tomar certa decisão, ainda que a lei seja silente quanto a isso. Todo ato administrativo deve ter o seu motivo e ao juiz compete verificar a sua legalidade.

Controlar motivos é controlar legalidade apenas, o que é dever do órgão jurisdicional. O Conselho de Estado ou outro juízo, quando examina os motivos, não examina a oportunidade da decisão submetida à sua apreciação. Ele se cinge à investigação da existência ou veracidade do motivo do ato.[16]

Onofre Mendes Júnior escreveu:

> A existência de motivo é indispensável à prática do ato administrativo, pois o motivo é o fundamento, a própria razão de ser do ato. Objetivamente, a

---

[13] JÈZE, *op. cit.*, p. 125 *et seq.*

[14] SERRA ROJAS, Andres. *Derecho administrativo*: doctrina, legislation y jurisprudencia. 5. ed. rev. e ampl. México: Galve, 1972. p. 271.

[15] MAST, André. *Precis de droit administratif belge*. Bruxelles: E. Story Scientia, 1966. p. 372.

[16] MAST, *op. cit.*, p. 373.

EDIMUR FERREIRA DE FARIA

existência do motivo está na lei. Esta é que dá fundamento ao ato. O motivo deve ser determinado por meio de "juízo lógico e racional", que o ponha em relação às circunstâncias de fato, em cada caso concreto.[17]

Ensinou Francisco Campos que o ato administrativo tomado em virtude de certos motivos ou pressupostos de fato, que não tenham sido justificados, para que se possa verificar a existência, a procedência, a veracidade ou autenticidade dos mesmos, é como se não tivesse existido. Para ele, a inexistência dos fatos ou a improcedência dos motivos deve determinar a insubsistência do ato, neles fundado.[18]

Na mesma linha, defende Ranelletti que, inexistente a causa do ato administrativo ou se ela for falsa ou ilegítima, o respectivo ato é igualmente ilegítimo e padece de invalidade.

Assim é inválido o ato que transfere funcionário por motivo de interesse do serviço quando o alegado interesse efetivamente não existir.[19]

A finalidade do ato, como se procurou demonstrar, é indispensável à sua validade. A sua finalidade não pode ser qualquer uma alegada pela autoridade que produziu o ato, mas aquela prevista na lei, ainda que implicitamente. O ato que tiver por fundamento motivo diverso do que a lei prevê para determinada situação em concreto é passível de nulidade, pois a existência do motivo e a justeza dele com a lei são condições indispensáveis à validade do comportamento da Administração. Por essas razões é que em outro tópico deste trabalho, opinamos quanto à necessidade de a autoridade administrativa motivar todos os atos que pretende produzir.

A motivação, como se demonstrou aqui e alhures, é fundamental e indispensável aos órgãos de controle, mormente o Judiciário, quando instado a pronunciar-se sobre ato emanado da Administração Pública.

Assim, a liberdade discricionária esbarra, entre outros limites, no da finalidade do ato administrativo. Daí a teoria dos motivos determinantes.

7.5 Razoabilidade

A razoabilidade inclui-se entre os chamados conceitos jurídicos indeterminados; o que de certa forma dificulta-lhe aplicação, uma vez que a sua noção pode ser aquilatada segundo critérios subjetivos. Contudo, há, no termo razoabilidade, campo que qualquer cidadão reconhece, núcleo

---

[17] MENDES JÚNIOR, Onofre. *Direito administrativo*. 2. ed. Belo Horizonte: Bernardo Alvares, 1961. 1 v, p. 224.

[18] CAMPOS, Francisco. *Direito administrativo*. Rio de Janeiro: Freitas Bastos, 1958. v. 5.

[19] RANELLETTI, Oreste. *Le guarantigie della giustizia nella publica amministrazione*. Milano: A. Giuffre, 1934. p. 94.

que se pode considerar objetivo, por estar fora da valoração subjetiva. Essa noção objetiva do razoável é que interessa a este estudo.

A razoabilidade, no campo jurídico, está intimamente conectada à finalidade da lei ou do Direito.

Aquele que aplica ou executa a lei deve ter a noção clara do que seja razoável, para saber dosar seus atos em conformidade com a vontade da lei, isso é, atender à finalidade nela contida. Principalmente quando se trata de atuação discricionária.

A lei, ao proibir ou permitir certo comportamento, nem sempre objetiva como fim a proibição ou a permissão, mas o resguardo ou a proteção de valores maiores de interesse social.

Quando se proíbe, por exemplo, o indivíduo de andar nu em logradouro público, tem-se por finalidade impedir o ultraje ao pudor. A proibição de trânsito de animais em centros urbanos prevista em lei tem por finalidade a segurança, o conforto e o bem-estar da população.

Ora, se a proibição, no segundo exemplo, objetiva o conforto da sociedade, parece-nos claro que, mesmo não existindo na norma, exceção à regra geral, pode-se permitir o desfile de animais, nestes locais, desde que tenha por finalidade, por exemplo, o deleite das pessoas no contexto de determinada programação festiva. Exemplos: a "corrida do boi" na Espanha, o trânsito de mais de uma dezena de cavalos e jegues, nas ruas de Belo Horizonte, em direção ao Parque Municipal ou voltando de lá. Esses animais são utilizados para a montaria de crianças que fazem lazer naquele logradouro público.

Recasens Siches, expondo a finalidade da lei, exemplifica, segundo Celso Antônio Bandeira de Mello:

> Numa determinada estação ferroviária foi proibido o trânsito de cachorros. Imagine-se que alguém ali chegasse, puxando pela coleira um urso. Imagine-se que a autoridade competente lhe dissesse que não poderia transitar naquele recinto com o animal. O interpelado não poderia se defender alegando que a proibição se dirigia apenas aos cães. Se assim procedesse, estaria desconhecendo a finalidade da norma proibidora. Essa não quer, ali, animais perigosos e o urso é tão ou mais feroz do que o cão.[20]

Celso Antônio Bandeira de Mello, no desenvolvimento de sua tese sobre a finalidade da lei, lança outro exemplo em reforço ao de Recasens Siches, do seguinte teor:

> Suponha-se que o trânsito de veículos automotores seja proibido no perímetro central da cidade. Suponha-se, também, que um indivíduo que se

---

[20] MELLO, Celso Antônio Bandeira de. *Curso de direito administrativo*. Coordenação de Adilson Abreu Dallari. São Paulo: Revista dos Tribunais, 1986. p. 18.

172 EDIMUR FERREIRA DE FARIA
CONTROLE DO MÉRITO DO ATO ADMINISTRATIVO PELO JUDICIÁRIO

encontra em tal espaço de lazer, sofra enfarto, daqueles que culminam na morte, se não for rapidamente medicado. Suponha-se, ainda, tenha sido chamada uma ambulância dotada de todos os equipamentos indispensáveis ao pronto e eficiente atendimento de pessoas naquela situação e que o guarda de trânsito impedisse o médico e a sua equipe de adentrar o local, com a ambulância e de ir até onde se encontrava o paciente enfartado. Se assim procedesse, o agente de trânsito estaria agindo contrário ao direito, o estaria violando.[21]

Neste exemplo, não há, para o cidadão enfartado, naquele momento, maior conforto do que a ambulância com todo aparato médico. O veículo poderá ser a redenção de sua vida que está no limiar da morte. Por essa razão, a circulação da ambulância naquele recinto não deve ser obstada.

A norma jurídica que proíbe o trânsito de veículos em determinado local urbano visa à tranquilidade, segurança e conforto das pessoas que ali transitam ou trabalham. Logo, repita-se a ambulância, no caso figurado, representa, para aquela pessoa enferma, ao contrário dos outros veículos, a síntese dos benefícios queridos pela lei. Resulta, daí, que o intérprete precisa mergulhar na intimidade da norma para encontrar a finalidade mediata ou remota da lei, que normalmente subordina a finalidade imediata. Atender ao sentido mais aparente da regra jurídica nem sempre significa atender ao direito. Pelo contrário, a possibilidade de descumpri-lo é bem maior. Caso se proíba a entrada da viatura no quarteirão fechado, citado no exemplo, o agente responsável pela medida estará praticando ato irrazoável ou desarrazoável.

Cármen Lúcia Antunes Rocha sintetiza o conceito de razoabilidade, assim:

> Por razoabilidade administrativa se há de entender, pois, a existência, na conduta administrativa, de uma razão suficiente, justa e adequada, fundada em norma jurídica e amparada em uma necessidade social específica, que identifique a validade de determinada prática estatal.[22]

Gordillo, a propósito da razoabilidade escreve:

> A decisão "discricionária" do funcionário será ilegítima, apesar de não transgredir nenhuma norma concreta e expressa, se é irrazoável, o que pode ocorrer principalmente, quando: a) não dê os fundamentos de fato ou de direito que o sustentam, ou; b) não leve em conta os fatos constantes

---

[21] MELLO, C., *op. cit.*, p. 19.

[22] ROCHA, Cármen Lúcia Antunes. *Princípios constitucionais da Administração Pública*. Belo Horizonte: Del Rey, 1994. p. 113.

do expediente ou públicos e notórios, ou se funde em fatos ou provas inexistentes, ou; c) não guarde uma proposição adequada entre os meios que emprega e o fim que a lei desproporcionada, excessiva, em relação ao que se quer alcançar.[23]

As decisões administrativas que inobservem o princípio da razoabilidade extrapolam, por conseguinte, os limites da discricionariedade. O rompimento desses limites é percebido em face de atos praticados com abuso de poder ou com desvio de finalidade; atos lesivos às pessoas ou patrimônio público; e atos de má-fé. O ato de má-fé, ainda que não produza lesão ou não configure desvio ou abuso de poder, ultrapassa os limites da razoabilidade e da discricionariedade.

No exame de determinada conduta do agente público, exercitando o poder discricionário, pode-se deparar com uma zona de certeza positiva ou uma zona de certeza negativa. No primeiro caso, verifica-se, sem dificuldade, que o ato fora praticado nos limites do razoável. No segundo, certeza negativa, vislumbra-se sem titubeio, que o ato da autoridade é manifestamente irrazoável. Há, contudo, entre a zona de certeza positiva e a zona de certeza negativa, uma terceira zona chamada, na doutrina, de zona cinzenta, opaca ou obscura. Nessa zona reside o ponto que oferece dificuldade ao órgão de controle. Uma tentativa de exemplo: suponha-se que certa Companhia Circense pleiteie autorização municipal para se instalar e funcionar num espaço público localizado no centro de determinada cidade, durante dois meses. Suponha-se que a autoridade pública tenha negado a pretensão alegando, entre outros motivos, o congestionamento do trânsito nas mediações, se o circo for instalado. Suponha-se que a autoridade tenha oferecido ao empresário outro local, distante daquele, de pouco trânsito de pedestre e de veículos, mas de fácil acesso. Veja-se que é razoável. Qualquer pessoa de bom censo não teria dúvida em afirmar que a autoridade está interessada em atender ao pedido e atenta quanto ao interesse público. Suponha-se que o agente diga que permite a instalação do circo, na periferia da cidade, numa região despovoada, de difícil acesso e pelo prazo de vinte dias em vez dos dois meses pleiteados. Não há dúvida de que, nesse caso, a autoridade atuara com arbitrariedade. Irrazoável, portanto, a decisão. Suponha-se, finalmente, que o local oferecido seja em um bairro afastado, mas populoso e habitado por famílias das classes D e E, supostamente desprovidas de recursos financeiros para pagar os ingressos ao circo. Nesse caso, está-se diante de uma situação duvidosa quanto ao atendimento do interesse da empresa, da sociedade e da finalidade da

---

[23] GORDILLO, Agustín A. *Princípios de direito público.* Trad. Marco Aurélio Greco. São Paulo: Revista dos Tribunais, 1977.

lei, que quer que o circo esteja presente onde haja interessados em seus espetáculos. Essa situação configura-se hipótese de zona cinzenta ou zona de incerteza. Nesse caso, o administrador pode ter praticado o ato correto ou não. O interessado, se entender que a solução lhe é prejudicial, poderá pleitear, na via administrativa ou judiciária, a revisão do ato. O órgão julgador diante dos fatos alegados e das provas produzidas verificará se o ato da Administração foi correto, razoável ou não. Se positivo, confirma o ato, se negativo, anula-o.

Sintetizando, a razoabilidade e a proporcionalidade que se incluem na noção de legalidade são fundamentais parâmetros para o estabelecimento dos limites da discricionariedade.

7.6 Proporcionalidade

O princípio da proporcionalidade, embora distinto, complementa o princípio da razoabilidade. Este, como salientado, é importante meio limitador do poder discricionário da Administração Pública; o princípio da proporcionalidade, igualmente, se utiliza como eficiente meio inibidor da liberdade do agente público no exercício da competência discricionária. A propósito, sustenta Moraes:

> Observa-se, mais, que a evolução do uso do princípio da proporcionalidade na jurisprudência brasileira ocorre *pari passu* com a evolução do uso do princípio da razoabilidade, o que recomenda, no plano da jurisprudência brasileira, o estudo conjunto dos princípios da proporcionalidade e da razoabilidade, antecedido de investigação acerca do conteúdo deste último, e de uma tentativa de comparação entre os dois.[24]

O princípio da proporcionalidade, em síntese, resulta do ponto de equilíbrio entre o meio e o fim que se pretende alcançar com determinada conduta da Administração Pública. Quer-se com isso dizer que os meios utilizados para se obter determinado fim devem ser proporcionais ao resultado desejado. Canotilho sustenta:

> Quando se chega à conclusão da necessidade e adequação do meio para alcançar determinado fim, mesmo neste caso deve perguntar-se se o resultado obtido com a intervenção é proporcional à "carga coativa" da mesma. Meios e fim são colocados em equação mediante um juízo de ponderação, a fim de se avaliar se o meio utilizado é ou não desproporcionado em relação ao fim. Trata-se, pois, de uma questão de "medida" ou "desmedida"

---

[24] MORAES, Germana de Oliveira. *Controle jurisdicional da Administração Pública*. São Paulo: Dialética, 1999. p. 131.

para se alcançar um fim: pesar as desvantagens dos meios em relação às vantagens do fim.[25]

O núcleo do princípio da proporcionalidade contém-se nesse breve texto de Canotilho, que pode assim ser explicado: o administrador público, ao atuar, deverá sempre sopesar o gravame que pretende impor ao administrado e o fim que almeja com a medida. Caso a autoridade adote sacrifício maior do que o fim almejado para o destinatário do ato, dir-se-á ter havido arbitrariedade por parte do autor da medida. Nesse caso o ato resultante da conduta aparentemente legal sujeitar-se-á ao controle do Poder Judiciário, podendo ser anulado se constatada a desproporcionalidade na atuação do agente, caso a Administração Pública não reveja, em tempo hábil, o seu ato danoso.

Souza, a propósito, escreve: "Uma decisão da Administração que seja desproporcional, no todo ou relativamente a qualquer dos seus elementos valorativos, em qualquer dessas opções, é ilegal e como tal deve ser anulado".[26]

Os direitos individuais e coletivos, garantidos pela Constituição, estão sujeitos a restrições quanto ao exercício dos mesmos, inclusive o de liberdade e o de propriedade. Essas restrições, entretanto, não devem trazer ao titular do direito gravame maior do que o fim desejado. As restrições ao direito individual operam-se em benefício da sociedade, interesse comum ou interesse coletivo. O indivíduo, todavia, não deve se sacrificar sozinho em favor da coletividade. Esta deve suportar, financeiramente, o sacrifício imposto ao indivíduo. Daí, o dever do Estado de indenizar nos casos de instituição de servidão administrativa e nos casos de desapropriação, por exemplo. Ademais, a autoridade não se legitima para desapropriar ou instituir servidão em área de terreno particular maior do que a efetivamente necessária, ressalvado o caso de desapropriação por zona nas condições e limites previstos em lei, sob pena de vício do respectivo ato.

A autoridade, nas duas espécies de restrições à propriedade aqui lembradas, deverá, além de outros requisitos, exercitar o princípio da proporcionalidade. No caso concreto, ela deve verificar se o sacrifício a ser imposto ao proprietário é proporcional ao benefício social resultante da medida ou se o custo a ser pago pela sociedade é compatível com o benefício que obterá. A desproporcionalidade, nas duas hipóteses, vicia o ato, cuja nulidade pode ser pleiteada em juízo.

Stunn, a propósito, salienta:

---

[25] CANOTILHO, José Joaquim Gomes. *Direito constitucional*. 6. ed. Coimbra: Almedina, 1993. p. 383.

[26] SOUZA, António Francisco de. *Conceitos indeterminados no direito administrativo*. Coimbra: Almedina, 1994. p. 230.

EDIMUR FERREIRA DE FARIA
CONTROLE DO MÉRITO DO ATO ADMINISTRATIVO PELO JUDICIÁRIO

Em defesa do princípio da proporcionalidade, pode-se dizer que em muitos casos os critérios políticos confundem-se com critérios jurídicos, podendo o juiz adequá-los ao caso concreto. O juiz supre a deficiência democrática da política que criou a norma, mensurando os valores subjacentes a ela. O juiz exerce essa função, que constitucionalmente lhe é atribuída, devido a sua vinculação aos direitos fundamentais. Esses possuem aplicação imediata, principalmente devido ao caráter principiológico de que são dotados.[27]

Maria Sylvia Zanella Di Pietro entende que, a despeito de a Lei nº 9.764/00 considerar a proporcionalidade princípio distinto do princípio da razoabilidade, este está contido naquele, tendo em vista que "o princípio da razoabilidade, entre outras coisas, exige *proporcionalidade* entre os meios em que se utiliza a Administração e os fins que ela tem que alcançar". Continua a autora afirmando que a medida da proporcionalidade não deve ser feita segundo critérios subjetivos, sacados da vontade pessoal do agente público. A autoridade, ao contrário, deve valer-se de padrões dos costumes praticados na comunidade social em que se situa o fato em conflito. Nessa situação, o juiz não deve ficar adstrito à letra fria da lei.[28] De pleno acordo com a autora. Já sustentamos, em outro tópico deste trabalho, que o juiz na solução do caso concreto, sem ignorar a lei, deve preocupar-se mais com a justiça do que com a lei positivada.

Sobre a aplicação do princípio da proporcionalidade, Humberto Ávila assevera:

O exame da proporcionalidade aplica-se sempre que houver uma *medida concreta* destinada a realizar uma *finalidade*. Nesse caso devem ser analisadas as possibilidades de a medida levar à realização da finalidade (exame de adequação), de a medida ser a menos restritiva aos direitos envolvidos dentre aqueles que poderiam ter sido utilizados para atingir a finalidade (exame de necessidade) e de a finalidade pública ser tão valorosa que justifique tamanha restrição (exame da proporcionalidade no sentido estrito).[29]

Concluindo, o agente público, no exercício de estabelecimento da proporcionalidade entre o meio e o fim que deseja alcançar, não deve levar em consideração apenas a norma contida na lei de regência, mas, sobretudo, a situação fática, tendo sempre em mente o direito individual, o coletivo, o custo/benefício, os princípios jurídicos e os limites do poder

---

[27] STUMM, Raquel Denize. *Princípio da proporcionalidade no direito constitucional brasileiro*. Porto Alegre: Livraria do Advogado, 1995. p. 83.

[28] DI PIETRO, Maria Sylvia Zanella. *Direito administrativo*. 22. ed. São Paulo: Atlas, 2009. p. 79.

[29] ÁVILA, Humberto. *Teoria dos princípios*. 8. ed. São Paulo: Malheiros, 2008. p. 162.

discricionário. A conduta do agente público, pautada nessas condicionantes, será, em princípio, juridicamente correta e insuscetível de contrariedade pelo Judiciário.

7.7 Abuso de poder

Abuso de poder, excesso de poder ou desvio de poder ou de finalidade compreende a atuação do agente administrativo, sem previsão legal ou fora dos limites legais ou ainda contrário aos fins previstos na lei. Os atos praticados numa dessas circunstâncias são considerados viciados por terem sido editados em desconformidade com os limites da discricionariedade. Ressalte-se, desde logo, que a possibilidade de o agente atuar com abuso de poder verifica-se, com frequência, no exercício do poder discricionário. Desse modo, o abuso de poder manifesta-se no momento em que se verifica a transgressão dos limites estabelecidos na regra de Direito, para o exercício do poder discricionário.

Celso Antônio Bandeira de Mello conceitua, dessa forma, o desvio de poder: "Violação jurídica do poder legítimo, por usá-lo fora dos casos que o justificam, de molde a atender objetivos diversos dos supostos na investidura dele."[30]

In concreto, é questão tormentosa identificar o abuso de poder, quando o comportamento se verifica no limiar da discricionariedade, isso é, no limite entre o término da faculdade e o início do desvio de finalidade ou excesso de poder. A subjetividade imperante numa e noutra hipótese dificulta a investigação da legalidade, porque a mente humana, conforme salientado, é terreno impenetrável, sob pena de violação do direito. Essa dificuldade tende a desaparecer, na medida em que se distancia dos limites da legalidade.

O ato praticado além dos limites da discricionariedade revela nitidamente, em geral, a intenção do seu autor, de obrar com abuso de poder.

Segundo Oswaldo Aranha Bandeira de Mello, a teoria do desvio de poder encontra-se em declínio no direito francês. Esse desprestígio do instituto, se assim se pode dizer, decorre justamente da dificuldade de se perquirir a intenção do agente administrativo para se verificar se houve, ou não, o desvio ou abuso de poder. Em virtude desta dificuldade, o Conselho de Estado francês tem, sempre que possível, solucionado o impasse, adotando a teoria dos motivos determinantes. Assim, ao invés de examinar a

---

[30] MELLO, Celso Antônio Bandeira de. *Curso de direito administrativo*. Coordenação de Adilson Abreu Dallari. São Paulo: Revista dos Tribunais, 1986. p. 57.

intenção do agente público, verifica-se "o fato que constitui fundamento do ato, e se suficiente para justificá-lo."[31]

O exemplo seguinte facilita o entendimento: suponha-se que a autoridade administrativa, alegando motivo de segurança, proíba a realização de comício pretendido por determinado partido político, mas que, na verdade, a autoridade pretende, de fato, é impedir o evento por se tratar de adversários políticos, ou oposição ao governo. Nessa hipótese, há desvio de poder. Mas em vez de verificar se a proibição decorreu de interesse político, para se anular o ato, verifica-se se houve motivo razoável, na atitude proibitiva. Se a realização do comício não trouxer risco à segurança ou não inviabilizar o trânsito, por exemplo, o evento deve ser autorizado, ainda que por meio de ordem judicial.

Therezinha Lúcia Ferreira Cunha figura entre os que entendem que o Estado contemporâneo aumentou em muito as suas funções, com a finalidade última de prestar e garantir a satisfação e o bem-estar social. E que a Administração para desempenhar essas funções deve ser dotada de poderes suficientes, mas com equilíbrio, de modo que ela possa cumprir o seu papel, sem abuso de poder. "A coletividade deve preocupar-se em encontrar limite para alcançar esse ponto, impondo restrições, para que o poder estatal não seja extrapolado."[32]

Para a mesma autora, o desvio de poder caracteriza-se pela atitude do agente, contrário à lei ou ao seu fim.

> Se o ato é praticado sem objetivar o interesse público por motivos pessoais, caracteriza-se o desvio de poder. Se praticado, embora atingindo o interesse público, porém com fim diverso daquele previsto em lei, caracteriza-se, também o desvio de poder.[33]

Para Cretella Júnior:

> Desvio de poder é o uso indevido que o administrador faz do poder discricionário de que é detentor para atingir fins diversos do que a lei assinalara. Ou é o uso indevido que a autoridade administrativa faz do poder que lhe é conferido para atingir finalidade diversa daquela que a lei preceituara.[34]

---

[31] MELLO, Oswaldo Aranha Bandeira de. *Princípios gerais de direito administrativo*. Rio de Janeiro: Forense, 1974. p. 434.

[32] CUNHA, Therezinha Lúcia Ferreira. Princípio da legalidade e do desvio de poder no direito administrativo. *Revista de Informação Legislativa*, ano 19, n. 75, p. 228, jul./set. 1982.

[33] CUNHA, *op. cit.*, p. 21.

[34] CRETELLA JÚNIOR, José. Sintomas denunciadores do desvio de poder. *Revista da Faculdade de Direito da USP*, São Paulo, v. 71, p. 79, 1976.

O fim do ato administrativo é elemento essencial à sua formação. Os franceses, com a criação do "contencioso administrativo", desenvolveram estudos sobre o fim dos atos administrativos, chegando à teorização do desvio de poder. Trata-se de modalidade de vício que não alcança os atos vinculados. É nos atos decorrentes do poder discricionário que o desvio pode verificar-se. O vício do fim implica o desfazimento do ato, por desvio de poder ou de finalidade.[35]

O desvio de poder preocupou tanto os franceses que os levou a instituir o recurso denominado *Le recours pour il excès de pouvoir*. Essa espécie de recurso, instituído em 1790, destina-se a anular os atos da autoridade administrativa, quando praticados contra regra de Direito. A despeito da enorme preocupação dos franceses, desde há mais de duzentos anos, com os abusos praticados pela autoridade pública, inúmeros países, ainda hoje, no ano 2016 continuam praticando excesso de poder, livres de controle. Esse comportamento é mais frequente nos Estados que adotam governos autoritários, muito comuns na América Latina até a década de 80 do século XX. Isso ocorreu, principalmente, em virtude de ausência de mecanismos de controle, no sistema jurídico, ou mesmo existindo, por temor às consequências que poderão advir do governo cujos atos se pretende controlar. Em razão desses fatores, o descumprimento do Direito é realidade incontestável nos países onde a democracia não se exerce na sua plenitude; a discricionariedade administrativa e a política gozam de amplitude sem limites, muitas vezes.

O Brasil, depois de mais de duas décadas de regime ditatorial, consagrou-se como Estado Democrático de Direito, com a Constituição de 1988. Por meio dessa Lei, Maior criaram-se diversos e modernos meios de controle, com vistas a coibir os abusos contra o direito e a moralidade administrativa. Mesmo assim, ainda se praticam abusos. A sociedade, por sua vez, tem sido omissa, deixando de postular em juízo ou fora dele, por meios próprios, assegurados pela Constituição da República.

7.8 Arbitrariedade

A arbitrariedade caracteriza-se nos casos em que o administrador público age fora dos limites do poder discricionário. Diz-se, então, arbitrário o ato editado contrariamente ao Direito. A arbitrariedade verifica-se, pois, no transbordamento dos limites da discricionariedade. É o entendimento da doutrina e da jurisprudência administrativa e judiciária.

---

[35] FIORINI, Bartolomeu A. *Derecho administrativo*. 2. ed. Buenos Aires: Abeledo Perrot, 1976. t. I, p. 516.

Será que a arbitrariedade não equivale à legalidade? O Administrador Público, no pleno exercício do poder discricionário, não estaria exercendo a função de árbitro? O agente administrativo, ante o caso concreto e na ausência de norma reguladora do fato, não adota a solução mais apropriada ao caso? Isso não seria arbitrar? Se o arbítrio estiver fora do Direito, como se explicaria a arbitragem, nos conflitos internacionais, por exemplo? Os árbitros internacionais são previstos no direito escrito ou costumeiro. No Direito Interno de vários países adota-se o instituto da arbitragem, inclusive no Direito brasileiro, Lei nº 9.307, de 23 de setembro de 1996, alterada pela Lei nº 13.129, de 26 de maio de 2015 e Código de Processo Civil, que entrou em vigor no dia 17 de março de 2016, prevê no art. 3º a adoção da arbitragem, da conciliação, da mediação e outros meios de solução consensual de conflitos. O §2º do artigo em referência estatui: "O Estado promoverá, sempre que possível, a solução consensual dos conflitos". Logo, os árbitros, profissionais ou não, devem pautar-se na legislação pertinente. Assim agindo, as suas decisões serão legais. Por isso, são acatadas pelas partes. O árbitro não está adstrito a determinada lei, ao solucionar a contenda. Mas está obrigado a observar os princípios gerais do direito, os costumes, a analogia, a equidade, a justiça e a igualdade. O árbitro, seja no plano internacional, seja no plano interno, ou mesmo no âmbito dos litígios individuais, não atua pela sua própria vontade, sob pena de incorrer em ilegalidade em sentido amplo. Esse agir não seria discricionário?

Todas as respostas devem ser positivas? Sim, exceto a primeira, visto que a arbitrariedade não é sinônimo de árbitro e nem de arbitragem. O termo significa comportamento sem lei ou fora da lei. Por isso, o atuar do agente público fora dos limites da discricionariedade traduz-se em arbitrariedade e, consequentemente, produz ato com eiva de ilegalidade.

Na doutrina e na jurisprudência a arbitrariedade se opõe à discricionariedade. Firmou-se entendimento sedimentado de que a extrapolação dos limites da discricionariedade pelo agente público constitui-se em arbitrariedade.

CAPÍTULO 8

CONCEITOS JURÍDICOS INDETERMINADOS

8.1 Considerações gerais

Em síntese, a teoria dos conceitos jurídicos indeterminados tem por finalidade precípua distinguir discricionariedade de conceitos fluidos para efeito da concreção da norma jurídica e de controle jurisdicional dos atos administrativos.

A importância do tema justifica reservar-lhe o presente Capítulo, no qual pretende-se estabelecer a distinção entre discricionariedade administrativa e os conceitos jurídicos fluidos, imprecisos, vagos ou abertos. Pretende-se, com a distinção, demonstrar que o agente público, ao praticar ato diante de conceito jurídico indeterminado, terá de fazer intelecção da norma que se amolda ao caso concreto, e não valer-se da discricionariedade. A medida tem por finalidade reduzir o campo de atuação discricionária do agente administrativo.

8.2 Origem e evolução

Germana de Oliveira Moraes esclarece: "A teoria dos 'conceitos jurídicos indeterminados' surgiu associada à idéia de ilimitado controle jurisdicional de sua interpretação e aplicação, em contraposição ao controle jurisdicional limitado da discricionariedade."[1]

---

[1] MORAES, Germana de Oliveira. *Controle jurisdicional da Administração Pública*. 2. ed. São Paulo: Dialética, 2004. p. 71.

182 EDIMUR FERREIRA DE FARIA
CONTROLE DO MÉRITO DO ATO ADMINISTRATIVO PELO JUDICIÁRIO

O estudo do tema teve origem na Áustria, no século XIX, realizado por Edmund Bernatizik e Friedrich Tezner. Esses dois autores desenvolveram teorias antagônicas sobre a aplicação dos conceitos jurídicos indeterminados. Bernatizik, em obra publicada em 1886, sustentou que os conceitos legais indeterminados conferiam à Administração Pública competência discricionária, o que influenciou o Supremo Tribunal Austríaco ensejando a possibilidade de várias opções válidas, ante ao caso concreto. Essa posição influenciou o Supremo Tribunal austríaco. Tezner, em obra publicada em 1888, opõe-se a esse posicionamento argumentando que a ideia da discricionariedade dos conceitos legais indeterminados incompatibiliza-se com o Estado de Direito. Para ele, os conceitos legais indeterminados e os conceitos legais determinados diferenciam-se apenas quanto ao grau de segurança da palavra.[2]

Essas posições distintas dos citados autores contribuíram, na ordem em que foram citadas, para o desenvolvimento da teoria da multivalência e da teoria da univocidade. A primeira sustenta que a interpretação e a aplicação dos conceitos legais indeterminados levam a várias opções válidas, campo da discricionariedade. A segunda, ao contrário, expõe o entendimento segundo o qual os conceitos legais indeterminados comportam apenas uma solução válida em conformidade com a lei. Portanto, a decisão seria vinculada e não discricionária.

A segunda teoria foi adotada na Alemanha, pela quase unanimidade da doutrina e da jurisprudência reforçando o entendimento de que a interpretação e aplicação dos conceitos legais indeterminados conduzem a uma única solução válida. Portanto, vinculada e integralmente controlada pelo Judiciário.

Depois da Segunda Guerra a teoria da univocidade, até então adotada pela doutrina e pela jurisprudência alemã, começa a sofrer reação em sentido contrário. Forsthoff, citado por Germana de Oliveira Moraes,[3] desenvolve estudos sustentando a teoria da multivalência. Esse autor distingue os conceitos em empíricos e de valor. Os primeiros não são discricionários, visto que a identificação do conteúdo dos mesmos depende apenas de aplicação lógica, enquanto que os conceitos de valor, nos casos do Direito Administrativo, independentemente da vontade do legislador, a atuação do agente é discricionária.

A corrente que adota a posição de Forsthoff é minoritária. Continua majoritária, na Alemanha, a corrente que defende a integral intelecção da lei nos casos de conceitos jurídicos indeterminados.

Moraes, arrimada em Sérvulo Correia, ressalta:

---

[2]   MORAIS, *op.cit.*, p. 71
[3]   MORAES, *op.cit.*, p. 72.

Consoante o magistério de Sérvulo Correia, "avulta pela sua importância, na República Federal da Alemanha, o estudo doutrinário da *margem de livre apreciação* na aplicação de conceitos jurídicos indeterminados e a procura de uma base teórica para a delimitação das situações em que o juízo valorativo proferido pela Administração sobre os pressupostos contidos na previsão da norma não deve ser controlado jurisprudencialmente", o que suscitou, continua ele, "a necessidade de repensar o posicionamento relativo à discricionariedade e dos conceitos jurídicos indeterminados". Destaca o insigne jurista, uma *margem de livre decisão* com responsabilidade exclusiva da Administração, emergente da falta de densidade da norma jurídica, na qual se enquadra a discricionariedade, que envolve "a ponderação autônoma de interesses em conflito à luz de critérios de aptidão, indispensabilidade e equilíbrio ou razobilidade" e a margem da livre apreciação dos conceitos jurídicos indeterminados, que envolve um "juízo autônomo de prognose somente subordinado a critério de aptidão".[4]

Na Alemanha a questão ainda é polêmica. A doutrina continua oscilante quanto à compreensão dos conceitos jurídicos indeterminados. Entretanto, avolumam as críticas às teorias que defendem a restrição do controle jurisdicional da Administração Pública, principalmente no que tange à valoração administrativa dos conceitos jurídicos indeterminados. Dentre os autores que se filiam a essa corrente de pensamento, opositora à livre margem de apreciação da Administração Pública, ressalte-se que o autor alemão, Hans Rupp, segundo afirma Moraes.

Entre os opositores da teoria da *margem da livre apreciação*, Rupp nega a existência de diferença qualitativa entre conceitos determinados e indeterminados, defende "a vinculação total da Administração à lei e a sua subordinação no que concerne à interpretação e aplicação de conceitos legais indeterminados, a um controle jurisdicional igualmente total".

(...) Rupp reconhece a falibilidade do juiz, contingência de ser humano, porém, para ele, "quem daí pretender retirar que não há vantagem em substituir uma decisão problemática da Administração por uma decisão não menos problemática do juiz mostra não ter compreendido não só a função e a independência do juiz, como também o sentido da divisão dos poderes no Estado de Direito democrático".[5]

Maria Sylvia Zanella Di Pietro oferece a seguinte noção de conceitos jurídicos indeterminados:

---

[4] MORAES, *op.cit.*, p. 73.
[5] MORAES, *op.cit.*, p. 74.

A expressão "conceito jurídico indeterminado", embora bastante criticável, ficou consagrada na doutrina de vários países, como Alemanha, Itália, Portugal, Espanha e, mais recentemente, no Brasil, sendo empregada para designar vocábulos ou expressões que têm um sentido preciso, objetivo, determinado, mas que são encontrados com grande freqüência nas normas jurídica dos vários ramos do direito. Fala-se em boa-fé, bem comum, conduta irreparável, pena adequada, interesse público, ordem pública, notório saber, notória especialização, moralidade, razoabilidade e tantos outros.[6]

Os exemplos citados por Maria Sylvia dão bem a ideia da imprecisão dos conceitos. Essa imprecisão é que levou os estudiosos do tema a cunharem as expressões "conceitos jurídicos indeterminados", "conceitos fluidos", "conceitos elásticos", "conceitos abertos", entre outros.

Ensina Maria Sylvia que, em torno da ideia de vinculação, discricionariedade e de conceitos indeterminados, surgiram duas correntes em sentidos opostos quanto à liberdade do administrador público no exercício da discricionariedade. Uma corrente inspirada em Laband e a outra, em Jellinek.

Sustentava Laband que o juiz atua sem margem de liberdade. Seu dever é o de fazer valer o direito objetivo sem autonomia da vontade. A Administração, ao contrário, no exercício da discricionariedade, não encontra limites jurídicos. No máximo, pode se sujeitar a um limite político ou moral. Foram seus principais seguidores Tezner e Bühler.

Jellinek se opõe ao pensamento de Laband e seus seguidores, entendendo e reconhecendo o crescimento do papel do legislador regrando o comportamento do administrador, reduzindo-lhe o campo de liberdade.

Otto Mayer, inspirado em Jellinek, nas palavras de Maria Sylvia Zanella Di Pietro, sustentou:

> O papel da Administração é o de executar a lei; mesmo quando a lei deixa certa liberdade de decisão no caso concreto, estabelece uma limitação quanto aos fins; em razão disso, não se pode falar de um poder discricionário inteiramente livre, porque pelo menos quanto aos fins há sempre uma vinculação à lei.[7]

Tentar-se-á demonstrar que, nos casos de conceitos jurídicos indeterminados, imprecisos, vagos ou fluidos, não há espaço, em princípio, para a discricionariedade. São distintos entre si a discricionariedade e o conceito jurídico indeterminado. Entretanto, alguns autores, entre os quais

---

[6]   DI PIETRO, Maria Sylvia Zanella. *Discricionariedade administrativa na Constituição de 1988*. São Paulo: Atlas, 1991. p. 65.

[7]   DI PIETRO, *op. cit.*, p. 66-67.

Celso Antônio Bandeira de Mello, entendem que os conceitos jurídicos indeterminados contêm-se na discricionariedade.

Na história do Direito, não se fez distinção entre conceitos indeterminados e discricionariedade, como conviria. A falta de teorização, em relação aos primeiros, levou a Administração, durante séculos, a atuar discricionariamente em campo que lhe era vedado, uma vez que no caso de conceito jurídico indeterminado a situação é de intelecção e não de escolha ou valoração subjetiva. Nos dias atuais, diversos países, inclusive o Brasil, ainda adotam, por falta de estudos acurados da doutrina e da jurisprudência, faixa discricionária ampla, abrangendo os conceitos jurídicos indeterminados. Essa ideia ampla de discricionariedade pode levar a resultados jurídicos inconvenientes, indesejáveis ou lesivos a direito, porque, ao invés de interpretar a norma e adotar a solução única nela prevista, o administrador age promovendo a escolha que julga conveniente. A escolha livremente adotada pelo agente público, no caso concreto, nem sempre coincide com a vontade da lei em que se valeu para editar o ato. Ora, se contraria a lei, inexoravelmente, contraria direito de alguém individual ou coletivamente ou da própria Administração.

A teorização dos conceitos jurídicos indeterminados fez-se com a finalidade de mudar o campo de atuação da discricionariedade, que ultrapassava os seus limites, ocasionando dificuldades ao intérprete na solução dos casos postos ao seu exame. Uma das consequências disso pode ser prejuízo ao Direito e à Justiça. Os alemães desempenharam papel preponderante no estudo desses conceitos. Para Forsthoff,[8] a operação lógica que permite identificar o conteúdo concreto das noções jurídicas indeterminadas não representa o exercício do poder discricionário. A regra de Direito nos casos de conceitos jurídicos indeterminados não confere à Administração a faculdade de escolha. Pelo contrário, ela supõe que a conduta do agente é vinculada e, por isso, apenas uma solução deve corresponder ao fim determinado implicitamente pela lei.

A norma, nesses casos, deixa ao operador do Direito a interpretação correta, no momento da sua aplicação ao caso concreto, e não a escolha entre várias situações.

> A determinação correta de uma noção jurídica indeterminada tem um valor genérico. A interpretação da noção "noite" (...) não é verdade somente para tal ou qual pessoa que é interessada pela decisão, mas para todas. Esta interpretação tem um caráter normativo, tanto para o interessado do campo como da cidade, em qualquer parte da Alemanha.[9]

---

[8] FORSTHOFF, *op. cit.*

[9] FORSTHOFF, *op. cit.*, p. 153.

EDIMUR FERREIRA DE FARIA
CONTROLE DO MÉRITO DO ATO ADMINISTRATIVO PELO JUDICIÁRIO

Embora os alemães tenham desenvolvido a teoria dos conceitos jurídicos indeterminados, o estudo da matéria iniciou-se na Áustria, conforme anunciado antes, pelos professores Edmund Bernatizek e Friedrich Tezner. Malgrado os esforços em torno da questão, desde aquela época não foi possível a unificação do pensamento sobre o tema.[10]

A saliente dificuldade que enfrentam os estudiosos consiste na linha divisória entre a discricionariedade e os conceitos jurídicos indeterminados. Talvez em virtude dessa obscuridade ou zona cinzenta, como é conhecida, os autores alemães entendiam, inicialmente, que mesmo nos casos de conceitos indeterminados caberia certa margem de escolha discricionária, pela Administração, nos casos concretos. Evoluíram, entretanto, nesse estudo e chegaram, finalmente, ao entendimento, hoje pacífico no Direito alemão, de que, no caso dos conceitos imprecisos, à Administração não se confere margem de escolha. Trata-se de mera interpretação da norma. Ao Administrador compete identificar a única solução permitida pela lei e não escolher entre várias.

Enterría e Fernández ensinam que, nesses casos, de acordo com o pensamento hodierno, a Administração não tem a livre escolha na procura da solução que julga melhor.

> Trata-se, pelo contrário, de delimitar uma única solução justa cuja busca regrada deve fazer a Administração quando a ela corresponde sua aplicação, e cujo controle último. Por ser um controle de legalidade, é cabido ao juiz.[11]

Esses autores adotam integralmente a doutrina prevalente no Direito alemão nesse particular.

Regina Helena Costa também sustenta que a recente doutrina alemã não admite mais a subtração da Administração ao controle judiciário, quando essa atua no campo da interpretação dos conceitos indeterminados. Ao contrário, admite o exame pelo juiz, para que este possa verificar se a orientação da Administração está adequada à lei que lhe serviu de base.

Nesse caso, ao juiz é lícito reduzir o campo da incerteza e conduzir a matéria para a zona da certeza, indicando a solução correta para o caso e declarando a nulidade do ato que atentar contra esse entendimento.[12] Conclui a autora afirmando:

> Existe discricionariedade quando a autoridade administrativa pode escolher entre várias decisões, de modo que, na vontade do legislador, qualquer

---

[10] COSTA, R., *op. cit.*, p. 91.
[11] GARCÍA DE ENTERRÍA, Eduardo; FERNANDES, Tomás Ramón. *Curso de derecho administrativo*. Madrid: Civitas, 1974. t. I, p. 295.
[12] COSTA, R., *op. cit.*, p. 92.

delas é juridicamente admissível e tem o mesmo valor, existe um conceito jurídico indeterminado por sua vez, quando só uma decisão é juridicamente admissível.[13]

Diante do caso concreto, como identificar se é hipótese de escolha de uma solução justa ou identificação da única solução prevista na lei? À primeira vista, pode parecer difícil a distinção. Contudo, na prática, cada situação oferece elementos que facilitam o entendimento ou a cognição. Lúcia Valle Figueiredo esclarece com o seguinte argumento: os conceitos "ilibada reputação" e "notório saber" são indeterminados. Mas têm ambos núcleo de certeza positiva e de certeza negativa. Pode se afirmar que determinada pessoa tem notório saber jurídico e goza de ilibada reputação, certeza positiva. Pode-se, também, dizer o contrário, que dada pessoa não é portadora desses valores, certeza negativa. Contudo, há, entre as duas certezas, zona cinzenta que ofusca a nitidez da certeza negativa ou positiva. Essa zona constituiria espaço para a escolha do administrador. A interpretação do conceito indeterminado está ligada a dados objetivos mutáveis como "os valores da época, do local, dos *standards* comportamentais, que servem de parâmetros".[14]

Afonso Rodrigues Queiró mantém posição oposta à defendida majoritariamente na Alemanha e na Espanha, na consagrada doutrina de Enterría e Fernández. Para o autor português, é admissível a discricionariedade nos casos de conceitos indeterminados, por entender que o administrador atua em duas fases distintas. Na primeira, sua atividade é interpretativa e, na segunda, ainda que restrita, atua no espaço de escolha. Isso porque, segundo sustenta, a aplicação do Direito depende sempre de certa dose de valor. Esse móvel pode ser maior ou menor, conforme o caso. É a situação de fato que deve determinar a dosagem valorativa necessária ao caso. Na primeira fase, o atuar do administrador compreende a hermenêutica administrativa, interpretação da norma jurídica. Na segunda, prevalece a discricionariedade, faculdade de escolha segundo a conveniência. Esta, livre e incontrolável. Aquela, vinculada e controlável pelo Judiciário.[15]

Regina Helena opõe-se à doutrina alemã, seguida por Eduardo García de Enterría e Tomás Ramón Fernández na Espanha, e à teoria de Afonso Rodrigues Queiró, em Portugal.

---

[13]   COSTA, R., *op. cit.*, p. 93.

[14]   FIGUEIREDO, Lúcia Valle. *Curso de direito administrativo*. São Paulo: Revista dos Tribunais, 1986. p. 152.

[15]   QUEIRÓ, Afonso Rodrigues. Os direitos do poder discricionário das autoridades administrativas. *Revista de Direito Administrativo*, Rio de Janeiro, n. 97, p. 55-56, jul./set. 1969.

188 | EDIMUR FERREIRA DE FARIA
CONTROLE DO MÉRITO DO ATO ADMINISTRATIVO PELO JUDICIÁRIO

Para facilitar a compreensão do pensamento da autora, convém frisar que Queiró e os alemães assumiram posições opostas no que concerne aos conceitos jurídicos indeterminados. O primeiro entende que haverá sempre discricionariedade, nos casos de conceitos indeterminados. No outro extremo, os alemães e Enterría e Fernández entendem que em nenhuma hipótese se verifica a discricionariedade na situação em que esteja presente, conceito indeterminado. Regina Helena discorda das duas correntes por serem radicais. Veja-se a sua opinião:

> A menção a conceitos indeterminados pela lei pode ou não conduzir à atribuição de liberdade discricionária à Administração Pública. Pensamos que a solução à questão só pode ser fornecida casuisticamente, tendo em vista o tipo de conceito empregado pela mesma.[16]

Desenvolvendo seu pensamento sobre esse assunto, Regina Helena classifica os conceitos jurídicos indeterminados em duas espécies: conceitos de experiência e conceitos de valor. A experiência é de natureza objetiva e consubstancia-se na vivência e interpretação, principalmente. A ideia de valor está ligada à inexistência de elementos objetivos definidos e claros e ao predomínio do subjetivo, na tomada de decisão, no caso concreto, mediante escolha que o agente julgar adequada para a situação. Daí afirmar Regina Helena:

> Quando se trata de conceitos de experiências, o administrador, após socorrer-se do processo interpretativo, torna preciso o conceito, não lhe restando qualquer margem de liberdade de escolha de seu significado. Quando estivermos diante de conceitos de valor, diversamente, caberá àquele, terminada a interpretação, uma vez restando ainda um campo nebuloso do conceito que esta não foi suficiente para eliminar, definir o conceito por intermédio de sua apreciação subjetiva, que outra coisa não é que a própria discricionariedade.[17]

Essa posição é compatível, em parte, com a de Afonso Rodrigues Queiró. Para esses autores, como se demonstrou, o administrador, ante os conceitos jurídicos vagos, procura reduzir-lhes o núcleo, mediante processo interpretativo. Esgotado esse procedimento, restando ainda campo obscuro, o intérprete se valerá de sua intuição subjetiva, para evidenciar

---

[16] *Op. cit.*, p. 98.
[17] *Op. cit.*, p. 98.

CAPÍTULO 8
CONCEITOS JURÍDICOS INDETERMINADOS | 189

e esclarecer a parte não clara. A primeira parte é vinculada e a segunda, discricionária.

Apesar da convergência de pensamentos de Regina Helena e Afonso Rodrigues Queiró, há um ponto sobre o qual divergem. Para a primeira, a discricionariedade é admissível nos conceitos indeterminados, mas não é necessariamente obrigatória. Para o segundo, a discricionariedade está sempre presente, no arremate da nucleação do conceito incerto.

Os alemães e os espanhóis citados, como se viu, inadmitem a presença do elemento de valor, nos casos de conceitos indeterminados. Para eles, existe apenas uma fase: a interpretativa. Por esse procedimento, identifica-se a única solução querida pela lei, para o fato ocorrido segundo a hipótese genérica da lei. A discricionariedade, portanto, inexiste nesses casos.

Celso Antônio Bandeira de Mello, sobre o tema, sustenta que nos casos de conceitos jurídicos indeterminados pode-se, no caso concreto, comportar intelecções diversas e razoáveis. Nessa situação, não se pode afirmar que só uma delas é correta e as demais, não. Ao contrário, sustenta o autor, todas são igualmente corretas. Qualquer delas que for adotada compatibiliza-se com a lei.[18]

8.3 Noção de conceitos jurídicos indeterminados

Os conceitos jurídicos diferem dos demais conceitos em razão do objeto. Enquanto os conceitos comuns têm por objeto coisa, os jurídicos referem-se a determinado significado. Duas características básicas verificam-se nos conceitos jurídicos, que os distinguem claramente dos demais: a sua não correspondência com a realidade; e a mutação que sofre, no tempo e no espaço, no que atine à sua compreensão.

O conceito que se tem de determinado objeto, cadeira, por exemplo, é imutável, no tempo e no espaço. Em qualquer parte do Globo Terrestre e em qualquer época, o conceito de cadeira é o mesmo. A cadeira pode até mudar de forma e de estilo, em virtude da evolução tecnológica e do gosto e sensibilidade da pessoa humana, mas a ideia sobre cadeira não muda, porque a cadeira é real-material. A ideia que se faz dela é exatamente a da imagem do reflexo da sua essência em nossa mente.

Já o conceito jurídico não está vinculado à determinada realidade concreta-material, mas a significados do que deve ser e não do que é. Por isso, certos conceitos jurídicos podem ter significados diferentes em países distintos e em épocas diferentes. Dessa forma, o significado de dado conceito há dois séculos, por exemplo, pode não ser o mesmo nos dias atuais.

---

[18] MELLO, Celso Antônio Bandeira de. *Discricionariedade e controle jurisdicional*. 2. ed. 9. tir. São Paulo: Malheiros, 2008. p. 22-28.

A evolução social (política, tecnológica, econômica, entre outras) é fator atuante e decisivo na mudança da significação do conceito jurídico. Esse fenômeno ocorre exatamente porque o Direito estabelece regras de conduta, regulamenta os fatos sociais de modo a legitimar os comportamentos humanos no contexto social.

O direito de propriedade, por exemplo, sofreu, na evolução da história jurídica, profundas transformações quanto à sua abrangência. No passado (Direito romano), o direito de propriedade era absoluto. O seu titular tinha o direito de uso, gozo e fruição da coisa, tendo por limite apenas a sua vontade livre. Hoje, essa liberdade plena sofre sérias restrições, em virtude do princípio da função social da propriedade. À medida que evolui a sociedade, ampliam-se seus interesses e necessidades, em sacrifício dos direitos individuais. Esse fenômeno impõe, naturalmente, recortes no conteúdo do direito de propriedade de modo a permitir a conciliação do exercício do direito individual de propriedade com o interesse coletivo. Coroando esse entendimento, o Papa João Paulo II manifestou-se no sentido de que "sobre a propriedade, de fato, grava uma hipoteca social [...]". É o que contém o texto seguinte:

> É necessário recordar mais uma vez o princípio típico da doutrina social cristã: os bens desse mundo são originariamente destinados a todos. O direito à propriedade privada é valido e necessário, mas não anula o valor de tal princípio. Sobre a propriedade, de fato, grava uma hipoteca social, quer dizer, nela é reconhecida, como qualidade intrínseca, uma função social, fundada e justificada precisamente pelo princípio da destinação universal dos bens.[19]

Pode-se afirmar, então, que o direito de propriedade individual é concessão da coletividade e só permanece enquanto não contrarie o interesse social. O exercício desse direito pode ser restringido, por exemplo, por meio do tombamento do patrimônio cultural ou da servidão administrativa. Podendo chegar à supressão do direito à propriedade, pela via da desapropriação.

Os conceitos jurídicos indeterminados constituem tema estudado e teorizado no Direito Público, principalmente no Direito Administrativo, no qual, recebeu características próprias distintas das observadas nos demais ramos do Direito.

A origem, contudo, dos aludidos conceitos, está no Direito Privado, como, de resto, quase todos os princípios jurídicos. Conceitos e fundamentos adotados pelo Direito Público são, por conseguinte, inspirados no

---

[19] JOÃO PAULO II, Papa. *Encíclica Sollicitudo Rei Socialis.* 02.03.1988.

Direito Privado, que lhe é antecedente. Sainz Moreno, citado por Regina Helena Costa, oferece como exemplos a "boa-fé" e os "vícios ocultos" do direito civil.[20]

Regina Helena Costa define assim: "No âmbito do Direito, deve-se entender por conceitos indeterminados aqueles cuja realidade a que se referem não aparece bem definida, cujo conteúdo e extensão não estão delimitados precisamente".[21]

Essa imprecisão é que conduz muitos aplicadores da lei a admitir que possam, diante do caso concreto, escolher a solução que julguem melhor. Mas não é o caso, pois apenas uma solução é a que atende ao preceito legal; não cabe ao aplicador da lei escolher, entre várias alternativas, aquela que, a seu critério, julgue ser a melhor.

A indefinição do conceito não significa a existência de vazio na norma, que permita qualquer solução com o caráter de validade. Pelo contrário, a lei depende de interpretação para que possa, com maior exatidão, se aplicar segundo o seu espírito e finalidade.[22]

Frequentemente, o administrador depara-se com conceitos jurídicos indeterminados, em sua atividade cotidiana.

Forsthoff cita como exemplos os seguintes conceitos jurídicos indefinidos:

[...] o bem público, a utilidade pública, a ordem pública, a segurança pública, a comunidade da circulação, o perigo, a ameaça, o proveito, a vantagem, a desvantagem, o dano, a atitude, a boa ordem (por exemplo, de uma rua), a aurora, a noite, muitas vezes, freqüentemente, regularmente, etc.[23]

Germana de Oliveira Morais sustenta que os conceitos jurídicos indeterminados podem ser vinculados e não vinculados. Os da primeira categoria não comportam valoração, pois a aplicação dos mesmos resulta em "única solução juridicamente possível, seja porque a indeterminação deriva da imprecisão da linguagem, seja porque a indeterminação resulta da contextualidade da linguagem e envolve uma avaliação, não-prospectiva das circunstâncias de fatos presentes e concomitantes à incidência da norma".[24] Os indeterminados não vinculados, segundo a autora, podem

---

[20] COSTA, Regina Helena. Conceitos jurídicos indeterminados e discricionariedade administrativa. *Revista da Procuradoria Geral do Estado de São Paulo*, p. 81-82, jun. 1988.

[21] COSTA, R., *op. cit.*, p. 83.

[22] MORENO, Sainz *apud* COSTA, R., *op. cit.*, p. 84.

[23] FORSTHOFF, Ernest. *Traité de droit administratif allemand*. Trad. Michel Frounont. Bruxelas: E. Bruylant, 1969. p. 149-152.

[24] MORAIS, Germana de Oliveira. *Controle Jurisdicional da Administração Pública*. 2. ed. São Paulo: Dialédica, 2004. p. 70.

ser discricionários ou não. Nesse caso, o interprete pode chegar a uma hipótese em que duas ou mais soluções sejam razoavelmente sustentadas perante o Direito. Nessa situação, a autoridade terá de fazer a melhor escolha exercitando a valoração devidamente fundamentada. Luis Manuel Fonseca Pires adota posição em parte dissidente da acima exposta. Para ele:

Os conceitos jurídicos indeterminados aninham-se na seara da *interpretação jurídica*. Por ingente que seja a dificuldade de *determinação*, ainda assim, trata-se sempre e em toda situação, de *interpretação jurídica*, da busca da *unidade da solução justa*, de uma ponderação de um *juízo disjuntivo*. Não há, em suma, uma pluralidade de decisões legítimas *ao mesmo* intérprete, não pode o intérprete dizer que é conveniente e oportuno, naquele contexto, entender que boa-fé é representada por tal comportamento, e depois voltar atrás e dizer que não é mais conveniente entender assim, ou que diante de outro fato, de estrutura fática similar, deixar de qualificá-lo juridicamente como na véspera foi qualificado porque não é oportuno tal entendimento.[25]

Leonardo de Araujo Ferraz, em profundo estudo jusfilosófico sobre os conceitos jurídicos desenvolvido na sua tese de doutoramento, conclui que não existem conceitos determinados ou indeterminados *a priori*.[26]

Esses exemplos são suficientes para deixar patente e evidente que conceitos jurídicos indeterminados não são sinônimos de discricionariedade. Esta é, como demonstrado ficou, faculdade atribuída ao administrador público pelo ordenamento jurídico para que na situação fática adote a escolha adequada segundo a norma jurídica aplicável adequadamente interpretada. Portanto, discricionariedade e conceitos jurídicos indeterminados são realidades distintas. A despeito de alguns dos autores examinados defenderem a possibilidade de o agente administrativo atuar discricionariamente no emprego dos conceitos jurídicos indeterminados, o entendimento sustentado e defendido neste livro é o de que não há espaço para a discricionariedade. Quanto ao entendimento do Leonardo de Araújo Ferraz que desconstrói as teorias construídas em torno dos conceitos jurídicos determinados e indeterminados, o exame da sua tese com a finalidade de acolhê-la ou não depende de profundo estudo. Por isso, fica para a próxima edição.

---

[25] PIRES, Luis Manuel Fonseca. *Controle Judicial da discricionariedade administrativa*. 2. ed. Belo Horizonte: Fórum, 2013. p. 112.

[26] FERRAZ, Lonado de Araújo. *O Administrativismo do Século XXI*: para uma visão dos conceitos jurídicos indeterminados. Belo Horizonte: D'Plácido, 2013. p. 151-200 e 229.

8.4 Considerações finais

Concluindo, o entendimento que deve prevalecer quanto aos conceitos jurídicos indeterminados, é aquele segundo o qual o elemento valorativo não concorre no estabelecimento de seu núcleo, a não ser em casos excepcionalíssimos. A discricionariedade admitir-se-ia, em casos extremos; naqueles cujo procedimento interpretativo tenha se esgotado, e ainda restado obscuridade que necessita de valoração para a adoção da conduta justa. Assim, a regra deve ser a da intelecção e não da escolha, inda que parcialmente.

Enterría entende, por exemplo, que a identificação de casa em ruína independe de escolha. Para ele, a casa está em ruína ou não está. Não há concorrência de elemento subjetivo na formulação do conceito ruína. Os elementos são todos objetivos. Por esses fundamentos, aquele que tiver sua casa demolida pela autoridade administrativa, sob a alegação de estar em ruína, portanto pondo em perigo a segurança dos vizinhos e de transeuntes, poderá recorrer à justiça contra o ato, se entender que é falsa ou falha a interpretação.

A Administração, a despeito dos privilégios e prerrogativas de que goza, não tem o poder de fazer ser o que não é. Ela pode declarar o que é, na hipótese de determinada casa estar em ruína, o agente deve dizer e tomar as providências cabíveis, e não será contrariada. Agora, se por engano ou outro motivo, declarou estar em ruína o prédio que, na verdade, não está, será questionada e responsabilizada pelos danos causados ao proprietário. Não há, neste exemplo, como se vê, margem para escolha, mas pura e simples aplicação da norma jurídica.

Vê-se, daí, que a teoria dos conceitos jurídicos indeterminados contribuiu fundamentalmente para a estruturação do campo de atuação da faculdade discricionária da Administração Pública, ampliando, por outro lado, o poder de ação do Judiciário, controlador definitivo dos atos administrativos.

Anteriormente à teorização dos conceitos vagos, o poder discricionário gozava de amplitude indesejável, proporcionando ao administrador exercitar a faculdade discricionária de modo a permitir a prática de atos que seriam, a rigor, vinculados.

No Brasil, ainda é amplo o poder discricionário. Poucos são os estudos dos conceitos jurídicos indeterminados. A inestimável investigação do tema leva o Judiciário a não controlar atos administrativos viciados e danosos, emanados em decorrência de conceitos imprecisos, por entendê-los discricionários e, por conseguinte, insindicáveis quanto à conveniência e à oportunidade, segundo entendimentos ainda majoritários da doutrina e da jurisprudência.

CAPÍTULO 9

CONTROLE DA DISCRICIONARIEDADE

9.1 Fundamento do controle da Administração Pública

Antes de adentrar o exame do controle da discricionariedade, é conveniente que se façam, ainda que em estreita síntese, colocações a propósito do controle da atividade administrativa, para melhor apreensão do tema. No fenômeno evolutivo do Estado, verificam-se, já se viu, duas fases distintas: a do Estado absolutista e a do Estado de Direito. Na primeira fase, absolutista, não havia sistema ou mecanismo institucionalizado, destinado à realização de controle da Administração. Isso se justificava pelo fato de que, naquela época, o chefe do governo detinha todas as funções do Estado: executiva, legislativa e judiciária. Assim, a mesma autoridade editava as normas de Direito, nem sempre escritas, aplicava-as e dirimia os conflitos entre o Estado (autoridade soberana) e os súditos.

Nesse período da história político-administrativa, predominou a vontade soberana do monarca, e a sua vontade nem sempre coincidia com a vontade social. Por essa razão, os motivos que levavam o príncipe a adotar determinado comportamento, na maioria das vezes, não consultavam aos interesses dos súditos, enquanto integrantes da comunidade social ou individualmente. Sequer teriam estes o direito de questionar as medidas estatais que lhes fossem desfavoráveis ou danosas, visto que o Estado não se submetia às suas próprias regras e nem a qualquer espécie de controle. A sorte e o destino dos súditos dependiam da condição pessoal da autoridade dirigente — mais ou menos humana, mais ou menos justa, considerando que a sua vontade era soberana e se sobrepunha às normas jurídicas quando existentes.

Com o advento do Estado de Direito, surgiu a especialização das funções básicas e primordiais do Estado, materializadas pelos Poderes Legislativo, Executivo e Judiciário. Como consequência, o Estado passou a submeter-se a controle. A norma jurídica passou a ser o ponto de referência e de obediência pelo Estado e pelos administrados.

O Judiciário, sendo por excelência o órgão guardião da lei, encarregado de dirimir conflitos e fiscalizar a aplicação da norma jurídica, não se sujeita a controles por parte dos outros Poderes, no exercício de sua função primordial de que detém o monopólio, por ser dele a competência exclusiva para dizer o direito, emitir a palavra final e definitiva a propósito da legalidade, quando instaurado o conflito.

O Poder Legislativo, com a nobre função de editar o Direito, atua em amplo campo, tendo por parâmetro a Constituição e a consciência jurídica e política dos respectivos legisladores. A despeito da livre faixa de atuação, o Legislativo submete-se, com frequência, ao controle do Judiciário, em virtude da arguição de inconstitucionalidade de leis ou emendas constitucionais dele emanadas, por meio do controle concentrado e do difuso.

O Poder Executivo, ao contrário dos dois outros, é plenamente controlado pelo Legislativo e pelo Judiciário, sobretudo. Por que esse Poder Executivo se submete a rigoroso controle dos demais, se para muitos ele é tido como o mais importante e mais presente dos três? Exatamente pela natureza, complexidade e vastidão das atividades de que se incumbe, no aspecto da execução, da prestação objetiva de serviços públicos e exercício do poder de polícia, na realização de obras públicas e na atividade de fomento à atividade particular, no que concerne ao interesse público, a formulação e a implementação de políticas públicas é que justificam e recomendam o controle da Administração Pública. O Poder Executivo é, sabidamente, o órgão do Estado que atende material e politicamente aos anseios e necessidades da sociedade.

A Administração Pública, já se viu, é dinâmica por natureza, considerando o exercício sem intermitência de suas atribuições, para manter a ordem pública, garantir os serviços essenciais, a segurança dos indivíduos e a proteção do próprio Estado contra a ação interna e externa, incluída a integridade dos demais Poderes.

Ora, se a Administração assumiu essas enormes e inigualáveis funções do poder estatal, que se amplia, na proporção de medidas interventivas na atividade econômica exercida pelo particular, é evidente que, em razão disso, torna-se infratora potencial da lei. Por dois motivos, pelo menos, pode ocorrer atuação da Administração Pública contrária à norma jurídica.

O primeiro e mais frequente reside justamente no fato de o agente ter de agir com presteza e precisão, num campo complexo e dinâmico, envolvendo interesses os mais variados. Nesse mister, a Administração busca atender aos reclames sociais, que são mutáveis, num processo ampliativo, requerendo sempre e sempre a presença estatal. É da Administração, enfim, o dever de garantir os direitos fundamentais, os individuais e os de caráter geral, também denominados difusos, ou coletivos *stricto sensu*.

Ante esse conflito de interesses, e a necessidade do pronto atuar e atender aos reclames, pode a Administração, como não é raro ocorrer, praticar atos em desconformidade com o Direito ferindo direitos alheios ou interesses sociais.

O outro motivo que leva a Administração a proceder fora do primado da lei prende-se ao fato de que o administrador, com certa frequência, deixa-se levar pelo poder, excedendo os limites de suas competências. Esse transbordamento, quando se verifica, configura, entre outros, o favorecimento, a corrupção e o descuido com o patrimônio público. Nessas hipóteses, o agente atua doando ou permitindo o uso de bem público ou de verbas públicas, segundo sua própria vontade e não a da lei, afastado dos princípios e procedimentos que regem a matéria.

Essas possibilidades de atuação contrariamente aos princípios da legalidade, da impessoalidade e da moralidade é que justificam e norteiam a adoção de meios de controle da Administração Pública, visando a coibir os abusos e anular os atos viciados, dela emanados.

9.2 Modalidades de controle

Nos Estados Democráticos de Direito, a Administração sujeita-se ao próprio controle (autocontrole), ao do Legislativo e ao do Jurisdicional. Este último pode ser exercido pelo Poder Judiciário ou por órgãos jurisdicionais integrantes do contencioso administrativo alojado no Poder Executivo, em alguns países, principalmente os europeus, com destaque para a França, instituidora do "Contencioso Administrativo".

No Brasil, toda a competência jurisdicional é privativa do Poder Judiciário; nele, pois, se exerce o monopólio do controle jurisdicional dos órgãos e entidades da Administração Pública e de suas atividades, conforme se verá mais adiante. O ordenamento jurídico brasileiro não acolhe a jurisdição administrativa (Contencioso Administrativo).

Resumindo, o sistema jurídico brasileiro adotou três espécies de controle da Administração Pública: o autocontrole; o controle pelo Legislativo com o auxílio do Tribunal de Contas; e o controle pelo Judiciário.

9.2.1 Autocontrole

Os órgãos da Administração Pública e as suas entidades da Administração indireta como quaisquer outros órgãos do Legislativo e do Judiciário têm o dever de agir em conformidade com o ordenamento

198 | EDIMUR FERREIRA DE FARIA
CONTROLE DO MÉRITO DO ATO ADMINISTRATIVO PELO JUDICIÁRIO

jurídico, da mesma forma que se sujeita o particular. Na tentativa de evitar o seu afastamento do princípio da legalidade e do primado da lei, a Administração instituiu o autocontrole, utilizando o mecanismo segundo o qual os órgãos têm o poder-dever de controlar a atividade dos hierarquicamente inferiores, além dos outros meios de controle interno. Seabra Fagundes define assim este meio de controle:

> O controle administrativo é um autocontrole dentro da Administração Pública. Tendo por objetivo os defeitos de funcionamento interno do organismo administrativo, aperfeiçoando-o no interesse geral, e enseja reparação a direitos ou interesses individuais, que possam ter sido renegados ou preteridos em consequência de erro ou omissão na aplicação da lei.[1]

Goodnow reconhece como finalidade principal de controle da própria Administração: "Obter a harmonia e uniformidade de ação administrativa, a eficácia nos serviços administrativos e, bem assim, a retidão e a competência dos funcionários administrativos."[2]

Ressalta Carlos F. de Barros Júnior, na visão de Seabra Fagundes, que o autocontrole tem por finalidade também proteger o erário contra possíveis indenizações reconhecidas pelo judiciário, em virtude de atos irregulares do agente administrativo.[3]

Em síntese, pode-se afirmar que a Administração busca, com o controle de si mesma, resguardar-se a si própria, e corrigir os erros que porventura venha a cometer contra indivíduos ou interesses sociais.

O controle se exerce de ofício, nas situações em que a autoridade reconhece o erro cometido por agente administrativo, independentemente de provocação, ou em virtude de recursos administrativos, interpostos pelos prejudicados ou por terceiros nos casos previstos no ordenamento jurídico.

A Constituição da República de 1988, no art. 74, determina que se organize, no âmbito dos Poderes Legislativo, Executivo e Judiciário, sistema integrado de controle interno.

Com essa modalidade de controle, pretende-se que cada Poder controle, acompanhe e fiscalize seus planos, programas e metas, tanto no âmbito do físico, quanto no financeiro.

Esses sistemas, bem aparelhados, atuam preventivamente, além de terem a função estimulante, conduzindo os órgãos de execução a atuarem em tempo adequado e corretamente, observando a legislação pertinente. Assim, diminui a possibilidade de refazimento de ato ou

---

[1] FAGUNDES, Miguel Seabra. *O controle dos atos administrativos pelo poder judiciário*. 6. ed. São Paulo: Saraiva, 1984. p. 87.

[2] *Apud* FAGUNDES, *op. cit.*, p. 87, nota 17.

[3] FAGUNDES, *op. cit.*, p. 87, nota 18.

tomada de medidas, por recomendação ou determinação de órgãos de controle externo.

Além desses, existem, ainda, na Administração Pública brasileira, o chamado controle administrativo singular e o colegiado.

9.2.1.1 Controle administrativo singular

Por esse meio de controle singular, a Administração disponibiliza aos cidadãos, inclusive aos servidores, mecanismos administrativos para que, se sentindo lesados ou ameaçados de lesão em virtude de ato administrativo, possam recorrer à Administração, visando à anulação do ato ou até impedir a edição de ato que possa ser ruinoso. Quando a medida não for possível, por já se terem exaurido todos os seus efeitos, pleiteia-se a reparação dos danos causados pelo ato questionado.

No âmbito administrativo, os recursos funcionam à semelhança dos judiciários. A via recursal administrativa inicia-se com o pedido de reconsideração, dirigido à autoridade que tenha editado o ato considerado ilegal ou danoso e termina com o de revisão endereçado à autoridade máxima da Administração, Presidente da República, Governador do Estado, Governador do Distrito Federal ou Prefeito Municipal, na esfera de cada uma dessas pessoas políticas. As modalidades, hipóteses e condições dos recursos administrativos estão previstas na Lei Federal nº 9.784, de 29.01.1999, arts. 56 a 65, além dos recursos previstos em outras leis, por exemplo, a de licitações e contratos e os estatutos dos servidores públicos civis dos entes federativos.

Tratando-se de atos administrativos editados pelos Poderes Legislativo e Judiciário, adota-se o mesmo procedimento recursal aqui previsto.

As decisões, na esfera administrativa, não fazem coisa julgada. Assim, se a decisão for desfavorável ao recorrente, resta-lhe ainda a possibilidade de ingressar em juízo, com o mesmo pleito. No nosso sistema, a via administrativa é optativa; ao prejudicado faculta-se recorrer à Administração ou ingressar em Juízo, com a ação própria. Mesmo quando o interessado tenha recorrido na via administrativa não é necessário esgotar essa via, para postular o mesmo benefício no Judiciário. Nos casos de Mandado de Segurança, a jurisprudência vem caminhado no sentido de que, enquanto existir recurso administrativo pendente, o interessado não poderá ingressar em juízo. Essa orientação, todavia, não está consolidada.

Na hipótese de o interessado recorrer à administração e, antes da solução do caso, postular em juízo a mesma matéria, a Administração deve sobrestar o procedimento administrativo até a decisão definitiva do Judiciário. A cautela visa evitar possíveis decisões contraditórias.

EDIMUR FERREIRA DE FARIA
CONTROLE DO MÉRITO DO ATO ADMINISTRATIVO PELO JUDICIÁRIO

O pedido do administrado, originário ou em grau de recurso, deve ser decidido no prazo da lei. O art. 59, §§1º e 2º, da Lei nº 9.784/99, abrangendo todas as modalidades de processos administrativos no âmbito da Administração Pública Federal, prescreve que o prazo para a autoridade decidir em processo administrativo é de trinta dias, se lei não fixar outro diferente. Esse prazo poderá ser prorrogado por igual período, mediante justificativa formal e expressa. Esse prazo nem sempre é observado pela Administração. Na hipótese da não observância do mesmo, o entendimento da doutrina e da jurisprudência tem sido no sentido de que a omissão configura a negação do pedido. A negação por essa forma enseja ao interessado a oportunidade de postular em juízo, na busca da satisfação do seu pretenso direito.

Revendo o ato, a Administração edita outro, que desfaz aquele, denominado ato de anulação ou de revogação, quando for o caso. Dá-se a anulação quando a Administração, de ofício, ou em virtude de recurso, reconhece ter agido com infração à lei ou aos princípios que informam os procedimentos, na prática do ato viciado.

A anulação é, pois, ato próprio para a retirada de ato administrativo contaminado pelo vício de ilegalidade ou irregularidade processual, ou procedimental, como preferem os processualistas.[4]

O ato estando correto, editado segundo a lei, observados todos os requisitos objetivos e subjetivos, pode o mesmo, ainda assim, ser desfeito pela Administração se ela entender que o interesse público reclama o desfazimento do mesmo. Nesse caso, o ato próprio para atacar o anterior é o de revogação, só praticável pela Administração, eis que é sua a faculdade de ajuizar da conveniência e oportunidade da retirada de determinado ato, por interesse público, dando ao interessado o direito de ampla defesa e do contraditório.

9.2.1.2 Controle administrativo colegiado

O controle colegiado administrativo não guarda semelhança com o contencioso administrativo noticiado antes, como jurisdição especial, a exemplo do adotado no Direito francês e que serviu de fonte para outros países.

Trata-se de órgãos com poderes para processar e julgar controvérsias administrativas, principalmente na área do fisco. São exemplos os conselhos de contribuintes e as Juntas Administrativas de Recursos de Infrações.

---

[4] Os processualistas, em regra, entendem que no âmbito da Administração não há processo, mas procedimento. Do processo cogita-se apenas no Poder Judiciário, único competente para formar o processo.

As decisões desses órgãos não se revestem da força de coisa julgada. Assim, o postulante em órgão colegiado administrativo, se inconformado com a decisão proferida pelo órgão, reveste-se de legitimidade para tentar no Judiciário a satisfação do seu pretenso direito.

9.2.2 Controle pelo Legislativo

O controle da Administração pelo Poder Legislativo é o exercido pelo Congresso Nacional, Câmara dos Deputados, Senado Federal, Assembleia Legislativa, Câmara Distrital e Câmara Municipal.

No âmbito federal, a Constituição de 1988 ampliou consideravelmente a interferência do Legislativo na atividade administrativa. Inúmeros atos que antes competiam exclusivamente à Administração passaram, depois da promulgação da citada Constituição, a depender do Legislativo, com exclusividade ou em coparticipação.

Essa participação do Legislativo na elaboração e fiscalização dos atos do Poder Executivo é consequência do Estado Democrático de Direito instituído pela nova ordem jurídica brasileira.

A plena democracia pressupõe o povo fiscalizando os atos da Administração, e o Legislativo é foro próprio para isso, considerando tratar-se de órgão cujos membros são representantes eleitos, livre e democraticamente, pelo povo em sufrágio universal e secreto.

Assim é que o art. 49, X, da CF/88 estatui como competência do Congresso Nacional "fiscalizar e controlar, diretamente, ou por qualquer de suas casas, os atos do Poder Executivo, incluídos os da Administração Indireta".

Além dessa função fiscalizadora, outras atribuições específicas foram outorgadas ao Congresso Nacional, como meio de controle da Administração. Em alguns casos, o Congresso Nacional atua investido da função controladora, com a participação do Poder Executivo, art. 48 da CF/88, noutros, age com exclusividade, arts. 49, 51 e 52 da CF/88.

Nas atribuições previstas no art. 48 da CF/88, em que o Presidente participa com a sanção das leis. Ressaltam-se, a título exemplificativo, o sistema tributário, arrecadação e distribuição de rendas (I); plano plurianual; diretrizes orçamentárias; orçamento anual; operações de crédito; dívida pública e emissão de curso forçado (II); planos e programas nacionais, regionais e setoriais de desenvolvimento (IV); transferência temporária da sede do governo federal (VII), criação, transformação e extinção de cargos e empregos e funções públicas (X); criação, estruturação e atribuições dos Ministérios de Estado e órgãos da Administração Pública (XI).

Compete ainda ao Congresso Nacional, em matéria de Administração Pública, nos termos do art. 49 da CF/88, resolver definitivamente sobre tratados, acordos e outros atos internacionais que impliquem gravame ao patrimônio nacional (I); autorizar o Presidente da República a declarar guerra e celebrar a paz (II); autorizar o Presidente da República e o Vice-Presidente a ausentarem-se do País, se o prazo da ausência for superior a quinze dias (III); aprovar o estado de sítio e a suspensão de qualquer dessas medidas (IV); sustar os atos normativos do Poder Executivo, quando excederem aos limites do poder regulamentar ou da delegação legislativa (V); fixar os subsídios do Presidente da República, do Vice-Presidente e dos Ministros de Estado (VIII).

Das atribuições de competência da Câmara dos Deputados, art. 51, apontam-se: autorizar, por dois terços de seus membros, a abertura de processos contra o Presidente da República, o Vice-Presidente e os Ministros (I); tomar contas especiais do Presidente da República, quando não forem apresentadas ao Congresso Nacional, no prazo estipulado pela própria Constituição (II); eleger membros dos Conselhos da República.

Das atribuições do Senado Federal, arroladas no art. 52, anotam-se as seguintes em relação ao Executivo: processar e julgar o Presidente da República e o Vice-Presidente nos crimes de responsabilidade e os Ministros de Estado nos crimes da mesma natureza em conexão com aqueles (I); processar e julgar o Advogado-geral da União, nos crimes de responsabilidade (II); aprovar, previamente, nomes para ocupar cargos da magistratura superior, de Ministro do Tribunal de Contas da União, de Governador de Território; de presidente e diretores do Banco Central e diretoria das Agências Reguladoras (III); de chefes de missão diplomática de caráter permanente (IV); autorizar operação externa de natureza financeira, de interesse da União, Estados, Territórios, Distrito Federal e Municípios (V); limites globais de operação de créditos externos e internos, para as mesmas entidades de direito público interno e as respectivas autarquias (e as outras entidades controladas pelo Poder Público Federal) (VII); limites de garantia oferecida pela União, nos casos de empréstimos externos e internos (VIII); montantes globais e condições das dívidas mobiliárias dos Estados, Distrito Federal e Municípios (IX).

As competências contidas nos incisos I e II do art. 52 da CF/88, *supra* referidas, são de natureza aparentemente jurisdicional. Entretanto, a decisão do Senado Federal, nesses casos, pode ser apreciada pelo Supremo Tribunal Federal, se o condenado entender que houve vício ou erro no julgamento.

Ressalte-se, ainda, o controle do Poder Legislativo, com auxílio do Tribunal de Contas da União, das contas anuais, prestadas pelo Presidente da República, art. 71, I, da CR/88. Nesse caso, o TCU emite parecer prévio que conterá uma das três conclusões: pela aprovação das costas; pela aprovação das contas com ressalvas; ou pela não aprovação das contas. Ao Congresso compete julgá-las, segundo critérios políticos. O mesmo ocorre em relação aos demais entes da Federação. Nesses casos, a apreciação das contas anuais e emissão do parecer prévio são atribuições dos Tribunais de Contas dos Estados ou dos Municípios que mantêm Tribunal de Contas Municipais.

Nos demais casos de prestação de contas de que trata o inciso II do art. 71, em comento, os Tribunais de Contas não emitem parecer prévio. Nesses casos, julgam as contas e se as decisões resultarem em imputação de débito ou de multa, terão eficácia de título executivo, cobrados por meio do Judiciário do foro competente.

Por essas atribuições do Congresso Nacional, que interferem diretamente na área de competência da Administração, verifica-se que o poder do Presidente da República foi repartido com o Legislativo. E, deste, o Presidente não tem qualquer fatia de poder, a não ser o de editar, nos casos de relevância e urgência, medidas provisórias com força de lei, mesmo assim, sujeitas a perderem a eficácia, se não forem convertidas em lei, no prazo 60 (sessenta) dias, prorrogável por igual prazo, arts. 62 e 84 da CF/88, e vetar projeto de lei, mas sujeito à derrubada do veto pelo Congresso Nacional.

É salutar aos interesses da Nação esse compartilhamento do poder presidencial com o parlamento? No sistema parlamentarista, a resposta seria positiva. Mas no sistema presidencialista, entretanto, a resposta não é tão fácil; a situação é delicada. Isso porque no sistema parlamentarista o Chefe de Estado tem o poder de dissolver o Parlamento, nos casos previstos no ordenamento jurídico, quando entender estar o mesmo agindo contrariamente ao interesse público. No presidencialismo essa medida é impossível. Na hipótese de o Chefe do Executivo não contar com a maioria nas Casas Legislativas poderá ver frustrado parcial ou totalmente o seu plano de governo, cuja execução, no plano federal, depende do Congresso Nacional, como visto acima.

A posição do Presidente da República no atual sistema é menos confortável do que a do Chefe de Governo, no parlamentarismo, pois não tem autonomia para exercer parcela do poder e, no entanto, é o alvo absoluto das críticas, pelo insucesso da gestão pública.

Com essas considerações não se está cogitando de subtrair a Administração do controle parlamentar. Esse deve exercer-se com rigor. E mais, os órgãos encarregados de fazê-lo, que não o tenham feito ou o tenham exercido inadequadamente, devem ter os seus responsáveis punidos.

9.2.3 Controle pelo Judiciário

9.2.3.1 Sistema jurisdicional

O sistema jurisdicional, também já se anotou, bifurca-se na jurisdição comum e na jurisdição especial em diversos países. A primeira compreende o Poder Judiciário, na condição de função primordial, a segunda, embora autônoma e independente, situa-se no âmbito do Poder Executivo.

No sistema jurisdicional unitário, denominado sistema jurisdicional comum, o controle dos atos administrativos e dos atos dos particulares, nas relações com o Estado, incumbe ao Poder Judiciário. Esse julga definitivamente todas as lides envolvendo tanto as pessoas privadas, quanto as públicas de direito público e as de direito privado. Decorre essa competência da especialização das funções do Estado no paradigma do Estado de Direito.

Outros sistemas jurídico-políticos adotaram, além da jurisdição comum de competência do Poder Judiciário, a jurisdição administrativa, denominada "Contencioso Administrativo". Nesses sistemas tem-se a denominada jurisdição dúplice, em oposição à jurisdição una ou unitária.

A jurisdição especial, administrativa é competente para conhecer e julgar as pendências entre a Administração e os administrados, incluídos os seus servidores. Ao Poder Judiciário ficam reservadas as questões particulares envolvendo pessoas físicas e pessoas jurídicas. Apenas em caráter de exceção o tribunal comum julga matéria envolvendo a Administração Pública.

No tocante às questões decorrentes da Administração, os tribunais especiais têm a mesma competência dos tribunais comuns, do sistema unitário. É óbvio que, tendo os tribunais administrativos competência jurisdicional, as suas decisões fazem coisa julgada e não se submetem ao Poder Judiciário.

9.2.3.2 Sistema jurisdicional comum

A ideia de se criar mecanismo independente do soberano, para julgar os conflitos entre o próprio soberano e os súditos, nasceu justamente em virtude dos abusos praticados pela autoridade.

À medida que as pressões sobre o soberano, nesse sentido, foram aumentando, aos poucos, a autoridade foi cedendo parte do seu poder de julgar e controlar os próprios atos, ofensivos aos direitos ou interesses dos súditos. Até então, as concessões feitas pelas autoridades governantes tinham o caráter de favor. A justiça quase não se levava em consideração.

O movimento cultural, a que se fez referência no Capítulo 1 deste trabalho, contribuiu, preponderantemente, para a institucionalização do controle jurisdicional. Locke já defendia a conveniência de se retirar da competência do executor do gerenciamento do Estado as funções de legislar e de julgar. Cada uma dessas funções deveria ser exercida por órgão próprio.

Em decorrência desses movimentos surgiu o denominado Parlamento, com a função legislativa. Esse órgão passou a exercer o controle de certos atos do soberano, com atuação frágil, porque sobre ele pesava o poder soberano do dirigente estatal. Este podia, ao seu talante, substituir qualquer membro do colegiado e até mesmo dissolvê-lo. Mesmo assim, com o passar do tempo, o poderio do soberano foi diminuindo até culminar com a divisão dos Poderes do Estado. Referindo-se ao poder real nessa fase, Seabra Fagundes escreveu:

Todavia, pelo seu feitio estritamente político, tende sempre a apreciações parciais, não se revelando capaz de amparar eficazmente o indivíduo. A sua ação nada tem de jurídica. É puramente política. Vai-se fazendo sentir a necessidade doutros métodos de limitação ao exercício do poder real. O direito do indivíduo em face do Poder Público continua nenhum. O soberano permanece absoluto e infalível, no que diz respeito ao súdito. Muito tarda, ainda, a se admitir a proteção efetiva do indivíduo contra o excesso da Administração. Mas o absolutismo real vai declinando, lentamente, ao sopro das revoluções.[5]

Na Inglaterra, onde se vê nitidamente a evolução histórica do Poder Judiciário, os primeiros órgãos encarregados de exercer, de maneira frágil, a judicatura foram a Corte do Banco do Rei e, posteriormente, a denominada Câmara Estrelada. Ambas tinham a função de, em nome da Coroa, examinar as reclamações dos servidores da Administração. O poder desses colegiados era frágil, pois, além de atuarem em nome do soberano, os seus integrantes eram de livre nomeação e exoneração pelo monarca e, ainda, a competência dos mesmos alterava-se segundo a conveniência do poder real.

Em 1701 a organização judiciária, ainda em fase embrionária, conquista seus primeiros direitos relacionados à estabilidade da função judiciária. Naquela data, tornou-se proibida a demissão imotivada dos membros encarregados dessa função. Também lhes foi assegurada a imutabilidade das respectivas competências.

Na Inglaterra, ainda hoje, os atos da Administração são controlados pelo Poder Judiciário que tivera origem e evolução histórica naquele País. Outros países copiaram-lhe o modelo, adotando o sistema unitário de jurisdição, entre eles, os Estados Unidos, a Bélgica e o Brasil. Este, por influência direta dos Estados Unidos, inspirador de seu Constitucionalismo.[6] Ressalte-se que a Itália adota o Conselho de Estado com função jurisdicional, mas as suas decisões podem ser revistas pelo Poder Judiciário.

A Constituição brasileira de 1988, embora inspirada nas constituições portuguesa e espanhola, manteve, com mais rigidez do que as constituições anteriores, a jurisdição unitária. O art. 5º, inciso XXXV,

---

[5]   FAGUNDES, *op. cit.*, p. 98.
[6]   FAGUNDES, *op. cit.*, p. 100 e 104.

9.2.3.3 Sistema jurisdicional especial

O sistema jurisdicional especial teve origem e justificação no Direito francês. A ideia da criação desse mecanismo de controle surgiu em virtude de desentendimento que se estabeleceu entre a Administração Pública francesa e o Parlamento, órgão encarregado da função jurisdicional. Esse órgão, tomando posicionamento contrário à Administração, a impediu de promover várias reformas administrativas que se julgavam necessárias. A Revolução de 1789 encontrou essa divergência entre os dois órgãos, em fase explosiva. Os revolucionários decidiram, então, que a situação não deveria permanecer. Para isso, entenderam ser necessário retirar-se do Judiciário todo e qualquer controle sobre o Executivo. Os responsáveis pela gestão do Poder Executivo diziam: a Administração é autônoma e responsável para exercer as suas funções. Ela própria responsabiliza-se pelos seus atos. Por isso, o Poder Executivo não deve submeter-se ao controle do Poder Judiciário. Com este não deve manter relação de qualquer natureza.

Assim entendendo, editou-se a Lei nº 16, de 28 de agosto de 1790, do seguinte teor: "As funções judiciárias são distintas e ficarão sempre separadas das funções administrativas. Os juízes não poderão, sob pena de prevaricação, perturbar, por qualquer forma, as operações dos corpos administrativos".

A Constituição editada em 1791 conduziu-se na mesma direção, proibindo os tribunais de intervir na Administração e de chamar em juízo os funcionários da Administração, enquanto funcionários.

Lei posterior, mais taxativa, proibiu os tribunais de controlar os atos administrativos de qualquer natureza.

Para julgar seus atos a Administração organizou, inicialmente, um colegiado composto pelo chefe de Estado, Ministros e membros dos corpos departamentais.

Esse embrião do sistema especial de prestação jurisdicional, inicialmente, foi indesejável, pois, na prática, a Administração não se sujeitava a controle sério, pelo fato de que o colegiado encarregado de julgar os seus atos se constituía de servidores da própria Administração e era presidido pelo chefe do Executivo. A possibilidade de abuso de poder, e de outras práticas condenáveis, se tornava patente.

Visando a corrigir essa anomalia, instituiu-se, no governo de Napoleão Bonaparte, a jurisdição especial, a cargo de órgãos integrantes da Administração, mas independentes, cujos juízes se revestem das mesmas prerrogativas dos juízes do Poder Judiciário. O sistema ficou composto dos seguintes órgãos: Conselho de Jurisconsultos, Conselho de

CAPÍTULO 9
CONTROLE DA DISCRICIONARIEDADE | 207

Estado e Conselhos de Prefeituras. O sistema funcionou bem. Hoje, além dos conselhos existem também tribunais administrativos. O Conselho de Estado, órgão supremo da estrutura jurisdicional administrativa, editou e continua editando farta e substanciosa jurisprudência administrativa, que influenciou positivamente para a formação e o aprimoramento do Direito Administrativo dos sistemas jurídicos que adotaram os princípios do Direito francês.[7]

Cumpre ressaltar que os franceses buscaram fundamento para a jurisdição especial na própria divisão dos poderes. Argumentavam: se os poderes são independentes entre si, por que se submeter a Administração ao Poder Judiciário? Segundo interpretação da teoria de Montesquieu, ao Judiciário compete julgar as questões civis e criminais. Os atos da Administração, por conseguinte, escapavam a tal controle. Outro fundamento justificador da adoção do contencioso administrativo foi a desconfiança em relação ao Parlamento, que se afeiçoava aos interesses contrários aos da Administração Pública.

Vedel (1961) entende que o verdadeiro motivo que fundamentou a criação do "Contencioso Administrativo", na França, foi o segundo argumento relatado acima.

9.2.4 Sistema de controle adotado no Brasil

Durante o período imperial brasileiro, o Judiciário não exerceu a sua plenitude quanto ao controle dos atos emanados da Administração Pública. Nessa fase da História brasileira, a Administração adotou mecanismos próprios para o controle de seus atos. Espécie de contencioso administrativo, ainda que incompleto estruturalmente, foi criado com função jurisdicional para examinar e julgar as questões decorrentes da relação Estado-indivíduo. Esse órgão, denominado Poder Moderador, instituído pela Constituição do Império de 1824, exercia as funções de Conselho de Estado, principalmente na solução dos conflitos nascidos das relações da Administração Fazendária com os administrados, contribuintes.

Os demais atos da Administração, decorrentes das outras atividades, não estavam, ao que parece, rigorosamente, sujeitos ao controle do aludido órgão. Dessa forma, os atos administrativos que não tivessem pertinência com o fisco podiam submeter-se ao controle do Tribunal Comum.[8]

---

[7] FAGUNDES, *op. cit.*, p. 101 a 105.

[8] FAGUNDES, Miguel Seabra. A evolução do sistema de proteção jurisdicional dos direitos no Brasil. *Revista de Direito Administrativo*, Rio de Janeiro, n. 105, p. 1-13, jul./set. 1971; BUENO, José Pimenta. *Direito público brasileiro e análise da Constituição do Império*. Rio de Janeiro: Ministério da Justiça e Negócios Interiores; Centro de Documentação, 1958, 1.85, R. 35.

A primeira Constituição da República, de 1891, inspirada no constitucionalismo americano, aboliu o Poder Moderador e adotou o sistema unitário de jurisdição. A Constituição da República, de 1988, conforme já se afirmou, manteve a jurisdição una (art. 5º, inciso XXXV).

A nova ordem constitucional sepultou de vez a possibilidade de implantação no Brasil do sistema de jurisdição administrativa que se esboçava na Constituição revogada, para algumas matérias.

Assim, é competente o Poder Judiciário para controlar os atos da Administração, quando arguidos de ilegalidade ou de imoralidade, ressalvados, em tese, apenas aqueles de competência exclusiva do Senado Federal, art. 52, I e II, da Constituição da República. Em tese, porque a decisão do Senado, nesses casos, não faz coisa julgada. Tanto é que o ex--Presidente da República Fernando Collor de Mello impetrou o Mandado de Segurança nº 21.689 perante o Supremo Tribunal Federal em face da resolução do Senado Federal que lhe aplicou a sanção de inelegibilidade pelo prazo de 8 (oito) anos. O argumento sustentado pelo o Impetrante foi o de que ele havia renunciado ao cargo de Presidente da República pouco depois do início da sessão de julgamento do impeachment. No STF, em sessão de julgamento do MS, realizada em 6.12.1993, houve empate de 4 a 4. Para desempatar, o STF convocou 03 (três) ministros do Superior Tribunal de Justiça. Em julgamento realizado em 16.12.1993 o Supremo Tribunal Federal denegou a segurança e manteve a suspensão dos direitos políticos do ex-Presidente, conforme decisão do Senado Federal.[9]

Em ação penal promovida pela o Ministério Público Feral, pelos mesmos fatos que levaram à sua cassação, Fernando Collor de Mello foi absolvido pele STF conforme notícia do próprio Tribunal, seguinte:

STF julga improcedente ação penal contra ex-presidente Fernando Collor

O Plenário do Supremo Tribunal Federal (STF) julgou improcedente, na sessão de 24.4.2014, a Ação Penal (AP) 465, proposta pelo Ministério Público Federal (MPF) contra o ex-presidente da República e atual senador Fernando Collor de Mello (PTB-AL), pela suposta prática dos crimes de falsidade ideológica, corrupção passiva e peculato, previstos nos artigos 299, 312 e 317 do Código Penal, respectivamente.

A ação foi relatada pela ministra Cármen Lúcia, tendo como revisor o ministro Dias Toffoli. O ex-presidente era acusado de, entre 1991 e 1992, participar de esquema de direcionamento de licitações para beneficiar determinadas empresas de publicidade em troca de benefícios pessoais e para terceiros. Para tanto, ele se teria valido de um "testa de ferro" de nome

---

[9] Disponível em: <http://www1.folha.uol.com.br/poder/2015/12/1714735-em-1992-impeachment-de-collor-tambem-foi-judicializado-no-stf.shtml>. Acesso em: 16 jul. 2016.

Oswaldo Mero Salles (já falecido), tendo se beneficiado do esquema na forma de pagamento de pensão alimentícia a um filho nascido de relação extraconjugal. O esquema teria envolvido, também, a emissão de cheques em nomes de "fantasmas" e do uso de "laranjas".

Ao defender a condenação, a vice-procuradora-geral da República, Ela Wiecko, sustentou que a análise dos autos levava à constatação de que o então presidente tinha pleno conhecimento dos fatos criminosos que ocorriam a sua volta, devendo aplicar-se ao caso a teoria do domínio do fato. A defesa, por sua vez, alegou inépcia da denúncia, cerceamento da defesa e ausência de provas de materialidade e autoria. Além disso, segundo a defesa, os contratos de publicidade sequer passavam pelo presidente da República, mas sim por uma comissão do Palácio do Planalto para examinar os contratos firmados e, segundo sustentou, nenhum membro dessa comissão foi alvo de qualquer denúncia de fraude

Em seu voto, a ministra Cármen Lúcia rejeitou a tese da Procuradoria Geral da República (PGR) de que se aplicaria ao caso a teoria do domínio do fato, pois não existem provas concretas de que o então presidente tivesse conhecimento dos contratos de publicidade. Nesse particular, ela se reportou à afirmação da própria representante da PGR no sentido de que o servidor Oswaldo Salles não tinha relação próxima com o ex-presidente para agir em seu nome.

A ministra também disse que a doutrina consolidada do STF não admite que uma condenação se dê unicamente por depoimentos prestados no inquérito policial. Isso porque, segundo a relatora, testemunhas ou até corréus que, em depoimento no inquérito policial, confirmaram o envolvimento do então presidente no esquema de corrupção, não o confirmaram em juízo.[10]

Considerando essa ação julgada pelo Supremo Tribunal Feral e não conhecendo o processo de impeachment do ex-Presidente Fernando Collor de Mello, infere-se, ainda que por hipótese, que o julgamentos teria sido político ou sem provas suficientes.

9.2.4.1 Controle jurisdicional comum

Os atos administrativos emanados do Executivo, do Legislativo e do próprio Judiciário são, por este, controláveis. Os atos administrativos, como se assinalou no início deste Capítulo, estão todos sujeitos ao controle jurisdicional. Ainda há certas restrições ao controle dos atos praticados pela autoridade administrativa no exercício do poder discricionário. A matéria será examinada no subitem seguinte.

---

[10] Disponível em:<http://www.stf.jus.br/portal/cms/verNoticiaDetalhe.asp?idConteudo=265412>.

A Constituição vigente, além de ampliar os órgãos do Poder Judiciário, oferece ao cidadão, instrumentos novos, por meio dos quais se pode pretender o desfazimento de ato inquinado de vício.

Contemporaneamente, o particular está legitimado, individualmente ou por meio de entidade de representação de categoria profissional ou de entidade sindical, de associação e ainda de partidos políticos com representação no Congresso Nacional a valer-se, conforme o caso, de meios especiais de controle, de natureza constitucional; *habeas corpus*, *habeas data*, mandado de segurança individual ou coletivo, ação popular, ação civil pública, mandado de injunção, declaratória de inconstitucionalidade por comissão ou por omissão e medida cautelar, além de outras ações, especiais ou ordinárias, reguladas pelo Código de Processo Civil, que se amoldam a certas condutas da Administração e, finalmente, pelo Código de Defesa do Consumidor.

9.2.4.2 Controle judiciário dos atos decorrentes do poder discricionário

Até aqui, examinou-se o controle da Administração sem se cogitar das categorias dos atos. Considerando o enfoque deste trabalho, pretende-se examinar o controle judiciário dos atos administrativos emanados do poder discricionário, investigando a evolução do tratamento que a doutrina e a jurisprudência dispensaram ao tema, para, ao final, concluir sustentando a tese de que ao Judiciário é lícito adentrar o mérito do ato administrativo, no exercício do controle da discricionariedade administrativa.

É pacífico o entendimento doutrinário e jurisprudencial no sentido de que os atos administrativos resultantes do poder vinculado são sujeitos ao controle jurisdicional, sem restrição. Havendo vício ou suspeita de vício de qualquer ato expedido nos casos vinculados, se a Administração Pública não ceder face à impugnação pelo interessado ou pelo cidadão nos casos previstos em lei, o Judiciário poderá ser acionado para dirimir o conflito estabelecido. No tocante aos atos praticados pela autoridade administrativa no exercício do poder discricionário o entendimento não é o mesmo. Desde a implantação do Estado de Direito até meados do século XX, prevaleceu o entendimento de que o Poder Judiciário não teria competência para controlar atos decorrentes do poder discricionário, sob o argumento de que a liberdade conferida pela lei ao agente público para, diante do caso concreto, escolher a opção que julgasse melhor, se opunha à sindicabilidade do ato pelo Judiciário, sob pena de invasão de competência privativa do Poder Executivo.

A lei, em princípio, não distingue os atos administrativos para o efeito de controle. A doutrina e a jurisprudência têm cuidado amplamente da matéria, oferecendo aos estudiosos do tema preciosa fonte de pesquisa.

A pesquisa realizada para a elaboração deste trabalho demonstrou que a matéria vem passando por profunda evolução no curso do tempo, procurando compatibilizar-se com os princípios e as garantias do Estado Democrático de Direito. Verifica-se, então, nítida ampliação da competência do Poder Judiciário no exercício do controle dos atos administrativos editados em virtude do poder discricionário.

No início, como dito, não se admitia a revisão de atos dessa natureza, pelo Judiciário, por se entender que a liberdade discricionária do Poder Executivo não poderia se submeter ao crivo daquele Poder, pois configuraria hipótese de o Juiz assumir o lugar do administrador público.

Com a evolução do Direito e dos mecanismos de sua aplicação, verificou-se que discricionariedade é o poder e não o ato dele decorrente. Verificou-se, também, que o ato administrativo, independente de sua classificação, vincula-se aos seus elementos. O ato editado com a inobservância de um desses elementos nasce viciado. Daí a jurisprudência evoluir para admitir o controle jurisdicional mesmo dos atos chamados discricionários, desde que não se adentrasse o mérito, pois é nele que reside a essência da discricionariedade.

Hely Lopes Meirelles, a propósito do tema, escreveu:

> O bem comum, identificado com o interesse social ou interesse coletivo, impõe que toda atividade administrativa lhe seja endereçada. Fixa, assim, o rumo que o ato administrativo deva procurar. Se o administrador se desviar desse roteiro, praticando ato que, embora discricionário, busque outro objetivo, incidirá em ilegalidade, por desvio de poder ou de finalidade, que poderá ser reconhecido e declarado pela própria Administração ou pelo Poder Judiciário.[11]

É oportuno ressaltar que o mérito se relaciona com o objeto e o motivo do ato administrativo. É, portanto, elemento confirmador deste, mas não se coloca no mesmo plano dos elementos essenciais do ato.[12]

---

[11] MEIRELLES, Hely Lopes. *Direito administrativo brasileiro*. 4. ed. São Paulo: Revista dos Tribunais, 1976. p. 92.

[12] CRETELLA JÚNIOR, José. O mérito do ato administrativo. *Revista Forense*, Rio de Janeiro, v. 62, n. 209, p. 35-41, jan./mar. 1965.

EDIMUR FERREIRA DE FARIA
CONTROLE DO MÉRITO DO ATO ADMINISTRATIVO PELO JUDICIÁRIO

9.2.4.2.1 Posições da doutrina e jurisprudência estrangeiras e brasileiras

Stassinopoulos, justificando o controle do poder discricionário, afirma que não existe, formalmente, o controle da discricionariedade previsto na lei. E que a investigação da sua base jurídica constitui problema em si. No plano da jurisprudência, o autor em questão dedica-se à análise da contribuição dos tribunais de maior repercussão.

Tribunais administrativos alemães
No entendimento dos tribunais alemães, o fato de uma autoridade administrativa ter poder discricionário não impede o controle para se verificar se o poder foi exercido de acordo com a finalidade da Administração, que redunda em interesse público.
Afirma Stassinopoulos que a jurisprudência:

consagrou o princípio segundo o qual o poder discricionário de um órgão administrativo não constitui uma ação absolutamente livre e arbitrária, mas encontra seu limite no poder que incumbe a todo ajuste de tomar em consideração as necessidades públicas e evitar, na medida do possível, prejuízo do particular.[13]

Sustenta ainda, o mesmo autor, que a apreciação do órgão não deve estar sujeita a controle de fundo, mas o juiz pode verificar se ela foi exercida nos limites da lei e se não foi baseada em motivos falsos. Falsos os motivos, ou inexistentes, a violação da lei é patente.

A Alta Corte Administrativa da Alemanha mudou a orientação que vinha seguindo há anos, com o objetivo de ampliar o controle dos atos administrativos. Assim, deve-se verificar se uma medida de polícia é justificada pelo interesse público; se a autoridade que detém o poder discricionário para promover desapropriação fez bem escolhendo um imóvel de grande valor, então que o fim da desapropriação teria sido satisfeito com um imóvel menos dispendioso; se o poder discricionário foi exercido sem motivo legal ou de uma maneira contraditória ao princípio da legalidade.[14]

Conselho de Estado francês
O Conselho de Estado francês, segundo Stassinopoulos, avançou mais em relação à Corte alemã, introduzindo o controle do mérito. Assim, são anulados os atos fundados em motivos falsos ou praticados fora dos

---

[13] STASSINOPOULOS, Michel D. *Traité des actes administratifs*. Paris: Librairie Générale de Droit et de Jurisprudence, 1973. p. 166.

[14] STASSINOPOULOS, *op. cit.*, p. 167.

limites do poder discricionário; examina-se mesmo a conveniência e oportunidade do ato, se dessa depender a perquirição da legalidade.

Stassinopoulos conclui afirmando que: "Toda esta jurisprudência é impregnada de princípio geral segundo o qual o poder discricionário deve ser exercido no interesse do serviço e segundo as exigências de uma administração justa e que tenha funcionamento normal."[15]

Direito positivo

Os princípios jurisprudenciais examinados acima teriam se fundado no direito positivo? Stassinopoulos entende que, em parte, sim. Para ele o direito positivo edita, ainda que de maneira vaga, normas com o propósito de controle da discricionariedade. O autor acrescenta, ainda, que a lei helênica que organizou o Conselho de Estado enumera os meios de anulação dos atos administrativos em virtude de defeitos decorrentes de "incompetência, vício de forma, violação da lei e desvio de poder".

Doutrina

No campo doutrinário, Stassinopoulos examinou o controle do poder discricionário na Alemanha, França e Grécia.

Doutrina alemã

Segundo Stassinopoulos, W. Jellinek agrupou os vícios do poder discricionário em três espécies: negligência, ignorância e influência. Assim:

Negligência no exercício do poder discricionário (ex: falta de exposição dos motivos determinantes). Ignorância de certas considerações prescritas pela lei (ex: defesa de interesse não foi levado em consideração). Influência dos motivos de parcialidade (ex: omissão da parte de um órgão administrativo de se recusar).[16]

Jellinek, na palavra de Stassinopoulos, afirma que todos esses vícios devem ser assimilados aos vícios de forma e de procedimento. Segundo ele, o estudo do controle do poder discricionário não leva em consideração a observância das formas, mas tão somente o que concerne aos limites desse poder.

Outra corrente é do entendimento de que não há vício e nem nulidade capaz de macular o poder discricionário, pois se a lei confere esse poder o ato praticado discricionariamente não viola os seus limites. A noção de

---

[15] Influence des motifs de partialité (omission de la part d'un organe administratif de se récuser), p. 169.

[16] STASSINOPOULOS, Michel D. *Traité des actes administratifs*. Paris: Librairie Générale de Droit et de Jurisprudence, 1973. p. 170.

limite do poder discricionário é uma contradição. A violação desse chamado limite não constitui vício. Da nulidade só se pode cogitar quando atenta contra uma disposição concreta limitadora da ação administrativa. Nesse caso, trata-se de violação pura e simples da lei.[17] Uma terceira corrente entende que o administrado tem, em relação ao poder discricionário, uma espécie de direito público subjetivo. Se o órgão administrativo age de maneira contrária à lei, age contrário ao direito subjetivo do administrado. Esse comportamento enseja ao ofendido o direito de pleitear a anulação do ato respectivo.

Doutrina francesa

No século XIX, a doutrina francesa fazia distinção entre atos contenciosos e atos puramente de administração. Contra estes não se admitia, em regra, o recurso de controle. O Conselho de Estado, entretanto, desenvolveu entendimento no sentido de que os atos administrativos, também, se sujeitavam ao controle, quanto ao fim a que visassem tais atos.

A doutrina construída com fundamento nessa jurisprudência procura justificar o controle relacionado com o poder discricionário de três formas:

a) partindo do ponto de vista histórico, conclui que o controle jurisdicional da legalidade teve origem no controle hierárquico, que se estendeu também ao exame da oportunidade do ato, contendo essa informação, não tem interesse a não ser histórico e restrito. Ele não pode converter em princípio geral de justificação do controle concernente ao poder discricionário.

b) outra opinião é a de que o controle procura verificar a existência dos motivos e seus valores jurídicos. A inexistência desses motivos implica a afetação da base jurídica do ato e, por conseguinte, priva o órgão da competência legal para editá-lo.

Stassinopoulos entende que a verificação de erro da interpretação dos fatos e a falha na apreciação dos valores jurídicos dos motivos ainda não elucida definitivamente o problema.

c) o terceiro entendimento decorre da teoria da "moralidade pública", tem seus princípios e limites próprios independentes de restrições legais. O princípio da moralidade impõe limitações autônomas que se impõem mesmo na inexistência de limitações decorrentes de normas jurídicas.

Solução proposta por Stassinopoulos

Stassinopoulos opina no sentido de que a solução deva ser encontrada na investigação da legalidade concernente à Constituição. Seja no

---

[17] STASSINOPOULOS, *op. cit.*, p. 170.

CAPÍTULO 9
CONTROLE DA DISCRICIONARIEDADE | 215

sentido legal, *stricto sensu*, reserva legal, seja no sentido *lato*, fundado na separação dos poderes, seja em virtude de recurso de anulação por violação da lei.[18]

Resulta destas disposições constitucionais que todo ato administrativo deve ser de conformidade com a lei. O ato administrativo não pode ser excluído desta obrigação e não pode ultrapassar os limites da lei, estreitos ou largos, segundo as circunstâncias, mas jamais suprimidas; o ato discricionário não se encontra então no domínio do arbítrio. O princípio constitucional segundo o qual o ato administrativo é submetido à lei nos obriga a reconhecer os limites fixados por esta, mesmo se eles não são impostos de maneira formal.[19]

O alargamento da noção de violação da lei permite enquadrar o desvio de poder como sendo violação da lei. O desvio ou abuso de poder implica a violação dos limites postos de maneira genérica para o administrador, no exercício do poder discricionário, do ponto de vista do fim a que visa o ato.

Para Stassinopoulos, as regras que determinam os limites do poder discricionário são de natureza genérica. Decorrem de princípios gerais, que não são registrados expressamente por lei, mas que resultam da interpretação das disposições e do espírito das leis administrativas, em geral.

O autor entende, pois, que todos os atos administrativos estão sujeitos ao controle judiciário. Tanto os vinculados quanto os decorrentes da discricionariedade. Há, contudo, diferença quanto ao grau de controle. Nos vinculados, o controle é pleno, enquanto nos outros a apreciação do órgão de reexame exclui o mérito do ato, substância do poder discricionário.

Nesses casos, o controle é exercido no sentido de se verificar se o ato foi praticado rigorosamente nas condições e limites do exercício do poder discricionário.

A discricionariedade é controlada também quanto à determinação dos fatos, já que esses são vinculados à lei, não comportando margem de escolha. Não há, pois, discricionariedade na identificação dos fatos.[20]

Rafael Bielsa

O entendimento de Rafael Bielsa é de que os atos praticados em decorrência do poder discricionário estão sujeitos ao reexame jurisdicional. Ressalta, contudo, que, quanto ao controle da legalidade, compete ao Judiciário. No que concerne ao mérito do ato, somente órgão próprio da Administração.

---

[18] STASSINOPOULOS, *op. cit.*, p. 173.
[19] STASSINOPOULOS, *op. cit.*, p. 173.
[20] STASSINOPOULOS, *op. cit.*, p. 165.

EDIMUR FERREIRA DE FARIA
CONTROLE DO MÉRITO DO ATO ADMINISTRATIVO PELO JUDICIÁRIO

Bielsa subtrai do controle jurisdicional os denominados atos de governo, afirmando que esses não podem ser examinados nem mesmo por órgão próprio da Administração.[21]

Ildebski formula a seguinte indagação

Que é lei para o efeito de controle? Ele mesmo responde que, na França, berço do contencioso administrativo, lei é o conjunto de normas atinentes ao assunto. Depois conclui que a Alta Corte Administrativa Polonesa adotou o mesmo critério da França e que, dessa forma, até mesmo o ato genérico da Administração é considerado no exame de caso arguido de ilegalidade.[22]

Veja-se, então, que, de acordo com a Alta Corte Administrativa, a lei a que se refere o Código de Procedimento Administrativo é o conjunto de normas atinentes ao assunto, até mesmo os próprios atos administrativos, desde que tenham natureza genérica. Dessa forma, o controle da Administração tende a abranger todo e qualquer vício do ato, em benefício do Direito e da Justiça.

O Controle, nos dias atuais, excede o limite da lei que tenha dado origem ao ato. Isso porque, pode o ato estar em conformidade com a lei, mas estar em desacordo com a Constituição e seus princípios. Nesse caso, o desfazimento do ato verificar-se-á em virtude da afastabilidade da lei que tenha servido de fundamento do ato, mediante declaração de inconstitucionalidade pela via do controle difuso.

Seabra Fagundes, entre as justificativas que apresenta para a viabilidade do controle da discricionariedade pelo Judiciário, sustenta o fato de ser esse poder melhor aparelhado, ou em melhores condições do que a Administração, para a finalidade de controle. Ressalta, contudo, que o mérito, que consiste no elemento político do ato administrativo, está fora do controle judiciário.[23]

Verano Caetano da Fonseca assevera que os atos decorrentes do poder discricionário devem sujeitar-se ao controle do Judiciário para se verificar a validade dos mesmos, levando-se em consideração a moralidade e a probidade administrativa. O autor exclui, entretanto, o reexame do mérito do ato (conveniência e oportunidade):

Assim sendo, é logo uma afirmativa apressada a proclamação de que o poder discricionário do administrador está excluído da apreciação do poder

---

[21] BIELSA, Rafael. *Princípios de derecho administrativo.* 2. ed. Buenos Aires: Depalma, 1948. p. 47.

[22] ILDEBSKI, Hubert. Jurisprudence de la haute cour administrative polonaise. *Revue Internationale de Droit Comparé,* Paris, v. 36, n. 3, jul./set. 1984.

[23] FAGUNDES, Miguel Seabra. Da proteção do indivíduo contra ato administrativo ilegal ou injusto. *Arquivo do Ministério da Justiça e Negócios Interiores,* v. 5, n. 18, p. 122, jun. 1946.

judiciário, regente tradicional da harmonia dos poderes e, especialmente, quando houver lesão ao direito individual.[24]

Caio Tácito, como a maioria dos autores, entende que a oportunidade do ato pode ser examinada somente pela própria Administração. Sendo vedado ao Poder Judiciário semelhante procedimento. Opina o autor: "O equilíbrio jurídico exige que o juiz e o administrador se coloquem em seu território próprio, a que estão destinados tanto pela competência legal, como pela especialização profissional."[25]

Acrescenta ainda, o mesmo autor, que, embora o administrador tenha ampla liberdade de atuação, nos limites da lei, o controle é necessário para evitar a ditadura burocrática, e possibilitar que se mantenham estáveis os direitos subjetivos dos cidadãos.

Cretella Júnior é categórico ao colocar-se contra o controle do poder discricionário pelo Judiciário. Nesse sentido afirma:

> O ato discricionário é totalmente imune ao controle jurisdicional porque se encontra na esfera flexível do Poder Executivo que, para praticá-lo, consulta apenas a oportunidade e a conveniência da medida. Por isso mesmo, o ato discricionário pode dispensar a motivação. No entanto, se a autoridade resolve motivá-lo e a motivação resvalar para a ilegalidade ou para o abuso de poder, o ato pode ser impugnado pelo Poder Judiciário. O controle, principalmente, inicia assim, sobre o motivo do ato discricionário sempre que a justificativa configurar ilegalidade.[26]

A afirmação peremptória de Cretella, de que o ato discricionário não se submete ao controle judiciário, e que não está sujeito a motivação, está superada. A doutrina contemporânea do Direito Administrativo é no sentido de que, quanto à legalidade e à moralidade, o ato deve ser reexaminado pelo Judiciário. Parece que a falta de motivação do ato decorrente da discricionariedade constitui ilegalidade ou vício que o inquine de nulidade.

Odete Medauar emite opinião no sentido de que a essência do poder discricionário é a livre escolha da conveniência e oportunidade na prática do ato, com vistas a atender ao interesse público.

Para ela, ao lado da maioria dos autores, a conveniência e a oportunidade não podem ser submetidas ao controle do Judiciário. De outro modo, haveria a substituição do administrador pelo juiz. É o que afirma a autora.

---

[24] FONSECA, Verano Caetano. Controle jurisdicional do desvio de poder. *Revista Brasileira de Direito Processual*, p. 135-139, v. 5, 1976.

[25] TÁCITO, Caio. Administração e controle de legalidade. *Revista de Direito Administrativo*, Rio de Janeiro, n. 37, p. 1-11, jul./set. 1954.

[26] CRETELLA JÚNIOR, *op. cit.*, p. 138.

EDIMUR FERREIRA DE FARIA
CONTROLE DO MÉRITO DO ATO ADMINISTRATIVO PELO JUDICIÁRIO

Ainda a mesma autora sustenta que, como há limites à discricionariedade, ao Judiciário compete verificar se a ação discricionária os ultrapassou, tendo como parâmetros o motivo do ato e o fim público.[27]

A autora, comparada com Cretella Júnior, conclui restringindo a liberdade discricionária aos limites que lhes são impostos. Mas ainda se excede, ao afirmar que o detentor do poder discricionário tem a livre escolha da conveniência e oportunidade. Parece que essa afirmação não é, na atualidade, absoluta. Não se deve negar a faculdade do administrador na verificação da oportunidade ou conveniência da medida a ser adotada. Essa faculdade, contudo, não traduz plena liberdade. O agente, nessas condições, sujeita-se a condicionamentos que o tornam limitado. O fim, por exemplo, constitui limite externo à discricionariedade.

É de Laubadère a seguinte afirmação: "em matéria de fim não há, jamais, poder discricionário".[28]

Charles Ettori ensina que, na Itália, a despeito da existência do Conselho de Estado, os atos administrativos se submetem ao controle do Judiciário, por força dos arts. 24 e 113 da Constituição de 1948, que estatuem:

> art. 24 – Todo cidadão pode recorrer à Justiça para a salvaguarda de seus direitos e interesses legítimos.
>
> [...]
>
> art. 113 – Contra os atos da Administração Pública pode-se recorrer à proteção jurisdicional dos direitos perante a jurisdição ordinária e a dos interesses perante a jurisdição administrativa.

Dessa forma, a jurisdição é exercida prioritariamente pelos juízes, segundo os princípios da organização judiciária, ressalvadas algumas matérias de competência do Conselho de Estado e do Tribunal de Contas.

Registre-se que o Conselho de Estado italiano, segundo Ettori, não tem a mesma competência atribuída ao Conselho de Estado francês. As suas decisões não têm, em todos os casos, a eficácia da coisa julgada.[29]

Acrescenta o mesmo autor:

> A distinção entre o direito subjetivo e o interesse legítimo parece constituir a dificuldade crucial do controle jurisdicional da Administração na Itália.

---

[27] MEDAUAR, Odete. Poder discricionário da Administração. *Revista dos Tribunais*, v. 75, n. 610, ago. 1986. p. 44-45.

[28] LAUBADÉRE *apud* STASSINOPOULOS, p. 217, nota.

[29] ETTORI, Charles. O controle jurisdicional da Administração na Itália. *Revista de Direito Administrativo*, n. 27, p. 34-36, jan./mar. 1952.

CAPÍTULO 9
CONTROLE DA DISCRICIONARIEDADE | 219

A distinção dos litígios entre a autoridade jurisdicional e a autoridade ou a jurisdição administrativa é muito complexa.[30]

Ainda segundo o autor em referência, os atos vinculados são controlados pelo Tribunal Comum, e os decorrentes do poder discricionário, pelo órgão próprio da Administração. Nesse sentido é a Decisão nº 1.951 da Corte Superior, Acórdão de 09 de julho de 1942. Segundo se depreende do Direito italiano, o Tribunal Comum, mesmo nos casos de matéria de competência da jurisdição administrativa, detém legitimidade para examinar o ato depois de esgotada a via jurisdicional administrativa. Vale dizer o tribunal administrativo não tem, pelo menos em algumas matérias, competência para julgar com força de coisa julgada.

Rodó L. Lopes é do entendimento de que os atos decorrentes do poder discricionário não podem ser controlados pelo Judiciário. Este, para decidir, teria de valer-se de discricionariedade. Nesse caso, estaria substituindo o Poder Executivo que, em razão de sua função, está mais adequadamente aparelhado para o julgamento de tais atos.

O mesmo autor afirma que, na Espanha, mesmo com as conquistas da doutrina e da jurisprudência, os atos discricionários da Administração não são atingidos pelo recurso contencioso administrativo.[31]

Essa posição radical, como já disse antes, em relação a Cretella Júnior, não se admite na atualidade.

Fiorini entende que:

> A doutrina reconhece que a iniciativa da apreciação, a relação do melhor meio, a oportunidade e suas modalidades correspondem privativamente e como auto de tramitação do poder administrativo; isto pertence essencialmente às suas funções de bom administrador público.[32]

Na opinião desse autor, o juiz, diante da ilegalidade do ato decorrente da discricionariedade, não julga o mérito. E não o faz por ser, o exame do mérito, de exclusiva competência do poder administrador. Contudo, julga a ilegalidade do processo relativo à discricionariedade.

Segundo a lição de Hubert Ildebski, a Alta Corte Administrativa polonesa, instituída em 1980, tem competência para examinar e julgar os recursos do contencioso administrativo.

---

[30] ETTORI, *op. cit.*, p. 53.
[31] LÓPEZ RODÓ, Laureno. O poder discricionário da Administração: evolução doutrinária e jurisprudencial. *Revista Forense*, Rio de Janeiro, v. 157, p. 74-78, n. 619/620, jan./fev. 1955.
[32] FIORINI, Bartolomeu A. *Derecho administrativo*. 2. ed. Buenos Aires: Abeledo Perrot, 1976. t. I, p. 532-533.

EDIMUR FERREIRA DE FARIA
CONTROLE DO MÉRITO DO ATO ADMINISTRATIVO PELO JUDICIÁRIO

O art. 196 do Código de procedimento administrativo, com a redação da Lei de 31.01.80, preceitua que os atos administrativos podem ser atacados pelos tribunais administrativos, quando estiverem em desconformidade com a lei.

No Direito polonês não há norma clara submetendo os atos decorrentes do poder discricionário ao controle da Alta Corte. Contudo, a doutrina e a jurisprudência, muito dinâmicas, vêm entendendo que a decisão discricionária do Poder Executivo pode ser controlada pelo órgão jurisdicional, quanto à legalidade.

Para efeito do controle, o Direito polonês distingue a discricionariedade, propriamente, da apreciação discricionária das expressões juridicamente indefinidas ou imprecisas. Neste último caso, não há escolha, mas apenas interpretação da lei, no caso concreto. E, por ser assim, o controle não sofre qualquer restrição relativamente aos conceitos jurídicos indeterminados.

A jurisprudência daquele país vem se assentando no sentido de se exigir a motivação dos atos decorrentes da discricionariedade. Essa medida é muito mais necessária nesses casos do que nos atos vinculados, principalmente para facilitar o exame da legalidade.[33]

A Alta Corte Administrativa polonesa, registra-se, não tem competência para julgar definitivamente. Suas decisões sujeitam-se ao controle da Suprema Corte, em virtude do princípio da unidade da jurisdição.

No exame de atos decorrentes de discricionariedade, a Suprema Corte atua com mais rigor, por entender que, nesse caso, a Administração é conduzida a contrariar o direito, com acentuada frequência.

Na doutrina brasileira ressaltam-se posições dos autores pesquisados. Antônio Cláudio Vieira de Lima salienta que não se pode duvidar da competência do Poder Judiciário para examinar condições internas da legalidade do ato administrativo, inclusive os atos decorrentes da discricionariedade. Assim, o entendimento do autor em referência é de que, quanto à legalidade, a discricionariedade submete-se ao controle judiciário.[34]

Valmir Pontes ensina que a busca da ilegalidade e da legitimidade dos atos administrativos encontrava restrições no Poder Judiciário. Este não podia examinar o motivo do ato administrativo; cabia-lhe apenas o exame quanto à competência e forma e, quando muito, sob o aspecto objetivo da ofensa direta ou formal a algum dispositivo de lei. Em virtude desse entendimento, numerosos atos submetidos ao exame do Judiciário

---

[33] ILDEBSKI, Hubert. Jurisprudence de la haute cour administrative polonaise. *Revue Internationale de Droit Comparé*, Paris, v. 36, n. 3, p. 471-502, jul./set. 1984.

[34] VIEIRA, Antônio Cláudio de Lima. A concorrência pública e os limites ao poder discricionário da Administração. *Revista dos Tribunais*, São Paulo, v. 300, p. 38-51, out. 1960.

foram convalidados sob a alegação de que se tratava de mérito do ato administrativo.

Com a introdução, no Brasil, da teoria do desvio de poder, ampliou-se a faixa de controle pelo Judiciário. Essa orientação levou ao entendimento de que o motivo do ato deve ser observado pelo Tribunal na sua função de controle.

É de Valmir Pontes a afirmação seguinte:

> Interessante é observar que, na constatação desta teoria dos motivos de ato administrativo, hoje incorporada, não sem algumas restrições, ao nosso Direito Público, atribui-se ao juiz o poder de penetrar no ato administrativo, não só para pesquisar-lhe os motivos e invalidá-lo quando não os encontre suficientemente para legitimá-lo, como até mesmo para substituir os motivos dados pelo administrador, casos inaditáveis por outros que o sistema jurídico possa acolher como capazes de conferir validade ao ato.[35]

O autor mostra-se angustiado com os frequentes casos de abusos de poder praticados pela Administração, sem controle do Judiciário, que ainda se abstém de examinar, por receio de invadir área de competência do Poder Executivo.

Tem razão Valmir Pontes. Até os dias de hoje, ainda existem juízes que declinam de examinar ato administrativo editado pela autoridade no exercício do poder discricionário. Quanto ao mérito do ato administrativo, então, poucos juízes entendem ser legitimados a adentrá-lo, na função de controle.

A maioria dos autores consultados neste Capítulo entende que o controle irrestrito da discricionariedade administrativa invade área de competência do Poder Executivo. Quanto mais ampla for a liberdade deste, mais restrito seria o poder de controle jurisdicional.

No tocante aos atos disciplinares, o Judiciário verificava, segundo José Armando Costa, apenas se a expedição do ato foi precedida de processo administrativo e presidida por autoridade competente. Certo dessas duas condições, não se preocupava em examinar os demais elementos, como a qualidade das provas, o motivo do ato, a razoabilidade, o princípio do contraditório e o da ampla defesa. Nenhuma dessas circunstâncias ou condições era questionada.[36]

---

[35] PONTES FILHO, Valmir. Controle jurisdicional dos atos administrativos. *Revista de Direito Público*, v. 14, n. 55/56, p. 188, jul./dez. 1980.

[36] COSTA, José Armando. *Teoria e prática do direito disciplinar*. Rio de Janeiro: Forense, 1981. p. 147-201. Neste sentido, vejam-se decisões do Supremo: *R. Arquivo Judiciário*, v. 15, p. 271. *Revista Forense*, v. 78. p. 495 *et seq.*, *Revista de Direito Administrativo*, v. 3, p. 92.

EDIMUR FERREIRA DE FARIA
CONTROLE DO MÉRITO DO ATO ADMINISTRATIVO PELO JUDICIÁRIO

Os tribunais pátrios evoluíram, em relação ao controle dos atos disciplinares. Hoje, não se limitam a verificar se a punição decorreu do processo administrativo e se este foi presidido por agente competente. Examinam as condições em que o processo se formou e se todas as formalidades jurídicas e procedimentais foram observadas e ainda se a decisão está compatível com as provas produzidas no processo administrativo. Muniz Brandão, possivelmente, tenha sido o primeiro, ou um dos primeiros, a enfrentar a questão, na tentativa de mudar a orientação. Sua posição manifestou-se em voto vencido.[37]

A lição de Victor Nunes Leal é no sentido de que o controle jurisdicional dos atos administrativos se exerça quanto ao aspecto da legalidade externa e da legalidade interna.

O controle alcança, por conseguinte, a competência, a forma, o objeto, o motivo e a finalidade do ato administrativo. Quanto ao objeto e ao motivo, como é sabido, pode dar-se quanto à liberdade de atuação do administrador, quando assim o dispuser a norma legal. A área dessa liberdade é o terreno próprio do poder discricionário da Administração.[38]

9.2.4.2.2 Meios de controle na jurisdição administrativa

No sistema francês, existem duas modalidades de procedimentos (meios), para se perquirir a ilegalidade do ato administrativo: recurso por excesso de poder e exceção de ilegalidade. Ambos dirigidos ao juiz administrativo. O primeiro visa à anulação do ato e, o segundo, à inaplicabilidade do ato, principalmente os de natureza regulamentar. Esses, em princípio, são inatacáveis pelo recurso de excesso de poder. Nesse sentido é o ensinamento de Raphael Alibert.[39] Para quem, o controle pelo juiz da legalidade do ato administrativo é vinculado à natureza dos poderes da Administração.

Se a falha ou erro da Administração decorre da competência vinculada, constitui ilegalidade. O juiz de excesso de poder ou de exceção de ilegalidade pode declarar o vício e anular o ato.

O mesmo não ocorre, afirma Vedel, quando a Administração atua movida pelo poder discricionário. Nesse caso, ela não deve submeter o seu ato ao exame do juiz, a não ser quando se tratar de ilegalidade. Do contrário, o juiz se coloca em posição superior.

---

[37] *Revista de Direito Administrativo*, v. 3, p. 69.

[38] LEAL, Victor Nunes. Reconsideração do tema do abuso de poder. *Revista de Direito Administrativo*, Rio de Janeiro, n. 144, p. 1-17, abr./jun. 1981.

[39] ALIBERT, Raphael. *Le controle jurisdictionnel de l'Administration*: au moyen du recours pour exces de pouvoir. Paris: Payot, 1926. p. 36 *et seq*.

CAPÍTULO 9
CONTROLE DA DISCRICIONARIEDADE | 223

Para Vedel, "o juiz de excesso de poder é juiz de legalidade e não de oportunidade. Entretanto, postula a diminuição do poder de escolher o que compete à Administração, de modo a reduzir ao mínimo a faixa incontrolável".

A despeito de, em alguns sistemas contenciosos administrativos, não se admitir o exame do mérito do ato pelo juiz próprio, na França a posição dominante é no sentido contrário, ou seja, os tribunais administrativos penetram o ato administrativo para examinar-lhe o mérito.

Nesse particular, a lição de Vedel fica prejudicada, embora outros autores comunguem do seu entendimento.

Alibert revela que o recurso de excesso de poder se dirige contra ato da autoridade administrativa, quando praticado contra regra de direito. O ataque ao ato lesivo destina-se apenas à sua anulação.

Esse autor aponta três casos de possibilidade do uso do recurso do excesso de poder, até 1864: a incompetência, o vício de forma e o desvio de poder. Nessa data, surgiu o quarto fundamento para o recurso em questão: a violação da lei do direito adquirido.

Verificou-se, mais tarde, que violação da lei e lesão de direito adquirido se confundem, deixando, portanto, de existir a distinção, para o efeito de controle do ato viciado.

Finalmente, o quarto fundamento evoluiu para entendimento mais amplo de legalidade, conforme sustenta Alibert.

O quarto meio de excesso de poder não é mais somente a violação de um texto propriamente dito, ou a violação de direitos reconhecidos por um texto, é a violação de toda regra de direito resultante de uma situação jurídica preexistente, qualquer que seja a natureza desta situação.[40]

Gaston Jezé salienta que o ato administrativo regular na aparência, mas que tenha perseguido finalidade diferente daquela prevista ou previsível na ordem legal, é viciado de excesso de poder.[41]

Portanto, age com desvio de poder a autoridade administrativa que, no uso de sua faculdade discricionária, se vale dessa liberdade para praticar atos de interesse pessoal ou de grupos ou de políticos. Comportamento nesse sentido contraria a finalidade da lei. O agente público se investe de competência para agir na defesa do interesse geral, interesse público, e não em interesses pessoais.

---

[40] ALIBERT, *op. cit.*
[41] JÈZE, Gaston. *Principios generales del derecho administrativo*. Trad. Júlio N. San Millan Almagro. Buenos Aires: Depalma, 1948. p. 75, g 310.Trad. directa de la 3. ed. francesa: *Les principes géneraux du droit administratif*.

EDIMUR FERREIRA DE FARIA
CONTROLE DO MÉRITO DO ATO ADMINISTRATIVO PELO JUDICIÁRIO

Quanto ao princípio da legalidade, Therezinha Cunha sustenta que o ato administrativo, quanto a esse princípio, deve ser editado perfeitamente ajustado às disposições legais. Para ela, só será legítimo o ato praticado em conformidade com a lei, implícita ou explicitamente. Os limites das leis devem ser observados. A transgressão deles implica a ilegalidade do ato. Ressalta a autora que, quando se fala de observância legal, não se está a dizer de determinada lei, especificamente, mas do ordenamento jurídico vigente no Estado.[42]

É correto o posicionamento da autora. O agente administrativo, mesmo não estando diante de lei específica, prescrevendo determinado fato ou hipótese de ocorrência, precisa examinar todo o sistema jurídico, para verificar os limites de sua ação discricionária.

A legalidade é princípio fundamental a nortear a Administração Pública, para que sua atividade se dirija no sentido de proteger o sistema geral.

O princípio da finalidade, que se ajusta ao princípio da legalidade e que se completam, recebe a seguinte consideração de Therezinha Cunha:

> Já o princípio da finalidade orienta o administrador no sentido de que ele só pode praticar o ato administrativo no sentido de atingir ao fim legal. Este fim será o bem público, o interesse coletivo que estará sempre acima das situações particulares e interesses individuais.[43]

Que os interesses coletivos devam ser colocados em posição de vantagem, em relação ao individual, parece ser pacífico. Mas será que a lei não tem por finalidade a proteção também das situações individuais? Como se garantiriam os direitos individuais consagrados na Constituição?

É evidente que a lei tem por finalidade, também, a proteção dos direitos individuais. Quando se fala de supremacia dos interesses coletivos face aos individuais, quer-se significar que o direito moderno se construiu voltado para os interesses coletivos e difusos, por exigência natural da sociedade, em permanente evolução.

A proteção do direito individual configura interesse social; o que a esse repudia é a concessão de direito ilegalmente. Assim, entre o interesse ou o desejo do indivíduo e o interesse coletivo, prevalece este. É, portanto, no terreno dos interesses que o social se coloca em posição de superioridade ou de primazia em relação ao individual. Tratando-se de

---

[42] CUNHA, Therezinha Lúcia Ferreira. Princípio da legalidade e do desvio de poder no direito administrativo. *Revista de Informação Legislativa*, ano 19, n. 75, jul./set. 1982.

[43] CUNHA, *op. cit.*, 229.

direitos conquistados ou assegurados. Parece não haver desequilíbrio ou desigualdade entre coletivo e individual, no que tange à proteção deles.

O desrespeito a essas situações pelo agente público caracteriza o desvio de poder, conforme afirma Therezinha:

> Se o ato é praticado sem objetivar o interesse público, por motivos pessoais, caracteriza-se o desvio de poder. Se é praticado, embora, atingindo o interesse público, porém com fim diverso daquele previsto em lei, caracteriza-se, também, o desvio de poder.[44]

O abuso de poder manifestado na forma de desvio de poder e desfio de finalidade verifica-se com frequência no âmbito da Administração Pública em todos os planos de governo. Essa conduta administrativa em desacordo com o ordenamento jurídico causa, normalmente, danos individuais ou coletivos, muitas vezes em benefício de pessoas naturais ou jurídicas e de agentes públicos, inclusive políticos corruptos, conforme vem sendo apurado pela operação lava-jato.

9.2.4.2.3 Mérito e controle

O governante ou o administrador público é o perito do interesse público. Logo, se a lei cogita de interesse, oportunidade, conveniência, além de outros, a discricionariedade está limitada a essas condições determinadas pela norma. O administrador, no exercício do poder discricionário, há de praticar o ato de acordo com a finalidade contida na norma jurídica. A discricionariedade é, então, condicionada ao ordenamento jurídico adequadamente interpretado, levando-se em consideração os princípios constitucionais.[45]

Cavalcanti sustentou que todo poder discricionário tem medida legal; se não quanto à conveniência e oportunidade, o é pelo menos quanto ao fundamento legal da ação do poder público, quando o ato é restritivo do direito de terceiros.

A lição de Gordillo é a de que não se deve, nessa fase da evolução do direito, admitir a atuação da faculdade discricionária além dos limites jurídicos. Ela é legal; logo o seu exercício deve ser segundo a lei. Nunca de outra forma.[46] Para esse autor, os principais limites são a razoabilidade, o desvio de poder, a boa-fé e a lesividade.

---

[44] CUNHA, *op. cit.*, 215.
[45] CUNHA, *op. cit.*, 215.
[46] GORDILLO, *op. cit.*, p. 167-192.

EDIMUR FERREIRA DE FARIA
CONTROLE DO MÉRITO DO ATO ADMINISTRATIVO PELO JUDICIÁRIO

Oswaldo Aranha Bandeira de Mello ensina que o poder discricionário é legal, a escolha da oportunidade e de conveniência deve ser feita segundo os fundamentos da lei. Fora disso é arbítrio, portanto, contrário ao direito.[47]

Fiorini, na mesma linha, pontifica que, ante a ilegalidade do ato decorrente da discricionariedade, o juiz não julga o mérito, por ser esse de exclusiva competência do poder administrativo. Julga, contudo, a ilegalidade do processo da discricionariedade.[48]

Também para Onofre Mendes Júnior, a conveniência e a oportunidade são o mérito do ato administrativo discricionário. Afirma ele que o mérito, tomado nessa acepção não deve, em princípio, sofrer qualquer controle, principalmente pelo Judiciário, pois se trata do elemento político conferido ao administrador. No entanto, pode ocorrer vício de mérito porque:

> A Administração Pública não pode agir com propósito de divertimento nem às cegas, sem uma orientação segura, que encaixe a sua atividade nos superiores objetivos do bem comum, cuja realização é, sem qualquer dúvida, o principal fim da ação administrativa.[49]

Se a oportunidade e conveniência não guardassem sintonia com a finalidade da lei, o ato não atenderia ao interesse protegido. Assim, haverá vício de mérito e o ato será ineficaz para a satisfação do objeto visado.[50]

Floriano Quadro M. de Oliveira admite que o mérito do ato administrativo possa ser controlado pelo judiciário, quando o vício for evidente.[51]

Hely Lopes Meirelles escreveu:

> Nem mesmo os atos discricionários refogem do controle judicial porque quanto à competência, à finalidade, à forma e os próprios limites do discricionarismo constituem matéria de legalidade, tão sujeita ao confronto da Justiça como qualquer outro elemento de ato vinculado. [...] Daí por que o judiciário terá que examinar o ato argüido de discricionário primeiro, para verificar se realmente o é; segundo, para apurar se a discrição não desbordou

---

[47] MELLO, Oswaldo Aranha Bandeira de. *Princípios gerais de direito administrativo*. Rio de Janeiro: Forense, 1974. p. 423.

[48] FIORINI, Bartolomeu A. *Derecho administrativo*. 2. ed. Buenos Aires: Abeledo Perrot, 1976. t. I, p. 533.

[49] MENDES JÚNIOR, Onofre. *Manual de direito administrativo*. Belo Horizonte: Faculdade de Direito da UFMG, 1955. p. 243.

[50] MENDES JÚNIOR, Onofre. *Manual de direito administrativo*. Belo Horizonte: Faculdade de Direito da UFMG, 1955. p. 243.

[51] OLIVEIRA, Floriano Quadro M. de. Do controle jurisdicional do ato administrativo no Brasil. *D.M.P. do Ex.* nº 9/10. p. 39-41.

para o arbítrio. O que o Judiciário não pode é ir além do exame de legalidade para emitir um juízo de mérito sobre os atos da Administração.[52]

Com se vê do texto, Hely Lopes Meirelles admite o controle do ato decorrente da discricionariedade, pelo Judiciário. Concorda, mesmo, que o Juiz, ao examinar o ato quanto ao aspecto da legalidade, lhe identifique o mérito, para apurar a lisura do ato. Não aceita, entretanto, que esse mérito seja valorado ou impugnado pelo juiz.

Na opinião de Hely Lopes Meirelles e da maioria dos autores consultados, comentados e citados, a interferência do Judiciário no mérito do ato administrativo implicaria inversão de funções, com invasão de área de competência do Executivo pelo Judiciário. Em matéria de controle da Administração pelo Judicário, Hely Lopes Meirelles evoluiu. Nas primeiras edições do seu *Direito administrativo brasileiro* não admitia que os atos chamados políticos ou de governo se submetessem ao controle jurisdicional comum. Em edições posteriores, entretanto, concorda plenamente com esse controle, quando o ato, embora, político, seja arguido de lesivo a direito individual ou a patrimônio público.

Esse posicionamento do autor encontra respaldo no art. 5º, inciso XXXV, da Constituição da República, que veda excluir-se do exame do Poder Judiciário qualquer lesão ou ameaça a direito, individual ou coletivo. Infere-se daí que todo ato da autoridade pública se submete ao Judiciário, quando tido como eivado de inconstitucionalidade, ilegalidade, imoralidade ou lesividade, em prejuízo de direitos individuais ou interesses coletivos. Entretanto, o autor, a despeito de ter evoluído, ainda restringe a competência do Judiciário em relação aos atos administrativos e de governo, nos seguintes termos: "O que se nega ao Poder Judiciário é, depois de ter verificada a natureza e os fundamentos políticos do ato, adentrar o seu conteúdo e valorar os seus motivos".[53]

Luis Manuel Fonseca Pires depois de visitar diversos autores nacionais que entendem não ser possível a sindicabilidade do mérito dos atos administrativos pelo Judiciário, apresenta a sua posição no sentido contrário, sustentando que no "atual estágio da ciência do direito administrativo, [...] entendemos que não há mais necessidade de invocar uma expressão a qual sequer se define com clareza — o mérito do ato administrativo — para justificar que todos os atos estatais são passíveis de controle judicial,

---

[52] MEIRELLES, Hely Lopes. *Direito administrativo brasileiro*. 14. ed. São Paulo: Revista dos Tribunais, 1989.

[53] MEIRELLES, *op. cit.*, p. 607.

228 | EDIMUR FERREIRA DE FARIA
CONTROLE DO MÉRITO DO ATO ADMINISTRATIVO PELO JUDICIÁRIO

e apenas um núcleo — sem esclarecer o que caracteriza este núcleo — é imune ao controle. [...]."[54]

Na sequência, o autor alerta que sob o rótulo do "mérito do ato administrativo" decisões judiciais frequentemente vêm negando a legitimidade do controle judicial de atos administrativos decorrente do poder discricionário.

Essa ainda é realidade. Todavia, o Judiciário vem, nos últimos anos, ainda que modestamente, controlando atos administrativos decorrentes da discricionariedade administrativa, com vistas a verificar se o ato questionado compatibiliza-se com o ordenamento jurídico e se a escolha da Administração foi a melhor, considerando as norma jurídicas aplicáveis no caso concreto, entre elas, o princípio da razoabilidade e o da proporcionalidade.

9.3 Conclusão deste capítulo

O controle dos atos decorrentes da discricionariedade administrativa é admitido pela maioria dos administrativistas. Há, contudo, alguns que ainda resistem. A doutrina e a jurisprudência caminham em passos largos na ampliação da competência do Judiciário para controlar os atos praticados pela Administração Pública no exercício do poder discricionário.

Tormentosa continua sendo a questão relacionada com o exame do mérito do ato administrativo. Os autores e os juízes, na maioria, não aceitam a interferência do Judiciário no mérito do ato administrativo.

Aparentemente, o controle pode parecer intromissão do Poder Judiciário na seara do Poder Executivo. Mas é falsa essa aparência. Como agirá o Judiciário, na investigação da legalidade do ato, quanto à finalidade e ao motivo, por exemplo, sem examinar-lhe o mérito?

É sabido que a oportunidade e a conveniência são o núcleo do ato decorrente da discricionariedade e, por isso, inatingível pelo Judiciário, segundo a maioria da doutrina e da jurisprudência. Deve prevalecer esse entendimento? O Judiciário, efetivamente, não se reveste de poder para sindicar o mérito do ato administrativo? Admita-se que determinado prefeito julgue conveniente e oportuno instalar uma escola de ensino fundamental, destinada a atender a determinado bairro. Admita-se que esse bairro seja recém-criado e urbanizado, por isso, pouco povoado, e que a maioria dos lotes pertence à família do prefeito ou a amigos seus. Nessa hipótese a conveniência e a oportunidade da construção da escola visa a atender à demanda de crianças na idade escolar, como quer a Constituição

---

[54] PIRES, Luis Manuel Fonseca. *Controle Judicial da Discricionariedade Administrativa*. 2. ed. Belo Horizonte: Fórum. 2013. p. 197.

e as normas de regência? Ou a finalidade dessa escolha é beneficiar os proprietários dos lotes que serão valorizados e, ainda, comprados pelos pais de crianças que preferem morar próximo à escola? O juiz, se acionado, não poderá examinar a questão quanto à finalidade da escolha e ao final declarar nulo o ato que autorizou a construção, pelo fato de se tratar de mérito? Tentar-se-á responder a essas indagações no Capítulo seguinte.

CAPÍTULO 10

CONTROLE DO MÉRITO
DO ATO ADMINISTRATIVO

10.1 Considerações introdutórias

A pesquisa realizada para a elaboração deste trabalho e o processamento de seus dados autorizam a sustentar que o mérito do ato administrativo (conveniência e oportunidade) não se exclui da sindicabilização do Poder Judiciário.

O estudo aqui efetivado, desde o primeiro Capítulo até o anterior, espelha a incomparável evolução que o tema discricionariedade sofreu no período que vai do Estado absolutista ao Estado Democrático de Direito, passando por diversos tipos de governo. No Estado absolutista os atos de governo, em geral, não se submetiam a nenhum meio de controle. No Estado de Direito, se admitiu sempre, o controle, pelo Judiciário, dos atos administrativos emanados da autoridade no exercício do poder vinculado. Os chamados atos discricionários, decorrentes do poder discricionário, não se submetiam à apreciação do Poder Judiciário, por se tratar de escolha considerada livre, efetivada pelo agente público ao se deparar com a situação fática, no exercício de liberdade conferida pela lei.

A doutrina e a jurisprudência, sempre procurando compatibilizar os anseios sociais com o direito posto, desenvolveram teorias justificando a interferência do Judiciário nos atos da Administração, editados no exercício da discricionariedade, visando a coibir os abusos que os administradores praticavam escudados na liberdade conferida pela lei.

Entre as teorias desenvolvidas ressaltam-se as dos princípios: do abuso ou excesso de poder; dos motivos determinantes; da razoabilidade; da proporcionalidade; e o da arbitrariedade.

Como se sustentou no Capítulo 7, a observância desses princípios restringe a faixa da liberdade discricionária. A inobservância de qualquer dos mencionados princípios, pelo agente público, resulta ilegalidade do ato decorrente. Vale dizer que a ampla e livre faixa de atuação discricionária, antes defendida, passou a sujeitar-se ao contingenciamento determinado pelos motivos, meios limitadores da atuação do administrador nas situações não vinculadas.

Essa reflexão evolutiva doutrinária e jurisprudenciária salienta, sem contestação, nos dias atuais, que os atos oriundos do poder discricionário, são vinculados aos motivos determinantes, à razoabilidade, à proporcionalidade, à finalidade e à capacidade. Por isso já se pode concluir que todos os atos administrativos sujeitam-se ao controle do Judiciário, ressalvado, pela maioria dos aplicadores do Direito, o mérito do ato. Esse núcleo, zona de escolha ou valoração, seria livre e, por conseguinte, não sindicável pelo Poder Judiciário.

Paralelamente aos estudos e investigação desses princípios, desenvolveu-se outra importante teoria, a dos conceitos jurídicos indeterminados, ou imprecisos ou vagos, entre os quais salientam-se: "relevante interesse público", "perigo iminente", "imperativo da segurança nacional", "notório saber jurídico", "necessidade pública", "interesse social", "utilidade pública", além de outros.

A aplicação desses conceitos imprecisos não é hipótese de escolha, mas de intelecção, aplicação da lei no caso concreto. O agente público nessas situações atua vinculadamente, sem margem de escolha discricionária. Vale dizer que a conduta do agente público foi predeterminada pela norma de Direito. O atuar em desacordo com o preceito legal conduz à nulidade do ato que praticar. Esse entendimento é pacífico na jurisprudência dominante e na doutrina consagrada.

Viu-se no Capítulo 8 que afloraram duas correntes opostas entre-se quanto à liberdade do administrador público ante o conceito jurídico indeterminado. A primeira sustentada majoritariamente no Direito alemão e no Direito espanhol, defendida pelos autores Enterría e Fernández. No Brasil, Luis Manuel Fonseca Pires, entre outros. Ressalte-se que os primeiros estudos sobre o tema foram realizados pelos austríacos Bernatizik e Tezner. A outra corrente defendida por Afonso Rodrigues Queiró em Portugal e Lúcia Valle Figueiredo, Celso Antônio Bandeira de Mello, Germana de Oliveira Morais, no Brasil, entre outros autores.

A primeira corrente sustenta que, em se tratando de conceitos jurídicos indeterminados ou imprecisos, o agente público não goza de liberdade ante o caso concreto. A sua conduta, nessa situação, será sempre a de interpretar a lei na concreção da norma na situação de fato, identificando a única solução válida para o caso.

CAPÍTULO 10
CONTROLE DO MÉRITO DO ATO ADMINISTRATIVO | 233

A outra corrente defende a intelecção como primeira medida com vistas à realização do ato. Em seguida, verificando-se zona de incerteza, a autoridade administrativa adotará a escolha discricionária procurando a solução adequada.

Celso Antônio Bandeira de Mello não defende a existência de espaço para a escolha discricionária, posteriormente à fase interpretativa nos casos de conceitos vagos. Sustenta, entretanto, que não é correto afirmar-se, categoricamente, que a interpretação nos casos de conceitos jurídicos indeterminados leve apenas a uma solução que atenda à vontade da lei. Pode, sustenta o autor, dependendo da situação fática, encontrar-se mais de uma solução válida. Nesse caso, o juiz não terá legitimidade para declarar a nulidade de determinado ato, quando entender que outra solução seria melhor que a adotada pelo agente público.[1]

A despeito dos substanciosos argumentos sustentados por Celso Antônio Bandeira de Mello, parece mais adequada a corrente que admite somente uma solução válida nos casos dos conceitos jurídicos indeterminados. Exemplo: "notório saber jurídico" e "conduta ilibada" são condições para a investidura no cargo de Ministro do Supremo Tribunal Federal. Essas condições comprovam-se mediante critérios objetivos. O Presidente da República ao escolher um profissional do Direito para o cargo de ministro do Supremo alegará notório saber jurídico e conduta ilibada como o móvel da conduta que pretende adotar, nomear.

A nomeação depende, ainda, da aprovação do Senado Federal. Esse procedimento, no qual se comprovam as citadas condições, é uma espécie de controle prévio.

Consumada a nomeação, o interessado que se julgar prejudicado com a edição do ato, ou entidade e órgão legitimados para impugnar atos da Administração, o fará em juízo. Este, apreciando as falas do autor e do réu, sopesando as provas e confrontando os fatos com a norma de Direito, chegará à conclusão de que, na espécie, as duas condições se verificaram ou não se verificaram. Se a conclusão do juiz for positiva, o ato será mantido e a ação julgada improcedente. Ao contrário, se a conclusão for negativa, a ação será julgada procedente, e o ato declarado nulo, por vício de ilegalidade. Não se quer, com isso, significar que só existe uma pessoa que se enquadre nas hipóteses de "notório saber jurídico" e de "conduta ilibada". Existe uma infinidade de cidadãos que atendem a essas condições. Entretanto, a lei não exige seleção pública nesse caso. Ao contrário, confere ao Presidente da República competência para operar a escolha. Por isso, qualquer um deles poderá ser nomeado, atendendo-se plenamente as

---

[1] MELLO, Celso Antônio Bandeira de. *Discricionariedade e controle jurisdicional*. São Paulo: Malheiros, 1992. p. 22.

condições legais. Não está na cogitação do Judiciário determinar o agente a nomear outra pessoa. Esta não é sua função. O juiz apenas confirmará a nomeação ou a declarará nula.

Vistos esses casos de restrição da discricionariedade, conclui-se que o campo de liberdade do agente no exercício do poder discricionário ficou sensivelmente reduzido. Entretanto, na prática, o fenômeno não vem sendo adequadamente observado. Por essa razão, muitos dos atos emanados da autoridade administrativa, com fundamento na suposta discricionariedade descambam para o campo da ilegalidade, fato que enseja a apreciação do Poder Judiciário.

10.2 Situação do mérito do ato administrativo, no Judiciário brasileiro

Durante anos, já se afirmou, o Judiciário brasileiro se recusou a examinar determinado ato administrativo sob a alegação de que se tratava de comportamento do administrador público no exercício do poder discricionário. Mais tarde, com o evoluir dos fatos e do Direito, passou-se a admitir o controle da discricionariedade, ressalvado o mérito do ato, tido como inatingível pelo juiz.

O marco definitivo do reconhecimento ao Judiciário para examinar ato discricionário com a finalidade de verificar a sua legalidade foi, inegavelmente, o Acórdão, na Apelação nº 1.422, na ação de Mandado de Segurança emanado do Tribunal de Justiça do Rio Grande do Norte, cujo Relator foi o então Desembargador Seabra Fagundes, em 1948.

Trata a espécie de mandado de segurança impetrado pela Empresa de Transporte Potiguar Ltda. contra ato praticado pelo Inspetor de Trânsito do Estado do Rio Grande do Norte. O motivo da impetração do "mandamus", em breve síntese, é o seguinte: a Inspetoria de Trânsito do Estado do Rio Grande do Norte estabeleceu horário de ônibus para a Cidade de São José de Mipibu, compreendendo a saída de quatro ônibus da referida cidade para a Capital a partir das cinco horas do dia, com intervalo de meia em meia hora, facultando à interessada efetuar viagens extras aos domingos, e à concorrente, aos sábados.

Esse horário, segundo a impetrante, não atendia o interesse dos diversos moradores daquela cidade, servidores públicos que trabalhavam na Capital. Por isso, e alegando outros motivos, o proprietário da concessionária transportadora de passageiros solicitou autorização para fazer circular mais um ônibus, saindo de São José de Mipibu às sete horas com destino à Capital, e retornando às dezessete horas. Dias depois, a postulante obteve autorização para circular com mais um ônibus, mas em horário diferente do solicitado, que não atendia o interesse dos servidores moradores no Município. Pelo que se depreende do Acórdão em foco, as medidas restritivas ao interesse da impetrante tiveram, por finalidade velada, beneficiar outra empresa concorrente.

No voto, o Relator sustenta que o horário de sete horas e dezessete horas, como solicitado, é de toda conveniência para a população da aludida cidade, principalmente daquelas pessoas funcionárias em Natal. Continua o Relator:

> O exercício da função ou cargo de qualquer autoridade não pode e nem deve ser exercido arbitrariamente, ultrapassando os pressupostos legais que lhes cumpre obedecer. Por conseguinte, quando a autoridade entende agir daquele modo, cabe à Justiça lhe corrigir os desmandos e amparar aqueles que foram atingidos pela violência, pela arbitrariedade.[2]

Ao final o Relator, acompanhado dos demais pares, concedeu o mandado de segurança para permitir que o impetrante circule com o seu ônibus nos horários pleiteados.

Em determinado ponto do Voto, em questão, verdadeira pérola jurídica, o Relator alerta que a conveniência e a oportunidade não devem ser sindicadas pelo Judiciário, por se tratar de campo de liberdade. Entretanto, esse entendimento não se observou na situação em exame. Não teria o tribunal condições de conceder a segurança, se não houvesse adentrado o mérito do ato para descobrir qual fora, no caso, o verdadeiro motivo da decisão do Inspetor de Trânsito do Estado do Rio Grande do Norte, autoridade coatora. A conveniência, na espécie, não fora o interesse público e nem o interesse dos moradores da Cidade de São José de Mipibu. O interesse foi, embora camuflado, o de beneficiar outra empresa concorrente. A medida, como ficou demonstrado no Voto do Relator, além de beneficiar uma empresa particular, prejudicou a impetrante e os usuários do transporte coletivo por ela atendidos. Tanto que o Tribunal determinou a circulação do ônibus da Impetrante, nos horários por ela pretendidos, contrariando, frontalmente, a decisão da Administração, que entendia ser conveniente a circulação do veículo, em outros horários. Prevaleceu, no caso, o entendimento da Justiça em desfavor do comportamento da Administração.

Essa decisão proferida pelo Colendo Tribunal de Justiça do Rio Grande do Norte é, repita-se, irrefutável prova de sindicabilidade do mérito do ato administrativo, pelo Judiciário. Somente com esse comportamento é que se pode descobrir o desvio de finalidade, o excesso de poder e a arbitrariedade. Veja-se que o Tribunal foi mais longe, não só anulou o ato

---

[2] *Revista de Direito Administrativo*, Rio de Janeiro, v. 14, p. 52- 83, out./dez. 1948.

decorrente da solução escolhida pelo administrador, como fez a escolha que julgou ser a melhor, autorizando o impetrante a circular com o seu ônibus, nos horários pleiteados. O que o Tribunal efetivamente fez foi dizer que a opção adotada pela Administração não era a que atendia à vontade da lei e, ao mesmo tempo, indicar a que entendeu ser a melhor, na situação. A decisão foi avançadíssima, para a época em que foi proferida.

O Superior Tribunal de Justiça, julgando o Recurso Especial nº 21.923-5-MG,[3] reformou decisão do segundo grau, que entendeu não competir ao Poder Judiciário o exame do "mérito" do ato administrativo impugnado. Tratava a espécie de Decreto Municipal, que declarou de utilidade pública, para fins de desapropriação, imóvel dos postulantes. Entendeu o Tribunal de Justiça que na situação fática caberia ao Judiciário apenas, e não mais do que isso, verificar se a autoridade administrativa observara as formalidades legais pertinentes. A Turma, tendo por Relator o Ministro Gomes de Barros, decidiu:

> A Constituição Federal de 1988 consagrou, como um de seus princípios, o da moralidade administrativa, consignado expressamente no artigo 37, devendo, portanto, ser obedecido por toda a Administração Pública. O julgamento da apelação ocorreu antes do advento da nossa atual Carta Política, quando a imoralidade, desde que camuflada nos ditames legais, não era expressamente sancionada, embora já o fosse, implicitamente. Agora, com a moralidade administrativa elevada à dignidade de norma constitucional, qualquer conduta que a violente revela-se ilegal e mesmo inconstitucional. (...).
>
> Exigir-se o vício da ilegalidade formal para comprovar a imoralidade é contrariar o espírito da Constituição que quer, com esse princípio, cobrar da Administração, além de uma conduta legal, um comportamento ético.

Come se vê, no presente caso, o Judiciário adentrou o mérito do ato administrativo para verificar a imoralidade praticada pela Administração Pública, sob a roupagem da utilidade pública. A decisão é demonstração irrefutável da evolução jurisprudencial, considerando, principalmente que o Decreto-Lei nº 3.365/41 prescreve que, nas desapropriações, ao proprietário demandado é lícito contestar, na ação de desapropriação, somente vício no processo ou o valor da indenização, oferecida pela entidade desapropriante.

O Juízo da 7ª Vara da Justiça Federal, em Belo Horizonte, na *ação civil pública*, Processo nº 1999.38.00.035192-2 decidiu liminarmente:

---

[3]   Processo nº 91.0016574-3, Relator Ministro Humberto Gomes de Barro, 1ª Turma do STJ, julgado em 20 de maio de 1992.

CAPÍTULO 10
CONTROLE DO MÉRITO DO ATO ADMINISTRATIVO | 237

PELO EXPOSTO, nos termos da fundamentação supra, considerando a urgência e relevância da medida, CONCEDO A LIMINAR postulada na inicial, determinando a desocupação do imóvel sito à Rua Martins de Carvalho nº 94, Bairro Santo Agostinho, nesta capital, no prazo de seis (6) meses, a contar desta decisão, o que entendo suficiente no caso em exame, fixando uma multa diária (astreinte) equivalente a R$5.000,00 (cinco mil reais) ao Estado de Minas Gerais, na hipótese de eventual desobediência, após esgotado o prazo assinado.

Trata a espécie de ação civil pública manejada pelo Ministério Público Federal em Minas Gerais, em face da União Federal e do Estado de Minas Gerais, com o fito de obter a declaração de nulidade de contrato de doação por meio do qual o inventariante da extinta Legião Brasileira de Assistência, autarquia federal, doou, ao Estado de Minas Gerais, o prédio situado na Rua Martins de Carvalho nº 94, no Bairro Santo Agostinho, em Belo Horizonte.

Os fundamentos básicos do pedido são: a) de acordo com a legislação federal pertinente, o patrimônio de entidades autárquicas e fundacionais, extintas incorporam-se ao patrimônio da União; b) A União não deve alienar bens imóveis, se os mesmos lhes são indispensáveis.

Na peça vestibular se alegou a condição da União de inquilina em vários imóveis em Belo Horizonte, e, por essa razão, o imóvel objeto da doação impugnada lhe é indispensável, não podendo, portanto, ser alienado nem mesmo para o Estado de Minas Gerais.

O Magistrado prolator da decisão liminar reconheceu o interesse do imóvel para a União, com o seguinte argumento:

> Ocorre que a condição *sine qua non* para a alienação ou doação — acervo patrimonial excedente — em se tratando de bem imóvel de elevado valor patrimonial, como se apresenta o prédio descrito na inicial e objeto da presente ação, localizado em bairro nobre de uma capital de Estado, onde diversos órgãos federais necessitam celebrar contratos de locação para o desempenho de suas funções, é de difícil configuração, de modo que sempre existiria o interesse econômico a ensejar a continuidade do domínio e posse sobre o bem.

A decisão, embora liminar, penetrou o mérito do ato de doação, para reconhecer a sua ilegalidade e determinar a desocupação do prédio onde estava, à época, instalada e funcionando a Secretaria de Estado do Trabalho, Ação Social, da Criança e Adolescente, considerando que a doação do bem não teria sido razoável e nem legal, principalmente pelo fato de que a União necessita do imóvel, visto ser inquilina em outros imóveis na mesma Capital.

O exercício da discricionariedade, na situação em tela, até prova em contrário, transbordou da faixa de liberdade. A escolha, levada avante pela Administração, não coaduna com o permissivo legal. O bem objeto, da doação, não preenchia as condições jurídicas e administrativas pare que se consumasse, validamente, a doação perpetrada. Daí a justeza da decisão judicial. A nulidade, reconhecida não configura, definitivamente, a substituição do Poder Executivo pelo Poder Judiciário. Trata-se, tão somente, de reconhecimento de desacerto com a opção eleita pela Administração. Houve descumprimento de norma jurídica e manifesto prejuízo para a União. Por isso, a escolhida não foi a que melhor atenderia, na situação em relevo.

No mérito, entretanto, a ação foi julgada improcedente. O autor, inconformado, recorreu ao Tribunal Regional Federal da 1ª Região, contra a decisão prolatada pelo juízo do primeiro grau. O recurso ainda está pendente de julgamento.

O Superior Tribunal de Justiça, julgando o Recurso Especial nº 36.611 em ação de desapropriação, decidiu:

> É lícito ao Poder Judiciário declarar nulo decreto expropriatório onde se verifica desvio de poder.
>
> É nulo decreto declaratório de utilidade pública, onde não se especifica a finalidade da desapropriação.

Trata-se do Recurso Especial nº 36.611 na ação de desapropriação e ação ordinária de nulidade, tendo por requerente XXX e seu cônjuge, requerido o Município de YYY e Relator o Min. Humberto Gomes de Barros.

O ato impugnado é o declaratório de interesse público para fins de desapropriação para construção de uma praça pública na zona urbana do distrito de Ubatuba. Os desapropriados alegaram na petição inicial que o verdadeiro motivo da desapropriação teria sido obstar a construção de edifício, devidamente licenciada pelo Município.

O Relator sustentou no voto entender ser defeso ao Judiciário incursionar sobre a conveniência e a oportunidade de desapropriação, mas que é lícito, e dever seu, investigar os elementos que indicam a legitimidade e finalidade do ato, pois aí reside o freio à discricionariedade. É indispensável, portanto, a indicação precisa do fim da desapropriação. E, ainda, tendo em vista o interesse público é vedado à Administração desapropriar para "construção de imóveis", sem dizer a finalidade, sem demonstrar o interesse público.

Com esses argumentos finais, o Relator decidiu: "Dou provimento ao recurso para anular a desapropriação, ante ao desvio de poder constatado no decreto municipal n. 244/86."[4]

Em outros tempos, a decisão teria, certamente, sido pela manutenção do decreto declaratório de utilidade pública para fins de desapropriação, posto que os tribunais admitiam questionamento apenas em relação a questões processuais ou ao valor da indenização.

Seira inimaginável excluir-se do controle do Poder Judiciário ato declaratório de desapropriação pelo fato de o mesmo decorrer do poder discricionário. O acórdão, como visto, não cuidou de determinar ao Prefeito a adoção de outra conduta. Limitou-se apenas a declarar nulo o ato, pelo fato de não se revestir de todas as exigências legais, principalmente a motivação. A inexistência dessa formalidade configura hipótese de abuso de poder, desvio e omissão quanto à finalidade. Compete à autoridade, na espécie, baixar outro ato adequadamente motivado, se efetivamente a finalidade for a construção da praça pública a que alude o ato anulado e se não for possível outro terreno menos oneroso em relação ao em questão, considerando que esse se encontra onerado em virtude dos alvarás de construção expedidos ao respectivo proprietário.

A decisão, aqui comentada, resumidamente, não configura intromissão do Judiciário na seara do Poder Executivo. O órgão jurisdicional no exercício da função de controle, mediante provocação, cuidou apenas de identificar o vício do ato por desvio de finalidade e inexistência de motivação. Para identificar aludidas falhas foi necessário que o Tribunal sindicasse o mérito do ato administrativo decorrente do poder discricionário.

> Superior Tribunal de Justiça – Mandado de Segurança nº 3.500/DF, Processo (1994/0021037-0)
>
> Ementa: Administração. Mandado de Segurança. Aeronáutica. Corpo feminino. Licenciamento ex officio. Ato impetrado que se lastreia em parecer da Comissão de Promoções de Graduados não juntado aos autos. Inexistência de motivação possibilidade do judiciário controlar. Precedentes do STJ. Segurança deferida.

Trata a espécie de Mandado de Segurança impetrado por uma militar da Aeronáutica, em face de ato da autoridade que inacatou o seu pedido objetivando permanecer definitivamente, nos quadros da Aeronáutica, onde já trabalhava há mais de oito anos. O argumento da Administração foi no sentido de que a agente apresentava desempenho deficiente. Nos

---

[4] *Revista de Direito Administrativo*, v. 200, p. 190-193, abr./jun. 1995.

EDIMUR FERREIRA DE FARIA
CONTROLE DO MÉRITO DO ATO ADMINISTRATIVO PELO JUDICIÁRIO

autos, entretanto, não se acostaram provas da alegação contra a conduta funcional da impetrante.

Ante essa situação fática o Tribunal concedeu a segurança ao fundamento de que o ato questionado não fora devidamente motivado. De fato, a motivação é indispensável. A sua inexistência conduz à ilegalidade do ato. Não basta a autoridade administrativa alegar determinado fato motivador do ato que pretende adotar, é indispensável provar o fato. A prova se pode fazer por intermédio da motivação apontando e apresentando o verdadeiro motivo.

O tribunal examinou o mérito do ato para verificar a sua lisura ou a sua não lisura. Se todas as condições indispensáveis à prática do ato, tivessem se verificado, se devidamente comprovada a ineficiência da policial, a segurança talvez fosse denegada.

O Tribunal Regional Federal, julgando o agravo regimental no Mandado de Segurança nº 03042325-95-SP, decidiu:

Agravo Regimental – Mandado de Segurança – Ato judicial – Imposto de Importação – Decreto n. 1427, de 30.03.95. Pressupostos presentes – Há relevância do fundamento se mero ato administrativo majorou alíquota de imposto de veículos estrangeiros sem nenhuma ressalva a outros artigos basilares da Constituição, com o artigo 174 (Planejamento Determinante Para a Administração e Indicativos para o Setor Privado) e artigo 37 da CF (Moralidade da Administração Pública, no qual estão albergadas a boa-fé e a legalidade), ferindo princípio da segurança jurídica.[5]

Superior Tribunal de Justiça, Resp 429570/GO – Relator Eliana Calmon, Segunda Turma julgamento 11.11.2003.

Ementa, trecho:

"O Poder Judiciário não mais se limita a examinar os aspectos extrínsecos da Administração, pois pode analisar, ainda, as razões de conveniência e oportunidade, uma vez que estas razões devem observar critérios de moralidade e de razoabilidade".

Superior Tribunal de Justiça, Respe nº 778.648 – PE (2005/0156395-7). Recorrente: Fazenda Nacional. Recorrido: Lobortecne Ltda. - Relator M. Mauro Campbell Marques

O Recurso foi desprovido por unanimidade. Um dos fundamentos constantes da ementa foi:

"2. Hoje em dia, parte da doutrina e da jurisprudência já admite que o Poder Judiciário possa controlar o mérito do ato administrativo (conveniência e oportunidade) sempre que, no uso da discricionariedade admitida legalmente, a Administração Pública agir contrariamente ao princípio da razoabilidade. Lições doutrinárias".

---

[5] AGMS nº 03042325-95-SP, TRF-3ª Reg., julgado em 29 de agosto de 1995; DJ de 14.2.95, p. 07217.

CAPÍTULO 10
CONTROLE DO MÉRITO DO ATO ADMINISTRATIVO 241

Tribunal de Justiça do Rio de Janeiro – Apelação nº 0062743-64.2009.8.19.001, julgado em 29.6.2010 12ª Câmara Cível – Relatora Lúcia Miguel S. Lima.

Recurso provido.

Extrai-se o seguinte texto da ementa:

"os atos administrativos, mesmo discricionários podem ser desconstituídos se foi desproporcionais aos fins propostos, praticados com desvio de poder ou quando os motivos que o ensejaram não forem verdadeiros, suficiente ou adequados. A determinação de cassação de licença é medida que se revela demasiadamente gravosa para a Dignidade do Recorrente, ainda mais se levarmos em consideração a atual conjuntura econômica, que não permite que o Judiciário chancele o impedimento de exercício de uma atividade que confere sustento ao agravante e à sua família".

Tribunal de Justiça do Rio Grande do Sul – Agravo de Instrumento nº 70011085503, Segunda Câmara Cível – Relator Adão Sérgio do Nascimento Cassiano. Julgado em 13.7.2005

Extrai-se o seguinte texto da ementa:

"A Administração Pública se submete não apenas à lei, mas ao Direito como um todo (regra essa doutrinária no Direito Administrativo moderno e positivada no art. 2º, parágrafo único, I, da Lei nº 9.784/99), podendo o Poder Judiciário sindicar todos os aspectos jurisdicizados do assim chamado mérito do ato administrativo. O provimento judicial que atende tal direito não ofende o princípio da independência e harmonia dos Poderes (art. 2º da CF/88). Princípio da universalidade da jurisdição ou da inafastabilidade do controle judicial (5, XXXV da Carta Magna). O Poder Público não está acima do controle jurisdicional. Precedentes do STJ e deste TJRS."

Tribunal de Justiça do Rio de Janeiro

EMBARGOS DE DECLARAÇÃO. ACÓRDÃO PROFERIDO EM AGRAVO INTERNO, EM APELAÇÃO CÍVEL. CONCURSO PÚBLICO PARA INGRESSO NO CURSO DE FORMAÇÃO DE SOLDADO DA POLÍCIA MILITAR. FASE DE EXAME SOCIAL E DOCUMENTAL. REPROVAÇÃO INDEVIDA. Reprovação do candidato por constar como autor do crime de lesão corporal leve (art. 129, caput, do CP). Extinção da punibilidade em razão da renúncia da vítima. Ausência de condenação criminal. Princípio da presunção de inocência. Art. 5º, LVII, da CRFB/88. Controle da discricionariedade administrativa pelo princípio da razoabilidade / proporcionalidade. Decisão que corretamente apreciou a questão. Inexistência de omissão, obscuridade ou contradição. Embargos declaratórios somente são cabíveis nas hipóteses do artigo 535, I e II do CPC. Pretensão de modificação do acórdão embargado. Contrariedade entre a decisão e o interesse da parte que não autoriza a interposição de embargos de declaração. Negado provimento.[6]

---

[6] Disponível em: <http://tj-rj.jusbrasil.com.br/jurisprudencia/156814422/apelacao-reexame-necessario-reex-127276220128190067-rj-0012727-6220128190067/inteiro-teor-156814429>. Acesso em: 19 jul. 2016.

(TJ-RJ - REEX: 00127276220128190067 RJ 0012727-62.2012.8.19.0067, Relator: Des. Antonio Iloizio Barros Bastos, Data de Julgamento: 19/11/2014, Quarta Câmara Cível, Data de Publicação: 25.11.2014)

Trata-se de ação ordinária em grau de apelação, proposta por um candidato ao concurso público para ingresso em curso de soldado da polícia militar, promovido pelo Estado do Rio de Janeiro. O motivo da ação foi o fato de o candidato ter sido reprovado na fase de exame social e documental. O ato por meio do qual o candidato foi excluído do certame teve por fundamento o fato de o interessado ter sido acusado da prática de crime de lesão corporal leve. Entretanto, o autor provou que houve renúncia da vítima e que não foi condenado.

O juiz monocrático julgou a ação procedente, anulou o ato e determinou que o candidato-autor continuasse nas demais fases do concurso. O Estado, inconformado, manejou o recurso de apelação contra a decisão. O Tribunal invocando o princípio da presunção da inocência e considerando a possibilidade do controle judiciário da discricionariedade administrativa com base nos princípios da razoabilidade e da proporcionalidade manteve a decisão do primeiro grau.

As decisões trazidas à colação são apenas uma amostragem da orientação dos tribunais pátrios sobre a possibilidade do controle do mérito do ato administrativo pelo Judiciário.

10.3 Posição da doutrina

No Reino Unido e na França se permite exame do mérito do ato administrativo com a finalidade de verificar a razoabilidade e a proporcionalidade da conduta do agente, em cada caso. Avança um pouco mais o Conselho de Estado francês. Esse Colegiado, nos casos de controle de operações de urbanismo e de desapropriações, permite se leve em consideração o custo/benefício, como medida da proporcionalidade do sacrifício individual e benefício social alcançado pela conduta da Administração.[7]

A questão de mérito do ato administrativo, em suma, não impede o conhecimento judicial das causas que levaram à edição de uma possibilidade entre tantas. Também o exame da conveniência e oportunidade não escapa do crivo revisional e já se diz jurisdicionalizada a ação do administrador público que não se coaduna com os sentimentos de justiça a viabilidade de perdurar em seus efeitos uma ação inoportuna e inconveniente. É preciso que se vá além do mero exame externo da conduta administrativa,

---

[7] *Apud* TÁCITO, Caio. Vinculação e discricionariedade administrativa. *Revista de Direito Administrativo*, Rio de Janeiro, n. 205, p. 125-130, jul./set. 1996.

detendo-se na análise dos fatos para surpreender os desvios da finalidade legalmente prevista.[8]

Teresa Celina de Arruda Alvim Pinto sustenta que, em face da discricionariedade administrativa, o que compete ao Judiciário, com exclusividade, é verificar se o agente público se pautou nos limites da discricionariedade. Se constatar que tais limites não foram trasbordados, o Judiciário, mesmo entendendo que outra escolha seria melhor, não poderá anular o ato. Entretanto, se os limites foram extravasados, houve abuso de poder, isso invalidará o ato. Conclui a autora: "Há de certa forma, uma cognição para 'fins negativos', no sentido de assim se delimitar o espaço da discricionariedade e, dentro desses limites, não vir a interferir, o Poder Judiciário, sobrepondo-se à atividade da Administração".[9]

Entendemos que o juiz terá de penetrar o mérito do ato administrativo para verificar se o agente público se pautou nos limites da discricionariedade que lhe fora conferida pela norma de Direito. Se não se admitir esse comportamento, não será possível descobrir se o ato padece de vício de desvio de finalidade ou excesso de poder.

Estamos, em parte com a autora, quando afirma que o juiz não pode determinar outra conduta ao administrador público, se constatado ficar que não se observaram os limites da discricionariedade. No nosso entender, esposado na doutrina de Sérgio Ferraz, o agente no exercício da discricionariedade, ao promover a concreção da norma jurídica, encontra apenas uma conduta que atende plenamente à vontade da lei. Ora, dessa forma, somente se pode afirmar que a autoridade observou os limites de sua competência, se adotou a opção querida pela lei. Verificando que a escolha não foi a melhor, ao Judiciário compete declarar que aquela não é a melhor conduta, portanto, nula. Esse comportamento jurisdicional não configura intromissão de um Poder na área de competência do outro. O Judiciário, para chegar a esse entendimento ou a essa conclusão, não atua discricionariamente, mas aplicando a lei segundo a melhor e fiel interpretação. Isso legitima a conduta do juiz de dizer que a escolha adotada pelo agente público não é a que satisfaz a vontade da lei. Todavia, não lhe compete fazer a melhor escolha. Essa função é do Executivo.

José Jappur defende posição que se coaduna com a acima exposta. Sustenta esse autor que o mérito se constituía em uma espécie de *res sacra*. Nele não se poderia tocar. Pontua que esta compreensão decorreu de falsa interpretação da Lei nº 221, de 20 de novembro de 1894. O art. 13, §9º, desta

---

[8] HENTZ, Luiz Antônio Soares. Considerações atuais sobre o controle da discricionariedade. *Revista de Informação Legislativa*, Brasília, ano 30, n. 118, p. 127-138, abr./jun. 1993.

[9] PINTO, Teresa Celina de Arruda Alvim. Limites à chamada "discricionariedade" judicial. *Revista de Direito Público*, ano 24, n. 96, p. 157-165, out./dez. 1990.

EDIMUR FERREIRA DE FARIA
CONTROLE DO MÉRITO DO ATO ADMINISTRATIVO PELO JUDICIÁRIO

Lei dispunha que, quando o Judiciário verificasse que o ato ou resolução fosse ilegal, o anularia. A alínea *a* do mesmo dispositivo prescrevia:

> Consideram-se ilegais os atos ou decisões administrativas em razão da não aplicação ou indevida aplicação do direito vigente. A autoridade judiciária fundar-se-á em razões judiciais, abstendo-se de apreciar o merecimento dos atos administrativos, sob o ponto de vista de sua conveniência ou oportunidade.

Conteúdo semelhante tem o art. 9º do Decreto-Lei, nº 3.365/41, do seguinte teor: "Ao Poder Judiciário é vedado, no processo de desapropriação, decidir se se verificam ou não os casos de utilidade pública".

A primeira lei já foi, há muito, revogada, a última, expressamente, ainda não, mas o seu conteúdo jurídico não se entende nos dias de hoje, como se entendeu outrora. Já se admite, na doutrina e na jurisprudência, a indagação pelo Judiciário se a utilidade pública foi, efetivamente, a causa da declaração do ato declaratório de desapropriação. Neste Capítulo mesmo, já se referiu a decisões judiciais, nesse sentido.

José Jappur, na sequência, opina:

> Afirma-se o ato administrativo discricionário tem base na oportunidade ou conveniência. Tal área é proibida ao Judiciário. Nada mais falso do que um preconceito que se dogmatizou ao longo do tempo. Fora de dúvida, é insensatez deixar sem controle um ato inoportuno ou inconveniente.[10]

Ainda sustenta o autor em referência que a liberdade discricionária não compreende liberdade sem limites, sem controle. O ato decorrente da discricionariedade surge de uma opção entre várias possíveis. Deve-se eleger a mais conveniente e a mais oportuna. A conveniência e a oportunidade não são livres. O limite encontra-se na moral interna ou externa do ato. O interesse público é o ponto de equilíbrio da discricionariedade.

Sobre o tema opina Sérgio Feraz, nos seguintes termos:

> Ora, a avaliação do mérito também é imprescindível para que cheguemos a detectar se há desvio de poder ou não, se há abuso de poder ou não. Um sistema jurídico que configura, tipifica e categoriza as idéias de desvio e abuso do poder e lhes dá o corretivo adequado, não se vai negar a admitir a avaliação do mérito da atividade administrativa.[11]

---

[10] O mérito do ato administrativo perante o Judiciário, RF. N. nº 286, p. 143-146, 1984.

[11] FERRAZ, Sérgio. *Instrumentos de defesa dos administrados*. Coordenação Celso Antônio Bandeira de Mello. São Paulo: Revista dos Tribunais, 1986. p. 154-174.

O mesmo autor, em outra obra, sustenta:

> Nessa corrente de idéias, parece rematado absurdo, *venia concessa* dos que em contrário pensam, afirmar a não sindicabilidade judicial do mérito do ato administrativo. Aliás, como harmonizar essa regra vedatória com a pacificamente reconhecida capacidade que tem o juiz de coibir o desvio ou o abuso de poder? Só se chega à constatação de tais patologias com a investigação dos motivos e da motivação do ato administrativo.[12]

É cristalina e lúcida a posição de Sérgio Ferraz, quanto à sindicabilidade do mérito do ato administrativo, pelo Poder Judiciário, como medida de controle de legalidade. Sustenta o mesmo autor que no leque de opções resultantes do poder discricionário da Administração só uma delas atende a verdadeira vontade da lei. Dessa forma, se o administrador não fizer opção por essa solução única, o respectivo ato será viciado, podendo ser decretado nulo pelo Judiciário. Mais adiante, retomar-se-á a esta questão polêmica.

Luiz Antônio Soares Hentz, discorrendo sobre a redução do poder discricionário, que se verifica nos últimos tempos, sobretudo depois da promulgação da Constituição da República de 1988, opina:

> Como para animar o debate, o legislador constituinte de 1988 traçou com cores firmes o perfil do administrador público, limitando sobre maneira o discricionarismo e, a nosso ver, eliminou de vez a barreira diante da qual escondiam-se os tribunais sempre que chamados a pronunciar sobre o mérito do ato administrativo.[13]

Johnson Barbosa Nogueira se opõe à corrente que defende a existência de uma única opção válida entre as oferecidas na discricionariedade. Entende o autor que é dever do agente escolher a opção mais justa entre as lícitas. Mas esse dever, segundo ele, não autoriza a afirmar-se que são ilegais todas as soluções não consideradas mais justas. Prevalecendo esse entendimento, sustenta, eliminar-se-ia a possibilidade de discricionariedade.[14]

Essa opinião não se sustenta desde o momento em que se admitiu o controle da discricionariedade administrativa pelo Judiciário. Por isso, já

---

[12] FERRAZ, Sérgio. *Mandado de segurança* 3. ed. São Paulo: Malheiros, 1996. p. 90.

[13] HENTZ, Luiz Antônio Soares. Considerações atuais sobre o controle da discricionariedade. *Revista de Informação Legislativa*, Brasília, ano 30, n. 118, p. 127-138, abr./jun. 1993.

[14] NOGUEIRA, Johnson Barbosa. A discricionariedade administrativa sob a perspectiva da teoria geral do direito. *GENESIS – Revista de Direito Administrativo Aplicado*, Curitiba, n. 3, p. 735-752, 1994.

está envelhecida e superada, a despeito de vários autores comungarem do pensamento de Nogueira. A melhor doutrina parece ser a que defende a existência de apenas uma solução válida. Aquela que o intérprete, levando em consideração as regras jurídicas aplicáveis e os princípios constitucionais compatíveis adequados à situação fática, encontra a melhor solução conforme a Constituição.

Luís Henrique Madalena integra a corrente que defende a ideia de que no espaço da discricionariedade existe apenas uma escolha que se conforma com a correta interpretação constitucional. É como assevera: "Desse modo, observa-se que é possível, sim, a verificação de uma única interpretação correta, constitucional, e, portanto, autêntica, e de todas as outras incorretas, e, portanto, inautênticas".[15]

A verificação quanto ao acerto ou ao desacerto do ato administrativo envolve a avaliação da razoabilidade, da racionalidade, da proporcionalidade e da finalidade, entre outros parâmetros.

Ensina José Alfredo de Oliveira Baracho:

> Os princípios de interdição à arbitrariedade, os princípios da razoabilidade, da racionalidade, da proporcionalidade constituem um marco constitucional, isto é, exigência constitucional sob o atuar administrativo. Pode-se deduzir que o controle jurisdicional para a verificação da decisão discricionária tem esse objetivo de responder aos interesses gerais, por meio de controle de existência da motivação, da coerência e da lógica, examinando-se a relação entre a decisão administrativa e a realidade (...) A decisão responde a interesses gerais, não é arbitrária, desde que a escolha realizada pela Administração entre as diversas alternativas passíveis de ser seguidas esteja baseada em critérios políticos, técnicos, econômicos, sociais, da economicidade, entendidos de conformidade com pressupostos dos princípios; em todas essas situações deve-se garantir ao cidadão a tutela judicial efetiva.[16]

A posição externada por Baracho é avançada, mas coerente e compatível com o pensamento contemporâneo. É inadmissível conceber o Judiciário apegado ao texto frio da lei, somente. Para fazer justiça, sobretudo no exame da discricionariedade administrativa, terá de considerar os aspectos políticos, administrativos, econômicos, moral, ético e da eficiência e, também, o custo/benefício. Para essa avaliação, o juiz terá inexoravelmente de examinar o mérito do ato, pois pode ocorrer que a conveniência

---

[15] MADALENA, Luís Henrique. *Discricionariedade Administrativa e Hermenêutica*. Salvador: Jus Podivm. 2016, p. 168.

[16] BARACHO, José Alfredo de Oliveira. Atos administrativos: elementos poder discricionário e o princípio da legalidade, limites da convalidação, forma de exercício. *Boletim de Direito Administrativo*, São Paulo, v. 13, n. 7, p. 398-402, jul. 1997.

CAPÍTULO 10
CONTROLE DO MÉRITO DO ATO ADMINISTRATIVO | 247

alegada pela autoridade pública se contraponha a um ou mais desses requisitos, situação em que se impõe a decretação da nulidade do ato.

José Augusto Delgado vem sustentando a possibilidade de o Judiciário penetrar o ato discricionário para exercer o efetivo controle que lhe compete com exclusividade. Em seus estudos, traz à colação decisões do Supremo Tribunal Federal, entre as quais um acórdão proferido numa ação popular, com a seguinte ementa: "Tribunal de Contas – Nomeação de seus membros em Estados recém-criados – Natureza do ato administrativo, parâmetros a serem observados – Ação popular desconstitutiva dos atos". Acrescenta Delgado que se trata de um ato administrativo discricionário e político. A Suprema Corte entendeu que os nomeados membros do Tribunal de Contas em apreço não preenchiam os requisitos da idoneidade moral e reputação ilibada (art. 73, §1º, II, CF) e idoneidade e notório saber (art. 235, inciso III, CF). São, como se vê, conceitos jurídicos indeterminados. A autoridade do Executivo é legitimada a promover, discricionariamente, a nomeação dos membros do Tribunal de Contas. Entretanto, está condicionada ao "notório saber" e à "ilibada reputação". A aplicação desses conceitos não é facultativa. Ao contrário, decorre de intelecção da norma de Direito. No caso concreto tem-se de verificar se o candidato ao cargo tem notório saber ou se não tem. Esse procedimento não é discricionário. Por isso, salienta Delgado, embora tratar-se, na espécie, de ato discricionário e político, vincula o mesmo a essas exigências estabelecidas nas citadas normas constitucionais.[17]

O Ministro Delgado conclui formulando as seguintes indagações:

> Por último, queria voltar ao aspecto ainda do controle da discricionariedade e apenas deixar uma pergunta para todos nós: é possível o Poder Judiciário controlar, no momento atual, em face de toda essa filosofia adotada para a nova teoria geral do ato discricionário, a posição do governo em que com base na conveniência e na oportunidade determina, emprega bilhões de reais para salvar os bancos e não toma a mesma atitude para a saúde pública, para a educação, para a segurança pública? Não será momento para o Poder Judiciário ser chamado a se pronunciar a respeito? Será possível que continuaremos de mãos atadas presenciando 58 crianças morrendo no meu querido Estado do Ceará, 98 velhinhos morrerem no Estado do Rio de Janeiro, os nossos jovens serem trucidados nas praças públicas por ausência de segurança pública?

As respostas a essas perguntas devem ser no sentido de que ao Judiciário compete, se provocado, interferir nessas decisões administrativas. A discricionariedade, como dito várias vezes neste trabalho, sujeita-se

---

[17] *Idem*, p. 581-585.

a limites, entre os quais os da razoabilidade, da proporcionalidade e da moralidade. Nos casos levantados por Delgado, salta aos olhos que não se observaram esses princípios limitadores do comportamento discricionário do agente público. Não é razoável que se gastem milhões e milhões de reais para salvar bancos que agiram criminosamente, enquanto o Sistema Único de Saúde está falido, ou por outro, recebe recursos financeiros muito aquém de suas necessidades reais. O número de pessoas desassistidas na área de saúde é espantoso. Quantas não conseguem a consulta médica? Quantas não conseguem os medicamentos receitados? Quantas não conseguem fazer sessões de hemodiálise com a frequência necessária? No campo da segurança pública, o quadro não é menos dramático. O avanço da criminalidade é avassalador. É incontável o número de pessoas assassinadas por marginais e por grupos de extermínio com a participação de maus políticos e policiais, que mesmo assim continuam na vida pública e nas corporações respectivamente. Não se contam também os números de assaltos, furtos e roubos, principalmente furtos de veículos, roubos de cargas, sequestros relâmpagos e assaltos a bancos, principalmente os terminais eletrônicos de autoatendimento. Há ainda outro fato social penoso que não foi explicitamente lembrado nas indagações de Delgado. Refere-se à pobreza. Segundo dados do IBGE de 2008, existem 23,5% de famílias brasileiras em estado de pobreza absoluta, com renda *per capita* de até meio salário mínimo, milhões de desempregados e milhões percebendo salário mínimo, ainda insuficiente para possibilitar o mínimo de dignidade e conforto garantidos pela Constituição.

10.4 Reflexões

A pesquisa, como demonstrado nos Capítulos antecedentes, revela que o controle do poder discricionário pelo Judiciário evoluiu satisfatoriamente, desde a adoção do Estado de Direito liberal até os dias atuais, em que vigora o paradigma de Estado Democrático de Direito, passando pelo Estado empresário e essencialmente intervencionista.

A discricionariedade remotamente incontrolável pelo Judiciário passou gradativamente a submeter-se ao controle jurisdicional, mantendo, entretanto, fora da apreciação o núcleo do ato administrativo dela decorrente. Hodiernamente autores existem, em número ainda reduzido, que já admitem a sindicabilidade do mérito do ato administrativo. Nesse sentido começam a surgir os primeiros julgados jurisdicionais, conforme se apontou no subitem anterior. Esse é o entendimento correto sobre o tema. A doutrina e a jurisprudência na quase totalidade entendem que o ato discricionário pode ser examinado com a finalidade de verificar se o mesmo se editou observando a finalidade prevista na norma regra e nas normas princípios, ainda que implicitamente, e se atende ao interesse público. Os motivos determinantes sujeitam-se à investigação. Ora, como se pode operar, perquirir esses requisitos, sem se penetrar a intimidade do ato? A verificação dos aludidos requisitos depende, inexoravelmente, do completo e total exame do ato questionado.

Ressalte-se que respeitados doutrinadores, como salientado, entendem que, entre as várias opções dispostas ao agente público, somente uma delas compatibiliza-se com o ordenamento jurídico. Assim admitindo-se ser essa a melhor exegese, forçoso se torna entender que a rigor a discricionariedade está vinculada à melhor opção. Por esse motivo, também, se há de conceber a possibilidade de o Judiciário examinar o mérito do ato administrativo para verificar quanto ao acerto da escolha. O Juiz, ao examinar o ato, constatando que a escolha não foi a melhor, aquela única que atende ao pressuposto legal e ao interesse público, poderá declarar a sua nulidade. Entretanto, o juiz não poderia, em princípio, fazer a escolha considerada correta. O agente público teria de editar novo ato adotando a opção correta, se a medida for realmente necessária. Todavia, já existem respeitados autores defendendo a tese segundo a qual o Judiciário, além de ter prerrogativa para anular ou declarar a nulidade de ato administrativo nos casos em que a autoridade administrativa não tenha operado a melhor escolha, legitima-se para fazer a escolha certa. Entre eles arrolam-se Georges Abboud e Luis Manuel Fonseca Pires.

O primeiro assevera:

> Assim, principalmente quando estiverem em disputa direitos fundamentais, faz-se obrigatória a intervenção do Judiciário para assegurar a proteção dos interessados. Em outros termos, o Judiciário fornece a resposta constitucionalmente adequada (correta) ao cidadão em substituição ao que foi proferido pelo administrador.

> Limitar a resposta do Judiciário apenas à possibilidade de proferir decisões cassatórias poderia deixar diversos direitos fundamentais desprotegidos, o que legitima a decisão positiva do Administrador.[18]

O segundo autor, na ordem citada, sustenta:

> Por último, sobre a doutrina da "redução a zero" da discricionariedade administrativa, além de acompanharmos os que defendem que o caso em análise pode convolar a competência discricionária em vinculada, ainda acrescentamos que, nesta circunstância, é possível – e recomendável – que o Judiciário não se limite a invalidar o ato objeto da ação, mas que desde logo determine qual a opção válida.[19]

---

[18] ABBOUD, Georges. *Discricionariedade Administrativa e Judicial*. São Paulo: Revistas dos Tribunais. 2014. p. 250.

[19] PIRES, Luis Manuel Fonseca. *Controle Judicial da Discricionariedade Administrativa*. 2 ed. Belo Horizonte: Fórum, 2013. p. 295.

Meire Aparecida Furbino Marques, depois de discutir e teorizar a possibilidade do Judiciário examinar o mérito do ato administrativo, sustenta em suas conclusões:

> Por fim, cabe assinalar que a intervenção do Judiciário não aviltra a teoria da separação das funções atribuídas aos Poderes. Muito pelo contrário, partindo-se da premissa de que o poder é uno, referida intervenção faz reforçar o equilíbrio republicano, na medida em que coíbe a prática de ações administrativas indesejáveis e imorais no âmbito do poder público.
>
> Conclui-se, portanto, ser possível e necessária a revisão jurisdicional do mérito dos atos administrativos discricionários perpetrados no seio do Estado Democrático de Direito. Essa atuação do Poder Judiciário não configura riscos à democracia. Demonstra, outrossim, o desempenho da função jurisdicional nos moldes que lhe foram conferidos pela Constituição Federal.[20]

O entendimento de que, entre as inúmeras alternativas, apenas uma opção conforma-se com a prescrição legal, sendo a lei concebida como moldura justifica-se no fato de que o legislador, em tese, quer a melhor solução no atendimento do caso concreto. Por assim querer e não dispor de elementos que lhe propiciem condições para, ao elaborar a norma jurídica, predeterminar a conduta a ser adotada pelo agente administrativo por ocasião da ocorrência do fato, é que se optou por deixar ao agente determinada faixa discricionária para atuar oportunamente, praticando o ato que melhor consulta ao interesse público, conforme a Constituição. Na prática, o que o legislador efetivamente quis nessa situação não foi conferir ao administrador competência ou poder para escolher a seu talante a solução que melhor lhe agrade. Não, não foi isso. O agente público não tem, nessa condição, vontade livre. A vontade que manifesta deve ser adequada constitucionalmente, tendo em vista o reclame social. Em síntese, deve ser a vontade que verdadeiramente atende ao interesse público. Então, o que o legislador quis ao editar a lei e por intermédio dela conferir discricionariedade à Administração, foi delegar ao administrador competência para, ante o caso concreto, adotar a conduta amparada constitucionalmente e que resulte na resolução do conflito posto, levando em consideração, entre outros, os princípios da razoabilidade e o da proporcionalidade. Por outras palavras, praticar a única escolha que atenda ao interesse público naquela situação fática, pois a "oportunidade e a conveniência", mérito do ato decorrente da discricionariedade, tão prestigiadas, não são escolhidas pelo agente administrativo. Ao contrário, são declaradas pelo agente

---

[20] MARQUES, Meire Aparecida Furbino. *A Possibilidade de revisão jurisdicional dos atos administrativos discricionários no Estado Democrático de Direito.* Dissertação de Mestrado defendida na PUC Minas. Belo Horizonte. 2016. p. 246.

competente se elas, de fato, existem. Para a constatação da existência de uma ou de outra ou de ambas, o administrador terá de, primeiro, verificar a conformação da situação fática com os preceitos constitucionais; em seguida, identificar os motivos que determinam a edição do ato e a finalidade a alcançar com o ato. Por último, constatado que a situação reúne todas as condições jurídicas e administrativas para a adoção de determinada medida, o agente deve promover a motivação do ato que pretende editar.

Do exposto, verifica-se que a decantada faculdade discricionária não consiste em plena liberdade, mas na liberdade de escolher o momento de adotar o ato, ressalvados os casos em que a edição do mesmo é provocada pelo interessado ou aqueles em que a demora possa ser considerada omissão (ato omissivo).

É de se ressaltar ainda, que, nos casos de conceitos jurídicos indeterminados ou imprecisos, não se trata de discricionariedade. Nesses casos, como visto antes, trata-se de aplicação da lei, intelecção, e não de escolha. Situação, portanto, não comporta duas ou mais opções, mas uma somente. Assim, se o administrador precisar admitir uma pessoa de "notório saber", por exemplo, a escolha dessa pessoa não será discricionária. A hipótese requer do agente o exercício de intelecção da norma. Para isso, terá de examinar os fatos e verificar, objetivamente, se a pessoa que deseja admitir preenche condições da notoriedade nos termos da lei. Os elementos objetivos disponíveis ou à disposição do agente, se cuidadosamente examinados, são suficientes e eficientes para recomendar a edição do ato pretendido. O cidadão é dotado de notório saber ou não é. Não existe uma pessoa que tenha mais ou menos notório saber. A escolha de quem não tem notório saber, para cargo ou função em que se exige tal requisito, é nula de pleno direito.

Veja-se que a escolha consiste apenas na decisão tomada pelo agente público de admitir alguém dotado de notório saber. Mas mesmo essa escolha não é absolutamente livre. A autoridade terá de motivar a decisão, demonstrando: a necessidade de incorporar, aos quadros da Administração, ainda que temporariamente, pessoa com esse perfil; estimar os resultados que pretende alcançar com a medida; verificar a disponibilidade orçamentária e financeira para suportarem as despesas decorrentes da investidura pretendida; e verificar o alcance satisfativo do interesse público, móvel indispensável ao atuar do agente administrativo na realização de seus deveres funcionais administrativos ou político-administrativos.

As duas situações, decisão de contratar e escolha da pessoa detentora de notório saber, podem ser examinadas pelo Poder Judiciário. Relativamente à primeira situação, o órgão jurisdicional deve verificar se os motivos apresentados com a motivação são verdadeiros e se coadunam com a situação fática; verificar se, efetivamente, existe dotação orçamentária e disponibilidade financeira suficientes para suportarem as despesas

252 EDIMUR FERREIRA DE FARIA
CONTROLE DO MÉRITO DO ATO ADMINISTRATIVO PELO JUDICIÁRIO

estimadas; verificar se o interesse a ser atendido com a edição do ato é o público. Ou se, em nome deste, se pretende atender a fins diversos, como, por exemplo, admitir ou contratar um amigo, sem concurso público e para exercer funções desnecessárias ou diversas da que justificou o ato adotado. Além dessa investigação, ao Judiciário é lícito examinar se a pessoa escolhida ostenta, de fato, o título de notório saber. Constatada irregularidade em qualquer das situações, o Juiz poderá declarar a nulidade do ato, retirando-o do mundo jurídico. A medida judiciária, na hipótese, não configura intromissão na seara do Poder Executivo, tampouco caracteriza substituição da titularidade do poder discricionário. A medida consiste em mero controle jurisdicional nos termos assegurados pela Constituição da República e regulamentados em leis ordinárias.

10.4.1 Controle dos atos decorrente do poder de polícia

No exercício do poder de polícia localiza-se a maior incidência de abuso de poder em qualquer de suas formas. Os órgãos ou entidades encarregados de exercer a polícia administrativa são, normalmente, arbitrários. Os agentes encarregados de fiscalizar e controlar a qualidade do serviço ou de fornecimento de bens ou de serviços a cargo de particulares no exercício de atividades próprias da iniciativa privada ou no desempenho de atividades mediante concessão ou permissão delegada pelo Poder Público, com muita frequência, atuam com abuso de poder, extrapolando os limites de sua competência discricionária. Essa constatação exige maior controle pela própria Administração ou pelo Judiciário.

Há alguns anos, os rebanhos suínos de diversos Municípios mineiros foram acometidos de "peste suína", doença que se alastra com facilidade e contamina seres humanos. O surto chegou a ser epidêmico, inquietando os órgãos de vigilância sanitária, os integrantes do Ministério da Agricultura em especial. Equipes de fiscais sanitários saíram a campo, visitando as fazendas situadas nos Municípios em que houve a notificação da doença. Nas propriedades onde encontravam alguns animais atacados pela doença, todo o rebanho foi condenado ao sacrifício sumário. Será que todos os animais teriam de ser sacrificados mesmo os que estavam sadios? Será que não haveria outro meio menos danoso para o fazendeiro, sem prejudicar o trabalho de conter a enfermidade dos animais e o alastramento da peste? Será que o pânico eufórico não conduziu para o extermínio desnecessário de centenas ou milhares de animais? Muitos deles estavam cevados, no ponto de abate para o consumo. Em bairros periféricos da Cidade de Belo Horizonte e nas chácaras existentes no perímetro urbano era comum a criação ou engorda de suínos para o consumo das respectivas famílias. Por ocasião da citada epidemia, agentes da Vigilância Sanitária Animal determinaram o sacrifício ou a retirada sumária dos animais, mesmo

CAPÍTULO 10
CONTROLE DO MÉRITO DO ATO ADMINISTRATIVO | 253

nos lugares onde a peste não havia se manifestado. Admitindo que um ou mais proprietários atingidos pela medida fiscalizadora, sentindo-se prejudicados, fossem a juízo pleitear indenização ou o impedimento da matança, em princípio, incontrolada, seria lícito o Juiz alegar impossibilidade de interferir no caso por se tratar de exercício do poder de polícia de competência exclusiva da Administração Pública? Essa não poderia ser a resposta do magistrado. Ele teria de acatar a súplica determinando imediata perícia, nomeando médicos-veterinários competentes, para apurarem a denúncia. O juiz não pode se acomodar e nem ter receio de fiscalizar a Administração Pública, se provocado pelo interessado ou legitimado. O seu papel na prestação jurisdicional e na realização da Justiça é fundamental para o conforto, tranquilidade e segurança das pessoas e da sociedade nas relações jurídicas, sobretudo.

10.4.1.1 Controle, por exemplo, do mérito do ato de tombamento de bens culturais

A União, os Estados-membros, Distrito Federal e os Municípios são legitimados a realizarem tombamentos para a preservação do patrimônio cultural existente no território nacional, nos limites das respectivas competências. A decisão da autoridade de tombar determinado bem é discricionária. O respectivo ato, entretanto, é vinculado à manifestação cultural em qualquer de suas formas. O bem, para ser tombado, deve revestir-se de pelo menos uma das seguintes manifestações culturais: ser histórico, artístico, paisagístico, arqueológico, além de outras manifestações culturais, nos termos da legislação pertinente, em conformidade com o disposto no art. 216 da Constituição da República.

Durante a tramitação do processo administrativo de tombamento ou mesmo depois da edição do competente ato, o proprietário do bem objeto da medida protetiva é legitimado a ingressar em juízo, com ação própria, visando impedir a expedição do ato ou a sua anulação, quando já consumado, se entender que o bem não contém nenhuma das hipóteses de manifestação cultural.

O juiz, nesse caso, deverá examinar, por meio de perícia especial, e verificar se o bem tombado ou em processo de tombamento se reveste do requisito cultural apontado pelo órgão ou entidade encarregado do patrimônio cultural. A inexistência de motivação já seria o suficiente para a declaração da nulidade do ato ou do procedimento. Se motivado, mas falsos os motivos, o destino do ato há de ser o mesmo, anulação. Dito de outra forma, se o bem envolvido não preencher as condições culturais nos termos da legislação, o ato ou a iniciativa de tombar não pode prosperar. Logo, o Judiciário, provocado, terá o dever de intervir, sob pena de omitir-se na realização de controle de ato danoso ao direito individual e ao interesse social, visto não haver interesse na preservação de bens que não se enquadrem na moldura do patrimônio cultural.

10.4.1.2 Desapropriação por utilidade pública

O Decreto-Lei nº 3.365 de 21.06.1941, no art. 20, prescreve que, na ação de desapropriação, o proprietário do bem atingido pela medida somente pode impugnar o valor da indenização oferecida pela entidade desapropriante ou vício no processo. Será que, efetivamente, outras irregularidades ou vícios não podem ser examinados pelo Judiciário na própria ação? É de se ressaltar que a aludida lei geral sobre desapropriações foi editada em plena Segunda Guerra Mundial, há 75 anos completados em 21.06.2016. Será que, hoje, ainda se deve jungir-se cegamente àquela regra? É evidente que não. Os fatos mudaram, os anseios sociais são outros e a democracia impera com sustentáculo na Constituição da República de 1988. Têm-se notícias, com certa frequência, de desapropriações realizadas com a finalidade de beneficiar amigos ou para prejudicar inimigos. No primeiro caso, a desapropriação teria por finalidade a aquisição, pelo Poder Público, de certo bem imóvel de propriedade de pessoa amiga da autoridade responsável pela desapropriação, quando o bem não encontra comprador ou, se o encontra, a oferta de preço é considerada inaceitável pelo proprietário. Nessa hipótese, há má-fé das duas partes, o Poder Público desapropria e paga o preço desejado pelo proprietário amigo. No outro caso, a autoridade, sendo inimiga política de pessoas de destaque na política local ou regional, declara de utilidade pública propriedade do desafeto, com o objetivo de prejudicá-lo, causando-lhe prejuízo, a despeito de alegar utilidade pública ou interesse social para desapropriar o bem.

Nessas duas situações, ao juiz é perfeitamente lícito sindicar o mérito do ato de desapropriação para verificar a verdadeira finalidade da desapropriação. Constatando-se qualquer um dos vícios salientados aqui, impõe-se a declaração de nulidade do ato de desapropriação, considerando que o mesmo não teria visado ao interesse público, mas ao interesse amigo da autoridade ou à escusa vontade do agente, qual seja, prejudicar o inimigo, por intermédio de um ato administrativo com aparência de legalidade e de moralidade.

10.4.1.3 Desapropriação por interesse social para fins de reforma agrária

A desapropriação para fins de reforma agrária é procedimento decorrente do poder discricionário do Chefe do Executivo Federal. A desapropriação, entretanto, condiciona-se a diversos fatores de ordem jurídica, material e formal e também de ordem moral. A inobservância de qualquer um deles inviabiliza a desapropriação ou inquina de nulidade o ato que declarou de interesse social para fins de reforma agrária. A Constituição Federal, no art. 184, dispõe sobre desapropriação para fins de reforma agrária, estabelecendo que a desapropriação recairá sobre propriedade rural que não esteja cumprindo sua função social. O art. 186 prescreve os critérios básicos para a caracterização da propriedade que esteja cumprindo a sua função social. O art. 185 da mesma Lei Maior prescreve que serão insusceptíveis de desapropriação, para fins de reforma agrária, as pequenas e médias propriedades rurais, definidas em lei, se o proprietário não possuir outro imóvel rural.

A Lei nº 8.629/93, que regula a desapropriação para fins de reforma agrária, e a Lei Complementar nº 76/93, modificada pela Lei nº 88/96, estabelecem outras condições a serem observadas no procedimento desapropriatório, entre as quais a realização de procedimento administrativo prévio como meio próprio e adequado para se verificar a presença das condições indispensáveis à desapropriação para fins de reforma agrária.

Assim, editado o ato declaratório de interesse social para fins de reforma agrária, o proprietário do imóvel declarado poderá ingressar em juízo com vistas a provar que a propriedade atingida está cumprindo a sua função social em conformidade com o art. 184 da Constituição Federal, regulamentado pela Lei nº 8.629/93, e que é produtiva, nos termos da mesma lei. Pode, ainda, alegar que não se cumpriram as formalidades previstas na Lei Complementar nº 76/93, modificada pela Lei nº 88/96, entre as quais a vistoria e avaliação do imóvel, nos termos do §2º, do art. 2º da lei em foco. Além disso, o cidadão, por intermédio da ação popular, e o Ministério Público e outros legitimados, por meio da ação civil pública, podem acionar a Justiça com o objetivo de anular ato declaratório ou interromper desapropriação de imóvel que não preencha as condições para reforma agrária, por exemplo, terra árida ou inóspita, ou alagada, imprópria, por isso, para atividade agrícola ou pecuária. Ou para denunciar acordo entre desapropriante e desapropriado permitindo pagamento de indenizações exorbitantes, com fragrante lesão aos cofres públicos.

O juiz, em qualquer das hipóteses de desapropriação, está legitimado a examinar o ato de desapropriação e, constatando ser real a suspeita alegada na petição, poderá declará-lo nulo.

O Tribunal de Justiça do Estado de Minas Gerais, em mandado de segurança, declarou nula uma desapropriação, por desvio de poder, realizada pelo Município de Varginha. Segundo consta dos autos, o Município teria desapropriado uma gleba de terreno destinada à criação de distrito industrial. Em seguida, ao invés de parcelar o terreno de modo a permitir pluralidade de empresas interessadas a integrarem-se ao distrito industrial, doou toda a gleba a uma empresa, que se instalou no terreno. Apenas uma.

Em outra situação semelhante, o mesmo Tribunal de Justiça declarou nulo decreto desapropriatório expedido pelo Prefeito de Lagoa Santa. Segundo consta do Acórdão, o Município declarou de utilidade pública determinado terreno, pertencente ao apelante, Espólio de Felício Nehny, com o objetivo de doá-lo à empresa privada TANGE – Técnicas de Engenharia Ltda. para sua instalação no local. A sentença monocrática considerou o ato declaratório correto, pois fora fundado no Decreto-Lei nº 3.365, de 21.06.41, art. 5º, i e §1º, que permite a desapropriação por utilidade pública para construção ou ampliação de distrito industrial, considerando que o decreto consignava que a finalidade da desapropriação seria a instalação de indústria no Município.

O Tribunal reformou a decisão *a quo* por entender que a doação do bem desapropriado a pessoa de direito privado, ainda que destinada a implantação de distrito industrial no imóvel, é ilegal. A conduta da autoridade administrativa contrariou os princípios da moralidade e da impessoalidade. Assim concluiu o Relator:

> Enfim, não se legitima a desapropriação de imóvel, declarada de utilidade pública, para doação a pessoa jurídica de direito privado, porque não corresponde à finalidade prevista de destinação do bem expropriado, o fim de necessidade ou utilidade pública de interesse do Poder Público. Pelo Exposto dou provimento ao recurso para declarar a nulidade do Decreto n. 622/87 em face de sua flagrante ilegalidade. (Tribunal de Justiça de Minas Gerais – Apelação Civil n. 000.079.740-7.00, em ação ordinária anulatória da Comarca de Lagoa Santa – Relator Aloysio Nogueira, em 17 de abril de 1997. Deram provimento ao apelo por unanimidade. Fonte: <http:/www.simpro. mg.gov.br>)

No mesmo sentido é a decisão do Tribunal de Justiça de Minas Gerais contida nos autos do Agravo nº 000.157.025-9.00, em Mandado de Segurança originário da Comarca de Muzambinho, em que foi Relator Aloysio Nogueira, julgado em 06.04.2000, conforme ementa seguinte:

> Desapropriação – Interpretação de Mandado de Segurança visando a anulação do Decreto e suspensão do processo – Arts. 265, IV, *a* e 106 do CPC – Arts. 9º e 20 e 21 do DL n. 3.365/41 – Cabimento. Autoriza-se a suspensão de ação de desapropriação com fundamento no art. 265, IV *a* do CPC.

10.4.1.4 Desapropriação para construção de usina hidrelétrica

Aos Chefes do Executivo, dos entes federativos, é legítimo proceder à desapropriação para fins de construção de barragem com a finalidade de gerar energia hidrelétrica, levando em conta a conveniência e a oportunidade. Acontece que, para definição da conveniência e oportunidade, diversos elementos externos devem ser apreciados, tais como o impacto ambiental, principalmente no que se refere à fauna e à flora; o dispêndio financeiro e o benefício a ser alcançado com a usina pretendida, custo/ benefício. Chamado, o Poder Judiciário poderá impedir a desapropriação declarando a nulidade do ato vestibular do procedimento desapropriatório, se constatar a contrariedade de pelo menos uma dessas condições. A liberdade de escolha no exercício do poder discricionário, como salientado em vários momentos neste trabalho, não é absoluta, razão por que o Judiciário, órgão exclusivo de controle definitivo da Administração Pública, reveste-se de poder para sindicar o ato administrativo que não observou requisitos, parâmetros ou limites a que se sujeita o administrador público no exercício de suas competências, inclusive a discricionária.

10.4.1.5 Construção de via pública

A decisão autorizativa para a construção de via pública é, inegavelmente, atribuição da Administração Pública. *Prima facie*, pode parecer absurdo reconhecer ao Judiciário poder legítimo para interferir na decisão do Chefe do Executivo relativa à construção de determinada via pública. Será mesmo absurdo? Ou absurdo seria afirmar-se que, absolutamente, não pode? Os doutrinadores, na quase totalidade, opinam, em síntese, no sentido de que o Judiciário não goza de legitimidade para interferir na escolha feita pela autoridade administrativa relativamente à construção de via pública. A intromissão, caso ocorresse, configuraria hipótese de invasão de competência, fato que contraria texto expresso da Lei Maior. A locação das vias públicas e a decisão de construí-las, sustentam, é única e exclusiva do Poder Executivo. A afirmação é em parte correta. Não é absoluta, portanto. Vale dizer que, em certas circunstâncias, deve-se admitir a presença do Poder Judiciário no exame de determinada situação concreta, com a finalidade de verificar se a decisão administrativa atende à vontade social e ao interesse público. Constatado desencontro entre a deliberação do agente público e a vontade social relativamente à construção de uma rodovia, por exemplo, lícita será a conduta do juiz, se determinar a paralisação da obra ou impedir o seu início.

No Capítulo 4 deste trabalho, em que se cuidou da motivação, registrou-se a necessidade de a autoridade competente motivar o ato administrativo que autoriza a construção de via pública. Com o objetivo de reforçar este entendimento e justificar a sindicabilidade do ato autorizativo, pelo Judiciário, tomar-se-á, a título de exemplo, um caso concreto: a "Ferrovia Norte e Sul", iniciada na segunda metade do governo Sarney. Logo que os jornais e os demais meios de comunicação do País estamparam em suas páginas, a notícia de que o Governo Federal iria construir a ferrovia em referência, a sociedade civil, por meio de seus órgãos e entidades próprios, se manifestou durante semanas, contra a construção da aludida via pública.

Entendiam os manifestantes, intérpretes naturais da sociedade, não ser oportuna a construção da via, no momento, considerando, principalmente, a indisponibilidade de recursos financeiros para obra civil daquela envergadura. O País, como agora, passava por dificuldades financeiras. Inobstante, o Governo desconsiderou o clamor popular e da mídia. Preferiu acolher os argumentos dos então Governadores dos Estados que seriam beneficiados com a ferrovia.

Determinado, o Governo promoveu procedimento licitatório com vistas a escolher a empresa a ser contratada para construir a ferrovia. Essa licitação foi abortada por vício, segundo noticiaram os jornais. Outra, entretanto, se realizou logo em seguida, chegando à homologação e adjudicação do objeto ao vencedor. Firmado o respectivo contrato de empreitada, a obra se iniciou. Com dificuldades financeiras, 100 (cem) quilômetros, segundo notícias extraoficiais, foram construídos e até inaugurados naquele Governo. O restante, todavia, esteve paralisado anos, por falta de recursos financeiros alocados a essa finalidade. Nos últimos anos, o governo federal vem destinando recursos para a continuação e conclusão da ferrovia, sem data prevista. A sociedade estava coberta de razão. A Administração Pública, de fato, não contava com disponibilidade financeira e nem orçamentária, para custear a obra.

O §2º do art. 7º da Lei nº 8.666, de 21.06.93 prescreve:

§2º As obras e serviços somente poderão ser licitadas quando:

I – (...)

(...)

III – houver previsão de recursos orçamentários que assegurem o pagamento das obrigações decorrentes de obras ou serviços a serem executadas no exercício financeiro em curso, de acordo com o respectivo organograma.

O §6º do mesmo art. 7º estabelece que infringência de qualquer das condições arroladas no artigo em referência importa a nulidade dos atos ou contratos realizados e a responsabilidade de quem lhes tenha dado causa.

Neste exemplo, parece que não se observou pelo menos a exigência contida no inciso III do art. 7º da Lei nº 8.666/93, pois a obra esteve paralisada vários anos, por falta de recursos financeiros e pelo fato de não ser prioritária, embora conveniente.

Na ocasião, o Judiciário poderia ter sido acionado para examinar o aspecto meritório da obra. No exame, verificar-se-ia, entre outros elementos: a existência do projeto básico; a planilha contendo o orçamento de

CONTROLE DO MÉRITO DO ATO ADMINISTRATIVO

custo de toda ferrovia; a existência de recursos orçamentários plurianuais destinados a garantir o pagamento das respectivas despesas; verificar o custo/benefício (se o benefício decorrente da ferrovia justifica o montante de recursos financeiros a serem investidos na construção naquele momento).

Na hipótese de haver a contemplação orçamentária e financeira, deve-se verificar se a locação dos recursos à obra não prejudica áreas essenciais, como: saúde, educação, segurança pública e previdência social, por exemplo.

A falta ou defeitos no projeto básico, ou a inexistência de orçamento de custo da obra ou o estudo da viabilidade econômica ou a inexistência de recursos orçamentários suficientes para construção da obra, é justificativa suficiente para o Judiciário impedir a licitação destinada à contratação de empresa para a construção ou decretar a paralisação da obra se já iniciada. Será também motivo para uma das medidas aqui referidas a constatação pelo Judiciário, por intermédio de perícia especial, de que os recursos programados para custeio da obra não serão desviados, ainda que parcialmente, das áreas da saúde, da educação, da previdência, do combate à pobreza ou da segurança pública. Constatado o deslocamento de recursos em qualquer desses casos, patente estaria o desvio de verba pública, o que configura ilícito administrativo e penal. Na espécie, causaria irreparável dano imediato à sociedade. Nessas situações e devidamente comprovado, o Judiciário poderia, tranquilamente, parece, sem transbordar os limites de sua competência, dizer que, no momento, a obra é inconveniente ou inoportuna. Assim, a conveniência e oportunidade declaradas pela autoridade teriam sido falsas ou equivocadas.

A tese defendida no sentido de que ao Judiciário é defeso sindicar o ato discricionário nos casos de construção de via pública é insustentável. No exemplo, o Judiciário teria sindicado o mérito do ato, não com o propósito de substituir a Administração. A sua interferência teria sido com a finalidade, apenas, de verificar se teria havido os vícios, as irregularidades ou ilegalidades apontadas na inicial e no curso de ação intentada, com o fito de impedir a construção da ferrovia, em momento inoportuno e inconveniente.

10.4.2 Abusos na edição de medidas provisórias

A edição de medidas provisórias, já noticiada neste Capítulo, é de competência exclusiva do Presidente da República. Trata-se de poder conferido ao Chefe do Executivo Federal para editar ato administrativo com força de lei, sujeito a conversão em lei, pelo Congresso Nacional, no prazo de sessenta dias, prorrogável por igual período, ou nesse prazo ser rejeitada. Na hipótese de rejeição, a medida provisória perderá a eficácia desde a data de sua publicação, devendo o Congresso Nacional, por meio de decreto legislativo, disciplinar as relações jurídicas decorrentes da

EDIMUR FERREIRA DE FARIA
CONTROLE DO MÉRITO DO ATO ADMINISTRATIVO PELO JUDICIÁRIO

medida provisória. Caso não seja editado o aludido decreto legislativo no prazo de sessenta dias contados da data da rejeição ou perda da eficácia da medida provisória, as relações jurídicas constituídas e decorrentes de atos praticados durante a vigência da mesma continuarão produzindo efeitos válidos e por ela regidas (art. 62, §11, da CR).

Esse poder "legiferante" outorgado pelo Poder Constituinte de 1987/1988, ao Presidente da República, é condicionado e limitado, nos termos do art. 62 da Constituição de 1988. Preceitua o aludido dispositivo constitucional que nos casos de relevância e urgência o Presidente da República poderá expedir medida provisória. Somente nesses casos, relevância e urgência. Em outras situações, mesmo que justificado o motivo, a medida caracteriza abuso de poder.

Na prática, o que se verifica, constantemente, é o desmedido abuso do Chefe do Executivo na adoção de medidas provisórias. O procedimento afronta a Constituição, afronta o Congresso Nacional e desrespeita a sociedade brasileira, que tem direito a governo honesto e que observe os limites das normas jurídicas, considerando que a Constituição Federal de 1988 instituiu, para os brasileiros, Estado Democrático de Direito, "destinado a assegurar o exercício dos direitos sociais e individuais, a liberdade, a segurança, o bem-estar, o desenvolvimento, a igualdade e a justiça como valores supremos de uma sociedade fraterna, pluralista e sem preconceitos, fundada na harmonia social e comprometida, na ordem interna e internacional, com a solução pacífica das controvérsias, [...]".

O fundamento para a edição de medida provisória seria a conveniência e oportunidade. A justificativa são os casos de relevância e urgência (art. 62 da Constituição Federal). Logo, não havendo relevância e urgência, não haverá, por conseguinte, conveniência e nem oportunidade. Daí se estima, em princípio, que expressivo número das medidas provisórias editadas desde a primeira até os dias de hoje é inconstitucional ou ilegal. Existiram e ainda existem medidas provisórias até a Emenda Constitucional nº 32/2001 reeditadas muitas vezes, algumas, mais de 60 (sessenta) vezes, regulando diversas matérias, que não configuraram, em nenhum momento, a hipótese do art. 62 da Lei Maior. Exemplos de áreas que sofreram certa regulamentação por meio de medidas provisórias: licitação, monetária, trabalhista, salário mínimo, orçamentária, financeira, mercado financeiro, tributária, seguros, bancária, PIS/PASEP, mensalidade escolar e muitas outras.

Todas as medidas provisórias que dispuseram sobre as matérias alinhadas acima afrontam a regra constitucional, que previu a edição desse tipo de ato. Muitas delas com repercussões danosas para a sociedade ou para seguimento dela. O pior é que o Congresso Nacional, por motivos que não cabe aqui esclarecer, não vem exercendo, a contento, o seu controle sobre a fúria do Chefe do Executivo de editar tais atos normativos. Desenganadamente, não apreciava as medidas provisórias, no prazo de trinta dias, que lhe determinava a Constituição, nem para converter a medida em lei e nem para rejeitá-la. Uma das consequências dessa inércia do Parlamento foi a consolidação de medidas provisórias reeditadas mês a mês, até por mais de cinco anos continuados. A regra jurídica, mesmo precária e ainda que inconveniente, ilegítima, ilegal ou inconstitucional, acabava prevalecendo, convalidada pelo tempo, além daquelas que foram mantidas, sem alteração, pela Emenda Constitucional nº 32/2001. O Congresso Nacional não teve condições jurídicas, políticas e nem morais para rejeitar uma medida provisória, de tantas, em vigor há anos. As relações jurídicas delas decorrentes devem ser respeitadas, até pelo princípio do direito adquirido, assegurado pela Constituição. A título de exemplo, a Medida Provisória nº 1.950-59, de 06.01.2000, que completou cinco anos de vigência, sem que fosse apreciada pelo Congresso Nacional.

Essa inércia por parte do Legislativo Federal não ocorre mais depois da promulgação da EC nº 32. O art. 62, §6º, da Constituição da República prescreve que, se a medida provisória não for apreciada em quarenta e cinco dias, contados de sua publicação, entrará em regime de urgência subsequentemente na Câmara dos Deputados e no Senado Federal. Os projetos de lei e as demais matérias são sobrestados até que todas as mediadas provisórias que estejam trancando a pauta sejam votadas.

Na prática, essa hipótese acontece com frequência. Em decorrência, importantes projetos de lei se postergam. O que é lamentável.

Caberia, então, ao Poder Judiciário exercer o controle sobre a edição de medidas provisórias. Entretanto, poucas vezes foi provocado para o desempenho dessa invulgar missão. E, para desencanto dos que esperam do Judiciário o pleno desempenho de suas funções constitucionais, constata-se que, nesse particular, a sua atuação foi e tem sido omissiva. Falta aos julgadores agressividade para enfrentar atos emanados do Príncipe.

A medida provisória que instituiu o PROER, referido neste Capítulo, por exemplo, poderia ter sido declarada nula pelo Judiciário, se chamado a essa missão, primeiro, não se tratava de relevância e urgência, de que cuida a Constituição, segundo porque existiam outras prioridades mais necessárias e urgentes do que a contemplada pela aludida medida. A norma provisória conferia ao Governo, competência para socorrer os bancos particulares e públicos com moeda corrente, a fundo perdido, nos casos de dificuldades financeiras. Ancorado na aludida medida provisória, injetaram-se milhões de reais em poucos bancos, em curto espaço de tempo. Somente os bancos públicos levaram cerca de noventa milhões de reais, e os privados, como o Nacional, o Bamerindus e o Econômico, entre outros, receberam quantias expressivas, por ocasião em que o Banco Central reconheceu o estado de insolvência dos mesmos.

Sabe-se que o sistema monetário e financeiro de um país é um dos pilares mestre em que se sustenta a segurança nacional. Sabe-se, também, que de nada vale a segurança nacional, se a respectiva população não vive condignamente. A Constituição Federal de 1988, no art. 1º, elegeu, entre os princípios em que se funda a República Federativa do Brasil, a cidadania, a dignidade da pessoa humana e os valores sociais do trabalho e da livre iniciativa. Pois bem, a despeito desses princípios e vários outros permeados na mesma Constituição, existem, como alertado acima, milhões de pessoas em estado de pobreza absoluta, milhões de pessoas desempregadas, outros milhões de pessoas que percebem salário mínimo ainda insuficiente para garantir uma vida digna, outros milhares não têm acesso à boa assistência à saúde, à educação de qualidade e à adequada prestação jurisdicional. A pesar dessa situação delicada, não faltou dinheiro, e em expressivo volume, para os bancos falidos. É de se perguntar: de que vale a solidez do sistema financeiro nacional se a população dessa mesma nacionalidade ainda vive em regime de desigualdade social e regional em que milhares de pessoas são absolutamente pobres, a despeito dos esforços governamentais nos últimos anos?

O Judiciário podia, se provocado, à época, ter decretado a nulidade da medida provisória, em foco, ao fundamento de que a escolha adotada pela autoridade não fora a melhor, segundo a vontade da lei.

O Poder Judiciário, historicamente, foi concebido como órgão defensor dos demais órgãos públicos, principalmente da Administração Pública, seja por motivo de cultura, por falta de domínio do conhecimento do Direito Público, em especial, do Direito Administrativo, ou para agradar o príncipe. A maioria dos magistrados, nos diversos graus, especializa-se mais nos ramos dos Direitos Civil, Empresarial, do Trabalho e Penal, por exemplo. Os ramos do Direito Público, somente nos últimos anos, vêm merecendo a dedicação dos magistrados, em cursos de especialização e programas de mestrado e doutorado. A falta de domínio do Direito Administrativo, ramo que cresce e evolui de acordo com os acontecimentos sociais, acaba levando o magistrado a decidir em conformidade com a Administração, que, supostamente, conhece esse ramo do Direito. Observe-se, então, que citada deficiência vem sendo, aos poucos, superada.

É preciso conscientizar-se de que, no Estado Democrático de Direito, o Poder Judiciário é órgão de controle absoluto dos demais Poderes. No Brasil, essa assertiva se confirma na Constituição Federal vigente. A função controladora do Judiciário ampliou-se, em muito, comparando com as Constituições anteriores, principalmente com a de 1967 emendada em 1969, revogada pela Constituição de 1988. Entre os comandos constitucionais que ampliam e reforçam as competências do Judiciário, ressalta-se a norma ínsita no inciso XXXV do art. 5º da CF, do teor seguinte: "a lei não excluirá da apreciação do Poder Judiciário lesão ou ameaça a direito". A norma visa proteger qualquer direito, não só os individuais, mas os coletivos e os sociais, inclusive os da própria Administração. Para garantir a observância e o cumprimento dessa e de outras normas constitucionais, a Constituição de 1988 previu as chamadas ações constitucionais, já referidas, postas à disposição da sociedade como meio de controle contra abusos das entidades públicas.

Com arrimo nessas e em outras proclamações constitucionais é que o Poder Judiciário se legitima para declarar nulidade de ato administrativo e declarar a inconstitucionalidade de lei, como no caso seguinte:

"SERVIDOR INATIVO – GRATIFICAÇÃO DE FÉRIAS – CRITÉRIO DE RAZOABILIDADE.

A norma legal, que concede a servidor inativo gratificação de férias correspondente a um terço (1/3) do valor da remuneração mensal, ofende o critério da razoabilidade que atua, enquanto projeção caracterizadora da cláusula do 'substantive due process of law', como insuperável limitação ao poder normativo do Estado.

Incide o legislador comum em desvio ético-jurídico, quando concede a agentes estatais determinada vantagem pecuniária cuja razão de ser se revela absolutamente destituída de causa".

SUPREMO TRIBUNAL FEDERAL

Ação Direta de Inconstitucionalidade nº 1.158

Requerente: Procurador Geral da República

Requeridos: Governador do Estado do Amazonas e Assembléia Legislativa do Estado do Amazonas

Relator: Sr. Ministro Celso de Mello[21]

A lei declarada parcialmente inconstitucional dispõe no art. 9º sobre a gratificação de férias a razão de 1/3 da remuneração a ser paga ao servidor da ativa no mês em que entrar em gozo de férias anuais.

Pelo §2º do mesmo dispositivo, a vantagem se estendeu aos servidores inativos nos seguintes termos: "A vantagem de que trata este artigo será paga aos inativos, de uma só vez, no mês de dezembro".

A norma, como se vê, é de efeito concreto e materialmente tem a natureza de ato administrativo. O Judiciário, na presente situação, controlou, a um só tempo, os dois outros Poderes. Supostamente, a lei foi de iniciativa do Chefe do Executivo, visto tratar-se de matéria relativa a pessoal, e dele foi, com certeza, a sanção da lei. Assim, a despeito de se tratar de lei, ato jurídico de competência do Legislativo, ouve participação e interesse do Executivo. Tanto que caberia ao Governador do Estado não sancionar o projeto de lei, opondo-lhe veto, ou arguir a inconstitucionalidade da lei caso

---

[21] *Revista de Direito Administrativo*, v. 200, p. 242, abr./jun. 1995.

o veto fosse derrubado pela Assembleia Legislativa e por ela promulgada. Entretanto, O Chefe do Executivo não opôs veto ao Projeto de Lei. Por essas razões, a ação foi proposta contra o Governador do Estado do Amazonas e contra a Assembleia Legislativa do mesmo Estado.

Trata a espécie de controle da discricionariedade do Poder Legislativo e do Poder Executivo. Este tem, entre outras, a competência privativa de iniciativa de lei quando se tratar de matéria relativa a pessoal e aumento de despesa. O outro, o Legislativo, observados os limites e condições estabelecidos pela Constituição, tem poder para editar as leis que julgar convenientes ao interesse social e comum.

Tivesse o Supremo julgado a ação, em referência, improcedente, por se tratar de questionamento de ato normativo resultante da discricionariedade do Executivo e do Legislativo, estariam os servidores inativos do Estado do Amazonas percebendo anualmente a gratificação de férias, ilegitimamente, pelo fato, sobretudo, de os destinatários da norma não gozarem mais férias, em virtude da inatividade.

A exemplo desse, muitos outros abusos são cometidos pelo administrador público, com prejuízo para os cidadãos ou para o erário ou para ambos e, que apesar do vício, continuam produzindo efeitos ou por não terem sido levados ao conhecimento do Judiciário ou porque este houvera entendido ser incompetente para examinar a matéria, por se tratar de conveniência e oportunidade alegada pela Administração, por isso impenetrável pelo Judiciário, sob pena de invasão de competência. Esse entendimento ainda domina nos dias atuais, o que é lamentável, considerando não ser essa a orientação do ordenamento jurídico.

O controle a que se obriga o Judiciário em face da Constituição da República, exercido nos limites da mesma Constituição, não configura, definitivamente, interferência na liberdade dos outros Poderes. O seu papel consiste em verificar se o comportamento da autoridade administrativa pautou-se nos limites da norma de Direito e nos princípios constitucionais da Administração Pública: legalidade, impessoalidade, moralidade, publicidade, eficiência, razoabilidade, proporcionalidade, igualdade e motivação, entre outros.

A observância desses princípios pela Administração Pública é indispensável à legitimidade e à juridicidade de sua conduta, posto que os princípios são suportes, sustentáculos ou alicerces de determinado conjunto sistêmico. Os princípios acima arrolados são os fundamentos básicos da ordem jurídica nacional. A inobservância de um deles fragiliza o sistema jurídico e pode causar danos à sociedade, ao indivíduo ou à Administração Pública.

Sobre princípio escreveu Celso Antônio Bandeira de Mello:

> Princípio é, por definição, mandamento nuclear de um sistema, verdadeiro alicerce dele, disposição fundamental que se irradia sobre diferentes normas

CAPÍTULO 10
CONTROLE DO MÉRITO DO ATO ADMINISTRATIVO | 265

compondo-lhe o espírito e servindo de critério para sua exata compreensão e inteligência exatamente por definir a lógica e a racionalidade do sistema normativo, no que lhe confere a tônica e lhe dá sentido harmônico. É o conhecimento dos princípios que preside a intelecção das diferentes normas componentes do sistema jurídico positivo.

Violar um princípio é mais grave que transgredir uma norma qualquer. A desatenção ao princípio implica ofensa não apenas a um específico mandamento obrigatório, mas a todo o sistema de comandos. É a mais grave forma de ilegalidade ou inconstitucionalidade, conforme a importância do princípio atingido, porque representa insurgência contra todo o sistema, subversão de seus valores fundamentais, contumélia irremissível a seu arcabouço lógico e correção de sua estrutura mestra.

Isto porque, com ofendê-lo, abatem-se as vigas que o sustêm e alui-se a estrutura nela esforçada.[22]

Os princípios da moralidade e o da eficiência são os que a autoridade administrativa mais transgride, no exercício da discricionariedade. Ao fazer a escolha no caso concreto, por má-fé ou por dificuldade de operar corretamente, não adota a melhor solução. Nos casos de intelecção, quando se trata de conceitos jurídicos indeterminados, nem sempre age adequadamente, pelo fato de não distinguir discricionariedade dos conceitos jurídicos indeterminados. Assim procedendo, a autoridade contraria um ou os dois princípios, dependendo do caso vertente.

Essa escolha aparentemente correta, visto que a autoridade adotou a opção que a seu juízo fora a melhor, pode não se conformar com a moral administrativa. O afastamento da melhor opção legitima o Judiciário a examinar o respectivo ato. Constatando o vício, deve anulá-lo ou decretar a sua nulidade. A medida Judiciária, nesse sentido, não contraria e nem ofende o princípio da independência e da autonomia dos Poderes. A Constituição Federal de 1988, no art. 2º, cuida da independência dos Poderes, mas cuida também da harmonia entre eles. Em outros dispositivos estabelece meios e procedimento de controle de um poder sobre os outros, com fundamento no princípio que norteia a tripartição: freios e contrapesos, procedimentos necessários ao equilíbrio e à harmonia a que se sujeitam os três Poderes, na teoria de Montesquieu.

O exame do mérito do ato administrativo pelo Judiciário, com o propósito de verificar a sua conformidade com norma expressa ou com os princípios que norteiam a Administração Pública, compatibiliza-se com o

---

[22] MELLO, Celso Antônio Bandeira de. *Curso de direito administrativo*. 11. ed. São Paulo: Malheiros, 1999. p. 629-630.

seu dever de exercer o controle de legalidade, que compreende os demais princípios. O argumento sustentado na doutrina pátria dominante, de que o exame do mérito do ato caracteriza invasão de competência, parece desalinhado do contexto sócio-jurídico contemporâneo. Não se encontra na Lei Maior e nem nas infraconstitucionais comando proibitivo do controle em questão.

A matéria está tratada na doutrina e em julgados esparsos. A doutrina do Direito Administrativo, no Brasil, sobretudo, antecedeu o direito positivado e a jurisprudência. As leis administrativas, na maioria, são forjadas na doutrina. A jurisprudência, por seu turno, acabou acompanhando a orientação doutrinária, ressalvadas algumas exceções verificadas hodiernamente.

Os juízes precisam romper esse mito. O julgador não deve dissociar-se do contexto sócio-político-cultural em que vive. A lei é seu parâmetro, mas não só ela, os anseios sociais, os costumes, a equidade, a igualdade, a verdadeira conveniência e os princípios constitucionais da Administração Pública precisam ser observados na efetivação do Direito. Todos esses fatores, individual ou conjuntamente, quando for o caso, devem ser sopesados e ponderados por ocasião do julgamento, no caso concreto. O apego incondicional à lei pode levar o julgador a cometer erro e com isso violar outra norma, deixando de controlar a Administração em situações, muitas vezes, provocadoras de desatino jurídico, patrimonial ou social.[23]

O juiz, para fazer justiça, terá de contextualizar a regra jurídica aplicável ao caso e interpretá-la em face dos princípios de Direito expressos constitucionalmente e em sintonia com os demais preceitos contidos na Constituição. Do contrário, embora observando a lei, poderá não operar a justiça, contrariando direitos ou interesses legítimos.

Nos países em que se adotou a jurisdição administrativa, com os mesmos poderes da jurisdição comum, o mérito do ato administrativo é sindicado e o ato anulado, quando eivado de vício. Não é o fato de o órgão

---

[23] Nas Missas do 9º Domingo Comum, as leituras versaram sobre a observância à lei. A 1ª leitura, em síntese, consiste: "Assim falava o Senhor: 'Guarde o dia de Sábado, para o santificares, como o Senhor teu Deus te mandou. Trabalharás seis dias e neles fará todas as tuas obras. O sétimo dia é o do sábado, o dia do descanso dedicado ao Senhor teu Deus". No Evangelho, segundo Marcos, Jesus andava por campos de trigo em dia de sábado. Seus discípulos, enquanto caminhavam, colhiam espigas. Os fariseus, então, disseram a Jesus: olhe, por que eles fazem em dia de sábado o que não é permitido? Ao que Jesus respondeu: "por acaso, nunca lestes o que Davi e seus companheiros fizeram quando passavam necessidades e tinham fome?" Com esta resposta, Jesus ensinou que a observância à lei não deve ser cega. É necessário considerar os fatos. O trabalho ao sábado deve ser evitado, para que seja contemplado com Deus. Entretanto, o trabalho nesse dia, com a finalidade de satisfazer necessidades fundamentais e primárias do homem, como a fome, por exemplo, não contraria Deus. Na homilia, o Sacerdote sustentou que o sábado foi feito para o homem, e não o homem para o sábado. Dessa assertiva, pode-se extrair outra sentença: a lei foi feita para o homem e não o homem para a lei. Assim, a sua aplicação deve levar em conta a satisfação legítima do homem.

jurisdicional administrativo pertencer ao Poder Executivo que legitima a medida. A legitimidade consiste e se justifica na necessidade do efetivo e eficiente controle da Administração Pública, por órgão independente.

Seria verdadeira aberração jurídica afirmar-se que os atos decorrentes do poder discricionário da Administração Pública, nos sistemas em que a jurisdição é una, são refratários ao controle pelo Judiciário, por se tratar de Poderes distintos. Se assim fosse, nos países em que não existe o contencioso administrativo, o administrador estaria livre para fazer o que julgasse melhor no exercício da discricionariedade. Essa assertiva é falsa. A Administração deve, por força constitucional, obediência ao Juiz, em razão de sua conduta vinculada ou discricionária. Principalmente nessa última, em que a margem legal de conduta possibilita incidência maior de abuso de poder e desvio de finalidade. Com a finalidade de impedir esses abusos, o Judiciário deve sindicar o mérito do ato administrativo e verificar o seu acerto ou desacerto.

10.4.3 Judicialização da política pública da saúde

Caminhando-se para o final deste Capítulo traz-se à discussão, em poucas páginas, um assunto polêmico na doutrina e na jurisprudência. Refere-se à judicialização da política pública da saúde.

Apesar dos avanços da doutrina e da jurisprudência, ainda prospera o entendimento de que o Judiciário não pode interferir na Administração Pública nas atividades relativas à realização de políticas públicas. O Supremo Tribunal Federal e o Superior Tribunal de Justiça vêm, nos últimos anos, decidindo em favor dos destinatários de políticas públicas sob o argumento de que as políticas públicas, na maioria, estão contidas sob o manto dos direitos fundamentais garantidos pela Constituição da República. Por esse motivo, a realização ou implementação desses direitos é de responsabilidade do Legislativo, do Executivo e do Judiciário. A omissão dos dois primeiros, seja na ausência de edição de normas, seja na falta de efetivação de normas implementadoras de direitos fundamentais, justifica a atuação do Judiciário, por provocação.

O ministro aposentado do STF, Carlos Ayres de Britto, sustentou em conferência proferida no Congresso realizado pelo Instituto Brasileiro de Direito Administrativo em Fortaleza, na solenidade de abertura, no dia 4.11.2013, cujo tema foi "Princípios Jurídicos: usos e abusos", que as decisões do Supremo Tribunal Federal em matéria de direitos fundamentais não caracteriza "ativismos Judicial", mas concreção de direitos garantidos pela Constituição. O ministro citou vários julgados, entre os quais: a união homoafetiva e o aborto de anencéfalo – ADPF nº 54.

Nesse mesmo sentido assevera Georges Abboud:

268 | EDIMUR FERREIRA DE FARIA
CONTROLE DO MÉRITO DO ATO ADMINISTRATIVO PELO JUDICIÁRIO

Retomando nossa ideia, o que costumeiramente se faz é rechaçar a implementação de políticas públicas via Judiciário sob o argumento de que se invadiria a esfera discricionária do Administrador. Ocorre que, na proteção de direitos fundamentais, isso é um falso problema, porque a concretização desses direitos vincula em plano constitucional todos os três poderes, o que impede que se cogite acerca de qualquer discricionariedade na concretização deles.[24]

O autor comprova a sua assertiva analisando uma decisão do STF e várias do STJ. Todas as decisões examinadas e comentadas convergem para o seu entendimento esboçado conforme transcrição acima. A título de exemplos citam-se STF, AgAg no Ag no RE nº 639337/SP, 2ª T.,j. 23.08.2011, rel. Min. Celso de Mello, *DJ* 15.09.2011; STJ, REsp nº 1129695/MG, 2ª T., j. 15.06.2010. rel. Min. Humberto Martins, *DJ* 22.06.2010; e STJ, REsp nº 577836/SC, 1ª T., j. 21.10.2004, rel. min. Luiz Fux, *DJ* 28.02.2005.

No primeiro caso, o STF determinou o aumento de vagas em creches do Município de São Paulo para atender a crianças de até 5 (cinco) anos de idade, por se tratar de direito fundamental à creche e à pré-escola assegurado às crianças até essa idade e dever dos municípios nos termos do art. 208, IV, da Constituição da República.

O segundo caso cuida de ação civil pública proposta pelo Ministério Público Estadual de Minas Gerais postulando a construção de abrigos para crianças e adolescentes, no prazo de trinta dias, com pedido de liminar, concedida pelo juiz do primeiro grau e cassada pelo TJ/MG. O REsp buscava a reforma da decisão que cassou a liminar.

O STJ, baseado em precedentes da própria Corte, reconheceu que a matéria versa direitos fundamentais e, por isso, é possível a sindicabilidade de atos administrativos pelo Judiciário a direitos sociais, no exame de caso concreto, por tratar-se de direito fundamental. Entretanto, na espécie, o relator negou provimento ao recurso sob o argumento de que não se provou a urgência. Além disso, o prazo de trinta dias é exíguo para a construção pretendida. Também não se provou o motivo da omissão — se político ou orçamentário ou por simples desídia do agente público. Por esse motivo, embora reconhecendo ao Tribunal a prerrogativa de sindicar atos discricionários, negou provimento ao recurso.

No terceiro e último caso mencionado, o STJ, em grau de recurso em ação civil pública intentada pelo Ministério Público do Estado de Santa Cataria, decidiu que crianças e adolescentes têm assegurado pela Constituição e pelo Estatuto da Criança e do Adolescente, prioritariamente, direito à saúde. Trata-se, portanto, de espécie de direito fundamental. O

---

[24] BBOUD, Georges. *Discricionariedade administrativa e Judiciária*. São Paulo: Revista dos Tribunais. 2014. p.166.

relator sustentou que a conduta do agente público na espécie é vinculada e não discricionária, considerando que a matéria versa dever do Estado (entes federativos) e direito das crianças e dos adolescentes. Por isso, não se trata, nesse caso, de intromissão do Judiciário no Executivo, mas, efetivação da Constituição, cuja responsabilidade é atribuída aos três poderes. Havendo omissão do Legislativo e, principalmente, do Executivo, o Judiciário deve atuar determinando o órgão competente a materializar o direito reclamado.

10.4.3.1 Marco legal do direito à saúde

A saúde é reconhecida como direito desde a Declaração Universal dos Direitos Humanos, aprovada pela Assembleia Geral da ONU, em 10.12.1948, conforme prescreve o art. XXV, 1, com o seguinte teor:

> Toda pessoa tem direito a um padrão de vida capaz de assegurar a si e a sua família saúde e bem estar, inclusive alimentação, vestuário, habitação, cuidados médicos e os serviços sociais indispensáveis, e direito à segurança em caso de desemprego, doença, invalidez, viuvez, velhice ou outros casos de perda dos meios de subsistência fora de seu controle.

Em 16.12.1966, a Assembleia Geral das Nações Unidas aprovou o Pacto Internacional de Direitos Civis e políticos, por meio da Resolução nº 2.200-A, do qual o Brasil é signatário desde 24.01.1992. Nos termos do art. 12 do documento, os Estados-partes reconhecem o direito de toda pessoa de desfrutar o mais elevado nível de saúde física e mental. O mesmo dispositivo estabelece as medidas a serem adotadas pelos signatários do pacto, com vistas a asegurar o direito à saúde, (2, *a*, *b*, *c*, e *d*).

A Constituição da República de 1988, art. 6º, arrola os itens que compõem os direitos sociais, entre eles, a educação, a saúde, o trabalho, a moradia, o lazer, a segurança.

A mesma Constituição, no art. 196, prescreve:

> A saúde é direito de todos e dever do Estado, garantido mediante políticas sociais e economias que visem à redução do risco de doença e de outros agravos e ao acesso universal e igualitário às ações e serviços para a sua promoção, proteção e recuperação.

A política de saúde no Brasil está regulamentada pela Lei nº 8.080, de 19.09.1990, que instituiu o Sistema Único de Saúde, cujos serviços de saúde devem ser executados por pessoas naturais ou jurídicas de direito público ou privado. Admitindo-se a participação da iniciativa privada, preferencialmente as entidades filantrópicas e as sem fins lucrativos. Essas pessoas jurídicas são remuneradas pelo SUS segundo tabela de preços por ele definida. O art. 2º da lei em foco prescreve: "A saúde é um direito fundamental do ser humano, devendo o Estado prover as condições indispensáveis ao seu pleno exercício" (*caput*). O dever do Estado com a realização da política da saúde não exclui o das pessoas, das famílias, das empresas e da sociedade (§2º).

A boa saúde física e mental condiciona-se, entre outros, à alimentação, à moradia, ao saneamento básico, ao meio ambiente, ao trabalho, à renda, à educação, à atividade física, ao transporte, ao lazer e ao acesso aos bens e serviços essenciais (art. 3º, com a redação dada pela Lei nº 12.864, de 24.12.2013).

À vista da legislação examinada acima não paira dúvida de que o direito à saúde é universal e garantido às pessoas, sem distinção, e de prestação pelo Estado. Essa obrigação do Estado está prevista em todas as regras jurídicas examinadas. Daí o entendimento majoritário da doutrina e, principalmente, do Judiciário brasileiro, em regra, de que o Estado terá de atender a todas as demandas de medicamentos de tratamentos, mesmo não havendo previsão orçamentária e financeira suficientes. O argumento sustentado é o de que a Constituição tem de ser cumprida e ela, como visto, no art. 196, garante o direito à saúde a todos e impõe ao Estado o dever de promover políticas em prol da saúde e de arcar com os ônus financeiros necessários aos tratamentos da saúde.

Entretanto, ao lado do direito fundamental à saúde há, entre outros, o do orçamento público, de observância obrigatória nos termos da Constituição e de leis infraconstitucionais, cujo exame proceder-se-á no subitem seguinte.

10.4.3.2 Considerações sobre orçamento público, sua execução e limites

O orçamento público no Estado de Direito é obrigatório, sobretudo no Estado Democrático de Direito. A sua execução sujeita-se a rigorosa observância das condições, procedimentos e limites previstos na Constituição, nas leis infraconstitucionais e decretos regulamentadores. A inobservância de expressos comandos legais relativos ao orçamento público pode configurar crime de responsabilidade.

A Constituição da República, no art. 165, I, II e III, cuida da estrutura básica do orçamento público. O *caput* do artigo e os citados incisos atribuem ao Chefe do Executivo a iniciativa de lei dispondo sobre o plano plurianual; as diretrizes orçamentárias e os orçamentos anuais.

CAPÍTULO 10
CONTROLE DO MÉRITO DO ATO ADMINISTRATIVO | 271

A lei instituidora do plano plurianual deve estabelecer, de forma expressa e clara, as diretrizes, objetos e metas da Administração federal para as despesas de capital e as demais delas decorrentes e também para as despesas a serem realizadas na execução de programas de duração continuada (§1º).

A lei de diretrizes orçamentárias (LDO), como sugere o seu nome, estabelece as diretrizes das despesas a serem realizadas no exercício financeiro subsequente, contemplando as metas e as prioridades a serem detalhadas no orçamento anual. A LDO disporá sobre alterações da legislação tributária, se necessária e, por fim, estabelecerá a política de aplicação das agências financeiras oficiais de fomento. O que não estiver previsto na LDO não poderá constar da Lei de Orçamento Anual (LOA, §2º).

O orçamento anual é concebido por meio de lei de iniciativa do Executivo e discutida, emendada e aprovada pelo Congresso Nacional. Trata-se de lei que estima receita e despesa durante o respectivo exercício financeiro, no âmbito da União, compreendendo os órgãos da Administração direta, entidades da Administração indireta, incluindo os fundos legalmente instituídos e o orçamento da seguridade social (§5º).

Referida lei não pode conter dispositivo que disponha sobre assunto estranho à previsão da receita e da despesa, ressalvadas as hipóteses de autorização para abertura de créditos suplementares e contratação de operações de crédito, ainda que por antecipação de receita, nos termos da lei (§8º).

As regras, os procedimentos e as condições para o exercício financeiro, prazos e elaboração do plano plurianual da lei de diretriz orçamentária e da lei de orçamento anual (LOA) o estabelecimento de normas de gestão financeira e patrimonial da Administração direta e indireta, instituição e funcionamento de fundos são fixadas por lei complementar.

A Emenda Constitucional nº 86, de 17 de março de 2015, prevê mais uma matéria relativa à execução orçamentária, reservada à lei complementar, nos seguintes termos: "dispor sobre critérios para a execução equitativa, além de procedimentos que serão adotados quando houverem impedimentos legais e técnicos, cumprimento de restos a pagar e limitação das programações de caráter obrigatório, para realização do disposto no §11 do art. 166 da Constituição".

O §9º do art. 166, introduzido pela Emenda Constitucional nº 86/2015, que instituiu o denominado orçamento impositivo, estabelece que as emendas parlamentares individuais ao projeto de lei orçamentária alcançarão o valor correspondente a 1,2% (um inteiro e dois décimos por cento) da receita corrente líquida do projeto encaminhado ao Congresso Nacional pelo Executivo, sendo que metade desse valor será destinada a ações e serviços públicos de saúde. Esse percentual é de execução

EDIMUR FERREIRA DE FARIA
CONTROLE DO MÉRITO DO ATO ADMINISTRATIVO PELO JUDICIÁRIO

obrigatória nos termos do §11 do art. 165. Exclui-se da execução obrigatória as hipóteses de impedimentos de ordem técnica (§12). O art., 167 da Constituição prescreve vedações durante a execução do orçamento. São elas: iniciar programas ou projetos que não estejam previstos na lei orçamentária anual; realizar despesas ou assumir obrigação que excedam os créditos orçamentais ou adicionais; realizar operações de créditos excedentes ao montante das despesas de capital, ressalvadas as autorizadas pelo Legislativo por maioria absoluta, na forma de créditos suplementares ou especiais; vincular receita de impostos a órgão, fundo ou despesas, exceto os casos de repartição de receitas tributárias de que tratam os arts. 158 e 159 e também nos casos de destinação de recursos ao SUS, para manutenção de desenvolvimento do ensino e para a realização da administração tributária conforme dispõem os arts. 198, §2º, 202 e 37, XXII, da Constituição, respectivamente. São, ainda, hipóteses de exceções de proibição de vinculação de receita, garantias às operações de crédito por antecipação de receita prevista no §8º do art. 165 e a garantia de que trata o §4º do artigo em comento (art. 167).

Ainda são casos de proibições arroladas no artigo em tela: a abertura de crédito suplementar ou especial sem prévia autorização legislativa e sem a indicação dos recursos correspondentes ao valor do crédito; transpor, remanejar ou transferir recursos de uma categoria de programa para outra categoria ou de um órgão para outro, sem prévia autorização legislativa, exceto nos atividades de ciência, tecnologia e inovação, com o objetivo de viabilizar os resultados de projetos restritos a essas funções, mediante ato do Chefe do Executivo. Nesses casos dispensa-se a autorização legislativa; autorizar ou utilizar créditos ilimitados; utilizar, sem prévia autorização específica do Legislativo, recursos dos orçamentos fiscais e da seguridade social para suprir necessidades próprias ou socorrer entidades da Administração indireta; instituir fundo de qualquer natureza, sem prévia autorização legislativa; promover transferência de recursos e conceder empréstimos, inclusive por antecipação de receita, pelos governos federal e estaduais e suas entidades financeiras, para pagar remuneração de pessoal na ativa, proventos de aposentados e pensão, dos Estados, do Distrito Federal e dos Municípios; utilizar recursos das contribuições sociais previstos no art. 195, I, a, e II, para realizar despesas que não sejam pagamentos de benefícios do Regime Geral de Previdência Social.

A Constituição veda ao administrador iniciar investimento se a respectiva execução ultrapassar o exercício financeiro, que não esteja previamente prevista no plano plurianual, ou que não tenha lei que autorize a inclusão. A inobservância dessa regra configura crime de responsabilidade (§1º).

Os créditos especiais e extraordinários têm vigência no exercício financeiro em que forem criados, exceto quando a autorização for

CONTROLE DO MÉRITO DO ATO ADMINISTRATIVO

sancionada ou promulgada nos últimos quatro meses do exercício. Nesse caso, os saldos remanescentes podem ser incorporados ao orçamento do exercício subsequente (§2º).

A abertura de crédito extraordinário é possível somente para realização de despesas imprevisíveis e urgentes, nos casos de guerra, comoção interna ou calamidade pública. Os arts. 168 e 169 também tratam de matéria orçamentária e financeira. Entretanto, não serão examinados, por não interessar a este estudo. A Lei nº 4.320, de 17.3.1964, que dispõe sobre finanças públicas, elaboração e controle dos orçamentos públicos e a Lei Complementar nº 101, de 4.05.2000, que estabelece normas de finanças públicas voltadas para a responsabilidade na gestão fiscal, regulamentam e implementam os artigos constitucionais examinados *supra*. Elas não serão analisadas e discutidas por ser desnecessário, considerando o recorte do presente estudo.

Esse ligeiro exame dos artigos constitucionais que tratam do orçamento publico é bastante para se ter ideia da importância, complexidade e rigidez do orçamento. Ele é fundamental, pois é por meio dele que se planejam os meios e as fontes das receitas públicas e se estabelecem metas de investimentos, de realizações de políticas públicas e se definem e se asseguram o montante de recursos financeiros a serem gastos em cada programa, projeto, áreas e subáreas, conforme dispõe a Lei nº 4.320/1964. Entre as medidas, ações e realizações, inclui-se a política pública de saúde. Essa, por óbvio, não se realizará se as respectivas despesas não estiverem previstas no orçamento anual. Daí, não parece fora de propósito considerar o orçamento no rol dos direitos fundamentais, tendo-se em vista que nenhuma das políticas públicas se concretiza, sem prévio, adequado e correto orçamento concebido e executado em conformidade com a Constituição, a Lei nº 4.320/1964 e a Lei Complementar nº 101/2000.

Se se admitir que o orçamento público é direito fundamental, o direito à saúde, reconhecidamente, é direito fundamental, condiciona-se ao orçamento. Entendendo-se que o orçamento não é direito fundamental, o direito à saúde, mesmo assim, o está condicionado.

Por esse e outros motivos, o planejamento público é fundamental. Por meio dele materializado no orçamento, se pode repartir a receita pública, que é, em regra, inferior às demandas sociais, de acordo com as suas prioridades.

10.4.4 Planejamento e orçamento público

O planejamento e o orçamento público são interdependentes, o planejamento pressupõe orçamento e orçamento e respectiva execução dependem de planejamento. Daí a importância de ambos. A Administração sem planejamento e sem orçamento não consegue implementar boa gestão,

EDIMUR FERREIRA DE FARIA
CONTROLE DO MÉRITO DO ATO ADMINISTRATIVO PELO JUDICIÁRIO

e, consequentemente, não realiza as políticas públicas que lhe são atribuídas pela Constituição da República e as dos Estados, e as Leis Orgânicas dos Municípios.

Marques e Faria (2015) apresentam considerações sobre o planejamento público na concepção de Juliano Veloso nas linhas seguintes.

A Constituição da República de 1988, como ressaltado acima, instituiu perfeito Sistema Orçamentário para gerir a balança estatal na manutenção do necessário equilíbrio entre as receitas obtidas por meio de cobrança de tributos e outras receitas, e os gastos governamentais que configuram as despesas estatais. Para a concretização dos diferentes direitos garantidos constitucionalmente, exige-se planejamento adequado, com a finalidade de evitar os prejuízos decorrentes da inércia estatal ou falta de critérios para realização das despesas. Nesse sentido, proclama Carvalho Filho[25] a importância de planejar a atuação do Estado, uma vez que a "crônica judicial" exemplifica formulações de requerimentos que "constituem obrigações de fazer em face do Estado insuscetíveis de serem cumpridas sem um adequado planejamento". Juliano Veloso Ribeiro Santos[26] defende a tese de que o planejamento deve ser considerado instituto jurídico porque, "por meio dele, criam-se, modificam-se e extinguem-se direitos, produzindo efeitos jurídicos os mais diversos, além de permear todos os tipos de *status* de normas — desde a Constituição até os regulamentos". Essa afirmativa do autor merece meditação. Parece que o planejamento não tem o poder de criar, modificar ou extinguir direito, pelo fato de ele, em princípio, não ser ato jurídico.

O planejamento pode inspirar e até sugerir a edição de lei e de ato administrativo, que crie, modifique e extinga direito. Ressalte-se que o instituto do planejamento, na forma constitucionalmente prevista, apresenta natureza jurídica de princípio porque se trata de "um verdadeiro mandado de otimização", conforme a previsão contida no art. 174, §1º, da Constituição da República, que impõe ao Estado a função de fiscalizar, incentivar e planejar as suas ações, de forma determinante para o setor público e indicativa para o setor privado.

O citado artigo constitucional estabelece, ainda, as diretrizes e bases para o desenvolvimento equilibrado, tanto em âmbito nacional quanto regional (BRASIL, 1988). Em outras circunstâncias, todavia, trata-se de

---

[25] CARVALHO FILHO, José dos Santos. *Políticas públicas e pretensões judiciais determinativas*. In: FORTINI, C.; ESTEVES, J. C. S.; DIAS, M. T. F. (Coord.). Políticas Públicas: possibilidades e limites. Belo Horizonte: Fórum, 2008. p. 107-125.

[26] VELOSO, Juliano Ribeiro Santos. *O instituto jurídico do planejamento no direito administrativo constitucional brasileiro*: uma proposta de efetivação de direitos fundamentais. Dissertação apresentada ao Programa de Pós-Graduação em Direito Público da Pontifícia Universidade Católica de Minas Gerais, como requisito parcial para obtenção do título de Mestre em Direito. 2013.

CAPÍTULO 10
CONTROLE DO MÉRITO DO ATO ADMINISTRATIVO | 275

regras cuja ordem deve ser cumprida, como é o caso das leis de iniciativa do Chefe do Executivo que estabelecem o Plano Plurianual, as diretrizes orçamentárias e os orçamentos anuais (BRASIL, 1988, art. 165 e 166).

Planejamento, portanto, é um método, um procedimento técnico, que deve observar o nível em que será aplicado o volume de recursos financeiros a serem alocados em cada atividade estatal, a previsão de objetivos e metas que devem ser alcançados, em determinado período, com participação democrática da sociedade em todas as suas etapas. Conforme Veloso sustenta, o planejamento, como previsto no ordenamento jurídico pátrio, pode ser definido como sendo o método utilizado nos planos nacional, regional, estadual, metropolitano, municipal e setorial, pelo qual são alocados os recursos financeiros, materiais, humanos, tecnológicos e operacionais. O planejamento estabelece diretrizes, objetivos e metas, no curto, médio e longo prazos, de modo a alcançar os fins constitucionais e legais de forma concreta e efetiva, por meio de valores democráticos. Há ainda que se permitir a participação da sociedade na sua elaboração, consecução, controle e avaliação, como condição para sua validade e efetividade.

Trata-se de prática que pode gerar os mais diferentes resultados, de acordo com as regras e a organização empregadas tecnicamente para alcançar objetivos determinados, variáveis conforme a área de conhecimento, a abrangência, o número de atos sociais envolvidos, podendo apresentar etapas delineadas constitucionalmente, como é o caso do planejamento orçamentário.

O Decreto-Lei nº 200, de 25.2.1967, já previa a obediência da Administração Pública a determinados preceitos basilares, incluindo o princípio fundamental do planejamento (art. 6º, inciso I), considerando que a ação governamental visa à promoção do desenvolvimento econômico-social do País e a segurança nacional, norteando-se segundo planos e programas estabelecidos (BRASIL, 1967). Planejar, nesse contexto, consiste em elaborar e atualizar instrumentos básicos para atingir metas, como plano geral de governo, programas gerais, setoriais e regionais, de duração plurianual, orçamento anual e programação de receitas e despesas com vistas a realizar as políticas públicas previstas na Constituição da República.[27]

Visto de forma sintética o direito à saúde e o dever de planejar e, principalmente, o da Administração conceber orçamento público expressos na Constituição da República, nos termos e condições previstos nos artigos examinados, passa-se a examinar a compatibilização do exercício do direito à saúde em face do orçamento.

---

[27] MARQUES, Meire Aparecida Furbino; FARIA, Edimur Ferreira de. *Orçamento e Políticas de Saúde*: uma questão de planejamento, XXIV Encontro Nacional do CONPEDI – UFS. Florianópolis: CONPEDI, 2015. p. 628.

Inicia-se a discussão proposta sobre judicialização da saúde com o seguinte texto sobre controle judiciário das políticas públicas de autoria do Ministro Carlos Velloso:

A esta altura e diante do que foi exposto, seria difícil opor embargos ao controle judicial das políticas públicas. E se estamos de acordo no sentido de que as políticas públicas visam à realização dos fins do Estado, e "como toda atividade política (políticas públicas) exercida pelo Legislativo e pelo Executivo deve compatibilizar-se com a Constituição, cabe ao Poder Judiciário analisar, em qualquer situação e desde que provocado, o que se convencionou chamar de 'atos de governo' ou "questões políticas", sob o prisma do atendimento aos fins do Estado (art. 3º da CF)", anota Oswaldo Canela Júnior, citado por Ada Pelegrini Grinover,[28] que acrescenta: "o controle da constitucionalidade das políticas públicas pelo Poder Judiciário, assim, não se faz apenas sob o prisma da infringência frontal à Constituição pelos atos do Poder Público, mas também por intermédio do cotejo dos atos com os fins do Estado. E diante dessa nova ordem, denominada de judicialização da política (muito diferente, acrescente-se, da politização do Judiciário), contando com o juiz como coautor das políticas públicas, fica claro que sempre que os demais poderes comprometerem a integridade e a eficácia dos fins do Estado – incluindo as dos direitos fundamentais, individuais ou coletivos – o Poder Judiciário deve atuar na sua função de controle".[29]

Em reforço ao seu lúcido e atual entendimento, o autor tece considerações sobre a decisão proferida na ADPF nº 45/DF da relatoria do ministro Celso de Mello,[30] na qual se reconheceu "a possibilidade do controle judicial sobre as políticas públicas, quer para implementá-las, quer para corrigi-las, se equivocadas". O Relator, conforme esclarece o autor em referência, sustentou que não é competência do Poder Judiciário implementar políticas públicas. Essa competência é reservada aos Poderes Legislativo e Executivo. Entretanto, se os mesmos se omitirem, comprometendo "a eficácia e a integridade de direitos individuais e/ou coletivos impregnados de estatura constitucional, ainda que derivados de cláusulas revestidas de *conteúdo programático*", o Poder Judiciário reveste-se, excepcionalmente, do poder/dever de, corrigindo a omissão e implementar a política pública reclamada, concretizar o direito social, fazendo valer a Constituição. Continua o ministro Carlos Velloso:

Entretanto, não deixou o ministro Celso de Mello de conferir relevo ao tema pertinente à "reserva do possível", "em sede de efetivação e implementação

---

[28] GRINOVER, Ada Pellegrini, *ob. e loc. cit.*, p. 42.
[29] CANELA JÚNIOR, Oswaldo, *ob. cit.* Ap. GRINOVER, Ada Pellegrini, *ob. e loc. cit.*, p. 42.
[30] ADPF nº 45/DF, Rel. Min. Celso de Mello. Disponível em: <www.stf.jus.br>.

CONTROLE DO MÉRITO DO ATO ADMINISTRATIVO

(sempre onerosas) dos direitos de segunda geração (direitos econômicos, sociais e culturais), cujo adimplemento, pelo Poder Público, impõe e exige, deste, prestações estatais positivas concretizadoras de tais prerrogativas individuais e/ou coletivas". Desde que "comprovada, objetivamente, a incapacidade econômico-financeira da pessoa estatal, desta não se poderá razoavelmente exigir" a implementação da política pública.

A cláusula da "reserva do possível", contudo, não poderá ser invocada pelo Poder Público "com a finalidade de exonerar-se do cumprimento de suas obrigações constitucionais (...) quando, dessa conduta governamental negativa, puder resultar nulificação ou, até mesmo, aniquilação de direitos constitucionais impregnados de um sentido de essencial fundamentalidade".

Ainda, o ministro Relator asseverou que "a meta central das Constituições modernas, e da Carta de 1988 em particular, pode ser resumida, como já exposto, na promoção do bem-estar do homem, cujo ponto de partida está em assegurar as condições de sua própria dignidade, que inclui, além da proteção dos direitos individuais, condições materiais mínimas de existência. Ao apurar os elementos fundamentais dessa dignidade (o mínimo existencial), estar-se-ão estabelecendo exatamente os alvos prioritários dos gastos públicos. Apenas depois de atingi-los é que se poderá discutir, relativamente aos recursos remanescentes, em que outros projetos se deverá investir. O mínimo existencial, como se vê, associado ao estabelecimento de prioridades orçamentárias, é capaz de conviver produtivamente com a reserva do possível".

O ministro Carlos Velloso conclui este tópico adicionando o posicionamento da Maria Paula Dallari Bucci:

Da exposição contida na decisão, deflui que o controle judicial das políticas públicas sujeita-se à ocorrência de requisitos: (i) o limite fixado pelo mínimo existencial a ser garantido ao indivíduo; (ii) a razoabilidade da pretensão individual/social; (iii) a existência de disponibilidade orçamentária e financeira para efetivação da política pública, ou a reserva do possível.

Esses requisitos constituem limites ao controle judicial das políticas públicas.[31] Segundo Maria Paula Dallari Bucci,[32] limites outros são trazidos ao debate, que podem ser classificados como (1) argumentos de ordem político-institucional e (2) argumentos de ordem econômico-financeira. Dentre os primeiros – argumentos de ordem político-institucional – alinham-se: 1.1. a separação dos poderes, com base no art. 2º da C.F., 1.2. o déficit democrático do Poder Judiciário, 1.3. as limitações técnicas do Poder Judiciário

---

[31] GRINOVER, Ada Pellegrini, *ob. cit.*, p. 45.
[32] BUCCI, Maria Paula Dallari, Controle judicial de políticas públicas: possibilidades e limites, *Fórum Administrativo – FA*, Belo Horizonte, ano 9, nº 103, 2009, p. 7.

278 | EDIMUR FERREIRA DE FARIA
CONTROLE DO MÉRITO DO ATO ADMINISTRATIVO PELO JUDICIÁRIO

para apreciação das políticas públicas em toda sua complexidade e 1.4. a discricionariedade administrativa. Entre os segundos, teríamos: 2.1. a reserva do possível; 2.2. a questão da iniciativa das políticas públicas: Poder Executivo (CF, art. 61, §1º, II, "a" e "b") e Poder Legislativo.

Sobre a reserva do possível Marques e Faria (2015) asseveram nos seguintes termos com pequenos ajustes para este livro.

10.4.5 Reserva do possível: breves considerações

A reserva do possível é postulado originado na Alemanha, por volta de 1970, quando foi proferida decisão pelo Tribunal Constitucional sobre a insuficiência de vagas no ensino superior para receber todos os estudantes. O Tribunal alemão reconheceu ser a educação direito constitucional ao qual, *a priori*, todos teriam acesso, devendo o Estado implementar políticas com vista a sanar essa prerrogativa. Todavia, reconheceu, também, que não é razoável destinar parte considerável do orçamento para atender à educação se essa medida prejudicar a proteção do bem comum da sociedade e de outros direitos de igual importância. Assim, embora reconhecido o direito, sua implementação se condicionava à previsão orçamentária e, não havendo possibilidade material pelo exaurimento dos recursos destinados, o cidadão não poderia exigir a prestação estatal (SCAFF[33]). Firmou-se, a partir de então, a tese da "reserva do possível", cujo pressuposto é a razoabilidade, tendo em vista que o Estado só pode fornecer ao cidadão o que for razoável, tanto financeira como pela legitimidade e necessidade do requerente, entendida esta como a ausência de recursos próprios para seu sustento.

No Brasil, a reserva do possível tem sido adotada pela Administração Pública como meio de defesa e justificativa de suas omissões do dever de realizar políticas públicas, inclusive a da saúde. Muitos agentes administrativos apenas alegam a teoria da reserva do possível, sem a devida e necessária comprovação do alegado. Não provam de maneia objetiva que, a despeito de existirem planejamento e orçamento, nos termos constitucionais e legais, os recursos financeiros são insuficientes para cobrir despesas, mesmo na área da saúde, não previstas.

Aduz Ana Paula Barcellos que a reserva do possível pode ser entendida como a expressão que procura identificar "o fenômeno econômico da limitação dos recursos disponíveis", tendo em vista que as necessidades

---

[33] SCAFF, Fernando Facury. Sentenças aditivas, direitos sociais e reserva do possível. In: SARLET, Ingo Wolfgang, TIMM, Luciano Benetti (Org.). *Direitos Fundamentais* – orçamento e "reserva do possível". 2. ed. 2a. tir. Porto Alegre: Livraria do Advogado, 2013. cap. 6, p. 133-153.

CAPÍTULO 10
CONTROLE DO MÉRITO DO ATO ADMINISTRATIVO | 279

a suprir se mostram além da dotação orçamentária destinada à atenção ao direito pretendido, o que significa afirmar que "para além das discussões jurídicas sobre o que se pode exigir judicialmente do Estado, e em última análise da sociedade, já que é ela quem o sustenta, é importante lembrar que há um limite de possibilidades materiais para tais direitos".[34] A autora assevera que, do ponto de vista prático, não havendo dinheiro para custear a despesa advinda da implementação de direito subjetivo, torna-se despicienda a "previsão normativa" ou mesmo a "refinada técnica hermenêutica".

Especificamente em relação à saúde, a dimensão prestacional envolverá instrumento de realização do direito por meio de política institucionalizada que defina os mecanismos de efetividade e a forma de dispensação e desenvolvimento legal, administrativo e financeiro dos meios necessários (desenvolvimento do SUS, leitos, vacinas, médicos, enfermeiros, UTIs, dentre outros), de forma a possibilitar a concretização do direito constitucionalmente assegurado. Isso, por óbvio, abarca, também, as questões de acompanhamento, execução e controle dos respectivos segmentos, com afetação de recursos de ordem logística, humana e orçamentário-financeira, fazendo-se imprescindível a disponibilidade de recursos públicos.

Ressalta José Adércio Leite Sampaio[35] que tais direitos prestacionais se condicionam à disponibilidade de recursos, ou seja, ao limite interno denominado reserva do possível:

> Essa dimensão, como sucede até com os direitos liberais, depende das disponibilidades de recursos públicos tanto físicos como financeiros (existentes efetivamente nos cofres públicos), quanto alocados (segundo a lei de orçamentos) em competição com outros destinos constitucionais e legais. A falta de recursos é, portanto, restrição de tais direitos como, em regra, para todos os direitos prestacionais. A literatura tem se referido a essa contingência como „reserva do possível" ou „das possibilidades", em analogia à „reserva de lei", embora as duas apresentem natureza e consequências distintas. Pode-se defender que essa reserva seja um „limite interno" ao direito: só há direitos prestacionais, se houver prestação estatal que, por seu turno, depende da existência de recursos. Os direitos são, assim, prestacionais.

O autor conclui afirmando que não se trata de "direitos constituídos" e, portanto, insuscetíveis de restrição, exigindo a efetividade desses direitos um pressuposto fático, de acordo com o objeto de proteção e suas

---

[34] BARCELLOS, Ana Paula de. *A eficácia jurídica dos princípios constitucionais*: o princípio da dignidade da pessoa humana. 2. ed. Rio de Janeiro: Renovar, 2008.
[35] SAMPAIO, José Adércio Leite. *Teoria da constituição e dos direitos fundamentais*. Belo Horizonte: Del Rey, 2013

EDIMUR FERREIRA DE FARIA
CONTROLE DO MÉRITO DO ATO ADMINISTRATIVO PELO JUDICIÁRIO

características constitucionais, podendo também apresentar pressuposto legal associado a essas restrições. Todavia, alerta que "para que tais restrições incidam sobre o âmbito de proteção é necessário que se fundamentem adequadamente, não bastando a simples alegação de dificuldades políticas ou orçamentárias". José Adércio Leite Sampaio, a exemplo da reserva do possível, em sua vertente original alemã, determinava a devida atenção para a administração do orçamento diante dos interesses da coletividade e alocação de recursos, considerando-se as exigências de harmonização das necessidades a serem atendidas.

Saliente-se que a reserva do possível, de caráter econômico, difere da impossibilidade técnica e da escassez. Aquela se observa quando, por exemplo, determinado fármaco não pode ser distribuído por se encontrar em fase experimental, enquanto a escassez se refere à insuficiência do produto para atender à coletividade ou, ainda, quando o investimento em determinado medicamento comprometerá o atendimento de outras áreas (ou mesmo de outros medicamentos) em razão de seu custo.[36]

O ministro Carlos Velloso conclui o seu estudo sobre políticas públicas nos seguintes termos:

> [...] As políticas públicas, posto não se confundirem com os direitos sociais, constituem forma de realização destes, mediante metas e planos governamentais que visam à concretização dos objetivos fundamentais da República (CF, art. 3º), com base no princípio da dignidade humana, fundamento da República (CF, art. 1º, III) e na prevalência dos direitos humanos (CF, art. 4º, II).
>
> As políticas públicas sujeitam-se ao controle judicial, quer para implementá-las, quer para corrigi-las, se equivocadas ou contrárias à Constituição, observando-se o limite fixado pelo mínimo existencial a ser garantido ao indivíduo, a razoabilidade da pretensão individual/social e a existência de disponibilidade orçamentária e financeira para efetivação da política pública — a reserva do possível. Todavia, a reserva do possível não pode ser invocada, ressalvada a ocorrência de justo motivo a ser demonstrado pela Administração, com a finalidade de exonerar-se o poder público da realização de políticas públicas.[37]
>
> Comprovada a falta de previsão orçamentária, determinará o juiz ao poder público que faça incluir, no próximo orçamento, verba suficiente à implementação da política pública. Ocorrendo descumprimento do orçamento, o juiz imporá ao poder público a obrigação de fazer — a implementação da política pública (CPC, art. 461, §5º). Se o administrador descumprir a

---

[36] MARQUES, Meire Aparecida Furbino; FARIA, Edimur Ferreira de. *Orçamento e Políticas de Saúde*: uma questão de planejamento. XXIV Encontro Nacional do CONPEDI – UFS. Florianópolis: CONPEDI, 2015. p. 634

[37] ADPF nº 45/DF, Rel. Min. Celso de Mello.

decisão judicial, sujeita-se a sanções: multa diária (astreintes), a responsabilidade por ato de improbidade administrativa, a intervenção no Estado ou no Município, a responsabilização criminal pelo crime de desobediência.[38]

Os precedentes do Supremo Tribunal Federal a respeito da extensão do controle judicial das políticas públicas são expressivos e marcantes. Revelam uma Corte imbuída do "sentimento constitucional", categoria conceitual, que foi extensamente desenvolvida por Pablo Lucas Verdu,[39] necessária à efetiva eficácia da Constituição.

Sobre o tema políticas públicas de saúde, Georges Abboud pontua:

> Dito de outro modo, não há opção para o Judiciáro, Legislativo e Executivo em assegurar direito à saúde, educação básica e demais direitos fundamentais. Diante de um quadro de inércia da Administração, não há discricionariedade que impeça a concretização desses direitos fundamentais pelo Judiciário. O que não equivale a dizer que todo e qualquer direito pode ser buscado pelo Judiciário.[40]

Essa matéria é deveras delicada, principalmente no que tange o direito à saúde. Reconhecidamente, é um dos mais importantes entre os direitos fundamentais. Mas não é o único. O direito à alimentação, por exemplo, disputa com o da saúde o primeiro lugar do pódio. As pessoas que não se alimentam ou alimentam mal comendo restos de comidas azedas e deterioradas, impróprias para o consumo humano, encontradas nos lixões e nas portas das residências urbanas enquanto os caminhões coletores dos lixos não passam, não têm saúde e são fadadas ao falecimento precoce. Essas pessoas, talvez, precisam tanto da ajuda estatal quantos os doentes que não fazem parte da estatística dos milhões de pessoas que, a despeito do programa "Bolsa Família", ainda estão abaixo da linha da pobreza absoluta.

A política pública de saúde realiza-se por meio do Sistema Único de Saúde que ainda deixa a desejar em termos de atendimento pleno, e vem, com as suas limitações, atendendo aos seus usuários.

Além das políticas públicas: de saúde, de combate à pobreza absoluta, de inclusão social, da educação, da segurança pública; existem as da manutenção do sistema prisional, principalmente com a alimentação dos detentos; de saneamento básico; de infraestrutura, entre outras.

---

[38] GRINOVER, Ada Pellegrini, *ob. e loc. cits.*, p. 50-51.

[39] VERDÚ, Pablo Lucas, *ob. cit.*

[40] ABBOUD, Georges. *Discricionariedade Administrativa e Judicial.* São Paulo: Revista dos Tribunais. 2014. p. 169.

EDIMUR FERREIRA DE FARIA
CONTROLE DO MÉRITO DO ATO ADMINISTRATIVO PELO JUDICIÁRIO

Os recursos orçamentários são, em princípio, insuficientes para se concretizar plenamente todas as políticas públicas. Além disso, os quatro entes da Federação sujeitam-se a planejamento e orçamento que estimam as receitas e as despesas nos temos da Constituição, e da legislação infraconstitucional, sobretudo a Lei nº 4.320/1964 e a Lei Complementar nº 101/2000 e decretos regulamentadores. A observância do orçamento é obrigatória, sob pena de o infrator incorrer em crime de responsabilidade, conforme se registrou acima. Por esses motivos, o Judiciário não deve determinar a efetivação de políticas públicas, até mesmo a de saúde, sem conhecer o planejamento, o orçamento, as prioridades e as metas de cada ente da Federação demandado.

O juiz, nos diversos graus, de posse dessas informações, com o auxílio dos respectivos órgãos técnicos, dos órgãos de controle internos da Administração Pública, e a colaboração dos tribunais de contas, se necessária, terá condições de verificar se o planejamento, orçamento e metas priorizam as políticas públicas, sobretudo a de saúde, da alimentação dos que vivem na pobreza absoluta e a da educação (a alimentação, a educação e a saúde formam o tripé do desenvolvimento, do progresso, da inovação tecnológica e científica e consequentemente, a redução da desigualdade social, melhor distribuição de renda, redução da desigualdade regional e a dignidade a pessoa humana. Todos são fundamentos e princípios constitucionais). Em caso de omissão ou de inadequação da proposta de governo com os preceitos constitucionais, o Judiciário poderá decidir a favor do pleito e determinar o cumprimento da decisão, se houver disponibilidade orçamentária e financeira. Em caso contrário, poderá recomendar a realização de planejamento e orçamento e estabelecer metas para o exercício subsequente, compatíveis com as receitas, de modo a garantir meios e condições de atender às políticas públicas na ordem de prioridade das mesmas, por se tratar de direitos fundamentais garantidos constitucionalmente. Na hipótese de insuficiência da receita total do ente da Federação deve-se usar como parâmetro: a teoria da reserva do possível e a teoria do mínimo existencial, sendo que a teoria da reserva do possível somente pode ser alegada pela Administração mediante cabal prova da incapacidade orçamentária e financeira, para suportar o custo do medicamento ou tratamento em hospital.

Decisões judiciais que determinam os entes da Federação a fornecerem medicamentos que não constem da lista do SUS, não sejam aprovados pela ANVISA ou tratamentos de pessoas, no Brasil ou no exterior, sem a previsão orçamentária e financeira, inviabilizarão o atendimento pelo SUS, de centenas de pessoas carentes que estão na fila aguardando medicamento e tratamento em hospitais e em unidades de pronto atendimento. O juiz que ignorar essa situação pode satisfazer o desejo legítimo de algumas pessoas. Mas, não cumprirá a Constituição e ofende o princípio da isonomia, visto que o direito à saúde é de todos.

Luis Manuel Fonseca Pires defensor do pleno controle da Administração Pública pelo Judiciário, inclusive quanto ao mérito dos atos decorrentes do poder discricionário da Administração, já examinado em outros tópicos deste trabalho, se preocupa com a possibilidade de excesso do Judiciário no exercício da função de controle. Para isso, sintetizando a sua discussão sobre o tema, propõe quatro condicionantes como medidas que servirão de parâmetro para o juiz no julgamento de casos concretos. São esses, segundo o autor, os elementos a serem observados: a) teoria da reserva do possível fática e jurídica. Essa teoria, por si só, segundo o autor, não é suficiente para afastar o controle pelo Judiciário; b) o núcleo essencial do direito fundamental; c) o procedimento da ponderação da teoria dos princípios; e d) na ponderação dos princípios em colisão, no caso em exame, deve-se considerar o tempo da omissão administrativa. Essa medida é relevante juntamente com as outras, para se chegar a uma solução justa.[41]

Simone Reissinger, em sua tese de doutoramento sobre ativismo judicial em matéria de política pública da saúde, depois de discutir o tema com profundidade, conclui, entre outras:

> Deste modo, concluiu-se que o Judiciário pratica ativismo judicial, pois adota uma conduta proativa na interpretação da Constituição quanto ao direito à saúde, especialmente dos artigos 6º e 196, expandindo o seu sentido de alcance, a fim de concretizar valores e fins constitucionais, quando defere pedidos de medicamentos não constantes nas políticas do Poder Publico. Portanto, ultrapassa as linhas demarcatórias de sua função, uma vez que a distribuição de medicamentos é realizada mediante políticas públicas, que visam à realização de objetivos definidos, para os quais são observados a seleção de prioridades, a reserva de meios necessários à sua consecução e o intervalo de tempo esperado para alcançar os resultados.[42]

O assunto em pauta foi objeto de debate na UnB, em Brasília, no dia 7 de julho de 2016, no painel "A dinâmica da judicialização das políticas públicas: cenário e tendências". Foram expositores os seguintes professores doutores daquela Universidade: Marcelo Neves, Menelick de Carvalho Neto e Argemiro Martins Cardoso. Os três, principalmente o primeiro e o terceiro, apresentaram críticas à conduta do Judiciário em matéria de

---

[41] PIRES, Luis Manuel Fonseca. *Controle judicial da discricionariedade administrativa.* 2 ed. Belo Horizonte: 2013. p. 277.

[42] REISSINGER, Simone. *Ativismo judicial e o minimalismo de Cass Sunstein*: uma abordagem interpretativa do direito à saúde no Brasil. Belo Horizonte: PUC Minas. 2016. p. 218.

política de saúde, que vem com frequência determinando o fornecimento de medicamentos e até tratamentos de pessoas doentes fora do País, por meio de liminares sem antes verificar o que o SUS oferece, se o remédio postulado em juízo não tem similar fornecido pelo SUS, se os medicamentos ou remédios, cuja importação o Judiciário determina para atender ao postulante, têm eficácia comprovada, se o orçamento e as finanças da entidade condenada são suficientes para suportar o custo decorrente da decisão. Marcelo Neves citou uma decisão do STF, que determinou o tratamento de postulantes, em Havana, Cuba, ao custo estimado em um milhão de reais. Menelick de Carvalho destoa, em parte, dos outros dois expositores. Ele defendeu a possibilidade de o Judiciário determinar o fornecimento de medicamento que não seja fornecido pelo SUS e que tenha eficácia confirmada e reconhecida.[43]

Conforme notícia do STF, de 13.4.2011, a 1ª Turma garante tratamento a portadores de doença ocular.

A decisão versa sobre mandado de segurança impetrado por um grupo de pessoas acometidas de uma doença rara que leva à perda progressiva da visão. A pretensão dos impetrantes é obter ordem judicial para que o Ministério da Saúde custeie o tratamento dos mesmos, em Havana, Cuba, sob o argumento de somente naquele país existe tratamento da doença de que são portadores.

O juiz do 1º grau denegou a segurança sobe o argumento de que a assistência à saúde deve ser prestigiada, mas, no caso, o Conselho Brasileiro de Oftalmologia emitiu laudo afirmando que a citada doença, ainda não tem tratamento no Brasil e nem fora.

O TRF-1 reconheceu o direito líquido e certo dos impetrantes, ressaltando que a saúde é obrigação do Estado.

Por meio do RE nº 368.564, a União recorreu ao STF, visando a reforma da decisão do Regional. O recurso foi julgado pela 1ª Turma. O relator, ministro Menezes Direito, votou pelo improvimento do recurso ao argumento de que a doença não tem cura e por isso, a viagem para Cuba seria inócua, feita às expensas da União. O relator sustentou, ainda, que o direito é garantido se existir a possibilidade de cura devidamente certificada, "de que existe o tratamento, de que é possível perante os requisitos que o Estado estabeleceu: laudo, parecer, indicação". E que, no caso em exame, há laudo do Conselho Brasileiro de Oftalmologia que atesta não existir tratamento da doença em pauta em lugar algum.

O ministro Marco Aurélio divergiu do Relator e opinou pelo inacolhimento do recurso, por considerar que o direito à saúde é um direito

---

[43] NEVES, Marcelo; CARVALHO NETO, Menelick de Carvalho; CARDOSO, Argemiro Martins. XXV Encontro nacional do CONPEDI em Brasília, dia 7.6.2016, Painel nº 3. A dinâmica da judicialização das políticas públicas: cenário e tendência.

CAPÍTULO 10
CONTROLE DO MÉRITO DO ATO ADMINISTRATIVO | 285

fundamental, e é dever do Estado realizá-lo e encontra-se em harmonia com reiterados pronunciamento desta Corte (RE nº 198265 e nº 248304).

O ministro Ricardo Lewandowiski, em seu voto, sustentou: "Não pode o Judiciário, em especial esta Suprema Corte — guardiã dos valores constitucionais — definir de maneira pontual e individualizada como a Administração deve distribuir os recursos públicos destinados à saúde" e que a concessão fere o princípio da isonomia.

O ministro Luiz Fux votou pelo improvimento do recurso argumentando: "Eu sou muito determinado nessa questão da esperança. Nunca acreditei na versão de que o tratamento em Cuba da retinose pigmentar não tenha cura, pelo contrário, eu entendo que se eles são especializados nisso, deve haver uma esperança com relação a essa cura". Ministro concluiu dizendo que a função do Supremo é tutelar a dignidade da vida humana e a prestação da saúde pelo Estado. Por maioria, a Turma negou provimento ao recurso da União.[44]

TRF.3 - O Tribunal Regional Federal da 3ª Região no julgamento do AI nº 0008474-2014.4.03.0000.SP; 2014.03.00.008474-5/SP. A agravante é a criança S.P.L, representada por sua mãe. Relator Desembargador Federal Márcio Morais. Trata a espécie de um bebê que nasceu com uma doença rara no intestino. Por esse motivo, manteve-se internada desde o nascimento. Nunca foi para casa. Depois de passar por cirurgia em hospital de São Paulo, sem sucesso, a genitora da criança postulou o tratamento no Hospital Jackson Memorial Medical em Miami, nos Estados Unidos. O Regional autorizou o tratamento, inclusive o transporte adequado, em 27.05.2014, nos termos seguintes:

Por fim, cumpre destacar que, nos termos do ofício supratranscrito, exauriu-se, no presente caso, o mister a ser desempenhado pelo HC/SP, face à impossibilidade de realização dos procedimentos médicos entendidos por necessários para confirmar o diagnóstico, verificar a existência de outra forma de nutrição e, até mesmo, de realizar o transplante solicitado caso se concluísse por sua adequação. Assim, considerando que a recorrente permanece internada no Instituto da Criança do HC/SP apenas para receber alimentação parenteral, não se justifica sua manutenção nesta Instituição, na medida em que tal providência pode ser implementada em outra unidade hospitalar, conforme afirmado nos autos pela equipe médica do HC (fls. 500/501 e 507/636), inclusive aquela onde a recorrente estava internada antes de ser transferida ao HC/SP, sendo recomendável, portanto, seu retorno ao nosocômio de origem, o que ora determino. Anote-se, nesse ponto, que o retorno da agravante ao Hospital Samaritano de Sorocaba afigura-se até mesmo pertinente para que sua família, que reside em cidade próxima, efetue os preparativos para a viagem ao exterior. Ante todo o exposto,

---

[44] Disponível em: <www.stf.jus.br/portal/cms/verNotícaDetalhe.asp?idConteudo =177147>.

defiro a antecipação da tutela recursal postulada para determinar que a União Federal: Proceda, tudo por conta de suas diligências administrativas e expensas, à imediata transferência da recorrente, mediante uso de transporte adequado, ao Hospital Samaritano de Sorocaba, providenciando sua imediata internação nesta instituição enquanto se aguarda a remoção ao exterior, sem prejuízo de eventual direito de regresso em relação ao plano de saúde da agravante, se houver; e Providencie, tudo por conta de suas diligências administrativas e expensas, no prazo de 15 (quinze) dias, todas as iniciativas pertinentes à remoção da criança ao exterior e sua internação no Jackson Memorial Medical de Miami, nos Estados Unidos, durante o tempo que se fizer necessário, inclusive com o tratamento de *home care* que a equipe médica daquele hospital do exterior recomendar. Por fim, tendo em vista que, apesar de suplantado pela remoção da recorrente ao HC/SP, o relato da autoria quanto ao descumprimento da ordem determinada a fls. 324/328, nos termos das petições de fls. 423/426 e 427/437.[45]

O custo do tratamento foi estimado pelo Ministério da Saúde em dois milhões e duzentos mil reais. A bebê submeteu-se ao transplante de quatro órgão vitais do intestino, no Hospital Jackson Memorial Medical, em Miami. Entretanto, em 14.09.2015, a paciente veio a óbito, no mesmo hospital.

Outro caso semelhante é o do menor de 7 anos, M. T. O. A 21ª Vara da Justiça Federal, em Belo Horizonte, condenou a União a custear o tratamento do menor no Hospital Jackson Memorial Medical, em Miami, nos Estados Unidos. O tratamento consiste em transplante de parte do intestino do paciente, que viajou para Miami, em 25.06.2016, depois que a União quitou antecipadamente, por exigência do hospital, a quantia de R$4.1 milhões (*Estado de Minas*, de 16.08.2016, p. 20).[46]

Por fim, mais um caso pesquisado de criança com o mesmo problema de intestino idêntico ou semelhante aos dos casos examinados acima. Cuida-se de uma criança do Paraná que nasceu na vigésima sexta semana de gestação e que aos 13 dias de vida foi submetida a uma cirurgia para a retirada de boa parte do intestino. Agora, aguada decisão definitiva do Judiciário para conseguir transplante do intestino, em Miami, no mesmo hospital citado acima. O custo do tratamento está estimado em 1.5 milhões de dólares (dentre as informações obtidas, não foi possível identificar a Vara da Justiça Federal em que foi ajuizada a ação).[47]

---

[45] Disponível em: <http://web.trf3.jus.br/noticias/uploaddir/file/Beb%C3%AA%20com%20 S%C3%ADndrome%20de%20Berdon.pdf>. Acesso em: 25 ago. 2016.

[46] Disponível em: <http://g1.globo.com/minas-gerais/noticia/2015/12/justica-manda-uniao-pagar-tratamento-do-menino-matheus-nos-eua.html>.

[47] Disponível em: <http://g1.globo.com/pr/campos-gerais-sul/noticia/2016/06/menina-espera-decisao-da-justica-para-fazer-transplante-no-exterior.html>. Acesso em: 25 ago. 2016.

CAPÍTULO 10
CONTROLE DO MÉRITO DO ATO ADMINISTRATIVO | 287

Pergunta-se será que essas vultosas quantias resolveram o problema de saúde dos pacientes? Já se sabe que para uma das crianças, a cirurgia nada resolveu, tendo-se em vista o seu falecimento ocorrido dias depois da intervenção médica. Uma estimativa pode-se fazer: é a de que, supostamente, centenas de pessoas que na época estavam na fila do SUS, aguardando atendimento, ficaram prejudicadas. Algumas dessas centenas, dependendo do tipo de tratamento a que estão submetidas, possivelmente não aguentaram esperar. Isso porque os recursos financeiros para atenderem a essas decisões judiciais saem do orçamento do SUS.

A Constituição da República, sabidamente, garante saúde para todos os brasileiros e estrangeiros no Brasil. Mas é sabido, também, que o custo da saúde é extremamente elevado, até mesmo para os cofres públicos. Para se ter ideia, o preço de uma diária em CTI ou UTI é muito alto e varia conforme o estado de saúde do paciente. Essas unidades de tratamento intensivo estão constantemente ocupadas e há vários doentes na fila aguardando uma vaga. Multiplicando-se o valor de uma diária pelo número de CTIs e de UTIs de todo Brasil, qual será o valor por dia? Agora, adicione-se os preços das diárias dos demais leitos de todos os hospitais nacionais, que estão sempre ocupados, e mais os custos dos medicamentos consumidos pela população doente diariamente; além de outras despesas, como por exemplo, o custo das intervenções médias, que são igualmente elevadíssimos.

A impressão que se tem, embora sem dados comprobatórios, das suposições acima, é que o custo nacional da saúde ultrapassa a disponibilidade orçamentária das entidades públicas, considerando que as demais políticas públicas também precisam ser atendidas. Se essa assertiva se confirmar, será necessário atender primeiro os mais necessitados financeiramente e os portadores de doenças mais graves, cujo tratamento tem de ser imediato.

O gasto com a saúde não se limita ao tratamento da doença. As políticas preventivas são indispensáveis, tais com vacina, combate aos mosquitos e outros insetos, alguns roedores que provocam doenças e saneamento básico.

Concluído este Capítulo, colaciona-se, mais uma vez, Sérgio Ferraz, com o seguinte texto, publicado em 1986, antes, portanto, da Constituição da República de 1988:

A Administração Pública tem, dentre as suas várias linhas principiológicas ou balizadoras, o dever de bem administrar, que não se satisfaz com a simples boa administração: é o dever da melhor administração. Em face de quatro ou cinco hipóteses boas, há uma que é a melhor sempre e essa é a única que pode ser adotada, seja pelo administrador, seja pelo juiz. E se essa é a única que pode ser adotada, o juiz tem mais que o poder, tem o

EDIMUR FERREIRA DE FARIA
CONTROLE DO MÉRITO DO ATO ADMINISTRATIVO PELO JUDICIÁRIO

dever de desfazer a decisão, quando a única melhor não tiver sido escolhida, ainda que tenha sido escolhida uma boa, ainda que ele não possa ditar, em razão das limitações da função jurisdicional que exerce, qual a melhor para que seja seguida. Mas tem o poder constitucional de desfazer aquela que não é a melhor.[48]

A posição de Sérgio Ferraz foi o primeiro embasamento e justificativa para o início da pesquisa que culminou com a tese defendida neste trabalho, a de que no leque de opções postas ao administrador na situação fática existem entre elas várias boas. Mas uma, entretanto, é melhor, e essa melhor é que atende ao verdadeiro direito justo protegido juridicamente. O juiz, no exercício do dever de controlar a Administração Pública, não deverá dizer ao agente público qual é a opção melhor, mas deve anular o ato resultante da escolha que não revele ser a melhor levando em consideração a hermenêutica constitucional contemporânea. A Administração, com os elementos de que tem conhecimento, inclusive os constantes do processo judicial, poderá adotar a melhor medida, satisfazendo, dessa forma, o que assegura o ordenamento jurídico e atendendo corretamente ao pleito em questão.

A judicialização das políticas públicas, principalmente a da saúde, no Brasil é realidade, como se demonstrou acima. O Judiciário, acionado, tem o dever de agir, determinando à Administração Pública a concretizar os direitos fundamentais garantidos pela Constituição, entre os quais, os direitos à saúde, à educação, à alimentação, à segurança pública, ao meio ambiente ecologicamente equilibrado.

A conclusão a que se chega, conforme o que foi discutido neste Capítulo, é que o Judiciário reveste-se de competência pare anular ato administrativo ou proibir a edição de ato, por exemplo, licitação e início de obras civis quando comprovada a inconveniência ou inoportunidade da medida administrativa ou ainda a indisponibilidade de recursos orçamentários e financeiros suficientes para suportar o respectivo custo. Por assim entender, parece que o Judiciário deve determinar a concretização de políticas públicas, se estiver seguro de que há previsão orçamentária e disponibilidade financeira para suportar os gastos decorrentes de suas decisões. Por isso, o Judiciário, mesmo nos casos em que envolvam o direito à saúde, deve ponderar e sopesar, levando em consideração os direitos fundamentais em colisão, a teoria da reserva do possível e a teoria do mínimo existencial. Afinal, o orçamento exigido pela Constituição — arts. 165 e 166, e regulamentado pelas Lei nº 4.320/64 e Lei Complementar

---

[48] FERRAZ, Sérgio. Instrumentos de defesa dos administrados. *Revista de Direito Administrativo – RDA*, Rio de Janeiro, v. 165, jul./set. 1986.

CAPÍTULO 10
CONTROLE DO MÉRITO DO ATO ADMINISTRATIVO | 289

nº 101/2000, elaborado pelo Executivo, discutido, emendado e aprovado pelo Legislativo competente e depois sancionado pelo Chefe do Executivo — seria uma peça de ficção e, por isso, poderia ser descumprido, sem consequências? É claro que não, até porque ele é também um direito fundamental e de observância obrigatória. O descumprimento do orçamento é uma das hipóteses que configuram crime de responsabilidade. À essa espécie de crime sujeita-se qualquer agente público que descumprir o orçamento ou que determinar o descumprimento.

CONCLUSÃO

O exame e controle do mérito do ato administrativo constitui o núcleo da presente obra. Depois de discutir e comentar as matérias constantes dos Capítulos 1 a 9, não foi difícil sustentar, com segurança e arrimo jurídico, que o Poder Judiciário está legitimado a examinar a conveniência e a oportunidade do ato decorrente do poder discricionário, com a finalidade de verificar-lhe o acerto ou o desacerto.

A discricionariedade é poder conferido ao agente público para atuar, na ocorrência do fato, nos estritos limites da lei. Por isso, do feixe de alternativas apresentadas na situação fática, apenas uma atende à previsão legal. O entendimento doutrinário e jurisprudencial de que o poder discricionário oferece ao administrador um leque de opções para que ele, ante ao caso concreto, adote a solução que julgar mais conveniente está, há muito, superado.

A discricionariedade conferida ao agente público pela norma de direito consiste na faculdade que lhe é atribuída, não para fazer a escolha segundo o seu livre arbítrio, mas para adotar a melhor conduta em conformidade com os princípios constitucionais e a legislação aplicável ao caso concreto. Nos casos em que a conduta do administrador público não for vinculada pela lei, caberá a ele, no exercício do poder discricionário, adotar a melhor solução na concretização da norma na situação fática A escolha do agente administrativo deve pautar-se pela lei de regência nos princípios jurídicos e na hermenêutica constitucional. A rigor, a discricionariedade administrativa limita-se ao poder de escolha da melhor e única solução válida. Pode-se afirmar, então, que a discricionariedade está vinculada e condicionada à adoção, pela autoridade competente, da única escolha válida em conformidade com o ordenamento jurídico.

O Judiciário é o único órgão, na estrutura do Estado Democrático de Direito brasileiro, dotado de competência jurisdicional, por força do preceito contido no art. 5º, inciso XXXV, da Constituição da República de 1988. A sua responsabilidade e os seus deveres ampliaram-se quase que infinitamente a partir da edição da aludida Constituição. O papel do Poder Judiciário no contexto do aparelho estatal, depois de 1988, não deve ser visto como antes. A sua importância na solução dos conflitos é imensurável, sobretudo naqueles que envolvem a Administração Pública, por competir-lhe controlá-la. No exercício dessa função controladora, o Judiciário reveste-se de competência para examinar o ato e verificar se a autoridade competente operou a melhor escolha naquela situação submetida ao seu crivo. O julgador, constatando que a opção adotada pelo agente público não foi a melhor, poderá anular o ato ou declará-lo nulo. Não deverá, entretanto, determinar à Administração que adote conduta que entende ser a melhor, nos casos em que vier a declarar inválida a opção adotada pela Administração. Continua sendo do agente público a competência para agir, devendo este, se julgar necessário, realizar nova escolha, procurando identificar a melhor solução para o caso em conflito. Se novamente a escolha não atender à vontade da lei, o Judiciário poderá, outra vez, desfazer o ato administrativo resultante, se provocado. Entretanto, já existem autores defendendo a competência do Judiciário para fazer a escolha, quando anular a escolha feita pelo agente administrativo. Citam-se a título de exemplos, Georges Abboud e Luis Manuel Fonseca Pires, ambos já examinados neste livro. O primeiro assevera que nos casos de direitos fundamentais o juiz tem competência para operar a escolha em substituição da escolha feita pelo agente administrativo. Já o segundo entende que em qualquer situação, se o juiz anular escolha feita pelo agente administrativo, deverá indicar a melhor escolha a ser efetivada pela Administração.

Ressalte-se que o Judiciário, na condição de órgão estatal dotado da função primordial de dirimir conflitos, insere-se no contexto social e, por isso, deve atuar com todo seu aparato técnico e humano na busca de melhor solução para os casos que lhe são submetidos a julgamento. No desejo e no dever de proferir a decisão que atenda aos interesses das partes envolvidas, o juiz não deve encontrar na lei a sua conduta vinculada, mas retirar dela, em cada caso, os parâmetros de seu comportamento. É da essência da lei ser permanente, mas ela pode ser modificada no tempo e no espaço. Contudo, por mais mutável que seja, não acompanha as mutações sociais. Essa situação, normalmente, contribui para defasagem entre a lei e os fatos sociais. Esses estão na vanguarda e, consequentemente, a lei está a reboque deles, quase sempre.

Assim, o julgador e o aplicador da lei, em geral, devem contextualizá-la para realizar a adequada hermenêutica em conformidade com o ordenamento constitucional que permita a realização da Justiça no caso concreto. O juiz que aplicar a lei na sua frieza, sem se preocupar com outros aspectos ou meios de valor, poderá não fazer a Justiça a despeito de ter aplicado a lei. A realização da Justiça é mais do que simples aplicação da norma de Direito. É atender aos legítimos e justos anseios sociais, nos limites do ordenamento jurídico, compreendendo os princípios jurídicos, sobretudo, os constitucionais, considerando, principalmente, que a função primordial do Judiciário é fazer Justiça.

A observância desses condicionamentos permite ao juiz, na realização de sua competência, examinar o ato administrativo decorrente do poder discricionário, com a finalidade de verificar se o agente público atuou nos limites legais e não praticou injustiça ou privilégio. A conveniência e a oportunidade — núcleo da discricionariedade — não devem ser escolhidas pela autoridade administrativa segundo a sua vontade. Ela deve sujeitar-se à prescrição legal, observados os princípios jurídicos contidos ou não na Constituição, os fatos e as contingências pertinentes à situação fática.

Comprovando o que se sustenta nesta conclusão, no Capítulo 10 trouxe-se à colação entendimento jurisprudencial e doutrinário acolhendo a tese de que o Poder Judiciário é legitimado para controlar o mérito do ato administrativo. Arrolaram-se decisões de juízes monocráticos e colegiados que examinaram atos administrativos, inclusive quanto ao mérito, declarando-os nulos por entenderem que a Administração atuara em desacordo com a finalidade da lei e contrariamente ao interesse público, comportamento caracterizador de abuso de poder, desvio de finalidade, vício na interpretação da lei, inobservância dos princípios aplicáveis ou arbitrariedade, por ação ou omissão.

Assim, por tudo que se disse neste livro, a conclusão-síntese é de que o Judiciário, no desempenho de suas funções constitucionais, está legitimado a sindicar o mérito do ato administrativo, com o objetivo de verificar se o agente realizou a escolha correta. Constatada a impropriedade da opção adotada, impõe-se o dever de declarar a nulidade do ato. Nesse caso, caberá à autoridade adotar outra escolha que melhor atenda à vontade da lei na situação fática, se a hipótese existir. Se não, nada poderá fazer por inexistência de amparo jurídico.

Nesta 2ª edição trouxe-se à discussão, um assunto da maior relevância. Refere-se à judicialização da política pública da saúde. O assunto é polêmico e de difícil solução, visto que se apresentam no plano dos conflitos dois direitos fundamentais: o direito à saúde e o dever de se adotar orçamento público.

O direito à saúde está garantido: na Declaração Universal dos Direitos Humanos; no Pacto Internacional dos direitos civis e políticos, do qual o Brasil é signatário; na Constituição de 1988, art. 6º e 196 regulado pela Lei nº 8.080/1990, que dispõe sobre o Sistema Único de Saúde (SUS).

Entretanto, o exercício desse direito condiciona-se ao orçamento público, de observância obrigatória, nos termos do art. 165 da Constituição da República. Esse dispositivo constitucional dispõe sobre a estrutura básica do orçamento e sobre sanções por descumprimento de preceitos jurídicos e formalidades nele previstos e nas leis orçamentária e de responsabilidade fiscal.

A conclusão a que se chegou, em relação à judicialização da saúde, é que o Judiciário não pode determinar entes públicos a realizarem despesas não previstas no orçamento ou, se previstas, despesas além da dotação orçamentária prevista na respectiva rubrica.

Para o exercício dessa função nobre, aqui defendida, espera-se contar com magistrados bem informados, com profundo conhecimento do Direito Público, elevado espírito democrático, e, sobretudo, impessoalidade e compromisso com a Justiça.

REFERÊNCIAS

ABBOUD, Georges. *Discricionariedade Administrativa e Judicial*. São Paulo: Revista dos Tribunais, 2014.

ALIBERT, Raphael. *Le controle jurisdictionnel de l'Administration*: au moyen du recours pour exces de pouvoir. Paris: Payot, 1926.

ALMEIDA, Fernando H. Mendes de. Vinculação e discrição na teoria dos atos administrativos. *Revista de Direito Administrativo*, Rio de Janeiro, n. 89, jul./set. 1967.

ARAÚJO, Florivaldo Dutra de. *Motivação e controle do ato administrativo*. Belo Horizonte: Del Rey, 1992.

ASSIS, Alexandre C. de. Excesso de poder e discricionariedade: controle judicial. *Revista de Direito Público*, v. 22, n. 92, out./dez. 1989.

ÁVILA, Humberto. *Teoria dos princípios*. 8. ed. São Paulo: Malheiros, 2008.

BARACHO, José Alfredo de Oliveira. Atos administrativos: elementos poder discricionário e o princípio da legalidade, limites da convalidação, forma de exercício. *Boletim de Direito Administrativo*, São Paulo, v. 13, n. 7, jul. 1997.

BARROS JÚNIOR, Carlos S. Teoria dos atos administrativos. *Revista de Direito Administrativo*, n. 106, out./dez. 1971.

BIELSA, Rafael. A ação popular e o poder discricionário da Administração. *Revista Forense*, Rio de Janeiro, v. 52, n. 157, jan./fev. 1955.

BIELSA, Rafael. *Derecho administrativo*. 5. ed. Buenos Aires: Depalma, 1955.

BIELSA, Rafael. *Princípios de derecho administrativo*. 2. ed. Buenos Aires: Depalma, 1948.

BRASIL. Constituição (1988). *Constituição da República Federativa do Brasil*: promulgada em 5.10.1988.

BUENO, José Pimenta. *Direito público brasileiro e análise da Constituição do Império*. Rio de Janeiro: Ministério da Justiça e Negócios Interiores; Centro de Documentação, 1958.

CAETANO, Marcello. *Manual de direito administrativo*. 8. ed. integ. remod. e actual. Coimbra: Coimbra Ed., 1968.

CAMPOS, Francisco. *Direito administrativo*. Rio de Janeiro: Freitas Bastos, 1958. v. 1.

CANOTILHO, José Joaquim Gomes. *Direito constitucional*. 6. ed. Coimbra: Almedina, 1993.

CASSAGNE, Juan Carlos. *El acto administrativo*. Buenos Aires: Abelado Perrot, 1974.

CASTRO, Flávia Almeida Viveiros de. O controle dos atos de governo. *Revista dos Tribunais*, ano 88, v. 760, fev. 1999.

CAVALCANTI, Themistocles Brandão. Do poder discricionário. *Revista de Direito Administrativo*, Rio de Janeiro, n. 101, jul./set. 1970.

CAVALCANTI, Themistocles Brandão. *Tratado de direito administrativo*. 4. ed. Rio de Janeiro: Freitas Bastos, 1964. v. 1.

CHEVALLIER, Jean Jacques. L'Etat de droit. *Revue Du Droit Public*, Paris, n. 2, 1988.

CHINCHILLA, Túlio Eli. El Estado de derecho como modelo político-jurídico. *Revista Facultad di Derecho y Ciencias Politicas*, Universidad Pontificia Bolivariana, n. 80.

CINTRA, Antônio Carlos de Araújo. *Motivo e motivação do ato administrativo*. São Paulo: Revista dos Tribunais, 1979.

COSTA, José Armando. *Teoria e prática do direito disciplinar*. Rio de Janeiro: Forense, 1981.

COSTA, Regina Helena. Conceitos jurídicos indeterminados e discricionariedade administrativa. *Revista da Procuradoria Geral do Estado de São Paulo*, jun. 1988.

CRETELLA JÚNIOR, José. *Controle jurisdicional do ato administrativo*. Rio de Janeiro: Forense, 1984.

CRETELLA JÚNIOR, José. *Controle jurisdicional do ato administrativo*. 3. ed. 3. tir. Rio de Janeiro: Forense, 1998.

CRETELLA JÚNIOR, José. O mérito do ato administrativo. *Revista Forense*, Rio de Janeiro, v. 62, n. 209, jan./mar. 1965.

CRETELLA JÚNIOR, José. Sintomas denunciadores do desvio de poder. *Revista da Faculdade de Direito da USP*, São Paulo, v. 71, 1976.

CUNHA, Therezinha Lúcia Ferreira. Princípio da legalidade e do desvio de poder no direito administrativo. *Revista de Informação Legislativa*, ano 19, n. 75, jul./set. 1982.

DELGADO, José Augusto. Perspectivas do direito administrativo para o século XXI. *In*: ROCHA, Cármen Lúcia Antunes (Coord.). *Perspectivas do direito público*. Belo Horizonte, Del Rey, 1995.

DI PIETRO, Maria Sylvia Zanella. *Direito administrativo*. 11. ed. São Paulo: Atlas, 1999.

DI PIETRO, Maria Sylvia Zanella. *Direito administrativo*. 22. ed. São Paulo: Atlas, 2009.

DI PIETRO, Maria Sylvia Zanella. *Discricionariedade administrativa na Constituição de 1988*. São Paulo: Atlas, 1991.

DIAS, Carlos Alberto da Costa. Liminares: poder discricionário ou vinculado?. *Cadernos de Direito Constitucional e Ciência Política*, ano 2, n. 5, out./dez. 1993.

DIEZ, Manoel Maria. *El acto administrativo*. 2. ed. Buenos Aires: Tipografia Editora Argentina, 1961.

DUTRA, Pedro Paulo de Almeida. *Controle de empresas estatais*: uma proposta de mudança. São Paulo: Saraiva, 1991.

DUTRA, Pedro Paulo de Almeida. Discricionariedade: uso e abuso do poder. *Boletim de Direito Administrativo*, São Paulo, v. 12, n. 3, mar. 1996.

ETTORI, Charles. O controle jurisdicional da Administração na Itália. *Revista de Direito Administrativo*, n. 27, jan./mar. 1952.

FAGUNDES, Miguel Seabra. A evolução do sistema de proteção jurisdicional dos direitos no Brasil. *Revista de Direito Administrativo*, Rio de Janeiro, n. 105, jul./set. 1971.

FAGUNDES, Miguel Seabra. Da proteção do indivíduo contra ato administrativo ilegal ou injusto. *Arquivo do Ministério da Justiça e Negócios Interiores*, v. 5, n. 18, jun. 1946.

FAGUNDES, Miguel Seabra. *O controle dos atos administrativos pelo poder judiciário*. 6. ed. São Paulo: Saraiva, 1984.

FERRAZ, Leonardo de Araújo. *O Administrativismo do século XXI*: por uma visão renovada dos conceitos jurídicos indeterminados. Belo Horizonte: D' Plácido, 2013.

FERRAZ, Sérgio. *Instrumentos de defesa dos administrados*. Coordenação Celso Antônio Bandeira de Mello. São Paulo: Revista dos Tribunais, 1986.

REFERÊNCIAS | 297

FERRAZ, Sérgio. Instrumentos de defesa dos administrados. *Revista de Direito Administrativo*, Rio de Janeiro, v. 165, jul./set. 1986.

FERRAZ, Sérgio. *Mandado de segurança 3*. ed. São Paulo: Malheiros, 1996.

FERREIRA, Sérgio de Andrea. Discricionariedade: uso e abuso de poder. *Boletim de Direito Administrativo*, São Paulo, v. 13, n. 5, mar. 1997.

FIGUEIRA, Carlos Roberto Castro de. Considerações acerca do desvio de poder na Administração Pública. *Revista Arquivo do Ministério Público*, ano 33, n. 135, abr./jun. 1976.

FIGUEIREDO, Lúcia Valle. *Curso de direito administrativo*. São Paulo: Revista dos Tribunais, 1986.

FIORINI, Bartolomeu A. *Derecho administrativo*. 2. ed. Buenos Aires: Abeledo Perrot, 1976. t. I.

FIORINI, Bartolomeu A. *Teoria jurídica del acto administrativo*. Buenos Aires: Abeledo Perrot, 1969.

FIUZA, César Augusto de Castro. *Direito civil*: curso completo. 7. ed. Belo Horizonte: Del Rey, 2003.

FLEINER, Fritz. *Les principes géneraux du droit adminsitratif allemand*. Trad. Ch. Eisenmann. Paris: Delagrave, 1933.

FONSECA, Verano Caetano. Controle jurisdicional do desvio de poder. *Revista Brasileira de Direito Processual*, v. 5, 1976.

FORSTHOFF, Ernest. *Traité de droit administratif allemand*. Trad. Michel Frounont. Bruxelas: E. Bruylant, 1969.

FORSTHOFF, Ernest. *Tratado de derecho administrativo*. 5. ed. Madrid: Instituto de Estudios Politicos, 1958.

FRAGA, Gabino. *Derecho administrativo*. 15. ed. México: Porrúa, 1973.

FRAGA, Gabino. *Derecho administrativo*. 17. ed. México: Porrúa, 1977.

FRAGOLA, Umberto. *Gli atti amnistrativi*. 2. ed. Napoli: Eugenio Jovene, 1964.

GARCÍA DE ENTERRÍA, Eduardo; FERNANDES, Tomás Ramón. *Curso de derecho administrativo*. Madrid: Civitas, 1974. t. I.

GARCIA OVIEDO, Carlos. *Derecho administrativo*. 3. ed. Madrid: E.I.S.A., 1951.

GARCIA OVIEDO, Carlos; MARTINEZ USEROS, Enrique. *Derecho administrativo*. 9. ed. Madrid: E.I.S.A., 1968.

GASPARRI, Pietro. *Teoria giuridica della pubblica amministrazione*: nozioni introduttive. Padova: CEDAM, 1964.

GIANNINI, Massimo Severo. *Diritto Amministrativo*. Milano: A. Giuffre, 1970. v. 1.

GOMES, Orlando. *Introdução ao direito civil*. 3. ed. Rio de Janeiro, 1971.

GORBACHEV, MIkhail. *Perestroika*: novas idéias para o meu país e o mundo. Trad. J. Alexandre, São Paulo: Nova Cultural, 1987.

GORDILLO, Agustín A. *Princípios de direito público*. Trad. Marco Aurélio Greco. São Paulo: Revista dos Tribunais, 1977.

GORDILLO, Agustín A. *Tratado de derecho administrativo*. 4. ed. Cordoba: Macchi, 1988.

GROPPALI, Alexandre. *Doutrina do Estado*. Trad. Paulo Edmur de Souza Queiroz. 2. ed. São Paulo: Saraiva, 1968. Trad. da 8. ed. italiana.

GROTTI, Dinorá Adelaide Musetti. Conceitos jurídicos indeterminados e discricionariedade administrativa. *Cadernos de Direito Constitucional e Ciências Políticas*, ano 3, n. 12, jul./set. 1995.

HAURIOU, Maurice. *Précis elémentaire de droit administratif*. 4ᵉ éd. Paris: Sirey, 1938.

HENTZ, Luiz Antônio Soares. Considerações atuais sobre o controle da discricionariedade. *Revista de Informação Legislativa*, Brasília, ano 30, n. 118, abr./jun. 1993.

ILDEBSKI, Hubert. Jurisprudence de la haute cour administrative polonaise. *Revue Internationale de Droit Comparé*, Paris, v. 36, n. 3, jul./set. 1984.

JAPPUR, José. O mérito do ato administrativo perante o Judiciário. *Revista Forense*, Rio de Janeiro, v. 80, n. 286, abr./jun. 1984.

JÈZE, Gaston. *Principios generales del derecho administrativo*. Trad. Júlio N. San Millan Almagro. Buenos Aires: Depalma, 1948. Trad. directa de la 3. ed. francesa: *Les principes géneraux du droit administratif*.

JOÃO PAULO II, Papa. *Encíclica Sollicitudo Rei Socialis*. 2.3.1988. <http://www.bibha.inf.br> <http://www.gfs.com.br>

JORDÃO, Eduardo. *Controle Judicial de uma Administração Pública Complexa*. São Paulo: Malheiros, 2016.

KELSEN, Hans. *Teoria geral do direito e do Estado*. Trad. Luis Carlos Borges, São Paulo: Martins Fontes; Brasília: Ed. UnB, 1990.

KELSEN, Hans. *Teoria pura do direito*. Trad. João Baptista Machado. 5. ed. Coimbra: Armenio Amado, 1979.

LAUBADÈRE, André de. *Traité élémentare de droit administratif*. 5ᵉ éd. Paris: Librairie Générale de Droit et de Jurisprudence, 1970.

LAUBADÊRE, André de; VENEZIA, Jean-Claude *et. al. Traité de droit administratf*. 13ᵉ éd. Paris: Librairie Générale de Droit et de Jurisprudence, 1994. t. I.

LEAL, Victor Nunes. Reconsideração do tema do abuso de poder. *Revista de Direito Administrativo*, Rio de Janeiro, n. 144, abr./jun. 1981.

LEITE, Luciano Ferreira. *Discricionariedade administrativa e controle judiciário*. São Paulo: Revista dos Tribunais, 1981.

LIMA, João Franzen de. *Curso de direito civil brasileiro*. 4. ed. Rio de Janeiro: Forense, 1960. v. 1.

LIMA, Paulo Barros de Araújo. Do exercício do poder discricionário e seu controle. *Revista de Direito Administrativo*, Rio de Janeiro, n. 70, out./dez. 1962.

LIMA, Ruy Cirne. *Limites do direito administrativo*. 1953. v. 1.

LIMA, Ruy Cirne. *Princípios de direito adminstrativo*. 4. ed. Porto Alegre: Sulinas, 1964.

LIMA, Ruy Cirne. *Princípios do direito administrativo brasileiro*. Porto Alegre: Livraria do Globo, 1939.

LIMA, Ruy Cirne. *Princípios do direito administrativo*. 5. ed. São Paulo: Revista dos Tribunais, 1982.

LOCKE, John. *Segundo tratado sobre o governo*. São Paulo: Abril Cultural, 1973. (Os Pensadores, 18).

LÓPEZ RODÓ, Laureno. O poder discricionário da Administração: evolução doutrinária e jurisprudencial. *Revista Forense*, Rio de Janeiro, v. 157, n. 619/620, jan./fev. 1955.

MADALENA, Luis Henrique. *Discricionariedade administrativa e hermenêutica*, Salvador: Jus Podivm. 1916.

MARQUES, Meire Aparecida Furbino; FARIA, Edimur Ferreira de. Orçamento e Políticas de Saúde: uma questão de planejamento. XXIV Encontro Nacional do CONPEDI – UFS. Florianópolis: CONPEDI, 2015. p. 628.

MAST, André. *Precis de droit administratif belge*. Bruxelles: E. Story Scientia, 1966.

MAYER, Otto. *Derecho administrativo alemán*. Buenos Aires: Editorial Depalma, 1949. t. I.

MEDAUAR, Odete. *Direito administrativo moderno*. 3. ed. São Paulo: Malheiros, 1999.

MEDAUAR, Odete. Poder discricionário da Administração. *Revista dos Tribunais*, v. 75, n. 610, ago. 1986.

MEIRELLES, Hely Lopes. A teoria do desvio de poder em direito administrativo. *Revista de Direito Administrativo*, Rio de Janeiro, n. 51, jan./mar. 1958.

MEIRELLES, Hely Lopes. *Direito administrativo brasileiro*. 10. ed. São Paulo: Revista dos Tribunais, 1984.

MEIRELLES, Hely Lopes. *Direito administrativo brasileiro*. 4. ed. São Paulo: Revista dos Tribunais, 1976.

MEIRELLES, Hely Lopes. Os poderes do administrador público. *Revista de Direito Adminitrativo*, Rio de Janeiro, v. 51, jan./mar. 1958.

MELLO, Celso Antônio Bandeira de. *Curso de direito administrativo*. Coordenação de Adilson Abreu Dallari. São Paulo: Revista dos Tribunais, 1986.

MELLO, Celso Antônio Bandeira de. *Curso de direito administrativo*. 11. ed. São Paulo: Malheiros, 1999.

MELLO, Celso Antônio Bandeira de. *Discricionariedade e controle jurisdicional*. São Paulo: Malheiros, 1992.

MELLO, Celso Antônio Bandeira de. *Discricionariedade e controle jurisdicional*. 2. ed. 9. tir. São Paulo: Malheiros, 2008.

MELLO, Celso Antônio Bandeira de. Discricionariedade, fundamentos, natureza e limites. *Revista de Direito Administrativo*, Rio de Janeiro, n. 122, out./dez. 1975.

MELLO, Celso Antônio Bandeira de. *Elementos de direito administrativo*. São Paulo: Revista dos Tribunais, 1980.

MELLO, Celso Antônio Bandeira de. Legalidade: discricionariedade: seus limites e controle. *Revista de Direito Público*, v. 21, n. 86, abr./jun. 1988.

MELLO, Celso Antônio Bandeira de. Poder discricionário. *Revista de Direito Público*, São Paulo, v. 18, n. 76, out./dez. 1985.

MELLO, Oswaldo Aranha Bandeira de. *Princípios gerais de direito administrativo*. Rio de Janeiro: Forense, 1974.

MENDES JÚNIOR, Onofre. *Direito administrativo*. 2. ed. Belo Horizonte: Bernardo Alvares, 1961. 1 v.

MENDES JÚNIOR, Onofre. *Manual de direito administrativo*. Belo Horizonte: Faculdade de Direito da UFMG, 1955. v. 1.

MERKEL, Adolfo. *Teoria general del derecho administrativo*. México: Ed. Nacional, 1975.

MONTESQUIEU. *Do espírito das leis*. São Paulo: Abril Cultural, 1973. (Os Pensadores, 21).

MORAES, Germana de Oliveira. *Controle jurisdicional da Administração Pública*. 2. ed. São Paulo: Dialética, 2004.

MORAES, Germana de Oliveira. *Controle jurisdicional da Administração Pública*. São Paulo: Dialética, 1999.

MORTATI, Costantino. Discrezionalità. *In: Novissimo Digesto Italiano*. Torino: UTET, 1959. v. 5.

MORTATI, Costantino. *Istituzioni di diritto pubblico*. Padova : CEDAM, 1975. v. 1.

NOGUEIRA, Johnson Barbosa. A discricionariedade administrativa sob a perspectiva da teoria geral do direito. *GENESIS – Revista de Direito Administrativo Aplicado*, Curitiba, n. 3, 1994.

NUNES JR., Amandino Teixeira. A discricionariedade administrativa e o controle judicial de seus limites. *Revista de Informação Legislativa*, Brasília, ano 32, n. 127, jul./set. 1995.

OLIVEIRA, Fernando Andrade de. O direito administrativo: origem e perspectivas. *In:* ROCHA, Cármen Lúcia Antunes (Coord.). *Perspectivas do direito público*: estudos em homenagem a Miguel Seabra Fagundes. Belo Horizonte: Del Rey, 1995.

OLIVEIRA, Floriano Quadro M. de. Do controle jurisdicional do ato administrativo no Brasil. *D.M.P. do Ex. nº 9/10.*

OSBORNE, David; GAEBLER, Ted. *Reinventando o governo*: como o espírito empreendedor está transformando o setor público. Trad. Sérgio Fernando Guarischi Bath e Ewandro Magalhães Jr. 6. ed. Brasília: MH Comunicação, 1995.

PEREIRA, Cáio Mario da Silva. *Instituições de direito civil*. Rio de Janeiro: Forense, 1981. v. 1.

PINTO, Teresa Celina de Arruda Alvim. Limites à chamada "discricionariedade" judicial. *Revista de Direito Público*, ano 24, n. 96, out./dez. 1990.

PIRES, Luis Manuel Fonseca. *Controle Judicial da discricionariedade administrativa*. 2. ed. Belo Horizonte: Fórum. 2013.

POLETTI, Ronaldo R. de Britto. Espécies de desvio de poder. *Revista de Informação Legislativa*, Brasília, ano 29, n. 113, jan./mar. 1922.

PONDÉ, Lafayette. Controle dos atos da Administração Pública. *Revista de Informação Legislativa*, Brasília, ano 35, n. 139, jul./set. 1998.

PONTES FILHO, Valmir. Controle jurisdicional dos atos administrativos. *Revista de Direito Público*, v. 14, n. 55/56, jul./dez. 1980.

QUEIRÓ, Afonso Rodrigues. A teoria do desvio de poder em direito administrativo. *Revista de Direito Administrativo*, Rio de Janeiro, n. 6, out. 1946.

QUEIRÓ, Afonso Rodrigues. Os direitos do poder discricionário das autoridades administrativas. *Revista de Direito Administrativo*, Rio de Janeiro, n. 97, jul./set. 1969.

QUEIRÓ, Afonso Rodrigues. *Reflexões sobre a teoria do desvio de poder em direito administrativo*. Coimbra: Coimbra Ed., 1940.

RANELLETTI, Oreste. *Le guarantigie della giustizia nella publica amministrazione*. Milano: A. Giuffre, 1934.

RAO, Vicente. *Ato jurídico*: noção, pressupostos, elementos essenciais e acidentais, o problema do conflito entre os elementos volitivos e a declaração. 3. ed. São Paulo: Saraiva, 1981.

REFERÊNCIAS | 301

REALE, Miguel. Limites da discricionariedade administrativa. *Revista de Direito Público*, ano 20, n. 84, out./dez. 1987.

REALE, Miguel. Medidas provisórias: choque na economia: controle de preços: liberdade empresarial: penalidades e discricionariedade. *Revista de Direito Público*, ano 22, n. 91, jul./ set. 1989.

RIVERO, Jean. *Direito administrativo*. Trad. Rogério Ehrhardt Soares. Coimbra: Almedina, 1981.

RIVERO, Jean. *Droit administratf*. 6ᵉ éd. Paris: Dalloz, 1973.

ROCHA, Cármen Lúcia Antunes. *Princípios constitucionais da Administração Pública*. Belo Horizonte: Del Rey, 1994.

ROUSSEAU, Jean-Jacques. *Do contrato social*. São Paulo: Abril Cultural, 1973. (Os Pensadores, 24).

SALAZAR, Alcino de Paula. *Conceito de ato administrativo*. Rio de Janeiro: Borsoi, 1945.

SERRA ROJAS, Andres. *Derecho administrativo*: doctrina, legislation y jurisprudencia. 5. ed. rev. e ampl. México: Galve, 1972.

SILVA, José Afonso da. *Curso de direito constitucional positivo*. 16. ed. São Paulo: Malheiros, 1999.

SOARES, Mário Lúcio Quintão. *Teoria do Estado*: novos paradigmas em face da globalização. 3. ed. São Pulo: Atlas, 2008.

SOUZA, António Francisco de. *Conceitos indeterminados no direito administrativo*. Coimbra: Almedina, 1994.

SOUZA, Débora Cardoso de. *Judicialização dos direitos sociais na teoria da ponderação e no senso de adequabilidade*. Dissertação (Mestrado) – PUC Minas, 2010.

STASSINOPOULOS, Michel D. *Traité des actes administratifs*. Paris: Librairie Générale de Droit et de Jurisprudence, 1973.

STUMM, Raquel Denize. *Princípio da proporcionalidade no direito constitucional brasileiro*. Porto Alegre: Livraria do Advogado, 1995.

TÁCITO, Caio. Administração e controle de legalidade. *Revista de Direito Administrativo*, Rio de Janeiro, n. 37, jul./set. 1954.

TÁCITO, Caio. *Direito administrativo*. São Paulo: Saraiva, 1975.

TÁCITO, Caio. O abuso do poder administrativo no Brasil: conceitos e remédios. *Revista de Direito Administrativo*, Rio de Janeiro, n. 56, abr./jun. 1959.

TÁCITO, Caio. Vinculação e discricionariedade administrativa. *Revista de Direito Administrativo*, Rio de Janeiro, n. 205, jul./set. 1996.

URZUA RAMIREZ, Carlos Fernando. *Requisitos del acto administrativo*. Santiago de Chile: Editorial Juridica de Chile, 1971.

VEDEL, Georges. *Droit administratif*. 2ᵉ éd. Paris: Presses Universitaires de France, 1961.

VIEIRA, Antônio Cláudio de Lima. A concorrência pública e os limites ao poder discricionário da Administração. *Revista dos Tribunais*, São Paulo, v. 300, out. 1960.

VITTA, Cino. *Diritto amministrativo*. 4. ed. Torino: Torinese, 1954. v. 1.

WALINE, Marcel. *Precis de droit administratif*. Paris: Montcherstien, 1970.

WALINE, Marcel. *Traité élémentaire de droit administratif*. 6ᵉ éd. Paris: Sirey, 1951.

ZANOBINI, Guido. *Curso de derecho administrativo*. Trad. Hector Masnatta. Buenos Aires: Arayu, 1954.

ZIPPELIUS, Reinhold. *Teoria geral do Estado*. Trad. Antônio Cabral de Moncada. 2. ed. Lisboa: Fundação Calouste Gulbenkian, 1984.

Esta obra foi composta em fonte Palatino Linotype, corpo
10 e impressa em papel Offset 75g (miolo) e Supremo
250g (capa) pela Gráfica e Editora O Lutador em
Belo Horizonte/MG.